# der Aufgaben

| | |
|---|---|
| **erörtern** | Einen Sachverhalt unter Abwägen von Pro- und Contra-Argumenten klären und abschließend eine eigene begründete Meinung entwickeln. |
| **kennzeichnen** | Einen Raum oder einen Sachverhalt auf der Grundlage bestimmter Gesichtspunkte begründet vorstellen. |
| **lokalisieren** | Finden eines Raumbeispiels (Stadt, Staat) auf einer Karte und Beschreiben der Lage (z. B. Himmelsrichtung auf einem Kontinent, in der Nähe großer Flüsse oder Gebirge). |
| **nennen, auflisten** | Sachverhalte oder Informationen ohne Erklärung wiedergeben. |
| **skizzieren** | Wichtige Gesichtspunkte eines Sachverhalts in groben Zügen verdeutlichen. |
| **Stellung nehmen** | Unter Abwägung unterschiedlicher Argumente zu einer begründeten Einschätzung eines Sachverhalts gelangen. |
| **überprüfen** | Aussagen auf ihre Angemessenheit und Richtigkeit hin untersuchen. |
| **untersuchen** | An einen Sachverhalt gezielte Arbeitsfragen stellen und gewonnene Erkenntnisse darlegen. |
| **vergleichen** | Gemeinsamkeiten und Unterschiede zwischen zwei oder mehreren Sachverhalten oder Räumen erfassen und verdeutlichen. |
| **zuordnen, einordnen** | Einem Sachverhalt oder einem Raum auf der Grundlage einzelner Gesichtspunkte eine bestimmte Stellung zuweisen. |

# Weltkunde

## Klasse 7/8

für
**Schleswig-Holstein**
Gemeinschaftsschule
Gesamtschule
Regionalschule

*Moderator:*
Prof. Dr. Jürgen Nebel

*Autoren*
Sören Alsen
Martina Fättkenhauer
Dr. Karsten Jonas
Prof. Dr. Jürgen Nebel
Hans-Joachim Piroth
Axel Willmann

**westermann**®

Auf verschiedenen Seiten dieses Buches befinden sich Verweise (Links) auf externe Internet-Adressen. Haftungshinweis: Trotz sorgfältiger inhaltlicher Kontrolle wird die Haftung für die Inhalte der externen Seiten ausgeschlossen. Für den Inhalt dieser externen Seiten sind ausschließlich deren Betreiber verantwortlich. Sollten Sie bei dem angegebenen Inhalt des Anbieters dieser Seite auf kostenpflichtige, illegale oder anstößige Inhalte treffen, so bedauern wir dies ausdrücklich und bitten Sie, uns umgehend per E-Mail unter www.westermann.de davon in Kenntnis zu setzen, damit beim Nachdruck der Verweis gelöscht wird.

© 2009 Bildungshaus Schulbuchverlage
Westermann Schroedel Diesterweg Schöningh Winklers GmbH, Braunschweig
www.westermann.de

Das Werk und seine Teile sind urheberrechtlich geschützt. Jede Nutzung in anderen als den gesetzlich zugelassenen Fällen bedarf der vorherigen schriftlichen Einwilligung des Verlages. Hinweis zu § 52a UrhG: Weder das Werk noch seine Teile dürfen ohne eine solche Einwilligung gescannt und in ein Netzwerk eingestellt werden. Das gilt auch für Intranets von Schulen und sonstigen Bildungseinrichtungen.

Druck $A^2$ / Jahr 2011
Alle Drucke der Serie A sind im Unterricht parallel verwendbar.

Lektorat und Herstellung: Lektoratsbüro Eck, Berlin
Layout-Konzept: Thomas Schröder
Umschlaggestaltung: Andrea Heissenberg
Druck und Bindung: westermann druck GmbH, Braunschweig

ISBN 978-3-14-114127-6

# Zeichenerklärung

## Farbleitsystem zur Vermittlung der Grundbildung und der Auseinandersetzung mit den Kernproblemen:

🟩 Verbundthema mit erdkundlichem Schwerpunkt

🟦 Verbundthema mit geschichtlichem Schwerpunkt

🟧 Verbundthema mit Schwerpunkt im Bereich Wirtschaft/Politik

## Vorschläge für fächerverbindendes Arbeiten

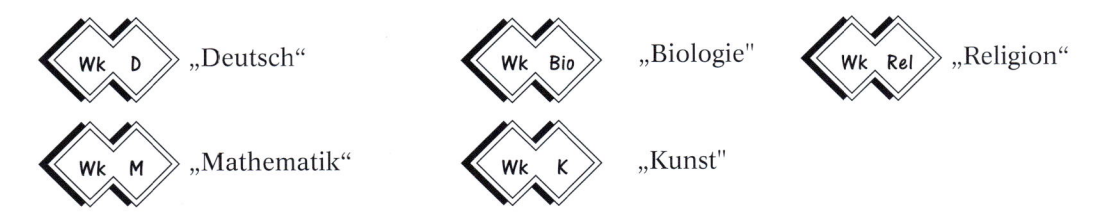

⬦ Wk D „Deutsch"   ⬦ Wk Bio „Biologie"   ⬦ Wk Rel „Religion"

⬦ Wk M „Mathematik"   ⬦ Wk K „Kunst"

## Kennzeichnung von Teilkapiteln

**Gewusst wie**  Hier werden wichtige Methoden erklärt.

**Projekt**  Hier werden Vorschläge für ein Projekt vorgestellt.

**Zeitsprung**  Hier wird das Thema in einer anderen zeitlichen Epoche dargestellt.

**Alles klar?**  Die vorletzte Seite jedes Hauptkapitels enthält Rätsel und Aufgaben, um das Wissen zu überprüfen. Die Schülerinnen und Schüler müssen selbst aktiv werden.

**Das Wichtigste**  Auf der Merk-Seite am Ende jedes Kapitels sind die wichtigsten Inhalte des Hauptkapitels zusammengefasst und auch alle Grundbegriffe aufgelistet. Dies trägt zur Sicherung und Festigung des Grundwissens bei. Die Merkseiten sind eine wichtige Hilfe bei der Überprüfung der Standards und der Evaluation.

## Kennzeichnungen in den Texten

**Grundbegriff**  Wichtige Fachbegriffe sind im Buch fett gedruckt. Diese Begriffe sind am Ende jeder Doppelseite und am Ende jedes Kapitels nochmals zusammengestellt. Im alphabetischen Minilexikon am Schluss des Buches werden sie erklärt. Das Minilexikon unterstützt die Selbstständigkeit der Schülerinnen und Schüler bei der Erarbeitung von Unterrichtsinhalten.

**Quelle**  Der unter dieser Überschrift stehende Text ist eine Quelle.

**Info**  Texte mit diesem Titel enthalten Informationen und Erklärungen.

**Merke**  Hier werden die wichtigsten Inhalte der Doppelseite zusammengefasst.

# Inhaltsverzeichnis

## Stadtluft macht frei – auch heute? 6

Lebendige Vergangenheit . . . . . . . . . . . . . . . . . . 8
Karl der Große - „Vater Europas" . . . . . . . . . . . . 10
*Gewusst wie:* Eine Geschichtskarte auswerten . . 12
*Gewusst wie:* Eine Textquelle auswerten . . . . 15
Ständeordnung und Lehnswesen . . . . . . . . . . . 16
Leben auf dem Land . . . . . . . . . . . . . . . . . . . . 18
Leben auf der Burg . . . . . . . . . . . . . . . . . . . . . 22
Leben in der Stadt . . . . . . . . . . . . . . . . . . . . . . 24
*Zeitsprung:* Mittelalterliche Stadt Lübeck . . . . . 30
*Gewusst wie:* Spurensuche in unserer Stadt . . . 34
*Alles klar?* . . . . . . . . . . . . . . . . . . . . . . . . . . . 36
*Das Wichtigste* . . . . . . . . . . . . . . . . . . . . . . . . 37

## Entdeckt, erobert, ausgebeutet – bis heute? 38

Auftakt in eine neue Zeit . . . . . . . . . . . . . . . . . 40
Das Weltbild im Wandel . . . . . . . . . . . . . . . . . 44
Gewürze zu gepfefferten Preisen . . . . . . . . . . . 46
Entdeckungen und Eroberungen . . . . . . . . . . . 50
*Gewusst wie:* Eine Bildquelle auswerten . . . . . . 58
Mittel- und Südamerika . . . . . . . . . . . . . . . . . . 59
Industrie- und Entwicklungsländer . . . . . . . . . . 60
Peru: Ein Land in Südamerika heute . . . . . . . . 62
*Alles klar?* . . . . . . . . . . . . . . . . . . . . . . . . . . . 68
*Das Wichtigste* . . . . . . . . . . . . . . . . . . . . . . . . 69

## Kriege und Kriegserfahrung 70

Regionale Krisen und Konflikte . . . . . . . . . . . . 72
Kambodscha – Minen lauern überall . . . . . . . . 76
Krieg als traumatisches Erlebnis . . . . . . . . . . . . 78
Kriegsbegeisterung und Kriegswirklichkeit . . . . 80
Rüstung und Waffenhandel . . . . . . . . . . . . . . . 82
Friedensbewegung . . . . . . . . . . . . . . . . . . . . . 84
Weltpolizei UNO . . . . . . . . . . . . . . . . . . . . . . . 86
*Alles klar?* . . . . . . . . . . . . . . . . . . . . . . . . . . . 88
*Das Wichtigste* . . . . . . . . . . . . . . . . . . . . . . . . 89

## Miteinander leben will gelernt sein 90

Gesellschaft im Wandel . . . . . . . . . . . . . . . . . . 92
Armut im Wohlstand . . . . . . . . . . . . . . . . . . . . 94
Aussiedler kommen nach Deutschland . . . . . . . 96
Berlin – größte türkische Stadt außerhalb der Türkei . . . . . . . . . . . . . . . . . . . . . . . . . . . . . . . 98
*Zeitsprung:* Auswanderung in die USA . . . . . . 100
*Projekt:* Alt trifft jung . . . . . . . . . . . . . . . . . . 102
Rassismus – nicht bei uns . . . . . . . . . . . . . . . 104
Leben mit Behinderungen . . . . . . . . . . . . . . . 106
*Zeitsprung:* Hexenverfolgung im Mittelalter . . . . . . . . . . . . . . . . . . . . . . . . . . 108
Beitrag der Schule zur Integration . . . . . . . . . 110

*Gewusst wie:* Ein Interview führen . . . . . . . . 112
*Alles klar?* . . . . . . . . . . . . . . . . . . . . . . . . . . 114
*Das Wichtigste* . . . . . . . . . . . . . . . . . . . . . . . 115

## Urlaubsreisen – um jeden Preis? 116

Reisen früher . . . . . . . . . . . . . . . . . . . . . . . . 118
Reisen heute . . . . . . . . . . . . . . . . . . . . . . . . . 120
Tourismus und Umwelt . . . . . . . . . . . . . . . . . 122
Nordsee – Ferienparadies oder Kloake? . . . 124
*Gewusst wie:* Ein Bild auswerten . . . . . . . . . 128
Die Alpen – ein Urlaubsparadies? . . . . . . . . 130
Ferntourismus in Kenia . . . . . . . . . . . . . . . . . 136
Tourismus weltweit . . . . . . . . . . . . . . . . . . . . 138
*Alles klar?* . . . . . . . . . . . . . . . . . . . . . . . . . . 140
*Das Wichtigste* . . . . . . . . . . . . . . . . . . . . . . . 141

## Hunger ist kein Schicksal – Hunger wird gemacht 142

Genug Nahrung – ungleich verteilt . . . . . . 144
Kinder müssen arbeiten . . . . . . . . . . . . . . . 148
Leben auf dem Müll . . . . . . . . . . . . . . . . . . . 150
*Projekt:* Auch ihr könnt helfen . . . . . . . . . . . 152
Aids – nicht nur in Afrika . . . . . . . . . . . . . . 154
*Gewusst wie:* Einen Bildbrief schreiben . . 156
Musik verbindet . . . . . . . . . . . . . . . . . . . . . . 158
*Alles klar?* . . . . . . . . . . . . . . . . . . . . . . . . . . 160
*Das Wichtigste* . . . . . . . . . . . . . . . . . . . . . . . 161

## Der Absolutismus 162

„Der Staat bin ich!" . . . . . . . . . . . . . . . . . . . . 164
Die Stützen der Macht . . . . . . . . . . . . . . . . . 168
Der Aufbau der französischen Gesellschaft . . . 170
*Alles klar?* . . . . . . . . . . . . . . . . . . . . . . . . . . 172
*Das Wichtigste* . . . . . . . . . . . . . . . . . . . . . . . 173

## Revolutionen verändern die Welt 174

Verschiedene Arten von Revolutionen . . . . . . . 176
Die Französische Revolution . . . . . . . . . . . . . 178
*Zeitsprung:* Menschenrechte heute . . . . . . 186
*Gewusst wie:* Ein Lernplakat erstellen . . . 188
Die Revolution von 1848 . . . . . . . . . . . . . . . 190
Amerika – Vorbild für Europa . . . . . . . . . . . . 194
Die Industrielle Revolution . . . . . . . . . . . . . . 196
*Zeitsprung:* Kinderarbeit heute . . . . . . . . . . . 199
*Alles klar?* . . . . . . . . . . . . . . . . . . . . . . . . . . 204
*Das Wichtigste* . . . . . . . . . . . . . . . . . . . . . . . 205

## Berufsplanung als Lebensplanung 206

Meine Ziele, Interessen und Fähigkeiten . . . . . 208
Berufe kennen und präsentieren . . . . . . . . 210
Berufswelt heute . . . . . . . . . . . . . . . . . . . . . 212

Girls' Day .................... 216
*Alles klar?* .................... 218
*Das Wichtigste* ................ 219

## Superfrau und Traummann — 220

Typisch männlich – typisch weiblich ........ 222
Die Sprache der Mädchen – die Sprache der Jungen ........................ 224
Kinder, Küche, Karriere. ............... 226
Frauen kämpfen und bewegen ........... 228
*Alles klar?* ........................ 230
*Das Wichtigste* .................... 231

## Projekt: Wetter und Klima — 232

Alle reden vom Wetter. ................ 234
Wolken und Niederschlag. .............. 236
Luftdruck und Wind .................. 238
Besuch einer Wetterstation ............. 240
Wetter- und Klimarekorde der Erde. ...... 242

## Versinkt Schleswig-Holstein im Meer? — 244

Dem Klimawandel auf der Spur ......... 246
Küstenschutz früher und heute .......... 248
Küstenschutz anderswo: Das Beispiel Bangladesch ........................ 250
Der Treibhauseffekt .................. 252
Die Ozonschicht – ein lebenswichtiger Filter .. 254
Die Entstehung von Treibhausgasen ....... 256
*Gewusst wie:* Eine Conceptmap erstellen ..... 257
Mögliche Folgen des Klimawandels. ....... 258
*Gewusst wie:* Angeklagt: Die „Treibhaustäter" – Ein Rollenspiel durchführen I. ............. 260
*Projekt:* Klimaschutz – eine Aufgabe für alle. .. 262
*Alles klar?* ........................ 264
*Das Wichtigste* .................... 265

## Mit aller Gewalt – heiligt der Zweck die Mittel? — 266

Gewalt in der Schule. ................. 268
Konflikte und ihre Bewältigung ......... 270
*Projekt:* Training zur Streitschlichtung. ...... 274
Gewalt in den Medien. ................ 278
*Projekt:* Fernsehsendungen untersuchen ..... 279
*Alles klar?* ........................ 280
*Das Wichtigste* .................... 281

## Habe ich Recht oder auch Rechte? — 282

Alles was Recht ist ................... 284
Das Recht – dein ständiger Begleiter ....... 286
Das Jugendschutzgesetz. ............... 288
*Gewusst wie:* Der Fall Mascha G. – Ein Rollenspiel durchführen II .......... 290
*Gewusst wie:* Eine Gerichtsverhandlung besuchen ........................ 292
*Alles klar?* ........................ 294
*Das Wichtigste* .................... 295

## Medienkonsum – bewusst — 296

Im Zeitalter der Massenmedien .......... 298
Probleme und Folgen des Medienkonsums .. 300
*Gewusst wie:* Umfrage zu Medienverhalten ... 301
„Programmdirektor Einschaltquote" ....... 302
Massenmedium Internet – Chancen und Gefahren. ........................ 304
*Alles klar?* ........................ 306
*Das Wichtigste* .................... 307

Arbeitsmethoden – kurz und knapp. ...... 308
Minilexikon ........................ 310
Zeitleisten. ........................ 318
Bildquellen. ........................ 320

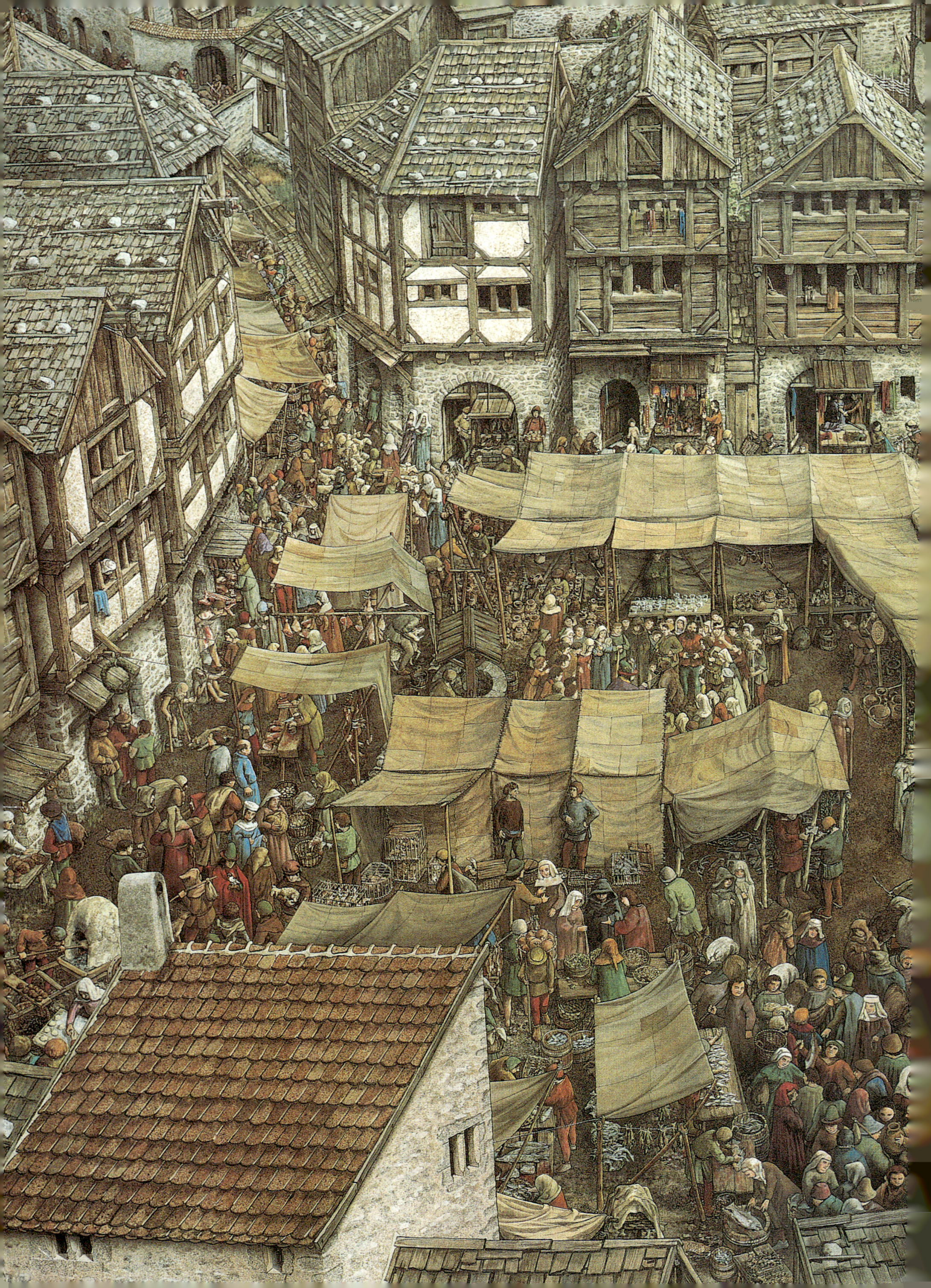

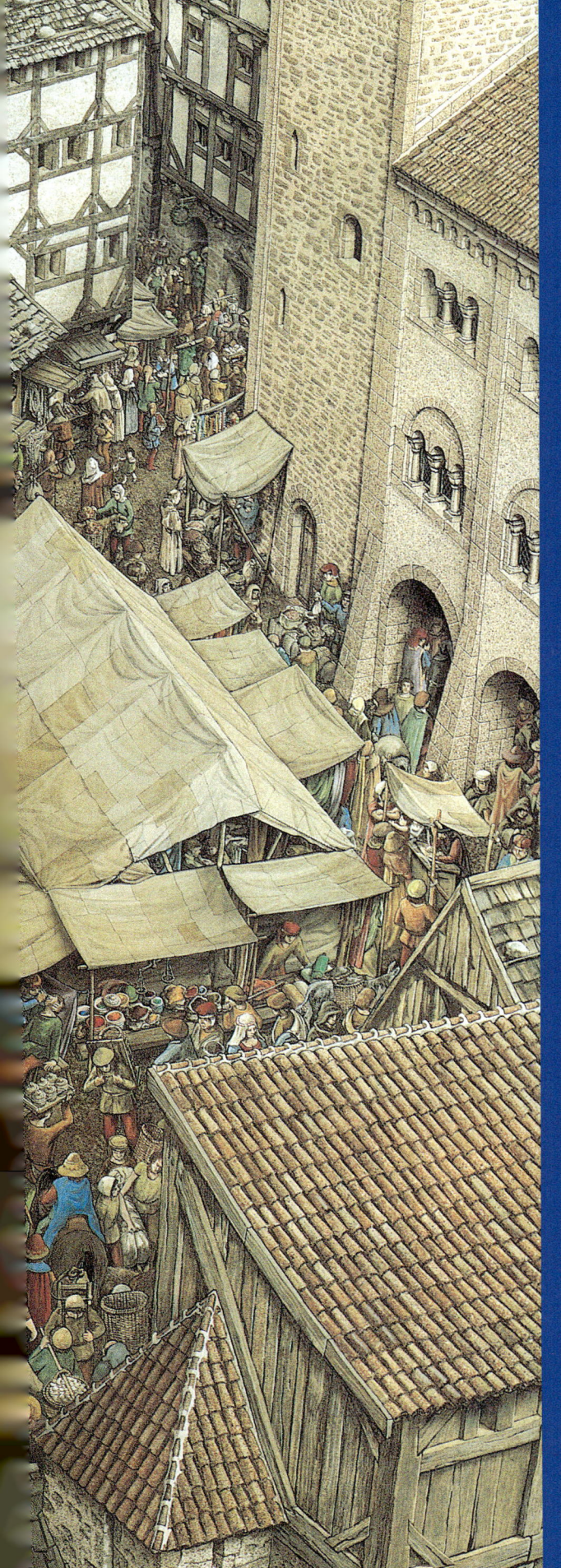

# Stadtluft macht frei – auch heute?

**Lebendige Vergangenheit**

**Karl der Große – „Vater Europas"**

**Eine Geschichtskarte auswerten**

**Eine Textquelle auswerten**

**Ständeordnung und Lehnswesen**

**Leben auf dem Land**

**Leben auf der Burg**

**Leben in der Stadt**

**Mittelalterliche Stadt Lübeck**

**Spurensuche in unserer Stadt**

**M1** *So stellt sich der Zeichner den Markttag in einer mittelalterlichen Stadt vor*

# Lebendige Vergangenheit

**M1** *Mit großer Begeisterung und viel Arbeit gestaltet die 7a mit ihren Lehrerinnen und Lehrern sowie Familienangehörigen ein mittelalterliches Fest. Spiele und Gesang, nachgebaute Handwerksstände und Gerichte nach alten Rezepten sind die Hauptattraktionen.*

## Das Mittelalter

Das **Mittelalter** ist ein Abschnitt unserer Geschichte. Geschichtsforscher bezeichnen damit ungefähr die Zeit von 500 bis 1500 nach Christus. Das ist die Zeitspanne zwischen dem Untergang des römischen Reiches und der Entdeckung des bis dahin noch unbekannten Kontinents Amerika. Man findet allerdings auch andere Abgrenzungen des Mittelalters.

Den Zeitabschnitt vor dem Mittelalter nennen wir Antike oder Altertum. Nach dem Mittelalter beginnt die Neuzeit. Noch heute sieht man in vielen Städten Bauten aus dem Mittelalter wie den Ratzeburger Dom. Damals wurden Kirchen zum Beispiel im **gotischen Stil** erbaut. Typisch dafür sind die Spitzbögen. Durch sie konnte man hohe Fenster in die Mauern einfügen. Die Kirchen wirken so höher und heller.

**Projektvorschlag:**
Entwickelt in den nächsten Wochen eine Wandzeitung mit eigenen Ideen zum Thema Mittelalter.

**M2** *Zeitleiste des Mittelalters*

# Stadtluft macht frei – auch heute?

**M3** Der Ratzeburger Dom, ab 1160 erbaut, ist ein herausragendes Zeugnis mittelalterlicher Architektur

## Aufgaben

**1** Lokalisiere mittelalterliche Gebäude in deinem Ort (Rathaus, Ortsgeschichte): Um was für Gebäude handelt es sich? Mache Fotos und ermittle das Alter der Gebäude.

**2** Wann wurde dein Ort gegründet?

**3** Informiere dich über mittelalterliche Feste und Märkte in der Umgebung. Schreibe darüber einen Bericht.

**4** Wo liegt in deiner Nähe eine mittelalterliche Burg? Plane den nächsten Wandertag dorthin.

**5** Stelle eine Liste zusammen mit Büchern, Filmen oder Fernsehserien, die im Mittelalter spielen (Internet Adressen dazu: www.rittertum.de; www.tempus-vivit.net).

### Rezept „Arme Ritter"

Ihr braucht für vier Personen:
- 8 Scheiben altes Weißbrot oder 4 Brötchen
- ½ l Milch
- 2 Eier
- 1 Prise Salz
- Paniermehl, Backfett

**Zubereitung:**
Milch, Eier und Salz verquirlen, über die Brotscheiben gießen und diese einmal umdrehen. Wenn die Flüssigkeit aufgesogen ist, die Scheiben in Paniermehl wenden und in einer Pfanne mit Backfett goldbraun braten. Zucker und Zimt oder Kompott darüber geben.

**M4** „Arme Ritter" waren noch in den Fünfzigerjahren – allerdings mit grauem Brot – ein Essen für arme Leute. „Arme Ritter backen" ist ein althergebrachter Ausdruck für „sich in Not befinden".

- Budengasse
- Fleischmengergasse
- Seidenmacherinnengässchen
- Beckergasse
- Mühlenbach
- Heumarkt

**M5** Manche Straßenschilder sind ein Wegweiser in die Vergangenheit.

---

### Merke
Das Mittelalter ist ein Abschnitt in der europäischen Geschichte. Es dauerte etwa von 500 bis 1500 nach Christus.

### Grundbegriffe
- Mittelalter
- Gotischer Stil

# Karl der Große – „Vater Europas"

## Karl der Große – Ein Herrscher im Mittelalter

Im Mittelalter herrschten die Stämme der Sachsen, Bayern und Franken im heutigen Deutschland. Die Anführer der Stämme hatten eine große Macht. **Karl der Große** regierte das Gebiet der Franken von 771 bis zu seinem Tod 814. Mit nur 29 Jahren übernahm er die Alleinherrschaft über das Frankenreich, das er in vielen Feldzügen erweiterte. Er nahm Norditalien und Bayern ein und eroberte schließlich Sachsen. Der Krieg gegen die Sachsen dauerte 30 Jahre. Als er Sachsen eingenommen hatte, ließ er 10 000 Menschen ins Frankenreich umsiedeln.

**M1** *Reiterstandbild Karls des Großen aus Bronze (9. Jh.). Wie ein römischer Kaiser lässt sich Karl auf einem Pferd darstellen.*

## Karl, der Reisekönig

Das Frankenreich hatte keine Hauptstadt. Karl der Große reiste mit seinem Hofstaat, der rund tausend Personen umfasste, durch sein Reich und machte jeweils für einige Wochen Station in einer **Pfalz**. So nannte man die im Land verteilten großen Königshöfe.

Die Reisen waren keine Vergnügungsfahrten, sondern politische Notwendigkeit: Karl musste persönlich anwesend sein, um seine Herrschaft auszuüben. Aachen mit seinen Heilquellen entwickelte sich zu Karls Lieblingspfalz.

## Aufgaben

**1** Erstelle einen Steckbrief von Karl dem Großen (M1, M2, Quelle).

**2** Begründe, warum Karl der Große die Pfalzen brauchte.

**3** Überlege, welches Ziel Karl der Große hatte, als er 10 000 Menschen aus Sachsen umsiedeln ließ.

**4** Betrachte M3 und bestimme die heutigen Namen der Länder, in denen Karl der Große sich aufgehalten hat (Atlas, Karte: Europa – Staaten).

## Stadtluft macht frei – auch heute?

Karl der Große wird heute auch „Vater Europas" genannt, weil er als erster einen Großteil des heutigen Europas beherrschte. Er war ein bedeutender Feldherr und musste nur eine einzige Niederlage hinnehmen.
Zeitgenossen nannten Karl auch „Haupt der Welt" und „Zierde des Volkes".

**M2** *„Vater Europas"*

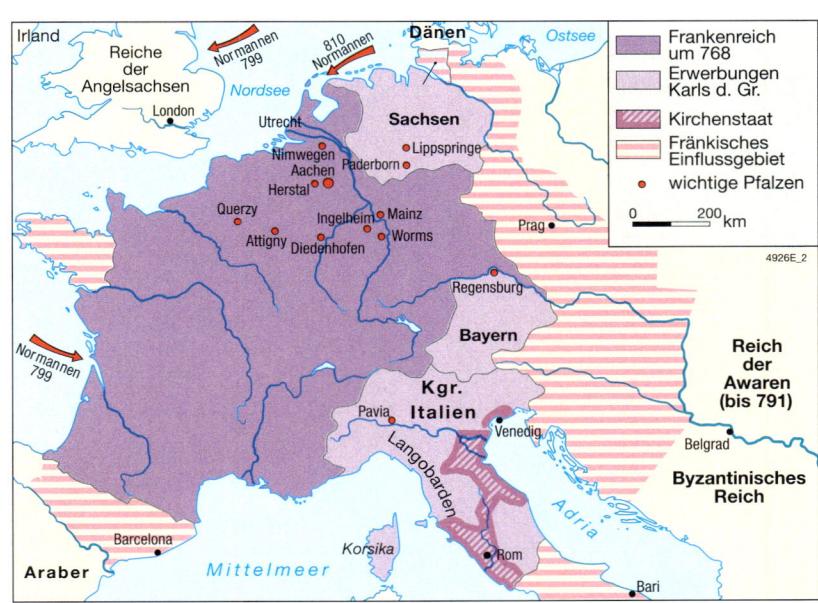

**M3** *Das Reich Karls des Großen*

① Pfalzkapelle
② Königshalle
③ Gärten der Pfalz
④ Wohnbezirk der Kaufleute
⑤ Grenze des Pfalzbezirks
⑥ Ställe und Vorratshäuser
⑦ Verbindungsgang

**M4** *Zeichnung der Pfalz Karls des Großen in Aachen*

hoc anno imperator parcha aquis celebrauit

**M5** Karl legte viel Wert auf Volksbildung. Deshalb richtete er viele Schulen ein und schuf die Einheitsschrift „Karolingische Minuskel", die Urform der heutigen Schrift.
Die Übersetzung zu oben lautet: In diesem Jahr feierte der Kaiser Ostern in Aachen.

### Quelle

**Einhard, ein enger Vertrauter des Königs berichtet über Karl**

„Er war von breitem und kräftigem Körperbau und von hervorragender Größe. Seine Augen waren sehr groß und lebendig, die Nase ging etwas über das Mittelmaß. Er hatte schöne weiße Haare und ein freundliches, heiteres Gesicht. So war seine Gestalt, mochte er sitzen oder stehen, höchst würdig und stattlich. Ständig übte er sich im Reiten, Jagen und Schwimmen. Er konnte Lateinisch und Deutsch sprechen und konnte rechnen. Auch zu schreiben versuchte er, brachte es aber darin nicht sehr weit, weil er zu spät angefangen hatte."

### Merke
Karl der Große war der bedeutendste Herrscher des Mittelalters. Er reiste von Pfalz zu Pfalz.

### Grundbegriffe
- Karl der Große
- Pfalz

# Gewusst wie

## Eine Geschichtskarte auswerten

**1. Der Kartentitel**

**Europa am Ende der Herrschaft Karls des Großen um 814**

**2. Die Legende**

- ungefähre Herrschaftsgrenze
- Frankenreich um 768
- Frankenreich um 814
- fränkisches Einflussgebiet
- Kirchenstaat unter Schutz des Frankenkaisers
- Züge der Wikinger
- Stammesgebiete

**3. Die Maßstabsleiste**

0 300 600 900 km

### Aufgaben

**1** Bestimme, welche Gebiete innerhalb des Frankenreichs lagen:
a) um das Jahr 768,
b) um das Jahr 814.

**2** Lokalisiere weitere große Reiche im Europa des Jahres 814.

**3** Zeichne eine eigene Geschichtskarte, die die Züge der Wikinger zeigt (Jahreszahlen, Pfeile, Beschriftung, Legende).

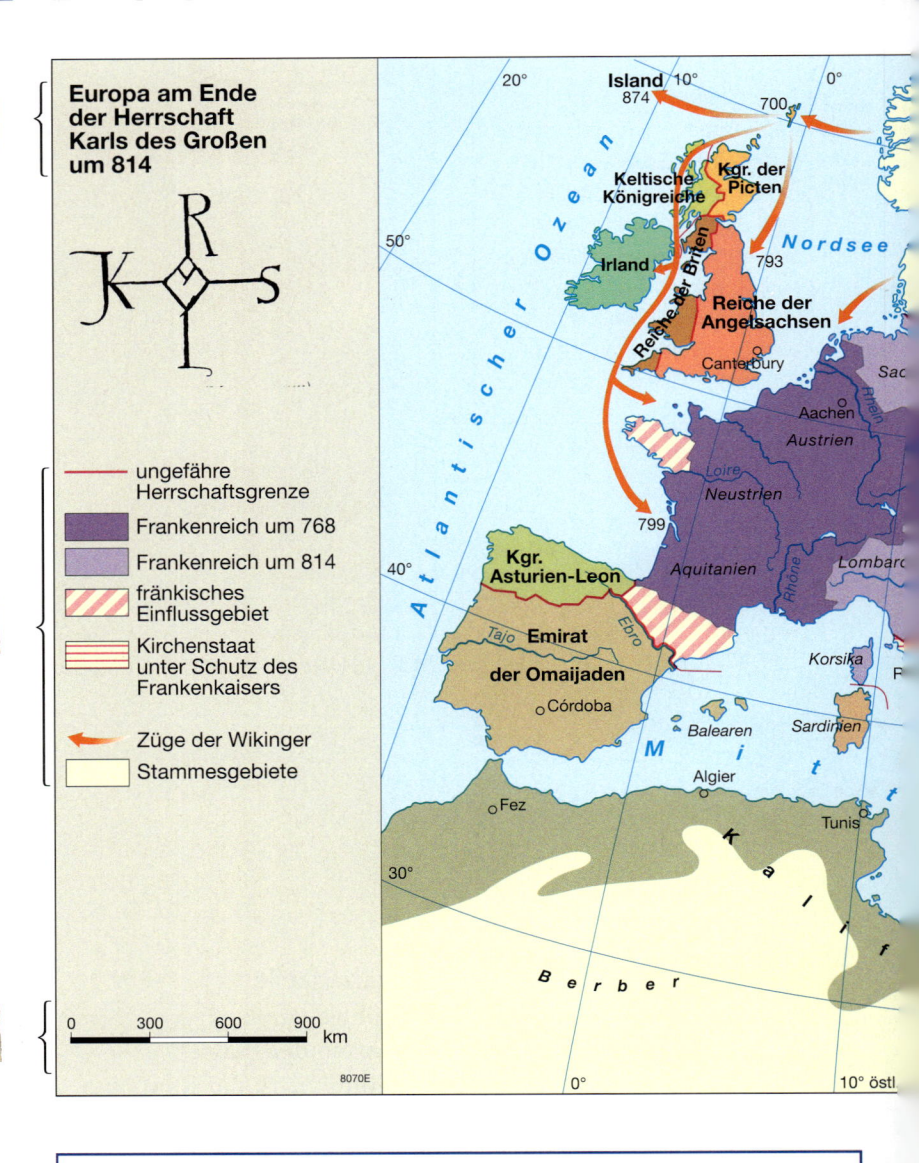

---

**Was alles zu einer Geschichtskarte gehört**

Welche Informationen eine Geschichtskarte enthält, kannst du hier lernen:

**1. Der Kartentitel:** Er gibt Auskunft über das Thema und das Zeitalter, das in einer Karte behandelt wird. Diese Karte hat den Titel: „Europa am Ende der Herrschaft Karls des Großen um 814".

**2. Die Legende:** Sie gibt Auskunft über die Bedeutung der Farben und Kartenzeichen. Die Flächenfarben in dieser Karte zeigen unter anderem die Ausdehnung des Frankenreichs 768 und 814. Als Signaturen (Kartenzeichen) sind zum Beispiel Pfeile für die Züge der Wikinger eingezeichnet.

**3. Die Maßstabsleiste:** Sie gibt die Entfernungen auf der Karte an. Ist an ihrer Stelle oder zusätzlich ein Maßstab aufgeführt, so zeigt dieser, wie stark die Inhalte der Karte gegenüber der Wirklichkeit verkleinert sind.

## Stadtluft macht frei – auch heute?

# Gewusst wie

4. **Die Beschriftung**

5. **Die Signaturen (Kartenzeichen)**

6. **Die Flächenfarben**

Das Frankenreich hat sich unter Karl dem Großen von 768 bis 814 von seinem Kernraum im heutigen Frankreich bis nach Italien, Bayern und Sachsen ausgeweitet. Das Einflussgebiet Karls ging weit darüber hinaus.
Von Norden drangen die Wikinger (Normannen) in Karls Reich ein.

**M1** *Auswertung der Karte „Europa am Ende der Herrschaft Karls des Großen um 814"*

4. **Die Beschriftung:** Sie enthält wichtige Namen. Auf dieser Karte sind unter anderem die Namen von Ländern und Volksgruppen eingetragen.

5. **Die Signaturen (Kartenzeichen):** Das können Punkte oder Linien sein. Die Pfeile in dieser Karte zählt man zu den Punkten. Sie zeigen an, in welche Richtung die Wikinger (Normannen) gezogen sind. Sie wanderten vom heutigen Norwegen nach Island, ins Reich der Angelsachsen und ins Reich Karls des Großen. Die roten Linien sind die Staatsgrenzen.

6. **Die Flächenfarben:** Sie zeigen größere zusammenhängende Gebiete. Auf dieser Karte ist unter anderem die Verbreitung des Frankenreichs um 768 und 814 durch unterschiedliche Farben dargestellt. Es hat sich in diesem Zeitraum bis nach Norditalien ausgebreitet. Die Kennzeichnung des „fränkischen Einflussgebietes" und des „Kirchenstaates" nennt man Flächenschraffur.

**Merke**
Eine Geschichtskarte gibt Auskunft über einen geschichtlichen Zeitraum. Die Legende hilft bei der Auswertung.

# Karl der Große – „Vater Europas"

### Info 1
**Kaiser**
Über dem König stand der Kaiser. Er wurde vom Papst gekrönt. Ein Kaiser hatte die Aufgabe, in seinem Reich die Gemeinschaft der Christen zu schützen.

### Aufgaben

**1** Begründe, warum der Papst Karl zum Kaiser gekrönt hat.

**2** Mit der Annahme der Kaiserkrone verpflichtete sich Karl zu einer wichtigen Aufgabe. Erläutere diese.

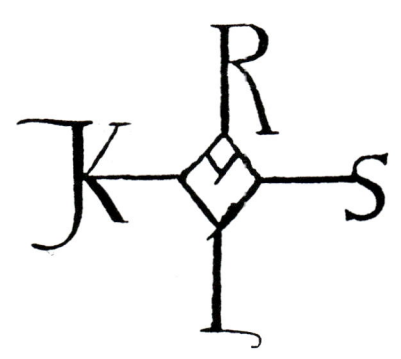

**M1** *Das kreuzförmige Namenszeichen (Monogramm) enthält die Buchstaben des lateinischen Namens Karolus. Wenn Karl unterschrieb, brachte er selbst nur den Haken für das L an. Damit war seine Unterschrift gültig.*

**M2** *Karl wurde im Jahr 800 zum Kaiser gekrönt.*

## Die Kaiserkrönung Karls des Großen

Das Reich Karls des Großen umfasste einen großen Teil Europas und war das Gebiet der römisch-katholischen Christen. Im Jahr 800 bat Papst Leo III. im Kirchenstaat Karl den Großen um Hilfe in einem Streit, den er mit den Römern hatte. Diese wollten seinen Einfluss als Papst verringern. Karl reagierte sofort: Er zog mit einem Heer nach Rom und es gelang ihm, die Macht des Papstes wieder zu festigen.

Da geschah eine Sensation. Beim weihnachtlichen Festgottesdienst in Rom setzte der Papst dem Frankenkönig eine goldene Krone auf und machte ihn damit zum Kaiser. Karls Titel lautete nun: „Karl, der erhabene, von Gott gekrönte, große und Friede bringende Kaiser, der das römische Reich regiert, und durch das Erbarmen Gottes König der Franken und Langobarden."

Karl nahm die Kaiserkrone an und verpflichtete sich damit, die Kirche zu schützen und den christlichen Glauben weiter zu verbreiten. Er war von nun an sowohl römischer Kaiser als auch König der Franken und der norditalienischen Langobarden. Jeder Untertan leistete einen Eid, in dem er Karl Treue und Gehorsam versprach.

# Eine Textquelle auswerten

## Gewusst wie

## Quelle

**Über Kaiser und Könige**
Der Kaiser ist das Oberhaupt des römisch-deutschen Reiches und gilt zugleich als Schirmherr der Christenheit. Das Recht, Kaiser zu werden, hat allein der König. Er empfängt die Kaiserwürde mit der Salbung und der Krönung durch den Papst.
Ist ein deutscher König zum Kaiser gekrönt, kann er noch zu seinen Lebzeiten den Weg freimachen für einen neuen deutschen König. Dieses Amt ist nicht erblich: Der König wird von den deutschen Fürsten gewählt. In der Regel versuchen die Kaiser, einen ihrer Söhne zum König wählen zu lassen.
(Nach H. Pleticha: Die Deutschen im Mittelalter: Nur jeder 50. ist Ritter. In: PM: Die Welt der Ritter, 1992, S. 27)

- Bericht, Urkunde oder Rede?
- Zeitzeuge oder später verfasst?
- Augenzeuge?
- Sachlicher Bericht oder gefühlsbetont?
- Absicht des Autors?

### So wertest du eine geschichtliche Textquelle aus

*1. Schritt:* Lies die Quelle sorgfältig durch.

*2. Schritt:* Schreibe alle unbekannten Wörter heraus. Schlage sie in einem Lexikon nach und erkläre sie anschließend selbst.

*3. Schritt:* Lies die Quelle ein zweites Mal durch. Beantworte nun folgende Fragen:

a) Handelt es sich um einen Bericht, eine Rede, ein Gesetz, eine Urkunde oder etwas anderes?

b) Sind die Autorin oder der Autor Zeitzeuge oder wurde die Quelle später geschrieben?

c) War die Autorin oder der Autor selbst anwesend, also ein Augenzeuge, als das Ereignis geschah?

d) Gibt die Autorin oder der Autor eine eigene Meinung wieder oder handelt es sich um einen nüchternen und sachlichen Bericht?

e) Verfolgt die Autorin oder der Autor bestimmte Absichten? Soll damit eine bestimmte Wirkung beim Leser erreicht werden? Denn einer geschichtlichen Quelle kann man nicht immer trauen! Es kommt darauf an, wer sie in damaliger Zeit geschrieben hat. Ein Freund wird anders schreiben als ein Feind!

## Aufgaben

**3** Lies die Quelle durch und werte sie aus. Gehe dabei schrittweise vor nach dem Text „So wertest du eine geschichtliche Textquelle aus".

**4** Schildere in drei Versionen ein bestimmtes Ereignis an deiner Schule:
a) Schreibe einen sachlichen Bericht, ohne dabei Gefühle auszudrücken.
b) Du bist selbst begeistert von dem Ereignis. Schreibe so den Text.
c) Du findest das Ereignis unmöglich und schreibst den Text entsprechend.
d) Schau dir die unterschiedliche Wortwahl bei den drei Texten an. Liste die Unterschiede auf.

## Info 2

**Quelle**
Eine geschichtliche Quelle informiert über die Vergangenheit. Die wichtigsten Quellen sind Texte. Sie stammen entweder direkt aus einer anderen Zeit oder sie berichten über die vergangene Zeit.
Zu den geschichtlichen Quellen können aber auch Bauwerke und Denkmäler, Kunstwerke, Waffen, Schmuck, Geräte, Münzen, Wappen, Siegel und einiges mehr gehören.

**Merke**
Karl wurde vom Papst in Rom zum Kaiser gekrönt. Er schützte die Kirche und verbreitete den christlichen Glauben.

# Ständeordnung und Lehnswesen

## Die Ständeordnung

Im Mittelalter gehörte jeder Mensch einem Stand an. Es gab drei Stände: Geistliche, Adlige, Bürger und Bauern. Wer als Bauernkind geboren war, konnte nicht in einen höheren Stand aufsteigen. Dies, das lehrte die Kirche, war von Gott so gewollt.

### Quelle 1

**Der Bischof von Leon zur Ständeordnung (1016)**
Das Haus Gottes ist dreigeteilt: Die einen beten, die anderen kämpfen, die dritten endlich arbeiten. Diese drei miteinander lebenden Schichten ... können nicht getrennt werden.
Die Dienste des einen sind die Bedingung für die Werke der beiden anderen. Jeder trachtet danach, das Ganze zu unterstützen.
(Oexle, Otto Gerhard: Die funktionelle Dreiteilung der Gesellschaft bei Adalbert von Leon, in: Mentalitäten im Mittelalter, Sigmaringen 1987, S. 83)

### Quelle 2

**Der Bischof von Worms zur Ständeordnung (1010)**
Wegen der Sünde des ersten Menschen ist dem Menschengeschlecht als Strafe Knechtschaft auferlegt worden. Gott hat jenen, für die die Freiheit nicht passt, in großer Barmherzigkeit die Knechtschaft auferlegt ... Die einen hat er zu Knechten, die anderen zu Herren eingesetzt.
(Nach: Ständelehre des Burchard von Worms, Geschichte in Quellen, Mittelalter, München 1975, S. 711 ff.)

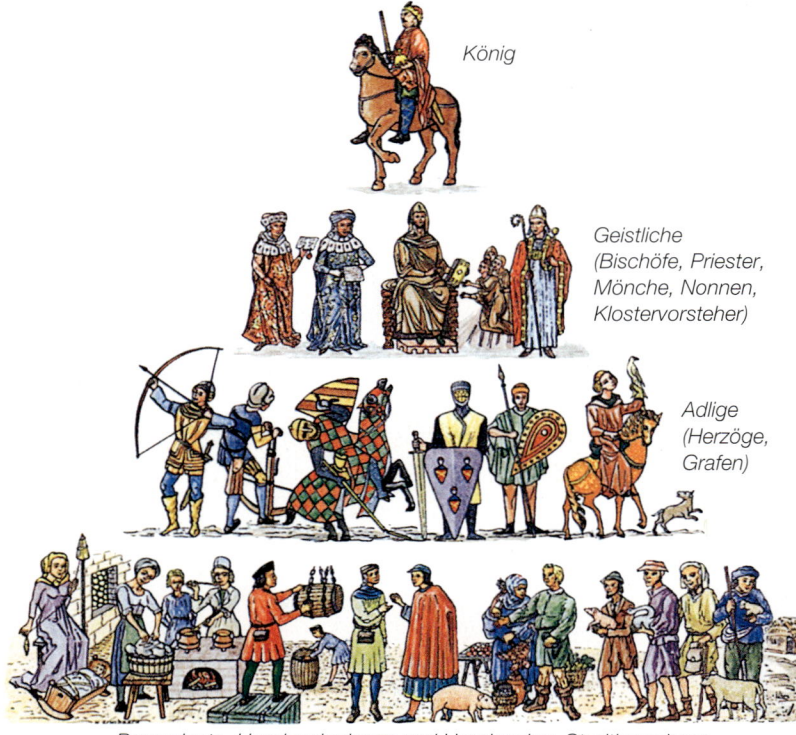

**M1** *Ständeordnung*
*Christus befiehlt den Ständen:*
*Du bete demütig! (links)*
*Du schütze! (rechts)*
*Und du arbeite! (unten)*
*(Holzstich, 1492)*

## Aufgaben

**1** Erkläre anhand der Zeichnung die mittelalterliche Ständeordnung (M2).

**2** Beschreibe den Holzschnitt von 1492 (M1). Welchem Stand befiehlt Christus zu beten, welchem zu schützen und welchem zu arbeiten?

**3** Erkläre mit eigenen Worten anhand des Textes, des Info-Textes und des Schaubildes M4 das Lehenswesen.

**4** Berichte, wie der Graf seine Vasallen belehnt (Quelle 3).

**5** Beschreibe die Abbildung aus dem Sachsenspiegel (M3).

**6** Welcher Vorgang aus dem Bericht über die Belehnung (Quelle 3) ist auf dem Bild (M3) dargestellt?

*König*

*Geistliche (Bischöfe, Priester, Mönche, Nonnen, Klostervorsteher)*

*Adlige (Herzöge, Grafen)*

*Bauersleute, Handwerkerinnen und Handwerker, Stadtbewohner*

**M2** *Ständeordnung im Mittelalter (heutige Zeichnung)*

## Stadtluft macht frei – auch heute?

### Das Lehenswesen

An der Spitze der Gesellschaft stand der König. Er war für die Verwaltung und den Schutz seines Landes zuständig. Außerdem gehörte ihm der größte Teil des Grund und Bodens. Bei seiner Arbeit halfen ihm die weltlichen und geistlichen Adligen, die Herzöge, Grafen und Bischöfe. Dafür und dass sie ihm gehorsam dienten, bekamen sie vom König Land geliehen, ein sogenanntes **Lehen** mit Burgen, Dörfern und Bauern. Nach ihrem Tod fiel das Land an den König zurück.

Im Laufe der Zeit konnten die weltlichen und geistlichen Adligen aber das Land behalten und vererbten es an ihre Söhne weiter. Die Adligen verliehen oft einen Teil ihres Landes an Ritter, die für sie dann Kriegsdienste leisten mussten. Dieses System heißt Lehenswesen.

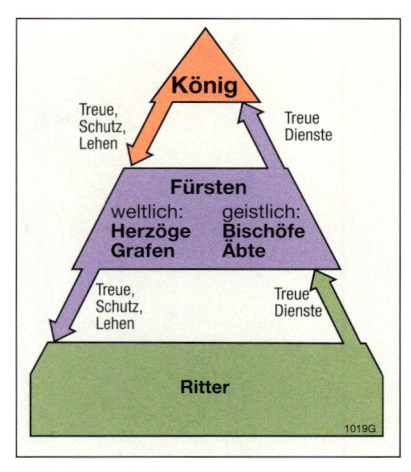

**M4** *Das Lehenswesen*

### Quelle 3

**Übergabe eines Lehens durch den Grafen von Flandern**
Der Graf fragte den zukünftigen **Vasallen**, ob er ohne Vorbehalt sein Mann werden wolle, und dieser antwortete: „Ich will es." Alsdann umschloss der Graf die zusammengelegten Hände des anderen mit seinen Händen, und sie besiegelten den Bund durch einen Kuss. Zweitens gab derjenige, der Mannschaft geleistet hatte, dem „Vorsprecher" des Grafen mit folgenden Worten sein Treueversprechen: „Ich verspreche bei meiner Treue, von nun an dem Grafen Wilhelm treu zu sein, aufrichtig und ohne Trug." Drittens bekräftigte er sein Versprechen durch einen Eid.
(Koschorrek, Walter: Der Sachsenspiegel in Bildern, Frankfurt/M. 1976, S. 118)

### Info

**Vasall**
Im Mittelalter eine andere Bezeichnung für den Lehensmann. Der Adlige begab sich in den Schutz eines mächtigen Herrn, erhielt von ihm ein Stück Land – ein Lehen – zum Unterhalt und verpflichtete sich dafür zu Rat und Hilfe.

**M3** *Ein Vasall mit zwei Lehensherren (Darstellung aus dem sogenannten Sachsenspiegel, einer Sammlung von Gesetzen aus dem 13. Jahrhundert. Der Ast und die Fahne sind Symbole für ein Lehen.*

### Merke
Im Mittelalter gehörte jeder Mensch zu einem Stand. An der Spitze stand der König. Er vergab Lehen an Geistliche und Adlige. Dafür erhielt er Unterstützung.

**Grundbegriffe**
- Lehen
- Vasall

# Leben auf dem Land

**M1** *Bauernhaus im Mittelalter*

**M2** *Wer ist von wem abhängig?*

Grundherr
König
Adelige
Klöster

Befreiung vom Kriegsdienst

Schutz, Hilfe, leiht Haus und Hof

Treue, Gehorsam

Abgaben, Dienste

abhängiger Bauer

## Bauern im Mittelalter

Im Mittelalter war die überaus große Mehrheit der Menschen Bauern. Sie lebten in Dörfern oder Einzelhöfen. Die Häuser waren sehr einfach gebaut. Holz, Lehm und Stroh waren die Baumaterialien. Zuerst wurde ein Gerüst aus Balken erstellt. Danach wurden die Zwischenräume mit einem Geflecht aus Weidenruten, Lehm und Stroh gefüllt. Ein solches **Fachwerkhaus** hatte meist nur ein oder zwei Räume. Glasfenster gab es nicht. Die wenigen Öffnungen waren mit Tierhäuten bespannt. Die Menschen lebten mit ihren Tieren unter einem Dach.

## Stadtluft macht frei – auch heute?

**M3** *In Bauernfamilien mussten alle mithelfen (um 1515).*

### Es war nicht leicht, ein Bauer zu sein

Die Bauern arbeiteten von Sonnenaufgang bis Sonnenuntergang. Dem Grundherrn gehörte das Land, das sie bewirtschafteten. Dies nennen wir **Grundherrschaft**. Mehrmals im Jahr leisteten die Bauern Abgaben an den Grundherrn in Form von Nahrungsmitteln. Als Gegenleistung bot der Grundherr ihnen Schutz und Freistellung vom Militärdienst. Die Bauern versorgten das Vieh, bearbeiteten die Felder und Wiesen und mussten ohne Bezahlung zusätzliche Dienste leisten. So mussten sie unter anderem Besorgungen erledigen und bei der Renovierung oder dem Umbau der Burg helfen.

Ein großer Teil der Bauern war vom Grundherrn persönlich abhängig, das heißt sie waren **Leibeigene** (auch **Hörige** genannt). Ohne die Genehmigung des Grundherren durften sie zum Beispiel nicht heiraten.

### Quelle

**Bericht aus dem Mittelalter**

Der Bauer wird wie das dumme Vieh in aller Unwissenheit erzogen. Er muss von morgens bis abends auf dem Acker arbeiten. Nachts muss er auf dem Feld wachen, damit das Wild nicht die Saat frisst. Zusätzlich wird er unaufhörlich mit Diensten, Botengängen, als Treiber auf der Jagd sowie mit Arbeiten auf der Burg geängstigt.

(Nach Franz, G.: Quellen zur Geschichte des deutschen Bauernstandes in der Neuzeit. Darmstadt 1963, S. 262)

### Aufgaben

**1** Beschreibe das Bauernhaus (M1). Was ist das Besondere bei diesem Haus?

**2** Die Bauern waren von den Grundherren abhängig. Begründe diesen Satz (M2).

**3** Betrachte die zwei Bilder (M3). Welche Tätigkeiten üben die Menschen aus?

### Merke
Das Leben der Bauern war hart und entbehrungsreich. Sie waren unfrei und mussten für den Grundherrn arbeiten.

### Grundbegriffe
- Fachwerkhaus
- Grundherrschaft
- Leibeigener (Höriger)

# Leben auf dem Land

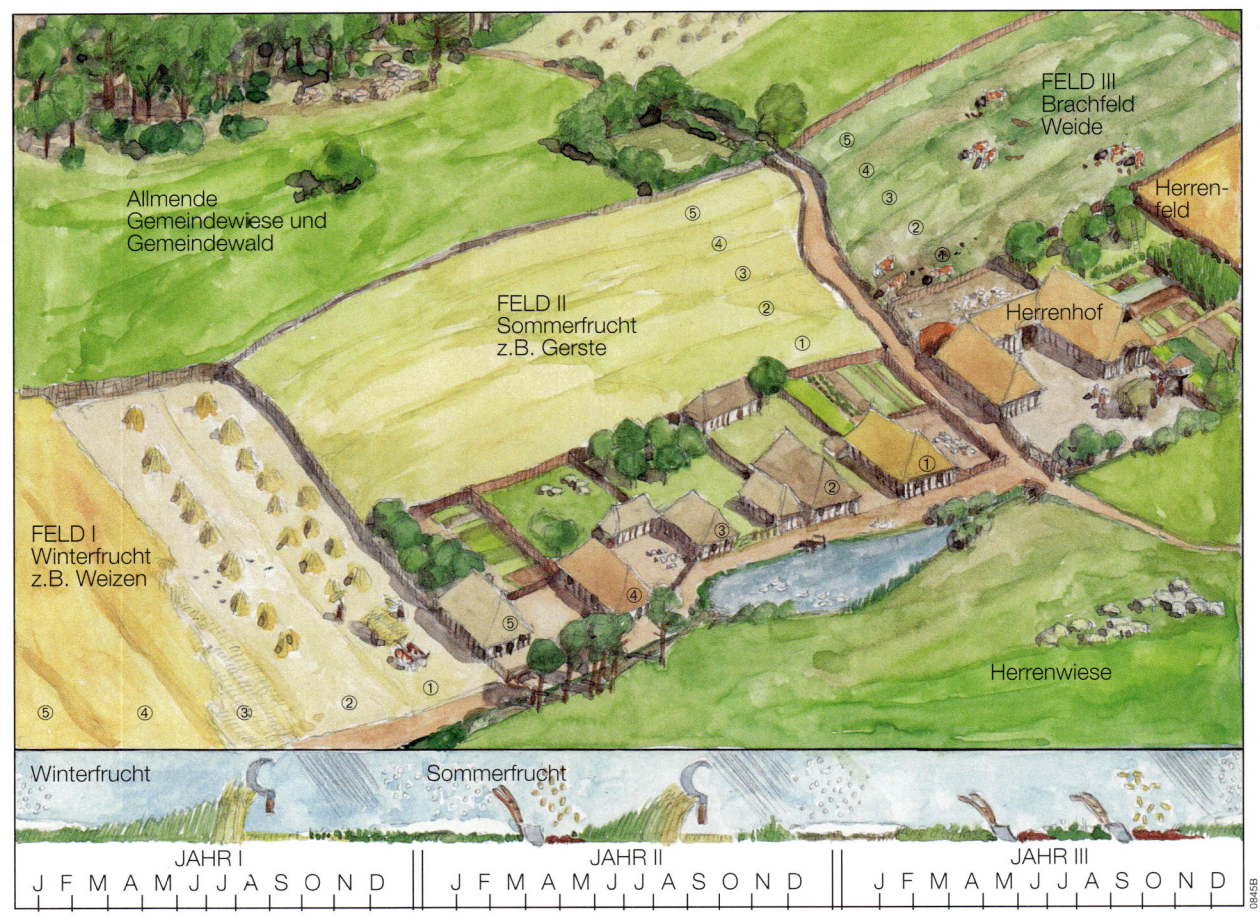

**M1** *Dreifelderwirtschaft*

## Die Dreifelderwirtschaft

Eine Ernte erbrachte damals nur das Dreifache der Aussaat. Davon musste der Bauer ein Drittel als Saatgut für das nächste Jahr zurücklegen und die hohen Abgaben an den Grundherrn bezahlen. Lediglich vom Rest konnte die Familie leben. Oft führten Unwetter, Kälte, Hitze, Ungeziefer-Plagen oder Kriege zu Missernten und damit zum Hungertod in ganzen Landstrichen.

Zwischen dem 7. und 14. Jahrhundert gab es wenig Seuchen in Europa. Dadurch wuchs die Bevölkerung auf 73 Millionen Menschen um das Jahr 1300. Sie alle mussten ernährt werden. Dies war nur möglich mit höheren Ernteerträgen und mehr Ackerland.

Die Einführung der **Dreifelderwirtschaft** mit Fruchtwechsel steigerte die Ernte. Früher ließ man die Hälfte des Bodens brach liegen, damit er sich erholen konnte. Nun teilte man das Ackerland in drei Teile und bepflanzte zwei davon; nur noch ein Drittel blieb ohne Anbau. Im Herbst säten die Bauern die Winterfrucht (Weizen, Dinkel, Roggen), im Frühjahr die Sommerfrucht (Hafer, Gerste und Anpflanzen von Gemüse).

## Aufgaben

**1** Erkläre anhand vor M1 die Dreifelderwirtschaft.

**2** Berichte über wichtige Erfindungen und Fortschritte in der Landwirtschaft (M1 – M4, Text).

**3** Vergleiche die Arbeit von Bauern im Mittelalter mit der Arbeit von Landwirten heute.

## Stadtluft macht frei – auch heute?

**M2** *Fortschritte in der Landwirtschaft*

Die alte Zweifelderwirtschaft

| | 1. Jahr | |
|---|---|---|
| | Getreide | kein Anbau |
| **2. Jahr** | kein Anbau | Getreide |
| **3. Jahr** | Getreide | kein Anbau |

Die neue Dreifelderwirtschaft

| | 1. Jahr | | |
|---|---|---|---|
| | Sommergetreide | Wintergetreide | kein Anbau |
| **2. Jahr** | kein Anbau | Sommergetreide | Wintergetreide |
| **3. Jahr** | Wintergetreide | kein Anbau | Sommergetreide |

**M3** *Ertragssteigerung durch die Dreifelderwirtschaft.*

**M4** *Neue Sense aus Eisen*

## Technischer Fortschritt

Um neues Ackerland zu gewinnen, rodeten die Menschen Waldgebiete und legten Sümpfe und Moore trocken.

Eine große Hilfe im Ackerbau war die Erfindung des sogenannten Wendepfluges. Er hatte ein eisernes Pflugmesser, mit dem der Bauer die Erde wenden, lockern und gleichzeitig das Unkraut untergraben konnte. Der Pflug hatte vorn Räder, ließ sich lenken und konnte auch schwere Böden bearbeiten. Das Pflugmesser drang tief in den Boden ein, sodass Ackerfurchen von 15 Zentimetern und mehr entstanden.

Der neue Pflug war sehr schwer. Bisher hatte man Ochsen vor den Pflug gespannt. Sie haben jedoch weniger Kraft als Pferde. Durch die Erfindung des Kummets konnten jetzt auch Pferde als Zugtiere eingesetzt werden. Ein Kummet ist ein gepolsterter Kragen, der die Last gleichmäßig auf Schultern und Brust des Tieres verteilt. Ein Pferd erbrachte viermal mehr Arbeitskraft als ein Ochse.

Neuartige Sensen aus Eisen und hölzerne Dreschflegel erleichterten zusätzlich die Arbeit der Bauern.

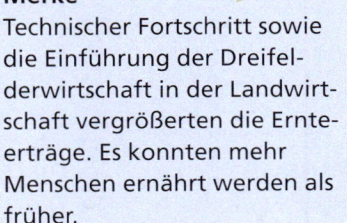

> **Merke**
> Technischer Fortschritt sowie die Einführung der Dreifelderwirtschaft in der Landwirtschaft vergrößerten die Ernteerträge. Es konnten mehr Menschen ernährt werden als früher.
>
> **Grundbegriff**
> • Dreifelderwirtschaft

# Leben auf der Burg

## Burgen

Im Mittelalter lebten die Grundherren (die Besitzer des Landes) und die **Ritter** in **Burgen**, während die abhängigen Bauern kleine Häuser bewohnten und das Land bearbeiteten.

Die Ritter waren Berufskrieger. Ihre Burgen dienten zur Verteidigung und zum Schutz der Bewohner, denn in Kriegszeiten fanden auch die abhängigen Bauern dort Zuflucht und Sicherheit. Oft wurden die Burgen von Feinden lange Zeit belagert.

Bildlegende:
① Eingang der Burg mit Zugbrücke, Fallgitter und Wassergraben
② Die Torwächter halten Wache.
③ Pferdeställe
④ Der Brunnen ist sehr wichtig für die Wasserversorgung der Burgbewohner.
⑤ Burgschmiede. Hier werden Waffen geschmiedet.
⑥ Vorratskeller. Vorräte sind bei einer Belagerung lebenswichtig.
⑦ Burgküche
⑧ Die Burgbrauerei liefert täglich frisches Bier.
⑨ Toiletten
⑩ Senkgrube
⑪ Zisterne. Hier wird Regenwasser aufgefangen.
⑫ Der Wehrgang verläuft oben über die gesamte Burgmauer. Hier wird gekämpft.
⑬ Der Bergfried ist der mächtigste Turm der Burg. Er bietet den meisten Schutz.
⑭ Raum des Burgverwalters
⑮ Wohnzimmer des Burgherrn
⑯ Burgkapelle
⑰ Der Rittersaal dient als Versammlungsraum der Ritter.
⑱ Wendeltreppe als Aufstieg zum Wehrgang
⑲ Burgverlies mit den Gefangenen

# Stadtluft macht frei – auch heute?

**M1** *Heutige Zeichnung einer Ritterburg*

**Merke**
Burgen dienten im Mittelalter als Wohnung der Ritter und Grundherrn sowie ihren Bediensteten. Eine Burg bot Schutz vor Feinden.

**Grundbegriffe**
- Ritter
- Burg

## Aufgabe

**1** Du bist ein Spion und sollst das Innere dieser Burg ausspionieren. Schleiche dich anhand der in der Legende angegebenen Nummern durch diese Burg und schreibe einen Bericht für deinen Auftraggeber.

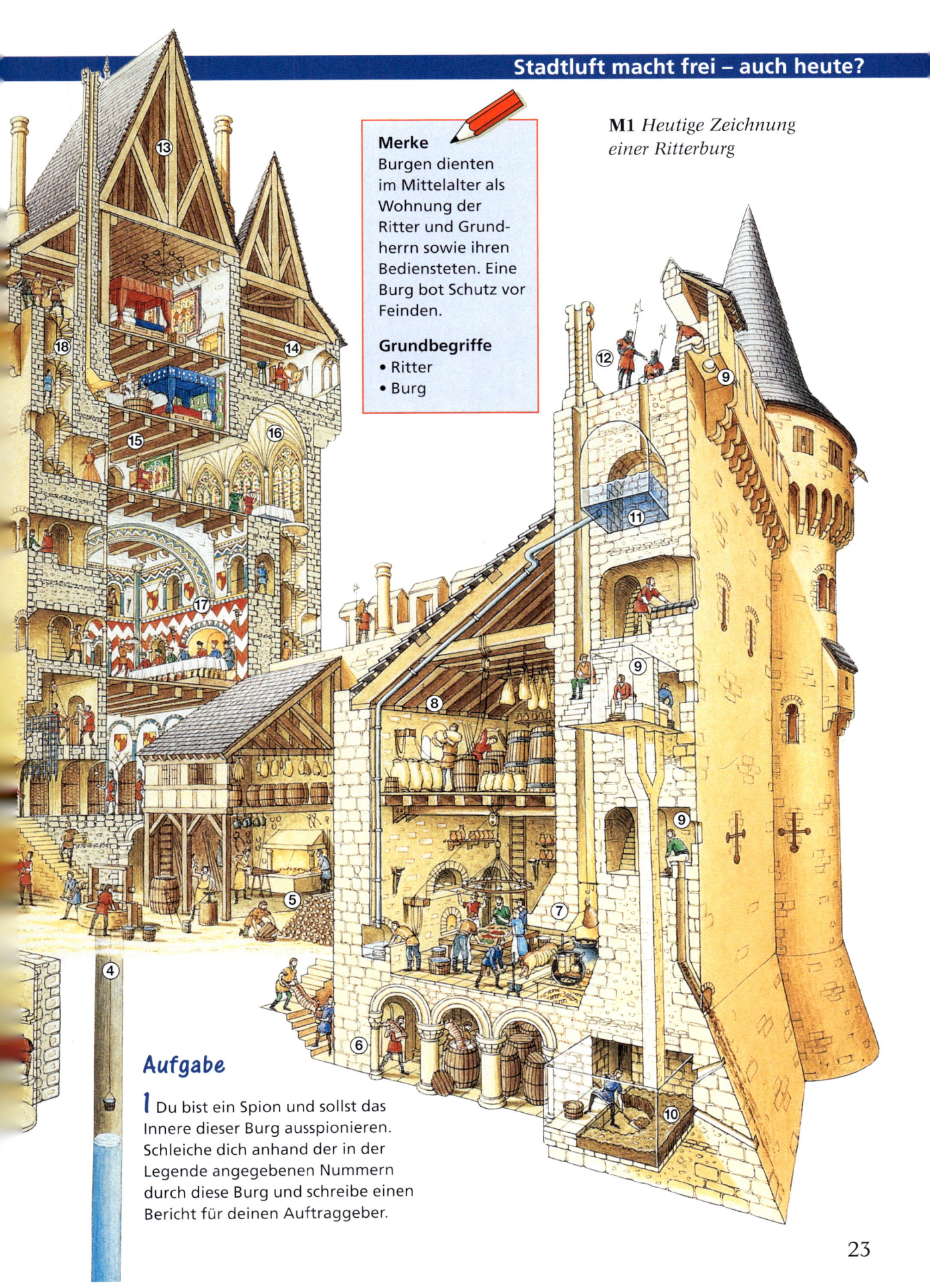

# Leben in der Stadt

**M1** *Plan einer typischen mittelalterlichen Stadt*

## Städte entstehen

Die ältesten Städte in Deutschland sind die Römerstädte an Rhein, Mosel und Donau. Seit dem 11. Jahrhundert nahm die Zahl der **Stadtgründungen** rasch zu, weil die Bevölkerung wuchs.

Einige Städte wurden von Königen und Fürsten planmäßig gegründet, andere entstanden in der Nachbarschaft von Burgen und Klöstern oder an Kreuzungen alter Handelswege sowie an Meeresbuchten oder seichten Flussübergängen (Furten). In den Städten war der Marktplatz der Mittelpunkt des Handels.

Manche Städte verwalteten sich selbst und waren freie Städte. Dann hatten sie ein Rathaus.

Mit den Fortschritten in der Landwirtschaft brauchte man nicht mehr so viele Bauern. Andere Berufe entstanden. Handwerker siedelten sich in den Städten an und trugen zum Aufblühen der Städte bei.

## Info

**Freie Städte**

Freie Städte waren Städte, die von den Bürgern selbst verwaltet wurden. Sie waren von keinem Herrn abhängig.
Rathaus und Stadtsiegel waren Kennzeichen einer freien Stadt. Die Bürger wählten einen Stadtrat und einen Bürgermeister. Der Bürgermeister besaß die Schlüssel zu den Stadttoren, leitete die Gerichtsverhandlungen und die Ratsversammlungen.

# Stadtluft macht frei – auch heute?

**M2** *Ratsversammlung einer mittelalterlichen Stadt*

## Aufgaben

**1** Erkläre den damals entstandenen Satz „Stadtluft macht frei."

**2** Besucht das Rathaus eurer Gemeinde und informiert euch über die Aufgaben der Bürgermeisterin oder des Bürgermeisters.

**3** Erkläre, warum viele neue Städte ab dem 11. Jahrhundert entstanden sind.

**4** Nenne wichtige Gebäude in einer mittelalterlichen Stadt. Wofür dienten sie?

**5** Menschen mit gleichen Berufen wohnten oft in der gleichen Straße. Nenne fünf Beispiele in M1.

## Das Leben in der Stadt

In der Stadt fühlten sich die Menschen sich ,. er. Eine Stadtmauer mit Türmen und Toren schützte die Bewohner und die Waren der Kaufleute. Nachts wurden die Stadttore geschlossen. Nachtwächter gingen mit Laternen durch die Gassen um Diebe abzuschrecken. In der Stadt herrschte Friedenspflicht. Keiner durfte Waffen tragen und Streitigkeiten musste ein Gericht klären.

Viele Bewohner der Städte waren **Bürger**. Man wurde Bürger, wenn man einem bestimmten Stand angehörte. Bürger konnten über ihr Eigentum selbst verfügen und sich durch ihre Arbeit Wohlstand erwerben. Allerdings musste jeder, der etwas besaß, an die Stadtverwaltung Steuern bezahlen.

## Das Aussehen der Stadt

In einer mittelalterlichen Stadt war wenig Platz. Wegen der Stadtmauer konnte sie nicht ins Umland wachsen. Die Häuser wurden eng aneinander gebaut. In den Gassen war es dunkel und stickig.

Das eindrucksvollste Gebäude war das Rathaus. Hier tagte der Stadtrat und beschloss wichtige Angelegenheiten. Oberster Vertreter der Stadt war der Bürgermeister. Zudem verfügten viele Städte über Getreidespeicher, die die Nahrungsmittelversorgung sicherten.

Die gleichen Handwerker wohnten oft in derselben Straße. So weisen noch heute Straßennamen auf Handwerkeransiedlungen in der Stadt hin, wie zum Beispiel Weber- oder Färbergasse.

Für kranke und alte Bewohner der Stadt gab es meist ein Spital, das durch Geldspenden von reichen Bürgern erhalten wurde.

> **Merke**
> Freie Städte im Mittelalter waren ein sicherer Wohnort für ihre Bürger. Sie wurden von einem Bürgermeister und einem Stadtrat geführt.
>
> **Grundbegriffe**
> - Stadtgründung
> - Bürger

# Leben in der Stadt

Von 100 Menschen in der Stadt gehörten neun zur Oberschicht: Patrizier und Großkaufleute

60 zur Mittelschicht: Handwerker und Kleinkaufleute

20 zur Unterschicht: Dienstboten, Tagelöhner, Kaufmannsgehilfen, Lehrlinge

11 zu den Randgruppen: Bettler, Arbeitslose, Henker, Gaukler, Juden, Zigeuner, Aussätzige

**M1** *Bevölkerungsschichten in der Stadt (Bürgerrechte hatten nur die Ober- und die Mittelschicht.)*

# Stadtluft macht frei – auch heute?

## Menschen in der Stadt

**1.** „Ich wohne mit meiner Frau und den Kindern in einem kleinen Fachwerkhaus in der Töpfergasse. Als Handwerker gehöre ich zur *...schicht*. Meine Werkstatt habe ich im Erdgeschoss. Oben essen und schlafen wir. Ich habe einen Gesellen und einen Lehrling. Sie haben es gut bei mir, geschlagen habe ich noch keinen. Nächsten Monat wird der Geselle auf Wanderschaft gehen. Er will auch bei anderen Meistern noch etwas lernen."

**2.** „Ich bin Kaufmann und handle mit Gewürzen und Pelzen. In der Schule lernte ich, wie man Briefe schreibt und wie man als Kaufmann rechnet. Früher kaufte ich selbst in ganz Europa Waren ein. Inzwischen erledige ich alle Geschäfte von meinem Kontor (Büro) aus. Ich habe mich mit anderen Kaufleuten zusammengeschlossen. Gemeinsam sorgen wir dafür, dass unsere Waren sicher befördert werden. Ich bin Angehöriger der *...schicht*."

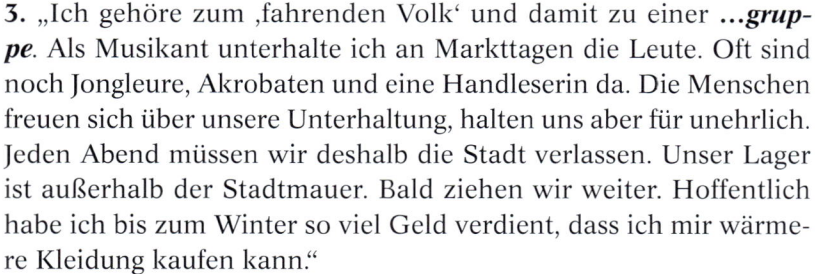

**3.** „Ich gehöre zum ‚fahrenden Volk' und damit zu einer *...gruppe*. Als Musikant unterhalte ich an Markttagen die Leute. Oft sind noch Jongleure, Akrobaten und eine Handleserin da. Die Menschen freuen sich über unsere Unterhaltung, halten uns aber für unehrlich. Jeden Abend müssen wir deshalb die Stadt verlassen. Unser Lager ist außerhalb der Stadtmauer. Bald ziehen wir weiter. Hoffentlich habe ich bis zum Winter so viel Geld verdient, dass ich mir wärmere Kleidung kaufen kann."

**4.** „Meine Frau und ich zählen zu den reichsten Familien der Stadt. Wir sind adelige Patrizier und bilden die oberste Gruppe der *...schicht*. Unser Haus ist mit prächtigen Giebeln und Glasfernstern ausgestattet."

**5.** „Als Angehöriger einer nichtchristlichen Religion gehöre ich zu den *...gruppen*. Wir müssen in einem eigenen Teil der Stadt leben und sind häufig vom städtischen Leben ausgeschlossen."

**6.** „Ich habe Glück, dass mich der Bäcker als Magd aufgenommen hat. So habe ich genug zu essen und der Meister erlaubt, dass ich meiner Familie ab und zu ein altes Brot bringe. Mein Vater findet nur selten Arbeit als Knecht, weil er alt ist. Meine Mutter ist krank und schwach. Ich habe noch acht jüngere Geschwister, die bei meinen Eltern in einer kleinen Hütte an der Stadtmauer wohnen. Alle Leute, die so arm sind wie wir, haben kein Bürgerrecht. Wir dürfen nicht ohne Erlaubnis heiraten und sind immer von den Reichen abhängig, deshalb gehöre ich zur *...schicht*."

**M2** *Einwohner in der Stadt*

## Aufgaben

**1** a) Ordne die Aussagen 1.–6. den Personen auf den Bildern (a)–(f) in M2 zu.
b) Welchen Bevölkerungsschichten gehören die Personen aus den Texten 1.–6. an (M1)?

**2** Vergleiche die Situation des Fernhandelskaufmanns mit dem der Magd. Schreibe Unterschiede auf.

**3** Warum geht der Töpfergeselle auf Wanderschaft?

### Merke
Die Menschen in der Stadt gehören verschiedenen Bevölkerungsschichten an.

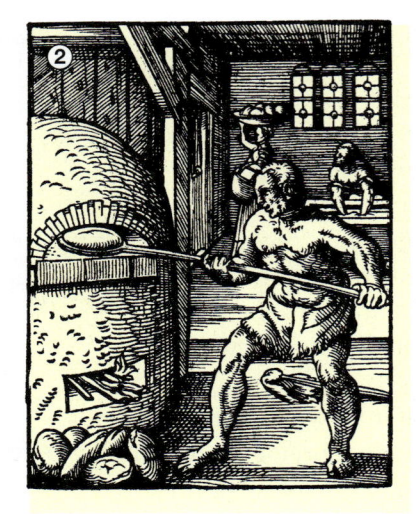

# Leben in der Stadt

**M1** *Handwerk und Handel (Holzschnitte, 1568)*

## Aufgabe

**1** a) Ordne die fünf Zunftwappen (M2) den Handwerker-Bildern (M1) zu.
b) Ein Zunftwappen fehlt in M1. Entwirf ein Wappen für dieses fehlende Handwerk.

**M2** *Zunftwappen*

## Harte Arbeit, strenge Regeln – die Zunft

Die Handwerker der einzelnen Berufe schlossen sich zu **Zünften** mit eigenen Zunftzeichen zusammen. Nur wer Mitglied einer Zunft war, durfte seinen Beruf ausüben. Die Zünfte legten die Löhne und die Preise der Waren fest. Die Zünfte empfanden sich als „große Familie". Hochzeiten fanden im Zunfthaus statt. Nach dem Tod eines Handwerkers kümmerte sich die Zunft um Frau und Kinder.

## Stadtluft macht frei – auch heute?

**M3** *Marktszene*

### Aufgaben

**2** a) Betrachte die Marktszene auf den Seiten 6/7 und suche darin den Ausschnitt M3.
b) Nenne Waren, die auf dem Bild Seiten 6/7 verkauft werden.

**3** Der Markt war ein Treffpunkt. Erläutere (M4).

**4** a) Wozu diente die Marktordnung (Quelle)?
b) Hältst du bei einem Verstoß die Strafen für sinnvoll?

### Der Markt

Neben der Stadtmauer, dem Rathaus und der Stadtkirche war der Marktplatz das besondere Kennzeichen einer Stadt. Das Recht, **Markt** zu halten, war wichtig, denn der Markt zog Menschen und ihr Geld an. An den festgelegten Markttagen herrschte lebhaftes und lautstarkes Treiben. Bauern aus der Umgebung kamen mit Geflügel, Eiern, Honig, Gemüse und Vieh in die Stadt. Handwerker boten Töpfe, Schuhe, Messer und Äxte an. Bäcker und Schlachter arbeiteten an ihren Verkaufsständen. Fernhändler verkauften kostbare Gewürze wie Pfeffer, Ingwer und Muskat, wertvolle Seidenstoffe aus China und Pelze aus Russland. Hier auf dem Markt traf man Bekannte und erfuhr Neuigkeiten.

Voraussetzung für das geschäftige Marktgeschehen waren Frieden und Sicherheit. Deshalb erließ der Stadtrat eine **Marktordnung**. So war zum Beispiel das Tragen von Waffen in der Stadt verboten. Wer dagegen verstieß, musste eine hohe Geldstrafe zahlen.

**Projektvorschlag:**
Befragt in Gruppen verschiedene Handwerker in eurer Umgebung daraufhin, wie sich ihre Tätigkeit im Laufe der Zeit verändert hat. Schreibt darüber Berichte.

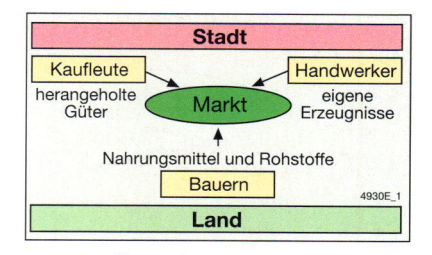

**M4** *Treffpunkt Markt*

### Quelle

**Marktordnung**

„Wir verordnen, dass außerhalb des öffentlichen Marktes kein Verkauf stattfinden darf. Wer dagegen verstößt, soll der Stadt 6 Schillinge und dem Richter 60 Pfennige zahlen. Hat er kein Geld, so wird ihm die Hand abgeschlagen. Wir ordnen ferner an, dass zwei gute und mittelgroße Würste für 1 Pfennig verkauft werden. Sie dürfen nur aus reinem Schweinefleisch hergestellt werden. Von krankem Fleisch dürfen keine Würste gemacht werden. Wer dagegen verstößt, soll 1 Pfund Pfennige zahlen und für die Dauer eines Jahres vom Handwerk ausgeschlossen werden.
Lotterbuben aller Art und fahrende Schüler mit langem Haar halten wir fern. Die Leute, die sie über eine Nacht hinaus beherbergen, verurteilen wir zu 1 Pfund Pfennige." [1 Pfund Pfennige = 240 Pfennige = 8 Schillinge]
(Nach: Quellen zur Wirtschafts- und Sozialgeschichte mittel- und süddeutscher Städte im Spätmittelalter; ausgewählt und übersetzt von G. Möncke, Darmstadt 1982, S.49ff)

### Merke
Städte waren bedeutende Handelsplätze. Der Markt war Treffpunkt und Mittelpunkt des Stadtlebens. Die Handwerker waren in Zünften organisiert.

### Grundbegriffe
- Zunft
- Markt
- Marktordnung

# Zeitsprung

# Mittelalterliche Stadt Lübeck

**1143** Graf Adolf II. gründet auf der hügeligen Halbinsel zwischen Trave und Wakenitz die deutsche Stadt Lübeck als bescheidene kaufmännische Siedlung. An diesem Ort existierten bereits die slawische Burg Bucu und eine slawische Besiedlung.
**1181** Heinrich der Löwe, der bisherige Stadtherr, wird geächtet. Lübeck wird von Kaiser Barbarossa eingenommen und mit zahlreichen Vorrechten ausgestattet.
**1251** Große Stadtbrände verwüsten die noch größtenteils aus Holzbauten bestehende Stadt – Übergang zum Backsteinbau.
**1350** Vollendung der Marienkirche.
**1358** Erster Hansetag in Lübeck.
**1535** Errichtung neuer Stadtbefestigungen (Wallanlagen).
**1942** Am 28. März werden große Teile der Altstadt durch Bomben vernichtet.
**1961** Alle Türme der zerstörten Kirchen sind wieder aufgebaut.
**1987** Die UNESCO erklärt die Altstadtbereiche Lübecks zum Weltkulturerbe – das erste Kulturdenkmal dieser Art in Deutschland, da es bis dahin nur Einzelobjekte waren.

**M1** *Aus der Geschichte Lübecks*

**M3** *Holstentor und gotische Stadtkirchen*

## Lübeck – eine mittelalterliche Stadt heute

„… Stadtmauer umgeben war. Darauf deutet noch heute ein Straßenname hin." Diese Erklärungen eines mittelalterlich verkleideten „Laternenmannes" hört Christine per Zufall am Ende eines Einkaufsbummels mit ihren Eltern durch die Lübecker Altstadt. „Bleibt stehen und lasst uns den Erklärungen des Stadtführers zuhören", schlägt Christine ihrer Mutter vor.

„Von den Stadttoren sind bis heute das berühmte Holstentor im Westen und das Burgtor im Norden erhalten. Sie sind in der heutigen Form im 15. Jahrhundert errichtet worden und sie sind genauso Zeugnisse der Geschichte von Lübeck wie die gotischen Stadtkirchen. Den Mittelpunkt der mittelalterlichen Stadt bildeten das Rathaus, vor dem wir hier stehen, und die doppeltürmige Marienkirche – bauliche Symbole weltlicher und religiöser Macht. Noch weitere Kirchen prägen bis in die Gegenwart unsere Stadtkrone – wie im Mittelalter auch in anderen Städten. Nach Zerstö-

**M2** *Ansicht der Stadt Lübeck um 1635*

## Stadtluft macht frei – auch heute?

# Zeitsprung

**M4** *Historischer Straßenzug – Füchtingshof*

## Aufgaben

**1** Vergleiche M2 und M5. Schreibe Gemeinsamkeiten auf. Welche Veränderungen lassen sich erkennen? Beachte die unterschiedlichen Blickrichtungen.

**2** Schreibe Merkmale der mittelalterlichen Stadt auf (Text, M2–M5 sowie M2 und M3 auf Seite 32).

rungen im Zweiten Weltkrieg hat man die alten Lübecker Kirchen wieder errichtet. Die Kirchen waren auch Ausdruck der früheren **Stadtviertel**. In den Vierteln des mittelalterlichen Lübecks wohnten unterschiedliche soziale Gruppen von Menschen. Ihren Wohlstand, ihre Stellung innerhalb der Stadtgesellschaft und ihre Berufe kann man bis in die Gegenwart an den Wohnhäusern – und auch an den Kirchen – erkennen. Das werden wir bei unserem Stadtrundgang gleich sehen." Mit diesen Worten beginnt der „Laternenmann" seine Führung durch die Altstadt von Lübeck.

„Das gegliederte Stadtbild ist Ausdruck der Gesellschaftsordnung im mittelalterlichen Lübeck. Die Rangfolge in der Größe und im Aussehen der kirchlichen, städtischen und privaten Gebäude wurde ebenso eingehalten wie die gesellschaftliche Hierarchie: Rat und Geistlichkeit, Kaufmannschaft, Handwerker, Lohnabhängige. Die reichen Kaufleute wohnten in Hafennähe in prachtvollen, herrschaftlichen Großbürgerhäusern, während die kleinen Armenbuden an Arme und Obdachlose vergeben wurden."

**Merke**
Zeugnisse der mittelalterlichen Stadt Lübeck sind das Holstentor, das Burgtor, die Stadtkirchen und das Rathaus. Das Stadtbild war Ausdruck der Gesellschaftsordnung.

**Grundbegriff**
• Stadtviertel

**M5** *Ansicht der heutigen Stadt Lübeck*

# Zeitsprung

# Mittelalterliche Stadt Lübeck

## Aufgaben

**1** Erläutere die räumliche Gliederung von Lübeck im Mittelalter (M2, M3).

**2** In der City „stoßen" Mittelalter und Gegenwart unmittelbar aufeinander. Erkläre mithilfe von M3–M5.

| Jahr | Einwohner |
|------|-----------|
| 1350 | 18,0 |
| 1400 | 17,2 |
| 1871 | 48,3 |
| 1900 | 93,2 |
| 1939 | 154,8 |
| 1950 | 238,3 |
| 2000 | 215,3 |
| 2008 | 211,5 |

**M1** *Lübeck – Bevölkerungsentwicklung (Einwohner in 1 000)*

## Die Entwicklung von Lübeck

Lübeck soll dir als Beispiel Anregungen geben, die Vergangenheit und heutige Merkmale anderer Städte aus dem Mittelalter zu untersuchen. Vielleicht habt ihr auf Klassenfahrten und bei Tagesexkursionen die Gelegenheit, in einer Stadt auf Spurensuche zu gehen (siehe auch Seiten 34–35).

Die mittelalterliche Stadt Lübeck ist in ihrer Ausdehnung flächengleich mit der heutigen Innenstadt. Sie ist umgeben von Wohnvierteln des 19. Jahrhunderts. Seit 1900 hat sich an der Untertrave ein Industriegebiet in Hafennähe als Industriegasse entwickelt. Am Stadtrand sind neue Wohngebiete entstanden.

Die **Altstadt** stellt den Kern der Großstadt Lübeck dar, die heute das Oberzentrum im östlichen Schleswig-Holstein ist. Ein Teil der Lübecker Altstadt hat sich zur **City** entwickelt. Sie ist das Geschäfts-, Kultur- und Verwaltungszentrum. Neben dem Rathaus häufen sich in der City weitere öffentliche und private Dienstleistungseinrichtungen: Dienststellen der Stadtbehörden, Büros, Arztpraxen, Rechtsanwaltskanzleien. So werden sie nicht nur von Lübeckern, sondern auch von

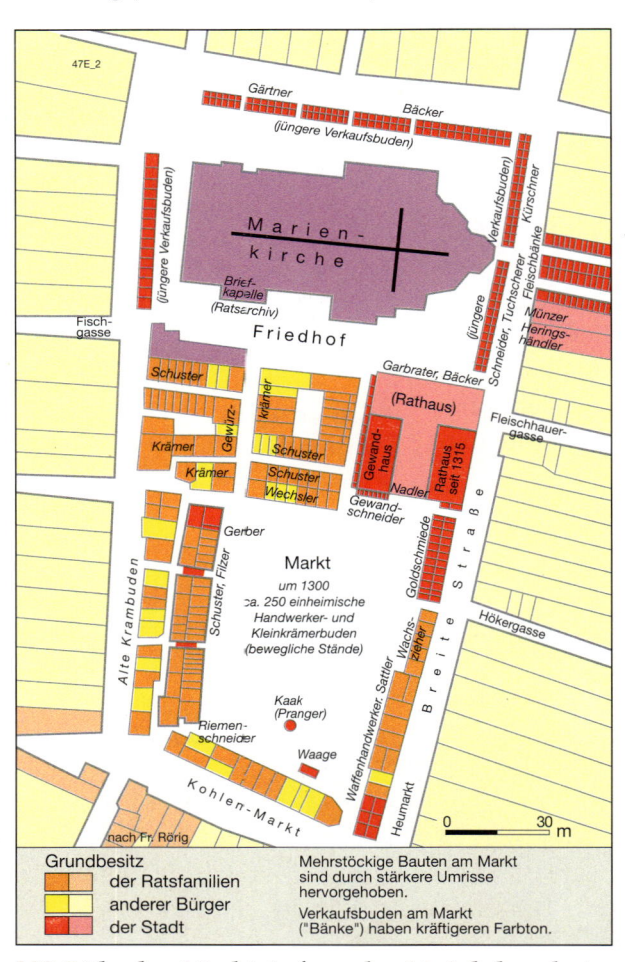

**M2** *Lübecker Markt Anfang des 14. Jahrhunderts*

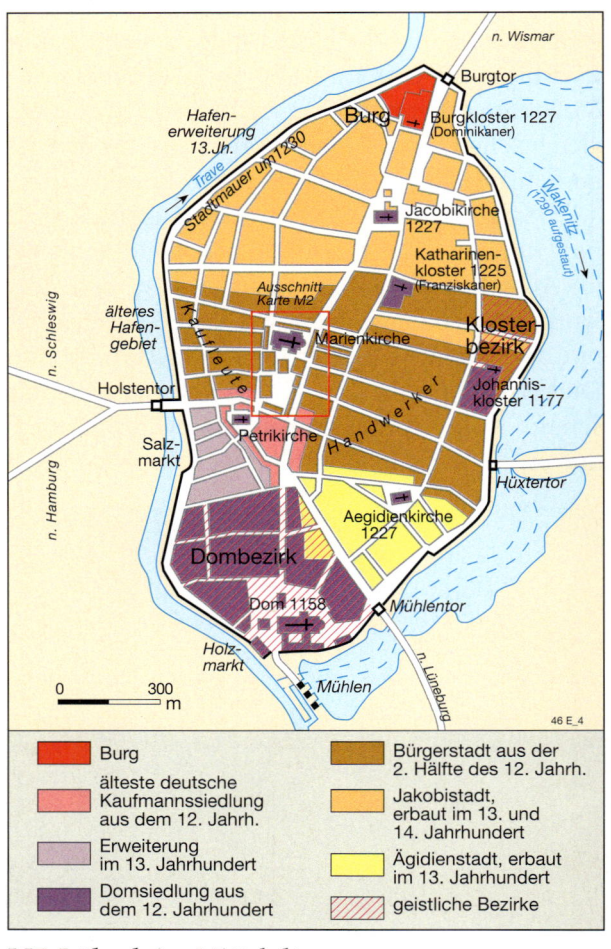

**M3** *Lübeck im Mittelalter*

## Stadtluft macht frei – auch heute?

# Zeitsprung

Einwohnern eines Einzugsbereichs, der über die Stadtgrenze hinausreicht, in Anspruch genommen.

Tagsüber herrscht in der Fußgängerzone oft großes Gedränge. Viele Menschen – auch von außerhalb – kaufen in den Warenhäusern und Spezialgeschäften ein; zahlreiche Touristen besichtigen die Museen, suchen die Sehenswürdigkeiten auf und kehren in den vielen Cafés und Gaststätten ein. Abseits der Fußgängerzone nimmt die Anzahl der Geschäfte ab. Hier findet man mehr Wohnungen als in der City.

**M4** *In der City von Lübeck*

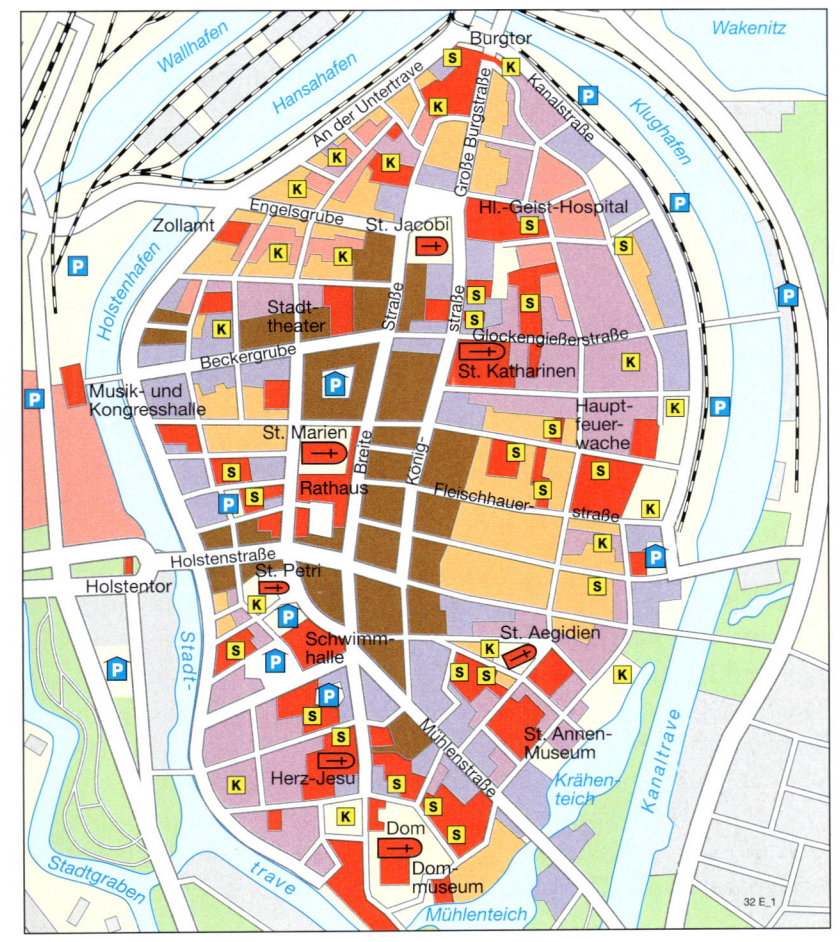

**M5** *Lübeck heute*

## Aufgaben

**3** In der mittelalterlichen Stadt lebten verschiedene Bevölkerungsgruppen zusammen. Belege diese Aussage anhand von M2, M3 und M5.

**4** Mittelalterliche Stadt – Altstadt – Innenstadt. Nimm Stellung zu diesen Begriffen.

**5** Beschreibe Merkmale der City und untersuche den Wandel der heutigen Innenstadt seit dem Mittelalter (M3, M5).

### Merke
Lübeck ist heute eine Großstadt. Im Kern befindet sich die Altstadt mit vielen Gebäuden aus dem Mittelalter. Ein Teil der Altstadt hat sich zur City entwickelt.

### Grundbegriffe
- Altstadt
- City

# Gewusst wie

# Spurensuche in unserer Stadt

## Auf Spurensuche

Noch heute übt das Mittelalter auf viele Menschen eine große Anziehungskraft aus: Zum Vergnügen speisen sie wie an einer Rittertafel, besuchen Ritterfestspiele oder mittelalterliche Handwerkermärkte oder schließen sich zu Vereinen zusammen, um in ihrer Freizeit wie im Mittelalter zu leben.

In vielen Dörfern und Städten finden wir bis in die Gegenwart erhaltene Spuren aus dieser Zeit. Burgen, Klöster, Stadtmauern, Stadttürme, Straßennamen, Fachwerkhäuser geben uns über die damalige Lebensweise Auskunft.

Ein Baudenkmal aus der Nähe zu betrachten, macht mehr Spaß als sich aus Büchern oder Filmen zu informieren. Hier findest du eine Anleitung, wie du ein solches Baudenkmal selbstständig erkunden kannst:

## 1. Vorbereitung der Erkundung

Wähle ein geeignetes Objekt in der Nähe deiner Heimatgemeinde aus.

Hinweise dazu findest du in Chroniken, Stadtführern, Pfarreien, Bibliotheken usw.

Vor jeder Erkundung ist wichtig, dass du genau weißt, welches Ergebnis du am Ende haben willst, z. B. einen Bericht, ein Theaterstück, eine Wandzeitung oder eine Fotoausstellung. Historische Baudenkmäler kann man vermessen, zeichnen oder nachbauen. Man kann ihre damalige Aufgabe mit heute vergleichen. Je nach Schwerpunkt deiner Erkundung planst du Termine, Interviews, Besichtigungen und den Zeitaufwand für die Auswertung.

Lege auf jeden Fall den Tag fest, an dem dein Ergebnis vorgestellt werden soll. Erstelle einen Arbeitsplan. Besorge dir das benötigte Arbeitsmaterial, z. B. Notizblock, Kassettenrecorder, Fotoapparat.

## Stadtluft macht frei - auch heute?

# Gewusst wie

## 2. Durchführung der Erkundung

Wichtige Tipps:
- Achte auf sorgsamen Umgang mit den Gegenständen, Denkmälern.
- Sei freundlich und höflich im Umgang mit Interviewpartnern.
- Frage immer vorher nach, ob Fotografieren oder Kassettenmitschnitt erlaubt sind.

## 3. Auswertung

- Ordne deine Ergebnisse nach Teilüberschriften.
- Fertige saubere Darstellungen.
- Achte darauf, dass deine Ergebnisse für andere etwas Neues enthalten.
- Schreibe genau auf, mit welchen Worten du den anderen dein Ergebnis vorstellen möchtest.
- Überlege dir, an welcher Stelle du ein Foto, ein Hörbeispiel, einen Filmausschnitt oder eine Zeichnung einsetzen willst.

## 4. Präsentation

- Stelle die Geräte bereit, die du brauchst, wie Kassettenrecorder, Pinnwand, Tafel, Computer, Beamer.
- Sprich langsam und deutlich, schau die Zuhörer an, plane Sprechpausen für Zwischenfragen ein.

## 5. Nachbereitung

Frage dein Publikum, wie ihm dein Vortrag gefallen hat, was besonders gut gelungen ist und was du beim nächsten Mal verbessern kannst.

## Alles klar?

# Stadtluft macht frei – auch heute?

### 1. Die Pfalz Karls des Großen

Aus welchen Teilen besteht die Pfalz? Notiere die Ziffern mit den entsprechenden Begriffen in deinem Heft.

### 2. Die Dreifelderwirtschaft

a) Zeichne die Abbildung in dein Heft oder lege Transparentpapier darauf und übertrage sie. Schreibe die fehlenden Feldfrüchte hinein.

b) Worin unterscheidet sich die Dreifelderwirtschaft von der alten Zweifelderwirtschaft? Warum kann man sie als Fortschritt bezeichnen?

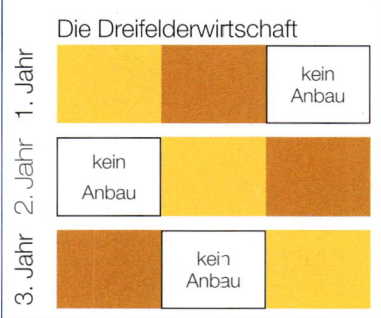

### 3. Rätsel: Die mittelalterliche Stadt

a) Male das Rätsel in dein Heft oder lege Transparentpapier auf das Rätsel. Schreibe die gesuchten acht Begriffe auf. Sie haben alle etwas mit der mittelalterlichen Stadt zu tun.

b) Erkläre jeden Begriff.

1. Ältester Teil einer Stadt
2. Zusammenschluss von Handwerkern
3. Bewohner der Stadt
4. Schmale Straßen
5. Zentraler Platz in einer Stadt
6. Befestigung um eine Stadt herum
7. Durchgang durch die Stadtbefestigung
8. Vorschrift für die Durchführung eines Marktes

# Das Wichtigste

## Lebendige Vergangenheit

Das Mittelalter ist die Zeit von 500 bis 1500 n.Chr. Den Zeitabschnitt vor dem Mittelalter nennen wir Antike oder Altertum. Nach dem Mittelalter beginnt die Neuzeit. Im Mittelalter wurden Kirchen im gotischen Stil erbaut. Typisch für diesen Baustil sind die Spitzbögen.

## Karl der Große – „Vater Europas"

Karl der Große regierte das Frankenreich von 771 bis zu seinem Tod 814. Mit nur 29 Jahren übernahm er die Alleinherrschaft im Frankenreich. Er reiste mit seinem Hofstaat durch das Reich und machte jeweils für einige Wochen Station in einer Pfalz. Karl der Große wird wegen seines großen Reiches auch „Vater Europas" genannt.

## Ständeordnung und Lehenswesen

Im Mittelalter gehörte jeder Mensch zu einem Stand. An der Spitze der Gesellschaft stand der König bzw. Kaiser. Er vergab Lehen an Geistliche und Adlige. Dazu gehörten Felder, Dörfer und Bauern. Dafür erhielt er Unterstützung von den Vasallen.

## Leben auf dem Land, auf der Burg und in der Stadt

Im Mittelalter waren fast alle Menschen Bauern. Sie waren unfrei und mussten für den Grundherrn arbeiten. Als Gegenleistung bot der Grundherr ihnen Schutz und Freistellung vom Militärdienst. Mit der Einführung der Dreifelderwirtschaft und aufgrund technischer Fortschritte in der Landwirtschaft konnten mehr Menschen ernährt werden als früher.
Die Grundherren und die Ritter wohnten auf Burgen. Die Ritter waren Berufskrieger. Ihre Burgen dienten der Verteidigung. In Kriegszeiten fanden auch die abhängigen Bauern dort Zuflucht und Sicherheit.
In den Städten war der Marktplatz der Mittelpunkt des Handels. Das eindrucksvollste Gebäude war das Rathaus. Hier tagte der Stadtrat mit dem Bürgermeister. Die Menschen in der Stadt gehörten verschiedenen Schichten an. Die Handwerker der einzelnen Berufe schlossen sich zu Zünften zusammen.

## Zeitsprung: Mittelalterliche Stadt Lübeck

Die heutige Innenstadt entspricht in ihrer Ausdehnung der mittelalterlichen Stadt Lübeck. Sie ist heute umgeben von Wohnvierteln und Industriegebieten. Die City mit der Fußgängerzone ist das Geschäfts-, Kultur- und Verwaltungszentrum der Stadt.

**Grundbegriffe**
- Mittelalter
- gotischer Stil
- Karl der Große
- Pfalz
- Lehen
- Vasall
- Fachwerkhaus
- Grundherrschaft
- Leibeigener (Höriger)
- Dreifelderwirtschaft
- Ritter
- Burg
- Stadtgründung
- Bürger
- Zunft
- Markt
- Marktordnung
- Stadtviertel
- Altstadt
- City

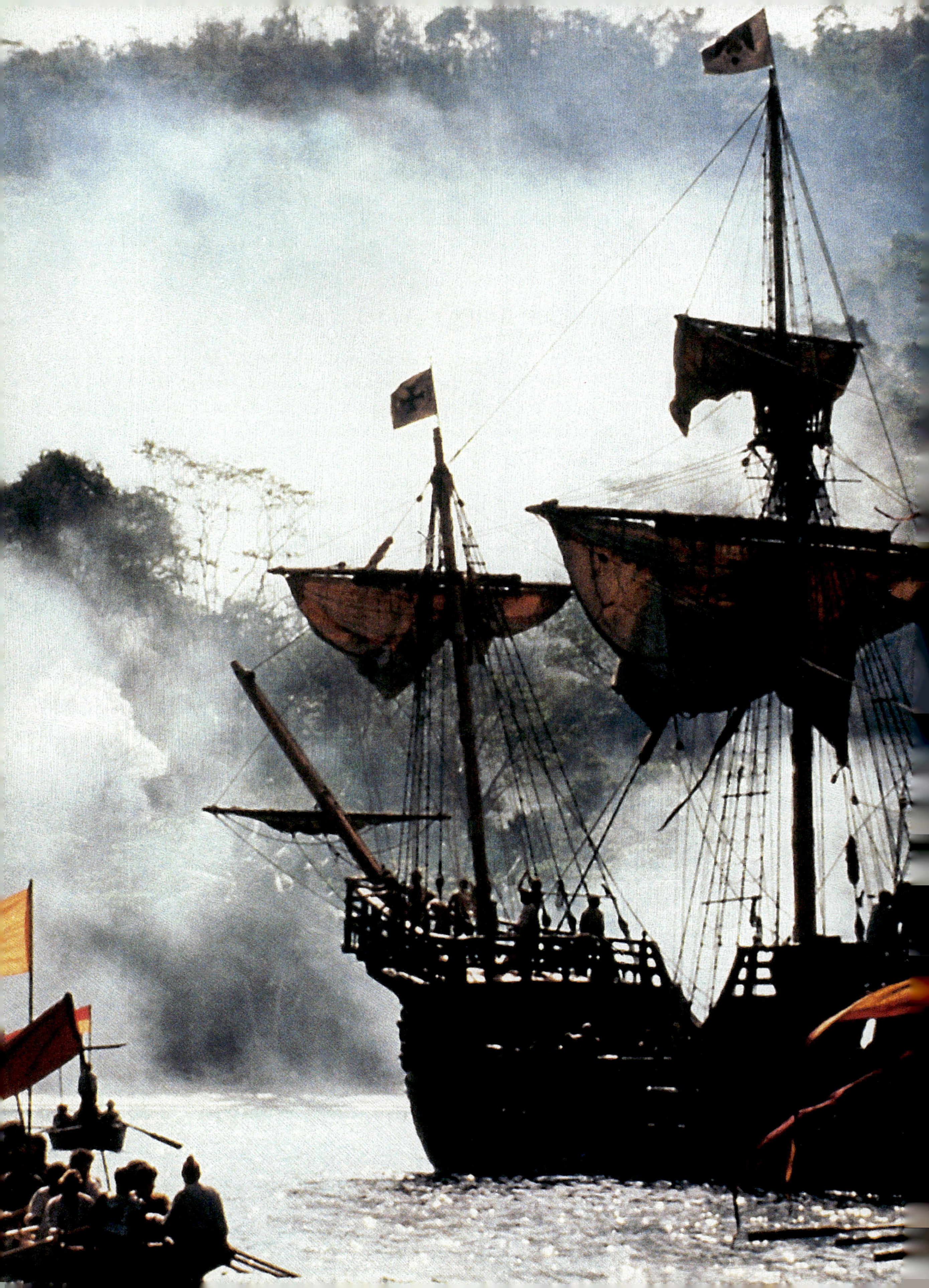

# Entdeckt, erobert, ausgebeutet – bis heute?

**Auftakt in eine neue Zeit**

**Das Weltbild im Wandel**

**Gewürze zu gepfefferten Preisen**

**Entdeckungen und Eroberungen**

**Eine Bildquelle auswerten**

**Mittel- und Südamerika**

**Industrie- und Entwicklungsländer**

**Peru: Ein Land in Südamerika heute**

**M1** *Am 12. Oktober 1492 landet Christoph Kolumbus auf der Karibik-Insel San Salvador (Filmszene).*

# Auftakt in eine neue Zeit

**Neue Karten**
Um etwa 1500 begannen die Europäer die Ozeane zu befahren, um neue Länder und Schätze zu entdecken. Von ihren Fahrten brachten die Kapitäne noch einen weiteren „Schatz" mit. Es waren Seekarten, auf denen sie Länder, Meeresströmungen und Windverhältnisse festgehalten hatten. So entstand in Europa um 1500 ein neues Kartenbild von der Erde.

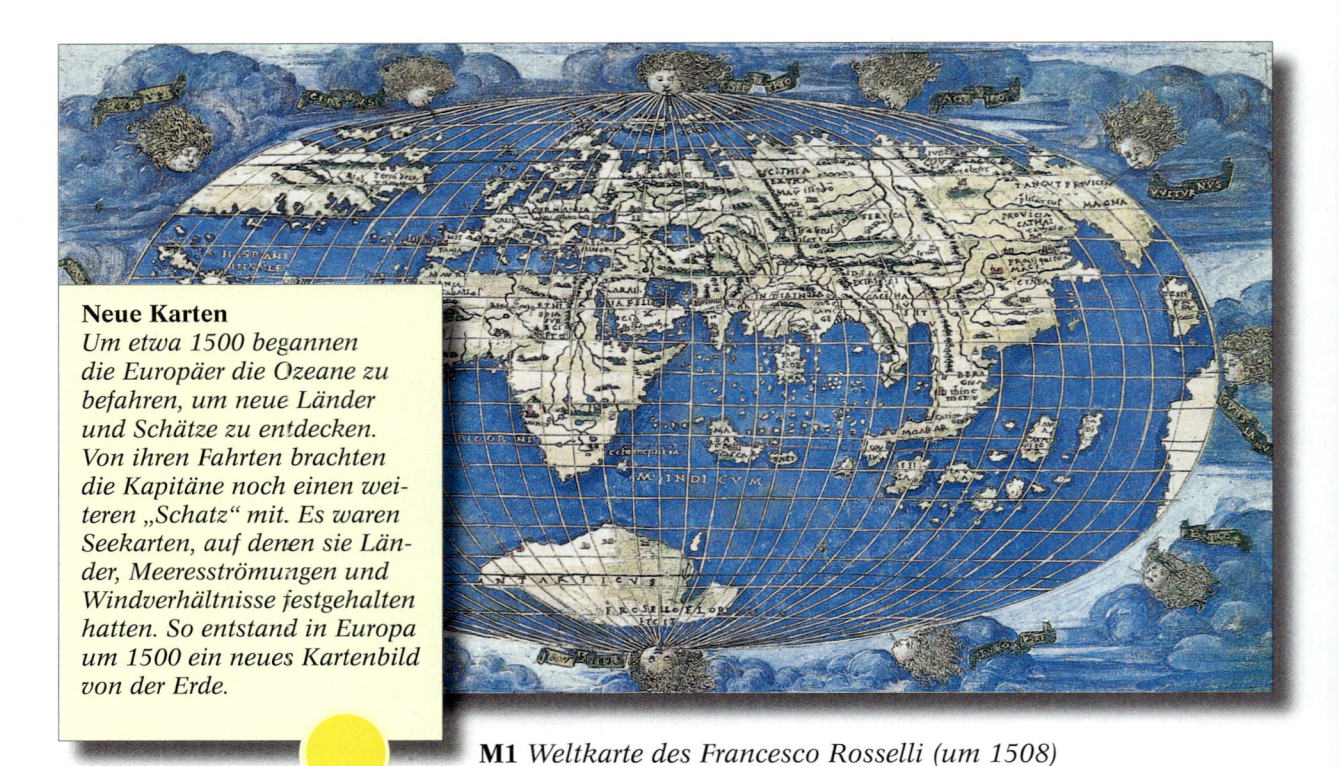

**M1** *Weltkarte des Francesco Rosselli (um 1508)*

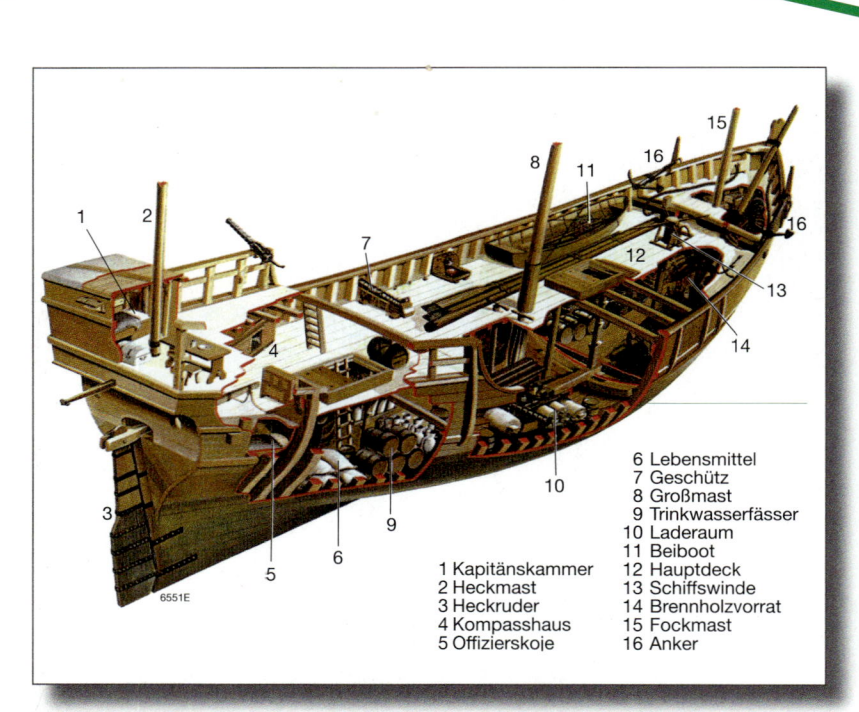

**Neue Wege**
Von Ländern weit im Osten hörte man in Europa um 1500 Erstaunliches. Dort sollte es ungeheure Mengen an Gold und Silber geben. Alte Handelswege über Land zu den fernen Ländern Asiens wurden jedoch durch islamische Völker versperrt. Somit mussten die Seefahrer neue Wege suchen. Sie konnten sich auf See besser orientieren, weil es große Fortschritte in der Schiffbaukunst gab und moderne Navigationsgeräte erfunden wurden.

1 Kapitänskammer
2 Heckmast
3 Heckruder
4 Kompasshaus
5 Offizierskoje
6 Lebensmittel
7 Geschütz
8 Großmast
9 Trinkwasserfässer
10 Laderaum
11 Beiboot
12 Hauptdeck
13 Schiffswinde
14 Brennholzvorrat
15 Fockmast
16 Anker

**M2** *Die Karavelle war mit ca. 21 Meter Länge und 7 Meter Breite ein schnelles und gut steuerbares Hochseeschiff, das mit ca. 40 Mann Besatzung ab dem 15. Jahrhundert die Weltmeere befuhr.*

## Entdeckt, erobert, ausgebeutet – bis heute?

### Neue Ideen

*Ende des 15. Jahrhunderts gab es zahlreiche neue wissenschaftliche Erkenntnisse und Erfindungen. Sie führten dazu, dass wir diese Zeit heute als das Ende des Mittelalters und als Beginn der Neuzeit bezeichnen.*

*Die Ärzte begannen, Krankheiten zu erforschen und den menschlichen Körper zu erkunden. Bisher galt er als „Gottes Werk" und es war verboten, ihn aufzuschneiden. Bereits um 1455 gelang dem Mainzer Goldschmied Johannes Gutenberg auf einem anderen Gebiet eine bahnbrechende Erfindung: der Buchdruck mit beweglichen Buchstaben.*

**M4** *Buchdruckerwerkstatt um 1500. Ein Kunde bespricht mit dem Meister den Druckauftrag. Ein Drucker schwärzt mit zwei Stempeln die Druckform mit den eingesetzten Buchstaben.*

### Aufgaben

**1** Beurteile die Genauigkeit der Weltkarte Rossellis gegenüber einer heutigen Weltkarte (M1; Atlas, Karte: Erde – physisch).

**2** Notiere sieben technische Erfindungen der letzten Jahrzehnte und beschreibe, inwieweit sie dein Leben veränderten.

### Merke
Um 1500 endet das Mittelalter. Die Neuzeit beginnt. Neue Erfindungen verändern das Weltbild. Seefahrer entdecken neue Erdteile.

**M3** *Darstellungen des menschlichen Körpers nach den Studien des Dr. Vesalius*

### Neuer Glaube

*Die meisten Christen in Deutschland gehören heute der katholischen und der evangelischen Glaubensgemeinschaft an. Um 1500 gab es in unserem Raum nur eine christliche Kirche, die katholische Kirche. Doch vielen Gläubigen passten damals die Zustände in der Kirche nicht. Unter Martin Luther kam es zur Spaltung der Kirche und es entstand eine neue Glaubenslehre, die seit etwa 1520 als evangelischer Glaube bezeichnet wird.*

**M5**

# Auftakt in eine neue Zeit

## Schauplatz: Italien um 1400

Viele Gelehrte und Künstler in dieser Zeit nahmen sich die Werke von Philosophen, Dichtern, Wissenschaftlern und Baumeistern aus der griechischen und römischen Antike als geistiges Vorbild. Sie bezeichneten sich selbst als **Humanisten** nach dem lateinischen Wort humanus (menschlich, gebildet). Im Gegensatz zum Mittelalter rückten die Humanisten nun den einzelnen Menschen in den Mittelpunkt; das Individuum wurde zum Maß aller Dinge. So bildeten sich Geisteshaltungen heraus, die unser Leben bis heute beeinflussen, zum Beispiel die Betonung der Freiheit jedes einzelnen Menschen, der Selbstständigkeit und des Selbstbewusstseins. Viele Gelehrte wendeten sich nun den Naturwissenschaften und der Forschung zu und zeigten offen ihre kritische Haltung gegenüber der Kirche.

Die Humanisten waren davon überzeugt, dass der Mensch durch die Aufnahme der klassischen Vorbilder des Altertums in gewisser Weise „wiedergeboren" wurde. So nennt man heute die Zeit, in der der einzelne Mensch und seine Umgebung in den Mittelpunkt von Kunst und Wissenschaft rückten, **Renaissance**.

Die Kleidung wohlhabender Bürger und Bürgerinnen

Von Italien aus breitete sich die Renaissance als Kunststil zunächst in Malerei, Architektur und Dichtung, später auch in Musik, Tanz und Kleidung nach West- und Mitteleuropa aus. Die Renaissance-Kunst verstand sich als Wiederbelebung der klassischen Formen. So zeichnet sich die Architektur zum Beispiel durch Säulenfassaden an Häusern, durch Hallen- und Kuppelbauten aus. Allen Renaissance-Künstlern gemeinsam war das Streben nach Harmonie und idealen Proportionen (Formen). Als eines der bekanntesten Renaissance-Bauwerke gilt der große Kuppelbau der Peterskirche in Rom.

Der Kuppelbau des „Tempietto San Pietro in Montorio" in Rom verdeutlicht, dass die Baumeister Bauformen nach den Gesetzen der Geometrie anstreben.

**M1** *Der Renaissance-Stil – eine Kunstepoche in Europa*

**M2** *Florenz, die italienische Stadt am Arno, gilt als Hochburg der Renaissance. Die Stadt war um 1400 eine der mächtigsten Handelsmetropolen Europas. Sie hatte zu dieser Zeit um 100 000*

### Natur und Mensch – Mittelpunkte der Malerei

Während der Renaissance sahen sich viele Künstler nicht mehr als bloße Handwerker, so wie sie es in der mittelalterlichen Vergangenheit getan hatten. Sie suchten nach neuen Wegen des Gestaltens. Als ein Ergebnis wurden gemalte Bilder wie ein Blick durch ein Fenster gesehen, das man öffnet, um die natürliche Welt zu betrachten. So widmeten sich viele Renaissance-Maler der Wiedergabe von Landschaften, der Darstellung von Bäumen, Blumen, Pflanzen, Tieren und Bergen. Doch vor allem sahen es Künstler wie Leonardo da Vinci, Raffael und Michelangelo als ihre Aufgabe, Menschen – zum Teil in ihrer Bedeutung überhöht – ins Zentrum ihrer Kunst zu rücken.

**M3**

## Entdeckt, erobert, ausgebeutet – bis heute?

**M4** *Zwei Künstler haben das gleiche Bildmotiv gemalt: die Madonna mit dem Jesuskind. Beide Maler stammen aus der Nähe von Florenz. Das linke Bild wurde 1260 von einem Künstler des ausgehenden Mittelalters angefertigt, dessen Name unbekannt blieb. Das rechte Bild wurde 1465 von dem Mönch Fra Filippo Lippi gemalt. Es ist ein Beispiel der Renaissance-Malerei.*

*Einwohner. Im weltoffenen Florenz gab es eine breite Schicht geschäftiger Bürger und ihrer Familien, die durch Handel zu großem Reichtum gekommen waren.*

### Aufgaben

**1** Informiere dich in Nachschlagewerken oder im Internet über Malerei, Architektur, Kleidung und Musik der Renaissance. (Internet-Adresse: *www.renaissance.de*)

**2** Vergleiche die beiden Bilder in M4 miteinander:
a) Welche Unterschiede erkennst du in der Darstellung der Gesichter, der Körper und der Kleidung?
b) Erläutere die Gestaltung des Bildhintergrunds.
c) Wie „wirken" die beiden Bilder auf dich?

### Projektvorschlag:
Stellt unter dem Thema „Leben in der Renaissance" eine Werkschau mit Gemälden, Skulpturen, Gebäuden, Grundrissen, Fassaden, Stadtansichten usw. in der Schule aus.

### Merke
Die Renaissance ist eine Kulturepoche in Europa. Sie dauerte etwa von 1400 – 1600. Wissenschaft und Forschung entwickelten eine kritische Haltung gegenüber der Kirche. Mensch und Natur standen im Mittelpunkt der Kunst.

### Grundbegriffe
- Humanist
- Renaissance
- Kulturepoche

## Info

**Renaissance**
Die Renaissance ist eine **Kulturepoche** in Europa, die sich über etwa 200 Jahre von 1400 – 1600 erstreckt. Zentrum der Renaissance war Italien. Der Epochen-Begriff der „Renaissance" (französisch: „Wiedergeburt, Erneuerung") wurde 1550 erstmals von dem italienischen Kunsthistoriker Vasari gebraucht. Er beschreibt mit dem italienischen Wort „Rinascimento" die Erneuerung der Malerei nach der „barbarischen" dunklen Gotik des Mittelalters.

# Das Weltbild im Wandel

## Aufgaben

**1** Die Auffassungen über die Form der Erde haben sich verändert. Schreibe einen kurzen Text. Benutze die Begriffe: Scheibe, Kugel, abgeplattet, ausgedehnt.

**2** Gestalte ein Poster zum Thema: Das Weltbild im Wandel. Übertrage hierzu die Zeitleiste aus der Abbildung unten in dein Heft oder deine Mappe und ergänze sie mit Fotos und Informationen zu Thales von Milet, Ptolemäus, Kopernikus und Hubble (Internet).

## Die Erde – Scheibe oder Kugel

Welche Form hat die Erde? Diese für uns einfache Frage war lange Zeit ein Problem und führte zu Auseinandersetzungen unter den Wissenschaftlern. Bereits im Altertum gab es zwei Auffassungen. Thales von Milet, ein griechischer Wissenschaftler, vertrat die Auffassung, dass die Erde eine flache Scheibe sei, die auf dem Wasser schwimmt. Der griechische Naturforscher Ptolemäus hingegen nahm an, dass die Erde eine Kugel sei. Als Beweis für die Krümmung der Erdoberfläche nannte er folgende Beobachtung: Bei Schiffen, die den Hafen verlassen, verschwindet zuerst der Bootskörper aus dem Blickfeld, dann der Mast und zuletzt die Mastspitze.

Seine Annahme von der Kugelgestalt der Erde setzte sich schließlich durch. Auch im Mittelalter vertraten die meisten Wissenschaftler diese Auffassung. Bewiesen wurde die Kugelgestalt jedoch erst mit der Umsegelung der Erde durch den Portugiesen Magellan in den Jahren 1519 – 1521 (s. Seite 49). Heute wissen wir, dass die Erde nicht genau die Form einer Kugel hat. Sie ist an den Polen abgeplattet und auf der Südhalbkugel etwas ausgedehnter als auf der Nordhalbkugel. Sie hat die Form einer „birnenförmigen Mandarine".

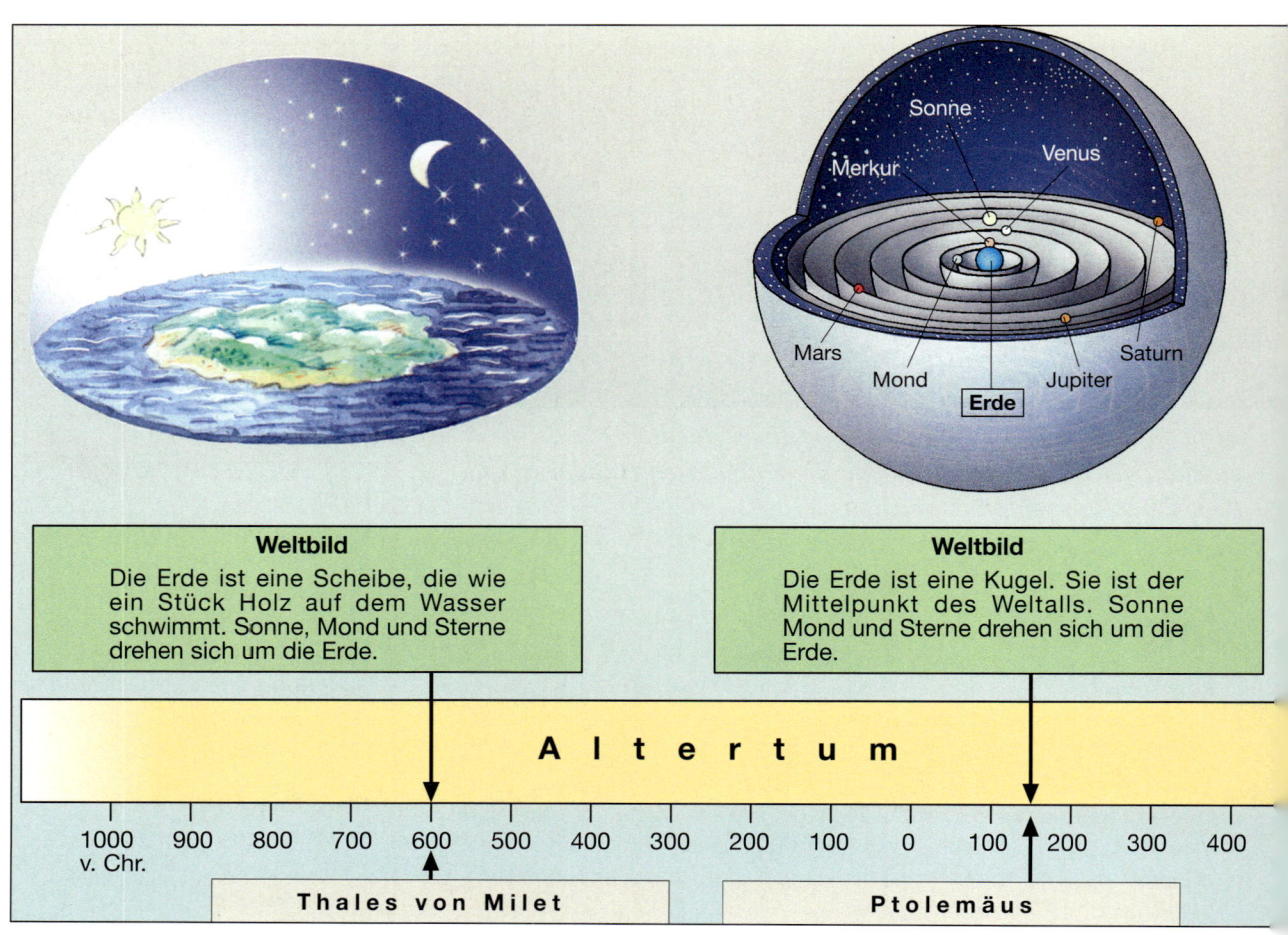

**Weltbild**
Die Erde ist eine Scheibe, die wie ein Stück Holz auf dem Wasser schwimmt. Sonne, Mond und Sterne drehen sich um die Erde.

**Weltbild**
Die Erde ist eine Kugel. Sie ist der Mittelpunkt des Weltalls. Sonne Mond und Sterne drehen sich um die Erde.

**Altertum**

1000 v. Chr. | 900 | 800 | 700 | 600 ↓ Thales von Milet | 500 | 400 | 300 | 200 | 100 | 0 | 100 | 150 ↓ Ptolemäus | 200 | 300 | 400

## Entdeckt, erobert, ausgebeutet – bis heute?

## Die Erde – Mittelpunkt des Weltalls?

Lange Zeit glaubten die Menschen, dass sich Sonne, Mond und Sterne um die fest stehende Erde drehen würden. Diese Auffassung vertraten auch Ptolemäus und die katholische Kirche.

Im Jahr 1543 kam es dann zu einer wissenschaftlichen Revolution. Der polnische Priester Nikolaus Kopernikus verkündete, dass die Sonne der Mittelpunkt des Weltalls sei und die Erde lediglich ein **Planet** der Sonne wäre. Im Jahr 1632 stellte der italienische Mathematiker Galileo Galilei in einem Buch dieses neue Weltbild vor. Die katholische Kirche ließ das Buch jedoch verbieten und Galilei musste seine Auffassung widerrufen.

Inzwischen weiß man, dass die Sonne nur ein winzig kleiner Stern am Rand unserer **Milchstraße (Galaxis)** ist. 1923 konnte der amerikanische Forscher Hubble nachweisen, dass es neben unserer Milchstraße noch zahllose weitere Galaxien im Weltall gibt.

Heute nehmen die Wissenschaftlerinnen und Wissenschaftler an, dass das Weltall durch einen „Urknall", eine gewaltige Explosion, vor etwa 14 Milliarden Jahren entstanden ist. Seitdem dehnt es sich mit **Lichtgeschwindigkeit** aus.

### Info

**Lichtgeschwindigkeit**
Das Licht bewegt sich mit einer Geschwindigkeit von 300 000 Kilometern in der Sekunde. Ein Lichtjahr sind 9 460 800 000 000 Kilometer.

### Merke
Bereits im Altertum setzte sich die Auffassung von der Kugelgestalt der Erde durch.

### Grundbegriffe
- Planet
- Milchstraße (Galaxis)
- Lichtgeschwindigkeit

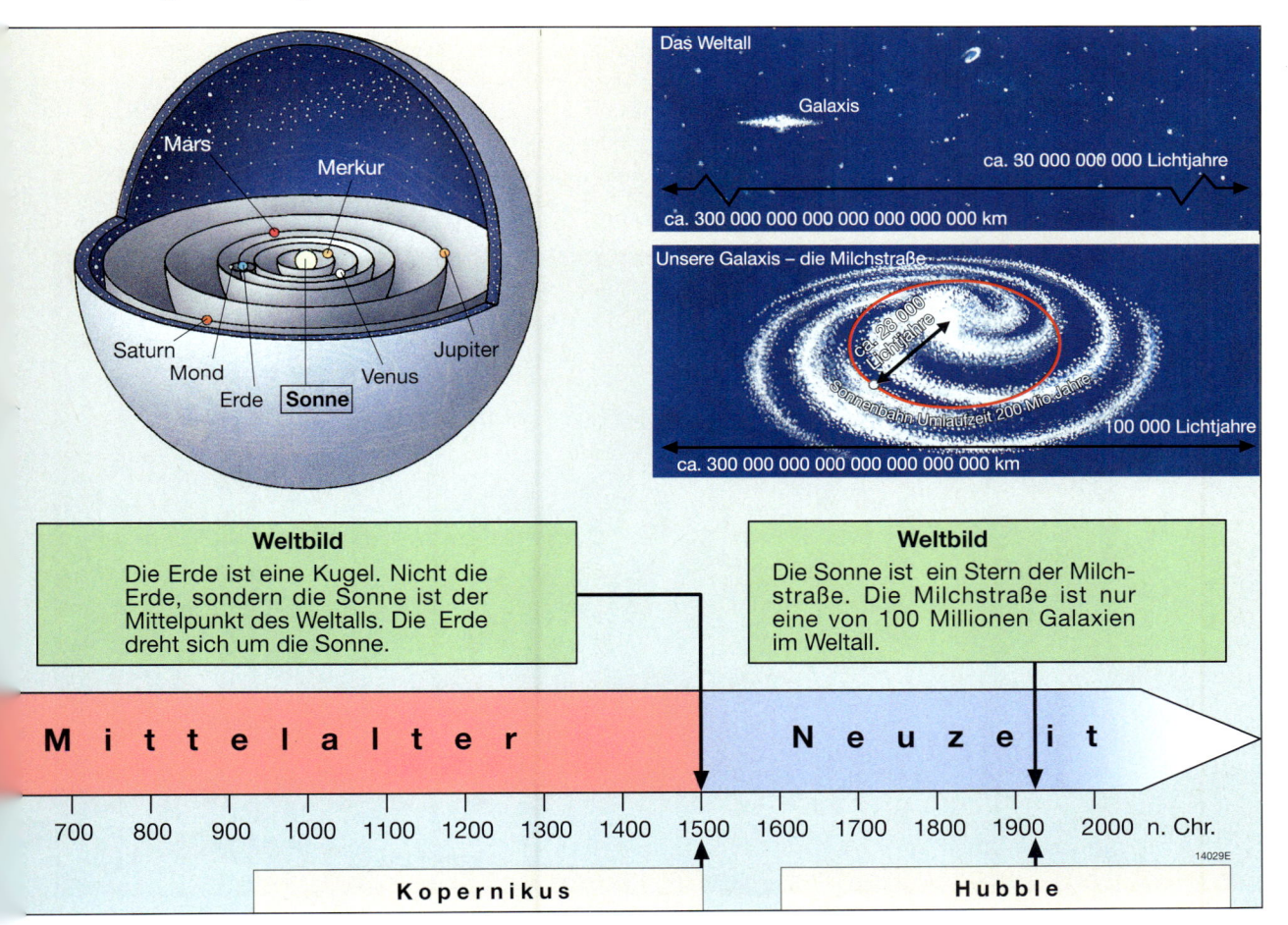

**Weltbild**
Die Erde ist eine Kugel. Nicht die Erde, sondern die Sonne ist der Mittelpunkt des Weltalls. Die Erde dreht sich um die Sonne.

**Weltbild**
Die Sonne ist ein Stern der Milchstraße. Die Milchstraße ist nur eine von 100 Millionen Galaxien im Weltall.

**Mittelalter — Neuzeit**

700  800  900  1000  1100  1200  1300  1400  1500  1600  1700  1800  1900  2000 n. Chr.

Kopernikus — Hubble

# Gewürze zu gepfefferten Preisen

## Aufgaben

**1** a) Im Mittelalter waren Gewürze aus fernen Ländern in Europa sehr teuer und wertvoll. Begründe.
b) Erkläre, warum Kolumbus einen Seeweg nach Indien in Richtung Westen suchte.

**2** Bearbeite M1 unter folgenden Fragestellungen:
a) Wie sind die Spanier dargestellt? Was tun sie? Wie wirken sie auf dich? Schreibe einen Text.
b) Wie sind die Einheimischen auf dem Bild dargestellt? Was tun sie? Wie wirken sie auf dich? Schreibe einen Text.
c) Besprecht eure Eindrücke in der Klasse.

**3** Von Europa aus um Afrika herum nach Indien. Beschreibe diesen Seeweg (Atlas).

## Kolumbus hat eine wagemutige Idee

Christoph **Kolumbus** war ein genuesischer Seefahrer, der 1476 nach Portugal gekommen war. Dort arbeitete er in Lissabon als Kartenzeichner. Dabei erweiterte er sein Wissen über die Erde. Er hörte davon, dass die Erde möglicherweise eine Kugel sei. Er dachte sich Folgendes: Um nach Indien und China zu kommen, müsste man auf dem Atlantischen Ozean nach Westen segeln. Bisher kannte man nur den Landweg quer durch Asien und den Seeweg um die Südspitze Afrikas herum nach Osten. Diese Reiseroute war gefährlich und lang.

Aus Indien und China brachten die Menschen Gewürze und Gold nach Europa. Kolumbus glaubte fest an die Kugelgestalt der Erde.

## Quelle 1

**Warum waren Gewürze so wichtig?**
In vielen Teilen Europas ernährte man sich im ausgehenden Mittelalter äußerst eintönig. Die Menschen aßen wenig Gemüse und Salat. Stattdessen verzehrten sie Getreidebrei, Brot und sehr viel Fleisch. Das Fleisch wurde mit Salz gepökelt, um es haltbar zu machen. Pökelfleisch schmeckte fad und war häufig zäh. Um es genießbar zu machen, brauchte man Gewürze – und zwar Gewürze, die in unserem Klima nicht gedeihen, sondern zum Beispiel in Indien. Vanille, Pfeffer, Muskatnuss und Gewürznelken waren im Mittelalter wertvoll und teuer. Eine Muskatnuss soll in Venedig einmal mit Gold aufgewogen worden sein.
(Nach Nikolaus Piper: Geschichte der Wirtschaft. Weinheim/Basel 2005, S. 63)

**M1** *Landung des Kolumbus auf der heutigen Insel San Salvador, Bild von 1594*

# Entdeckt, erobert, ausgebeutet – bis heute?

## Die Reise beginnt

Am 3. August 1492 startete Kolumbus seine Seereise nach Indien in westlicher Richtung mit drei Schiffen. Er stand im Dienst des spanischen Königs. Am 12. Oktober schließlich erblickte er Land: Eine Insel im Karibischen Meer. Er nannte sie „San Salvador" („heiliger Erlöser"). Mit einem Boot begab er sich an Land. Dort entfaltete er die königliche Flagge. Er dachte, die Insel sei Indien vorgelagert. Deshalb nannte er die Einwohner **Indianer**. Tatsächlich war er auf einer Insel vor Amerika gelandet.

Kolumbus starb im Jahr 1506. Er hat nie erfahren, dass er einen neuen Kontinent entdeckt hatte. Den Namen Amerika erhielt der Kontinent erst im Laufe des 16. Jahrhunderts.

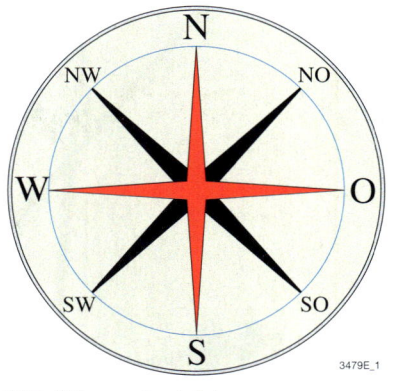

**M3** *Himmelsrichtungen*

## Quelle 2

**Was für ein Handel!**
Kolumbus handelte mit den Indianern. Aber was war das für ein Handel! Die Indianer hatten keine Vorstellung vom Eigentum und von den Preisen europäischer Produkte. Für sie war Handeln ein Austausch von Geschenken und Gegengeschenken. Sie gaben den Fremden alles, was sie hatten: Gold, Edelsteine und Gewürze. Dankbar nahmen sie dafür die Glasperlen, Glöckchen und andere wertlose Gegenstände von den Spaniern an. Kolumbus bekam schließlich ein schlechtes Gewissen und verbot seinen Matrosen wenigstens, den Indianern Scherben und Bindfäden anzudrehen.
(Nach Nikolaus Piper: Geschichte der Wirtschaft. Weinheim/Basel 2005, S. 69)

## Quelle 3

**Gold**
Da nun das Gold, welches diese Inselbewohner an ihren Armen und Beinen tragen, tatsächlich echtes Gold ist, da ich es mit dem meinigen verglichen habe und hiermit ein Beweis vorliegt, dass es auf diesen Inseln vorkommen muss, so wird es mir mit Gottes Hilfe gelingen müssen, den Ort seines Vorkommens ausfindig zu machen.
(Nach Christopher Columbus: Bordbuch. Wiesbaden 2005, S. 100)

**M2** *Vermuteter Reiseweg des Kolumbus (entweder Route A, B oder C)*

## Aufgaben

**4** Verfolge auf M2 und im Atlas die Fahrtrouten der Schiffe. Warum sind drei verschiedene Routen eingetragen?

**5** Kolumbus nutzte die Indianer aus. Erläutere (Quellen 2 und 3).

### Merke
Kolumbus suchte einen Seeweg in westlicher Richtung nach Indien. Dabei entdeckte er 1492 Amerika. Die Menschen dort nannte er Indianer.

### Grundbegriffe
- Kolumbus
- Indianer

# Gewürze zu gepfefferten Preisen

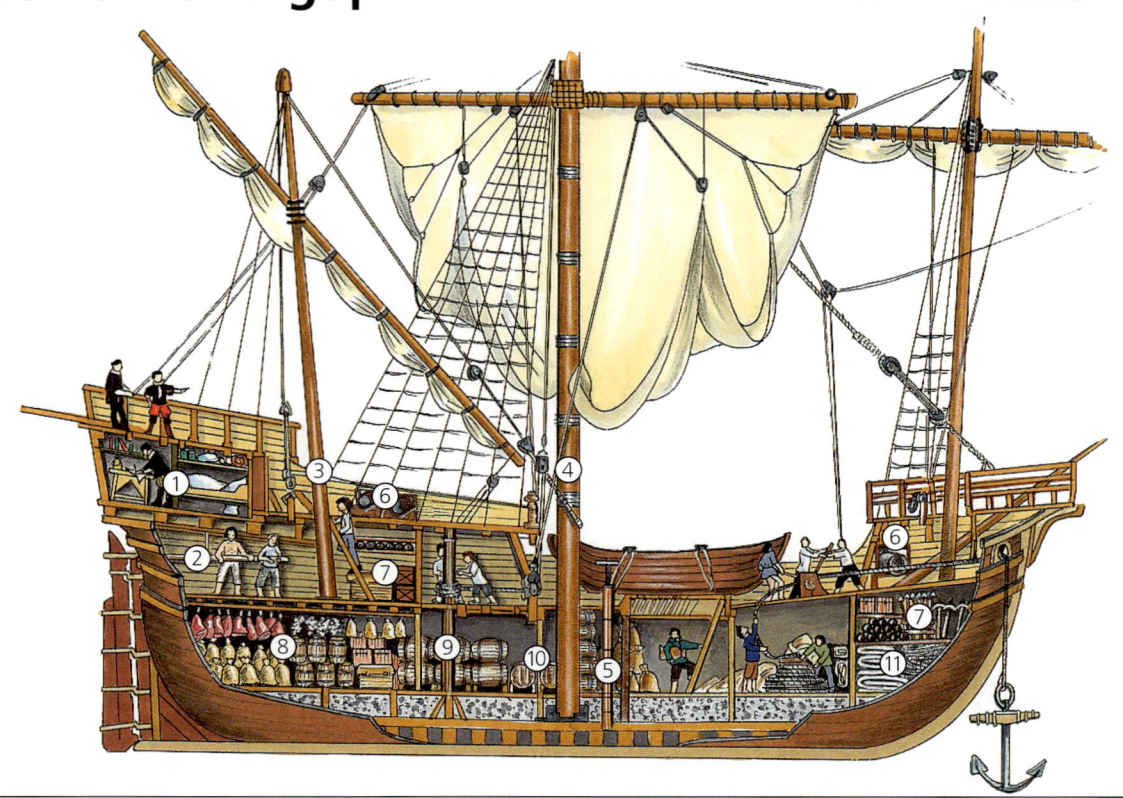

1 Kapitänskajüte, 2 Steuerruder, 3 Heckmast, 4 Großmast, 5 Entwässerungspumpe, 6 Geschütz, 7 Waffen- und Munitionslager, 8 Nahrungsvorräte, 9 Wasser in Fässern, 10 Wein in Fässern, 11 Lager für Segel und Taue

**M1** *Aufbau einer Karavelle (Länge 21 m, Breite 7 m, Besatzung ca. 50 Mann)*

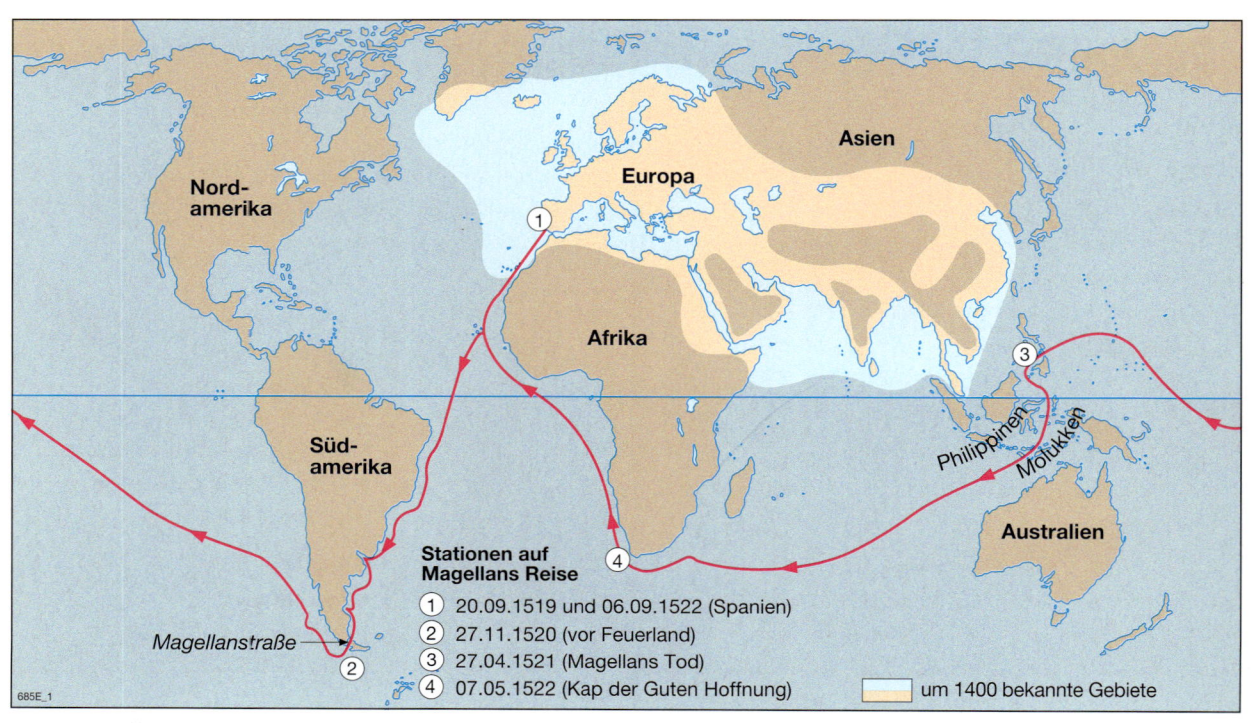

**Stationen auf Magellans Reise**
1. 20.09.1519 und 06.09.1522 (Spanien)
2. 27.11.1520 (vor Feuerland)
3. 27.04.1521 (Magellans Tod)
4. 07.05.1522 (Kap der Guten Hoffnung)

um 1400 bekannte Gebiete

**M2** *Magellans Reiseroute*

## Entdeckt, erobert, ausgebeutet – bis heute?

**Vorräte**
10 000 kg Mehl
150 kg Bohnen, Erbsen, Linsen
800 kg Rosinen
100 kg getrocknete Pflaumen
500 kg Honig
10 Fässer Öl
3000 kg Pökelfleisch
200 Fässer Pökelfische
300 Knoblauchschnüre
700 Fässer Wasser
300 Fässer Wein
20 Kisten Schiffszwieback

**Waffen**
60 Kanonen
10 kleine Geschütze
Schwerter, lange Spieße,
Armbrüste

**Waren zum Tauschen**
20 000 kleine Glocken
300 kg Glasperlen
4000 Messer und Scheren
Stoffe
Angelhaken

**M3** *Ladeliste einer Karavelle für eine Fahrt mit 50 Mann Besatzung von Spanien zu den Molukken*

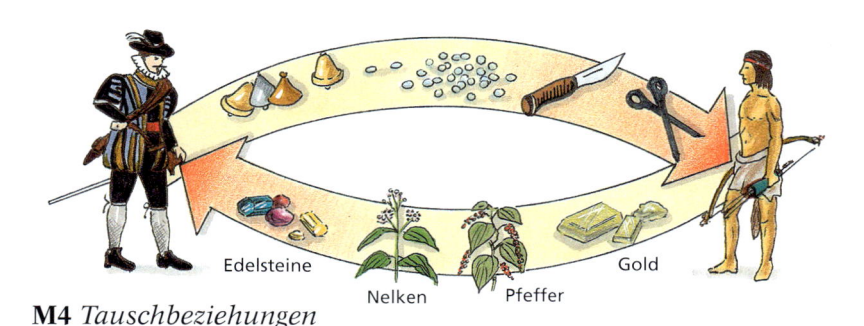

Edelsteine — Nelken — Pfeffer — Gold

**M4** *Tauschbeziehungen*

## Die erste Weltumsegelung

Der Portugiese Fernando **Magellan** war ein Seefahrer. Er startete am 20.9.1519 mit fünf Segelschiffen von Cadiz in Spanien nach Westen zu den Molukken. So nannte man die Gewürzinseln im Pazifischen Ozean. Magellan stand im Dienst des spanischen Königs. Er hatte den Auftrag, mit seinen **Karavellen** kostbare Gewürze von den Inseln zu holen.

Auf den Schiffen waren etwa 250 Mann Besatzung. Im November 1520 entdeckte er die später nach ihm benannte Magellanstraße. Dann segelte er weiter in den Pazifischen Ozean. Im April 1521 erreichte Magellan die Philippinen. Hier starb er, als er einen Streit zwischen Eingeborenen schlichten wollte.

Nach fast drei Jahren kam nur eins der fünf Schiffe mit 18 Mann Besatzung nach Europa zurück: die Victoria. Die anderen vier Schiffe waren durch Stürme zerstört oder gesunken. 18 Mann hatten die Welt umsegelt und Unwetter, Windstille, Krankheiten und Kämpfe überstanden. Diese erste **Weltumsegelung** brachte den Beweis: Die Erde hat die Gestalt einer Kugel.

Die Victoria war mit Pfeffer beladen. Damit konnten alle Kosten der Reise bezahlt werden.

## Aufgaben

**1** Verfolge die Fahrt von Magellan auf der Karte M2. Durch welche Ozeane segelte er nacheinander bei seiner Fahrt?

**2** Welche Tätigkeiten muss die Mannschaft auf einer Karavelle bewältigen (M1)? Schreibe sie auf.

**3** Mit der Weltumsegelung von Magellan entstand ein neues Weltbild bei den Menschen. Erkläre diese Aussage.

**4** Fertige eine Zeichnung an, die zeigt, welche Vorräte eine Karavelle bei sich hatte (M3).

**5** Haltbare Lebensmittel waren und sind auch heute noch lebenswichtig auf einer Weltumsegelung. Die damalige Ladeliste (M3) gibt Hinweise. Erläutere.

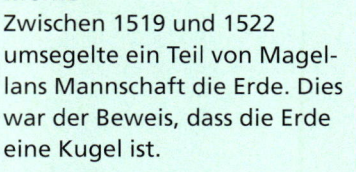

---

**Merke**
Zwischen 1519 und 1522 umsegelte ein Teil von Magellans Mannschaft die Erde. Dies war der Beweis, dass die Erde eine Kugel ist.

**Grundbegriffe**
- Magellan
- Karavelle
- Weltumsegelung

# Entdeckungen und Eroberungen

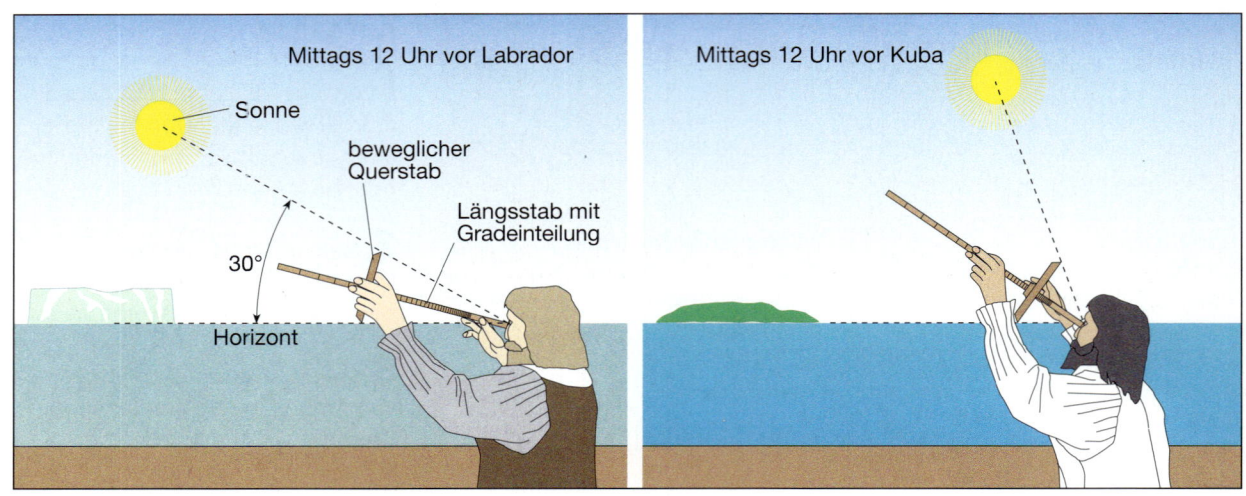

**M1** *Mit dem Jakobsstab ist es möglich, den Winkel zwischen der Sonne und dem Horizont zu messen. Auf einem Längsstab mit Gradeinteilung wird ein Querstab so lange verschoben, bis am oberen Ende die Sonne und am unteren Ende der Horizont sichtbar wird. Anschließend liest man die Größe des Winkels vom Längsstab ab. Am 21. März und 23. September steht die Sonne am Äquator um 12.00 Uhr mittags senkrecht über dem Horizont. Auf dem 60. Breitengrad steht sie in einem Winkel von 30 Grad über dem Horizont. Der Unterschied zwischen 90 Grad und dem gemessenen Winkel ergibt den gesuchten Breitengrad. Für die übrigen Tage des Jahres gibt es Umrechnungstabellen.*

**Seit 1415** Portugiesische Kapitäne erkunden im Auftrag von Heinrich dem Seefahrer die Westküste Afrikas.
**1485** Entdeckung der Kongomündung durch den Portugiesen Diego Cão und den Deutschen Martin Behaim bei einer gemeinsamen Fahrt.
**1486** Der Portugiese Bartholomeu Diaz umfährt als Erster das Kap der Guten Hoffnung.
**1492** Entdeckung von Amerika durch Christoph Kolumbus.
**1498** Der Portugiese Vasco da Gama umfährt mit drei Schiffen die Südspitze Afrikas und erreicht auf dem Seeweg Indien.
**1513** Der Spanier Vasco de Balboa erreicht als erster Europäer den Pazifischen Ozean, den er „Südsee" nennt.
**1519 – 1522** Weltumsegelung des Portugiesen Fernando Magellan.

**M2** *Zeittafel der Entdeckungsfahrten*

## Das offene Meer – Wagnis und Abenteuer

Die Seefahrer fürchteten das unbekannte offene Meer. Die Schiffe blieben deshalb meistens in der Nähe der Küste. Das änderte sich, als die Kapitäne genauere Karten, bessere Schiffe und neue Instrumente zur Orientierung auf dem offenen Meer hatten. So ein Instrument war der Magnetkompass. Mit ihm hielt der Steuermann den Kurs seines Schiffes. Da die Kompassnadel immer nach Norden zeigt, wusste er stets die Nordrichtung und damit auch die anderen Richtungen.

Die Bestimmung des Standortes auf dem Meer dagegen war viel schwieriger. Eine wichtige technische Neuerung war die Erfindung des **Jakobsstabs**. Damit konnte man die geographische Breite feststellen, auf der sich das Schiff befand.

Weiterhin brauchten die Seefahrer ein hochseetüchtiges, schnelles und gut steuerbares Schiff. Die Schiffbauer entwickelten im 15. Jahrhundert die Karavelle (siehe Seite 48, M1). Ältere Schiffe hatten nur einen Mast mit einem schweren viereckigen Segel und ein Seitenruder. Es befand sich auf der rechten Seite. Die Karavelle dagegen war mit zwei bis drei Masten ausgestattet. So konnte man mehr Segel setzen und eine höhere Geschwindigkeit erreichen. Das Seitenruder ersetzten die Schiffsbauer durch ein Heckruder. Es war leichter zu bedienen und machte das Schiff besser steuerbar. Am Heckmast setzte man ein dreieckiges Segel. Damit kam man auch bei ungünstigen Winden schneller vorwärts. Eine schlanke Bauweise und ein geringer Tiefgang waren weitere Verbesserungen.

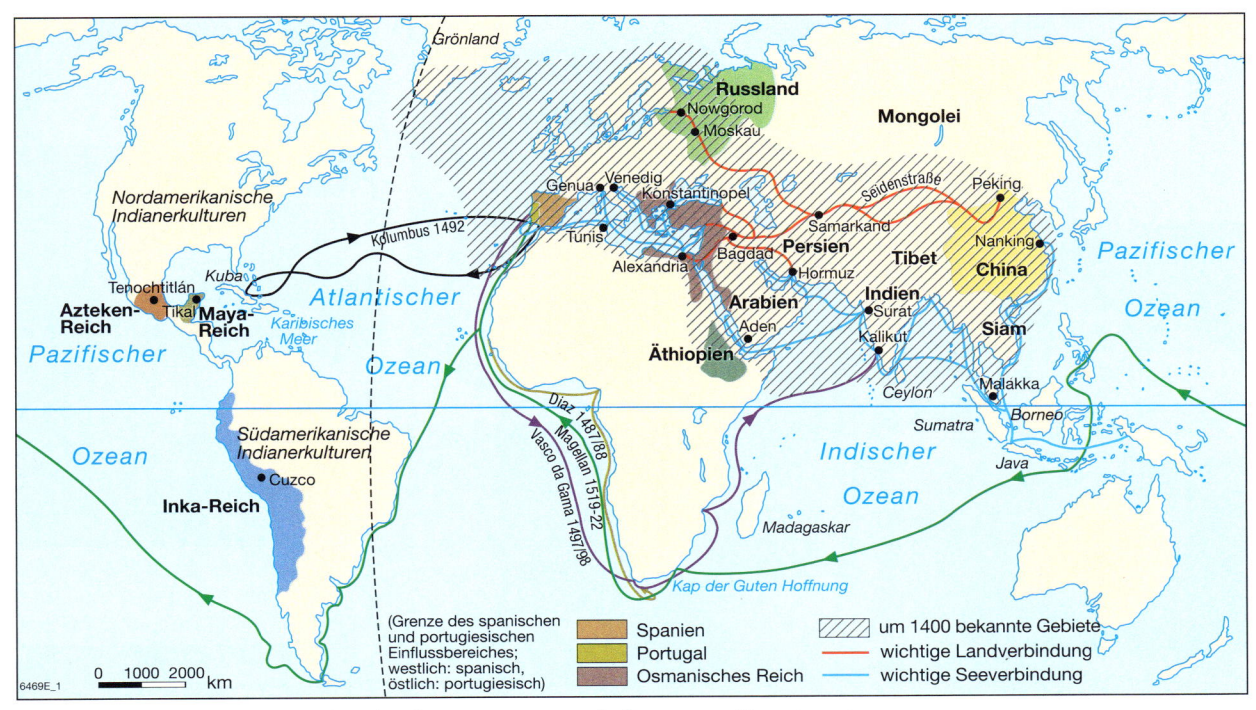

## Entdeckt, erobert, ausgebeutet – bis heute?

**M3** Seefahrer und Entdecker finden Wege zu unbekannten Kontinenten

### Der Vertrag von Tordesillas

*Am 7. Juni 1494 schlossen die Königreiche Portugal und Spanien in der Stadt Tordesillas folgenden Teilungsvertrag:*

„Hiermit wird bekundet, dass Spanien alle Gebiete, die 370 Seemeilen (ca. 700 km) westlich der Inselgruppe der Azoren liegen, erhält; Portugal soll alle Gebiete erhalten, die östlich dieser Linie liegen.

Anno Domini 1494

**M4**

## Die Aufteilung der Welt

Der Vertrag von Tordesillas wurde zwischen den damals wichtigsten Seemächten Portugal und Spanien geschlossen. Er teilte die Welt in eine portugiesische und eine spanische Hälfte auf. Portugal kontrollierte den Seeweg nach Indien entlang der afrikanischen Küste, sicherte sich den einträglichen Gewürzhandel im pazifischen Raum und hielt so die Afrika-Route von spanischen Einflüssen frei. Spanien dagegen erhielt die Kontrolle über die von Christoph Kolumbus neu entdeckten Länder im Westen.

### Aufgaben

**1** Wähle aus M2 drei Entdeckungsfahrten aus und schreibe einen Bericht (M3, Lexikon, Internet).

**2** Beurteile die technischen Neuerungen für den Erfolg der Entdeckungsfahrten.

### Merke

Mit genaueren Karten, besseren Schiffen und neuen Instrumenten fuhren die Seefahrer immer weiter auf das offene Meer hinaus. Der Vertrag von Tordesillas teile die Welt zwischen den damaligen Seemächten Spanien und Portugal auf.

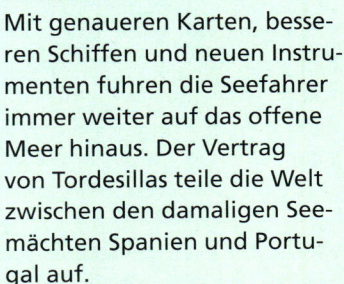

### Grundbegriff
- Jakobsstab

# Entdeckungen und Eroberungen

An diesem Ort, mitten in der heutigen 20-Millionen-Metropole Mexiko-Stadt, fand 1521 eine entscheidende Schlacht statt. Die Spanier eroberten Tenochtitlán, die Hauptstadt des indianischen Volkes der Azteken. Heute findet man dort bauliche Zeugen von drei Kulturen.

Ein modernes Hochhaus, erbaut im ausgehenden 20. Jahrhundert

Eine christliche Kirche, von spanischen Eroberern im 15. Jahrhundert erbaut

Ruinen eines ehemaligen Tempels in Tenochtitlán, der Hauptstadt der Azteken

**M1** *„Platz der drei Kulturen" in Mexiko-Stadt*

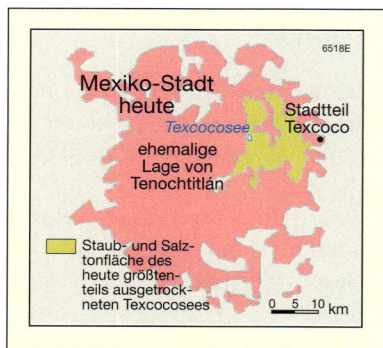

Seit 1325 hatten die Azteken eine Insel im Texcocosee zu ihrer Hauptstadt Tenochtitlán gemacht. Hier lebten über 300 000 Azteken. Die Häuser der Oberschicht (Priester, Kaufleute, Krieger) waren zweistöckig und hatten Innenhöfe mit Gärten. Die Bauern lebten in Lehmhütten. Sie hatten ihre Felder auf dem Festland. Auf Märkten boten Händler Lebensmittel, aber auch Kleidung, Tuche, Tongefäße und Goldschmuck an. Die Azteken kannten kein Geld und tauschten ihre Waren.

**M2** *Tenochtitlán*

## Die indianische Welt um 1500

Vor etwa 20 000 Jahren wanderten Völker aus Nordasien über die Inselkette der Aleuten im Beringmeer auf den Kontinent Amerika. Es waren Jäger und Sammler, die nach Süden hin den Kontinent besiedelten. Vor 12 000 Jahren erreichten einige dieser Völker das heutige Mittel- und Südamerika. Die Völker der Azteken und Maya siedelten sich in Mittelamerika im Sumpfland an der Küste und auf den Ebenen des Hochlandes an. Die Inka verbreiteten sich in Südamerika vor allem im Hochgebirge. Viele Siedlungen entwickelten sich zu großen Städten. In den Zentren der Städte befanden sich die Tempel sowie die Paläste der Herrscher und der Oberschicht. Das einfache Volk lebte in den Außenbezirken der Städte.

Die Städte konnten sich so prachtvoll entfalten, weil die Landwirtschaft hoch entwickelt war und die Nahrungsversorgung vom Land in die Stadt klappte. Durch Pflanzenzucht und ausgeklügelte Bewässerungssysteme waren die Ureinwohner Amerikas zur Zeit der Entdeckung durch Kolumbus die fortschrittlichsten Ackerbauern der Welt. Ihnen verdanken wir zum Beispiel Mais, Kartoffeln, Tomaten, Bohnen und Kürbisse. Ackerbau, Jagd und Fischfang waren die Grundlagen der indianischen **Hochkultur**, die vor ungefähr 3000 Jahren entstand.

Die Azteken und die Inka schufen mächtige Reiche, die sie von den Hauptstädten Tenochtitlán und Cuzco aus regierten.

**Entdeckt, erobert, ausgebeutet – bis heute?**

## Machu Picchu

Ungefähr 80 Kilometer nordwestlich von Cuzco liegt die Inka-Festung Machu Picchu. Sie wurde um 1450 erbaut und erst 1911 von dem Amerikaner Hiram Bingham entdeckt. Er gab ihr den Namen Machu Picchu (deutsch: „alte Bergspitze").

Die Anlage liegt etwa 600 m über dem Fluss Urubamba auf einem Bergsporn. Vom Tal aus ist sie nicht zu erkennen, oben stößt man plötzlich auf Treppen, Türme, Tempel und Häuser aus Stein. Alle Gebäude zeugen vom hohen technischen und handwerklichen Können ihrer Erbauer. Die Ruinenstadt wird vom fast senkrecht aufsteigenden Berg Huaya Picchu überragt.

*M3 Machu Picchu – Ruinenstadt der Inka in den Anden*

Mittelpunkt von Tenochtitlán war ein großer, gepflasterter Platz. Hier standen mehrere Tempel, das Schloss des Azteken-Herrschers Moctezuma sowie Paläste der Priester.
Das Bild zeigt die Doppelpyramide des Sonnengottes Huitzilopochtli und des Regengottes Tlaloc, weiterhin Heiligtümer anderer Götter, Teile eines Gerichtssaales und eines Ballspielplatzes (beides unten rechts). Moctezuma war einer der Könige der Azteken. Das Volk verehrte ihn wie einen Gott.

Der Tempelbezirk von Tenochtitlán (Rekonstruktion)

*M4 Der Tempelbezirk – Zentrum der Azteken-Hauptstadt*

### Aufgaben

**1** Warum war das Reich der Azteken eine Hochkultur (M2, M4, Text)?

**2** In welchen heutigen Staaten Lateinamerikas erstreckten sich die Reiche der Azteken, Maya und Inka (Atlas, Karten: Amerika – Staaten und Geschichte)?

---

**Merke**
Die Azteken und Inka schufen mächtige Reiche. Sie entwickelten Hochkulturen und regierten von ihren Hauptstädte Tenochtitlán und Cuzco aus.

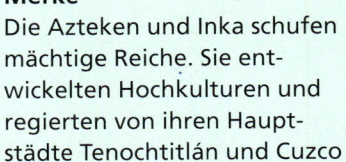

**Grundbegriff**
- Hochkultur

# Entdeckungen und Eroberungen

Einer der Eroberer war Hernán Cortés. Im Februar 1517 setzte er im Auftrag des spanischen Königshauses mit etwa 600 Soldaten und elf Schiffen von Kuba aus nach Mexiko über. Die Gier nach Gold, Silber und anderen Schätzen trieb ihn von der Halbinsel Yucatán ins Landesinnere. Damit die indianische Bevölkerung ihr Gold hergab, behaupteten die Spanier, sie hätten eine Krankheit, die nur mit Gold heilbar sei.
Wenn Eingeborene Widerstand leisteten, wurden sie erbarmungslos niedergemetzelt.
Cortés machte von Anfang an reiche Beute und sandte gewaltige Schiffsladungen mit Gold- und Silbergegenständen nach Spanien. Auf seinem Beutezug wurde Cortés von Kriegern anderer indianischer Stämme, die die Azteken unterworfen hatten, unterstützt. Kenntnisse über Land und Leute erhielt Cortés durch Malinche, der Tochter eines verstorbenen Indianerhäuptlings. Cortés hatte sie von besiegten Indianern geschenkt bekommen. Malinche und Cortés hatten einen Sohn.
Der aztekische Herrscher Moctezuma versuchte vergeblich, die Spanier zu verzaubern. Dann schickte er Cortés Gesandte mit Geschenken entgegen: Schmuck und einem kostbaren Federkopfputz. Es half nicht, er konnte die Spanier nicht zur Umkehr bewegen. Am 8. November 1519 erreichte Cortés mit seinen Soldaten Tenochtitlán, die Hauptstadt des Aztekenreiches.

*Aztekische Goldmaske*

**M1** *Der Beutezug des Hernán Cortés*

## Auf der Jagd nach Gold

Als die europäischen Seefahrer nach Amerika kamen, wussten sie nicht, dass dieser Kontinent von Völkern mit Hochkulturen besiedelt war, die große Reiche beherrschten, herrliche Bauwerke geschaffen hatten und bei denen die Religion das ganze Leben bestimmte.

**M2** *Cortés und Moctezuma*

**M3** *Spanische Soldaten ermorden unbewaffnete Indianer*

## Aufgabe

**1** Mit welchen Erwartungen begegneten sich Moctezuma und Cortés?

# Entdeckt, erobert, ausgebeutet – bis heute?

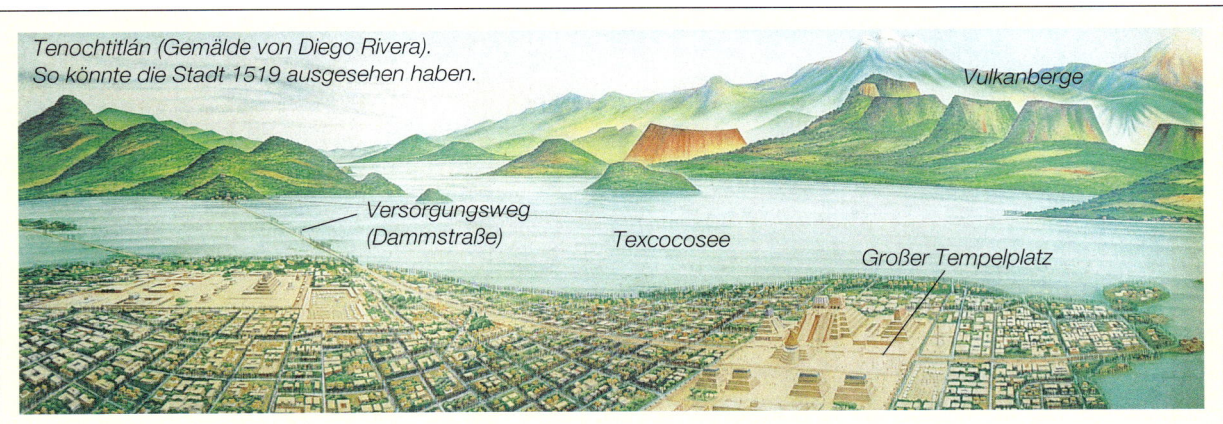

*Tenochtitlán (Gemälde von Diego Rivera). So könnte die Stadt 1519 ausgesehen haben.*

*Vulkanberge*
*Versorgungsweg (Dammstraße)*
*Texcocosee*
*Großer Tempelplatz*

Als Cortés mit seinen 600 Soldaten in Tenochtitlán ankam, hatte er einen Vorteil: Die Azteken hielten ihn für den erwarteten Gottkönig Quetzalcoatl, als dessen Kennzeichen eine weiße Haut, helle Haare und ein Bart galten. Beim Eintreffen in der Hauptstadt begrüßte der Azteken-Herrscher Moctezuma Cortés mit prächtigen Geschenken wie Gold, Edelsteinen und kunstvollem Federschmuck. Moctezuma erkannte zu spät, dass Cortés kein Gott war. Bereits einige Tage nach dem Eintreffen in Tenochtitlán wurde er von Cortés als Geisel genommen. Die Soldaten zerstörten die Götterbilder und richteten unter den Einwohnern ein Massaker an. Als 1520 die spanischen Eroberer aztekische Priester töteten, löste das einen Aufstand aus. Moctezuma, der Nachsicht gegenüber den Spaniern zeigte, wurde vermutlich von eigenen Landsleuten getötet.

Die Spanier versuchten am 30. Juni 1520 aus Tenochtitlán zu fliehen, doch Azteken schnitten ihnen die Fluchtwege ab. Viele Spanier kamen um oder versanken mitsamt ihrer Beute im Texcocosee.
Cortés konnte fliehen, kam jedoch ein Jahr später mit verstärkten Truppen und treuen Indio-Kriegern zurück und begann im Mai 1521 mit der Belagerung der Hauptstadt. Er ließ Schiffe bauen, die in Teile zerlegt zum See geschafft wurden. So konnten die spanischen Truppen die Versorgungswege zur Hauptstadt unterbinden und die Bevölkerung aushungern. Nach erbitterten Kämpfen und von den eingeschleppten Krankheiten der Spanier geschwächt, fiel am 13. August 1521 Tenochtitlán in die Hände der Spanier.
Die Stadt wurde vollständig zerstört.

**M4** *Die Eroberung der Azteken-Hauptstadt Tenochtitlán*

Ebensowenig kannten die Menschen Amerikas die anderen Erdteile und deren Bewohner. Sie ahnten nicht, dass die angekommenen Fremdlinge **Konquistadoren** (spanisch: Eroberer) waren, die in wenigen Jahren ihre Reiche zerstören und viele von ihnen wegen des Goldes und anderer Schätze ermorden würden.

## Aufgabe

**2** Erkläre nach M4, wie und warum die Spanier Technochtitlán einnehmen konnten?

## Quelle

**Bericht eines Begleiters von Cortés über die Zerstörung von Technochtitlán**

„Dreiundneunzig Tage hatte die Belagerung gedauert, Tag und Nacht hörte der Lärm nicht auf:
Da waren das Pfeifen und das Schlachtgeschrei der Feinde, die auf der Straße mit uns kämpften. ... Dazwischen gellten die höllische Musik der Trommeln und der Muscheltrompeten sowie der grauenhafte, schauerliche Ton der großen Pauke vom Haupttempel ..., der zuletzt keinen Augenblick aufhörte."
(Nach Bernal Diaz del Castillo: Geschichte der Eroberung von Mexiko. Frankfurt 1988)

### Merke
Europäische Konquistadoren plünderten die Schätze der indianischen Hochkulturen. Der bekannteste von ihnen war Hernán Cortés. Er zerstörte Tenochtitlán und ermordete die Bevölkerung.

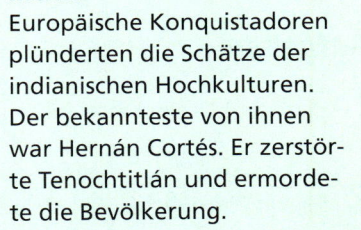

### Grundbegriff
- Konquistador (Eroberer)

# Entdeckungen und Eroberungen

## Info

**Kolonie**

Der Begriff wurde im 16. Jahrhundert aus dem lateinischen Wort „colonia": „Länderei, Ansiedlung, Niederlassung" gebildet.
Er bezeichnet ein in Übersee liegendes Gebiet, das ein europäischer Staat als eigenen Besitz ausgab.

## Indianer-Reiche werden europäische Kolonien

Der Feldzug von Cortés gegen die Azteken war nur der Anfang weiterer spanischer Eroberungen. In den Jahren 1532/33 plünderte und vernichtete der Spanier Pizarro das Reich der Inkas im heutigen Peru. Die Mayas wurden von den Spaniern 1542 besiegt. Weite Teile Mittel- und Südamerikas gerieten nach und nach unter spanische Herrschaft. Man zwang die einheimische Bevölkerung zur Annahme des katholischen Glaubens. Die indianischen Siedlungsgebiete wurden zu überseeischen Besitztümern, zu **Kolonien** Spaniens, erklärt. Als die Eroberer die Schätze der Indianer durch Gewalt oder Tauschhandel an sich gebracht hatten, nahmen sie auch die Gold- und Silberminen in Besitz.

Bald schon erkannten die Spanier, dass sich auch mit einheimischen Nutzpflanzen Geld verdienen ließ. Sie führten in den Kolonien die **Plantagenwirtschaft** ein. Auf großen Flächen wurde der Urwald gerodet und man baute in **Monokultur** zum Beispiel Zuckerrohr, Kaffee oder Kakao an. Zehntausende Indios starben aufgrund der unmenschlichen Arbeitsbedingungen in den Bergwerken und auf den Plantagen sowie durch Krankheiten. Sie wurden durch dunkelhäutige Afrikaner ersetzt, die als Sklaven mit Schiffen nach Südamerika verschleppt wurden. Zwischen 1500 und 1800 entwickelte sich ein Dreieckshandel. Dabei machten die Kaufleute aus Europa riesige Gewinne.

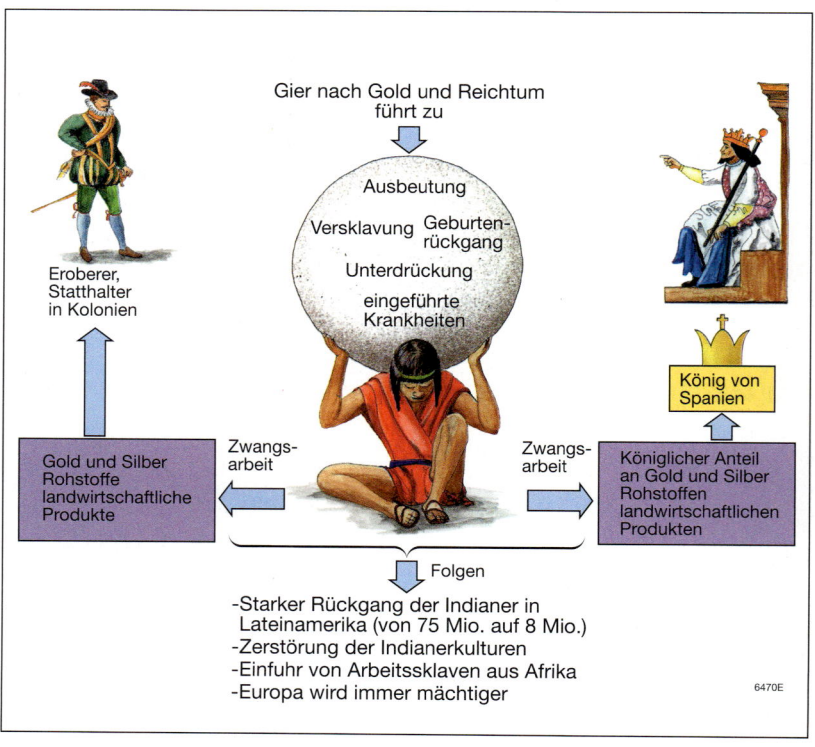

| | |
|---|---|
| 1570: | 40 000 |
| 1650: | 850 000 |

**M1** *Zahl schwarzafrikanischer Sklaven in Lateinamerika*

**M2** *Die Folgen der Europäisierung*

## Aufgaben

**1** Erkläre den Dreieckshandel (M4).

**2** Warum wurden Schwarzafrikaner nach Amerika verschleppt?

**3** Erläutere mithilfe von M2 die Folgen der Europäisierung.

## Entdeckt, erobert, ausgebeutet – bis heute?

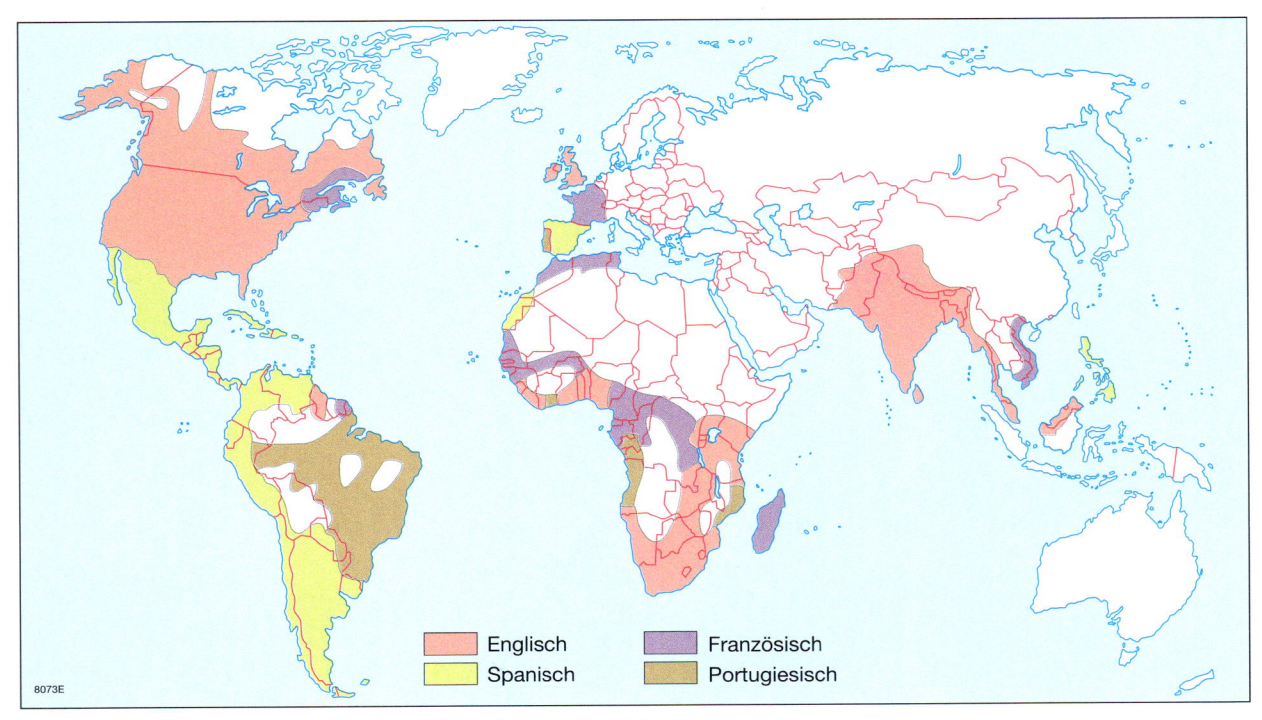

**M3** *Die Sprachgebiete der Kolonialmächte um 1700*

Vom 16. bis 18. Jahrhundert fand ein Handel der Europäer mit Afrika und Amerika statt. Sie wollten die eigene Wirtschaft mit billigen Rohstoffen versorgen und gleichzeitig Fertigprodukte in die Kolonien exportieren (ausführen). Dieser **Dreieckshandel** verlief folgendermaßen: Fertigwaren wurden von Europa nach Afrika transportiert. Dort wurden sie gegen Sklaven eingetauscht. Die Sklaven wurden nach Amerika verschifft. Hier tauschten die Europäer die Sklaven gegen Rohstoffe ein, die wiederum nach Europa gebracht wurden. Weit über zehn Millionen Afrikaner wurden auf diese Weise versklavt. Sie wurden zumeist zur Zuckerrohr-, Tabak- und Baumwollgewinnung eingesetzt. Unzählige Menschen kamen dabei ums Leben. Der Dreieckshandel fand erst mit der Abschaffung der Sklaverei ab 1772 ein Ende.

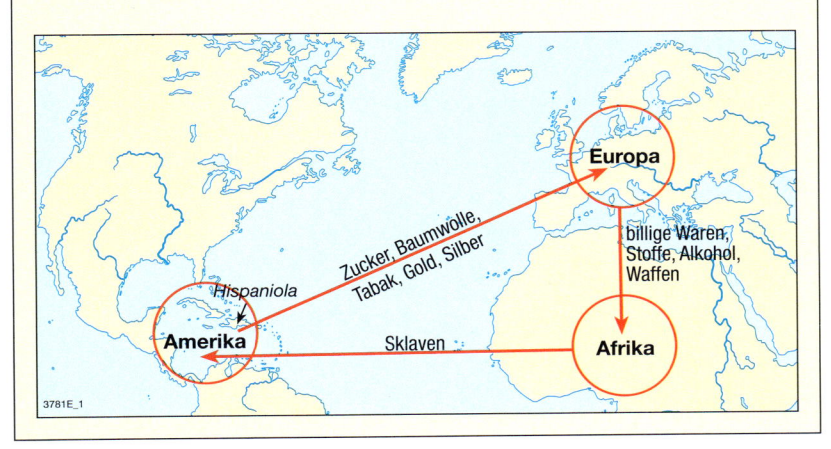

**M4** *Der Dreieckshandel*

## Aufgabe

**4** In welchen heutigen Staaten waren um 1700 die Sprachen der Kolonialmächte verbreitet (M3; Atlas, Karte: Erde – politische Übersicht)?

### Merke
Um die eigene Wirtschaft anzukurbeln, handelten die Europäer mit Sklaven, Rohstoffen und Fertigprodukten zwischen Afrika, Amerika und Europa. Dieser Dreieckshandel forderte unzählige Menschenleben.

### Grundbegriffe
- Kolonie
- Plantagenwirtschaft
- Monokultur
- Dreieckshandel

# Gewusst wie

## Eine Bildquelle auswerten   Wk K

**M1** *Die Landung von Hernán Cortés in Veracruz/Mexiko um 1520 (Wandbild des mexikanischen Malers Diego Rivera aus dem Jahr 1951)*

Das Bild M1 zeigt im Vordergrund in der Bildmitte den spanischen Konquistador Cortés. Er übergibt einem Sklavenhändler Geld. Die etwas verdeckte Frau hinter Cortés ist vermutlich Malinche, die ihren gemeinsamen Sohn auf dem Rücken trägt. Am linken Bildrand unten brandmarken spanische Soldaten einheimische Sklaven …

**M2** *Bildbeschreibung*

### Aufgaben

**1** Werte M1 nach den Punkten 1. – 6. aus und ergänze dabei die Bildbeschreibung in M2.

**2** Werte in gleicher Weise das Bild M3 auf Seite 54 aus.

---

**So wertest du eine Bildquelle richtig aus:**

Zeugen der Geschichte sind in vielen Fällen Bilder. Sie überliefern uns Darstellungen von Geschehenem. Wollen wir durch ein Bild etwas aus der Vergangenheit erfahren, müssen wir diese Bildquellen auswerten:

1. Betrachte das Bild mindestens zwei Minuten in Ruhe. Achte dabei getrennt auf Vorder-, Mittel- und Hintergrund.
2. Beschreibe das Bild nun systematisch: Welche Personen sind zu erkennen? Welche Handlungen sind dargestellt?
3. Welche Personen, Gegenstände und Handlungen stehen im Mittelpunkt des Bildes?
4. Finde heraus, wann das dargestellte Ereignis stattgefunden hat.
5. Stelle fest, ob es sich um eine zeitgenössische Darstellung oder um ein später entstandenes Bild handelt. Wenn das Bild später entstanden ist, musst du dich über den Künstler und seine Absichten informieren, zum Beispiel in einem Lexikon.
6. Beschreibe die Stimmung des Bildes im Zusammenhang mit dem dargestellten Ereignis. Welche Meinung hat der Künstler dazu?

# Mittel- und Südamerika

## Info

Mit Lateinamerika bezeichnet man die Länder Mittel- und Südamerikas. Hier spricht man überwiegend Spanisch und Portugiesisch. Dagegen wird in Nordamerika überwiegend Englisch gesprochen.

**M3** *In den Anden*

**M4** *Begegnung mit Lkw in den Anden*

## Aufgabe

**3** Bestimme alle Namen in M5 (Atlas, Karten: Nordamerika (südlicher Teil)/Mittelamerika – physisch; Südamerika – physisch).

## Höllenfahrt in den Anden

„Auf dem Weg von Guayaquil nach Quito machen wir zum erstenmal Bekanntschaft mit den kurvenreichen Bergstraßen der Anden und ihren langen, nicht enden wollenden Steigungen. Vom Küstenstreifen am Westfuß der Anden windet sich die staubige Piste ins Hochland hinauf. Nach 200 Kilometern erreichen wir die Panamericana, die sogenannte Traumstraße der Welt. Hinter Quito soll uns später ein Abstecher auf die Ostseite der Anden zu den Erdölfeldern führen. Sie liegen in den regenreichen Bergwäldern.

Nun bestimmt erst einmal die Gebirgswelt unseren Autofahreralltag. Traumstraße? Weit gefehlt! In den Anden wird das Fahren zum mühevollen unablässigen Kurbeln, Schalten, Gasgeben und Bremsen. An steilen Wänden lässt die Straße oft nur Platz für einen Wagen. Vorsichtig tasten wir uns durch Haarnadelkurven, immer darauf gefasst, plötzlich die bullige Front eines Lastwagens zu erblicken. Oft schieben wir uns nur eine Fußbreite am Abgrund entlang. Ich habe die Hand am Türgriff, um notfalls rausspringen zu können. Ein Lastwagen kommt uns bedrohlich nahe. Im Vorbeifahren grinst der Fahrer, ein Indio, fröhlich zu uns herunter …"

(Nach einem Bericht von zwei Südamerika-Reisenden)

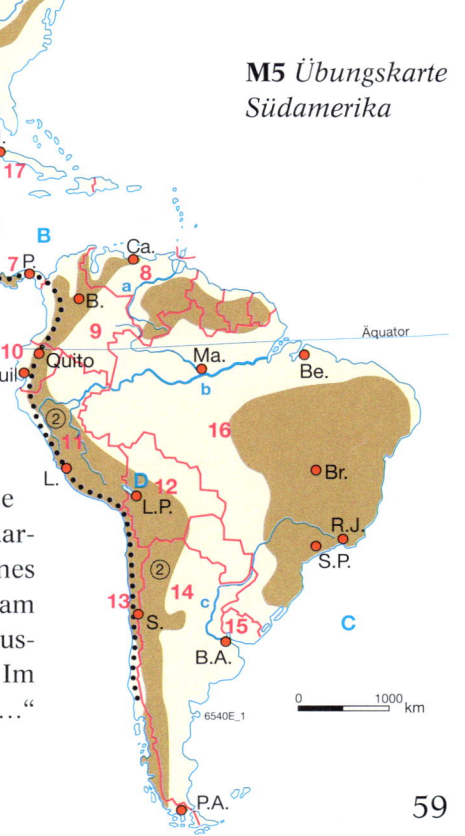

**M5** *Übungskarte Südamerika*

Legende:
- ••• Panamericana (Panamerican Highway)
- ● Ruinenstadt Machu Picchu
- ①, ② Gebirge
- a - c Fluss
- A – D Meeresteil, Ozean, See
- ○ C. 17 Städte mit Anfangsbuchstaben
- — Staatsgrenze
- 1 - 17 Staat

# Industrie- und Entwicklungsländer

## Info 1

**Eine Welt – Dritte Welt**

Die Entwicklungsländer werden auch Länder der Dritten Welt genannt. Der Begriff geht auf eine alte Einteilung der Erde in drei Welten zurück. Als Erste Welt bezeichnet man die reichen Industrieländer. Sie liegen vor allem auf der Nordhalbkugel. Als Zweite Welt bezeichnete man früher die ehemaligen kommunistischen Länder in Osteuropa, ebenfalls auf der Nordhalbkugel gelegen. Heute spricht man einerseits von reichen Ländern oder Industrieländern und andererseits von armen Ländern oder Entwicklungsländern oder Ländern der Dritten Welt. Diese liegen vor allem auf der Südhalbkugel. Wir alle leben in der Einen Welt. Dem liegt die Erkenntnis zugrunde, dass nur gemeinsames Handeln der Menschen aller Staaten der Erde die Zukunft der Menschheit auf Dauer sichern kann.

## Armer Süden – reicher Norden

Das **Bruttoinlandsprodukt (BIP)** pro Einwohner ist ein Kennzeichen für die Wirtschaftskraft eines Landes. Danach lebt fast ein Drittel der Weltbevölkerung unterhalb der Armutsgrenze. Das heißt, dass etwa zwei Milliarden Menschen ihre wichtigsten **Grundbedürfnisse** nicht erfüllen können. Die meisten dieser Menschen leben in **Entwicklungsländern**, auch **Dritte Welt** genannt. In den **Industrieländern** wie zum Beispiel Deutschland ist das BIP pro Einwohner deutlich höher.

Als Maß für den Entwicklungsstand eines Landes und damit für die Lebensbedingungen der Menschen ist das BIP allein nicht geeignet. Die UNO lässt jedes Jahr die Länder der Erde nach dem „Grad der menschlichen Entwicklung" berechnen. Dies ist der **Human Development Index (HDI)**. Die Industrieländer haben einen hohen HDI, der HDI der Entwicklungsländer liegt unter 0,5.

## Info 2

**Bruttoinlandsprodukt (BIP)**

Das Bruttoinlandsprodukt dient zur Bestimmung von Armut und Reichtum der Länder der Erde. Es setzt sich aus dem Wert aller erzeugten Güter und Dienstleistungen eines Jahres in US-$ zusammen.
Um zu berechnen, wie viel jeder Einwohner durchschnittlich erwirtschaftet hat, teilt man das BIP eines Landes durch die Einwohnerzahl. So erhält man das BIP pro Einwohner.

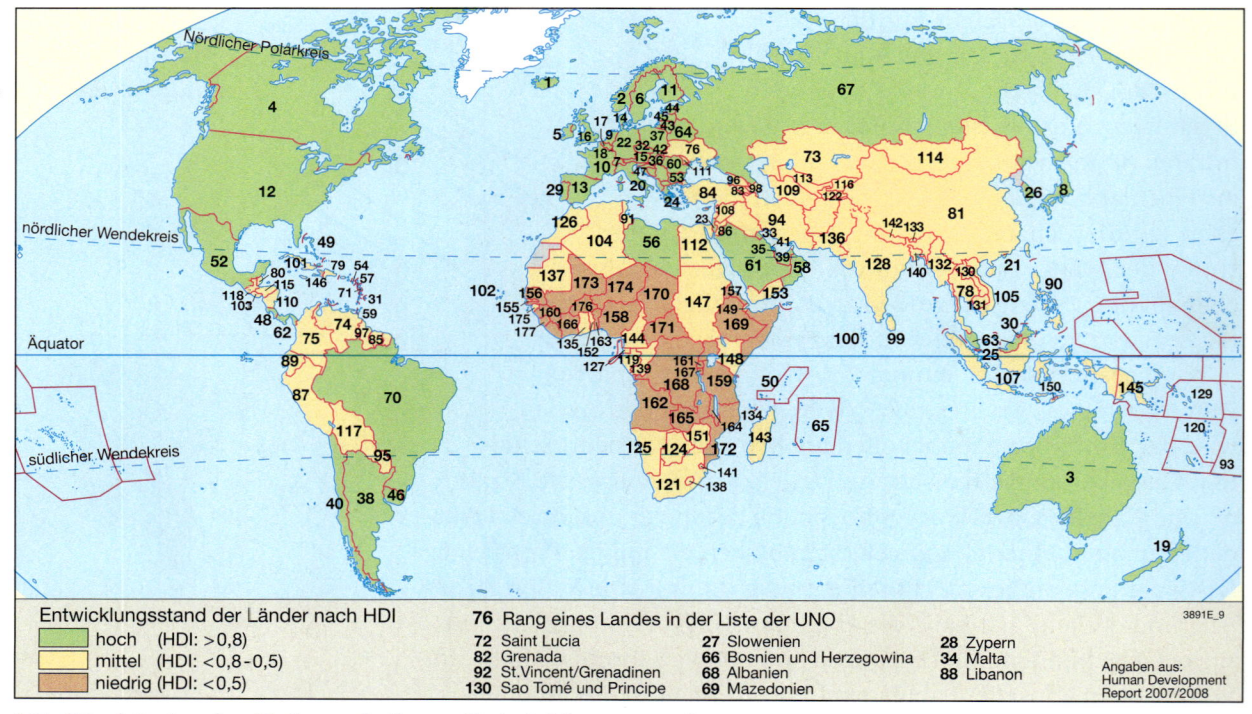

**M1** *Die Länder der Erde nach ihrem Entwicklungsstand*

# Entdeckt, erobert, ausgebeutet – bis heute?

**M2**

**M3**

## Aufgaben

**1** Nenne jeweils zwei Staaten in Südamerika, Afrika und Asien, die zu den wirtschaftlich am wenigsten entwickelten gehören (M1, Atlas, Karte: Erde – Staaten).

**2** Ordne M2 und M3 je einem Staat in M1 zu.

**3** Analysiere, inwieweit die Grundbedürfnisse der einzelnen Menschen erfüllt werden:
a) in einem reichen Industrieland,
b) in einem Land der Dritten Welt (M4).

**4** Erkläre die Überschrift: „Armer Süden – reicher Norden".

## Info 3

### Human Development Index (HDI)

Der HDI drückt den Entwicklungsstand von Staaten aus. In die Berechnung gehen nicht nur Einkommen und wirtschaftliche Leistung ein, sondern auch die Lebenserwartung und das Bildungsniveau. Der HDI-Wert überträgt diese Merkmale auf eine gemeinsame Grundlage. Er schwankt zwischen 0 und 1. Je näher der Wert eines Landes bei 1 liegt, desto höher ist es entwickelt.

### Menschen benötigen zum Leben:

Nahrung – Mitsprache in der Politik – Trinkwasser – Unterkunft – Kleidung – ärztliche Versorgung – Arbeit – Bildung

**Entwicklung** heißt heute nicht mehr und nicht weniger als die Befriedigung der Grundbedürfnisse aller Menschen

(aus Unterrichtsmaterialien für Entwicklungszusammenarbeit der Deutschen Stiftung für internationale Entwicklung)

**M4** *Die wichtigsten Grundbedürfnisse des Menschen*

### Merke

Die reichen Länder der Erde sind die Industrieländer, die armen die Entwicklungsländer. Wir alle leben in der Einen Welt und sollten uns dafür einsetzen, dass die Grundbedürfnisse aller Menschen erfüllt werden.

### Grundbegriffe
- Bruttoinlandsprodukt (BIP)
- Grundbedürfnis
- Entwicklungsland
- Dritte Welt
- Industrieland
- Human Development Index (HDI)

# Peru: Ein Land in Südamerika heute

**M1** *Lage von Peru*

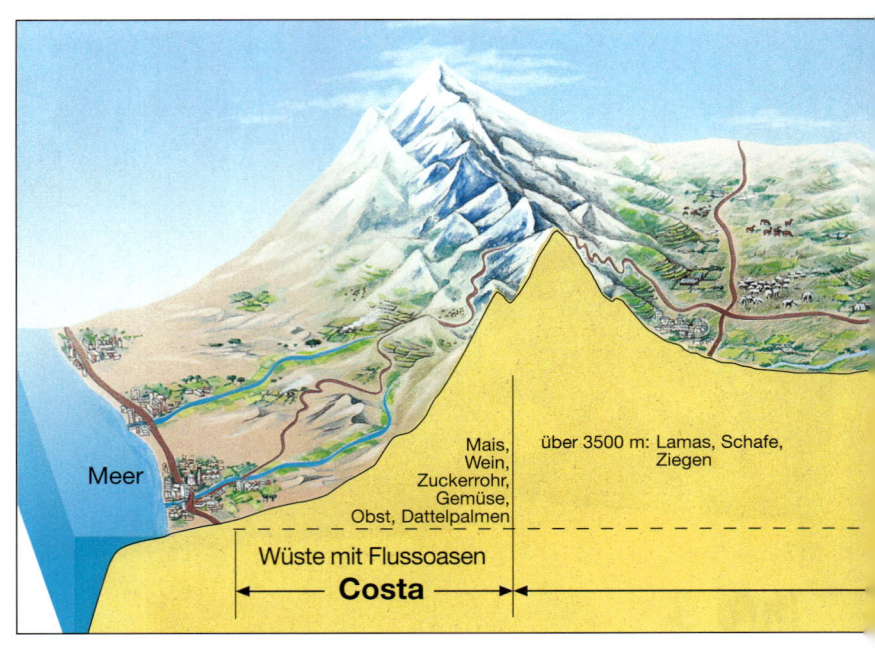

**M4** *Die Großlandschaften Perus*

**M2** *Verteilung der Bevölkerung*

## Ein Land – drei Großlandschaften

Wenn man von Lima aus nach Osten fährt, kommt man durch drei verschiedene Großlandschaften Perus: **Costa**, **Sierra** und **Selva**. Im Westen am Pazifischen Ozean liegt die Costa, die Küstenwüste. Sie ist über 2000 km lang und 50 bis 150 km breit. Rechts und links der Straße sieht man keinen Baum und keinen Strauch, nur Sand. Die Costa wird durch Flüsse aus der Sierra unterbrochen. In diesen Flussoasen wird Bewässerungslandwirtschaft betrieben.

Weiter östlich schließt sich an die Costa die Sierra an; das ist das Gebirgsland der Anden. Es besteht aus mehreren Bergketten, die bis zu 6700 m hoch sind. Zwischen zwei Gebirgszügen liegt in fast 4000 m Höhe eine Hochfläche: das Altiplano mit dem Titicacasee. Hier weiden Lamas und Alpacas. Die Täler sind fruchtbar und zumeist dicht besiedelt. An den steilen Berghängen haben die Bauern Terrassen angelegt, um Landwirtschaft zu betreiben.

**M3** *Autoverladung in Pucallpa*

**M5** *Tankwagen mit Trinkwasser bei Lima*

## Entdeckt, erobert, ausgebeutet – bis heute?

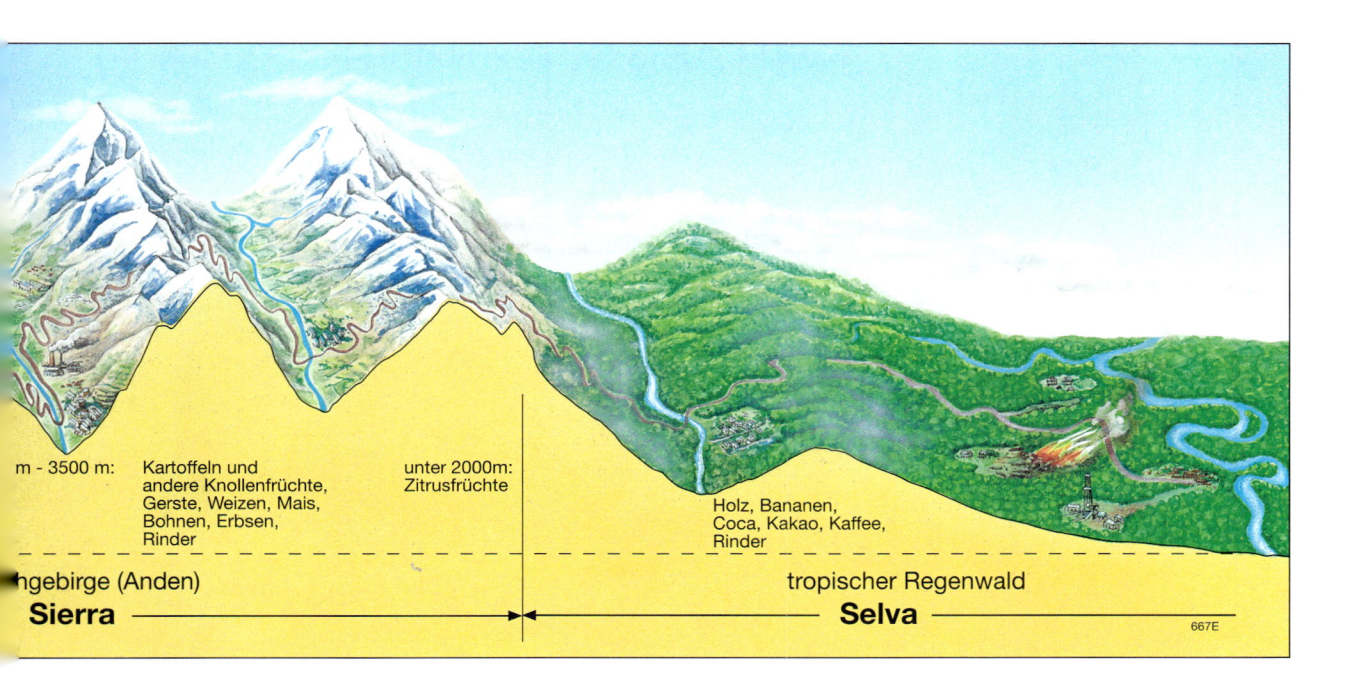

**Sierra** – hgebirge (Anden)
- m – 3500 m: Kartoffeln und andere Knollenfrüchte, Gerste, Weizen, Mais, Bohnen, Erbsen, Rinder
- unter 2000 m: Zitrusfrüchte

**Selva** – tropischer Regenwald
- Holz, Bananen, Coca, Kakao, Kaffee, Rinder

Die Selva ist das Tiefland im Osten Perus, das zum tropischen Regenwald Südamerikas gehört. Sie ist sehr dünn besiedelt und vielfach noch unerschlossen. Es gibt nur wenige Straßen, die vor allem in der Regenzeit großenteils überschwemmt sind. Hauptverkehrsmittel ist dann das „Pequepeque", ein Kanu mit Motor, auf den zahlreichen Zuflüssen des Amazonas. Auf gerodeten Flächen liegen Plantagen von Großgrundbesitzern oder internationalen Firmen. Teilweise wird Coca angebaut, dessen Blätter der Grundstoff für Kokain sind; diese Blätter werden allerdings auch zu Tee und Bonbons verarbeitet.

| Ort (Landschaft, Höhe) | Lima (Costa, 128 m) | Cuzco (Sierra, 3416 m) | Iquitos (Selva, 108 m) |
|---|---|---|---|
| Jahresniederschlag (mm) | 13 | 750 | 2845 |
| Januartemperaturen (°C) | 22 | 16 | 27 |
| Julitemperaturen (°C) | 15 | 15 | 26 |

**M6** *Niederschläge und Temperaturen*

**M7** *Am Titicacasee*

## Aufgaben

**1** Stelle Informationen zu den drei Großlandschaften Perus zu folgenden Themen zusammen (M2, M4):
a) Landschaft (Höhenlage, Pflanzen, Flüsse);
b) Bevölkerungsverteilung, Städte;
c) Landwirtschaft.

**2** Ordne M3, M5 und M7 den Großlandschaften Perus zu.

**Merke**
Peru gliedert sich in die drei Großlandschaften Costa, Sierra und Selva.

**Grundbegriffe**
- Costa
- Sierra
- Selva

# Peru: Ein Land in Südamerika heute

## Zu wenig Land für viele Menschen

Die Indios in der Sierra leben von der Landwirtschaft. Wie vor 500 Jahren bearbeiten sie ihr Land mithilfe von Grabstock und Sichel. Die meisten Bauernfamilien besitzen sehr wenig Land und sind Selbstversorger. Von den Erträgen ihrer Landwirtschaft können sie zwar leben, doch sie reichen nicht aus, um damit zum Beispiel Maschinen zu kaufen.

Neben den Bauernfamilien gibt es Hunderttausende, die kein Land besitzen. Sie sind darauf angewiesen, in den Bergwerken oder auf den landwirtschaftlichen Großbetrieben während der Erntesaison zu geringen Löhnen Arbeit zu finden.

Durch Abwanderung in die Städte hoffen die Menschen auf geregelte Arbeit und ein angenehmeres Leben. Es sind vor allem die jungen Leute, die fortziehen. Um diese **Landflucht** zu verringern, versucht die peruanische Regierung, die Lebensbedingungen auf dem Land zu verbessern.

## Das Beispiel Macari

Macari ist ein Dorf in der Nähe von Cuzco mit etwa 300 Einwohnern. Die Dorfgemeinschaft hat sich zum Ziel gesetzt, die Abwanderung aus ihrer Gemeinde zu verhindern. Hierzu nutzt sie Fördergelder der Regierung. Zunächst wurde die Wasserversorgung verbessert: Es wurden eine Quelle gefasst, ein Hochbehälter am Rand des Dorfes zum Sammeln des Wassers errichtet und von dort Leitungen zu den verschiedenen Wasserzapfstellen verlegt. Weiterhin wurde eine Straßenbeleuchtung gebaut.

Die Bauern haben sich auf die Herstellung von Ziegenkäse spezialisiert, der im ganzen Hochland und in Lima verkauft wird. Mit dem erwirtschafteten Geld konnten die Dorfbewohner einen Traktor und zwei Anhänger kaufen.

**M1** *Grabstock statt Pflug*

**M3** *Die Dorfgemeinschaft von Macari, im Hintergrund der neu gebaute Hochbehälter für das Trinkwasser*

## Aufgaben

**1** Welche Auswirkungen hat die Landflucht auf die Lebensverhältnisse in der Sierra?

**2** Beurteile die Ziele der Dorfgemeinschaft von Macari.

**3** Nimm Stellung zur Entwicklung der Terms of Trade.

- Verbesserung der Trinkwasserversorgung (Bau von Leitungen)
- Aufforstungsprogramme
- Anbau von Grünfutter für Weidetiere
- Errichtung von Bewässerungsanlagen in der Landwirtschaft
- Einführung umweltfreundlicher und biologischer Anbaumethoden
- Förderung von Kleinunternehmen für die industrielle Verarbeitung landwirtschaftlicher Produkte

**M2** *Maßnahmen zur Verbesserung der Situation in der Sierra*

# Entdeckt, erobert, ausgebeutet – bis heute?

## Zu wenig Geld für wertvolle Rohstoffe

Peru verfügt nur über wenige eigene Industrien. Das Land liefert vorwiegend Rohstoffe für den Weltmarkt, zum Beispiel Zink und Kupfer. Fast alle Industriewaren müssen aus den Industrieländern importiert werden. Die **Terms of Trade** sind für Peru sehr ungünstig. Dies bringt große Probleme mit sich. Die Preise für Rohstoffe sind in den letzten Jahren gesunken; Zink- und Kupfererz sind heute billiger als vor 25 Jahren. Daher arbeiten viele Bergwerke mit Verlust. Sie müssen versuchen, die Kosten zu senken. Dagegen stiegen die Preise für Industriewaren wie Maschinen, Autos und Elektrogeräte stetig an. Um seine Entwicklung voranzutreiben, braucht Peru aber Industriegüter. Es musste bei den Industrieländern Schulden machen. Peru erhält also für seine Ausfuhrgüter immer weniger Geld und muss für seine Einfuhrgüter immer mehr zahlen.

Nicht nur Peru, auch andere Entwicklungsländer halten dies für ungerecht. Sie sagen: „Die Industrieländer leben auf unsere Kosten."

**M7** *Peru: Die Last der Schulden drückt.*

Juan Carcas arbeitet seit 17 Jahren Tag für Tag in einem Kupferbergwerk in der Sierra. Diese Arbeit verrichtet er seit seinem 9. Lebensjahr, als sein Vater bei einem Unfall starb. Eine Schicht dauert zwölf Stunden. In 460 m Tiefe bricht er bei 48 Grad Celsius mit einem Presslufthammer das Erz aus dem Berg. Die Luft ist stickig und verursacht Hustenreiz. Die Maschinen sind überaltert und die Sicherheitsvorkehrungen schlecht. Die Stollen sind nur notdürftig abgestützt. Weitergehende Sicherheitsmaßnahmen wären zu teuer. Erst vor sieben Monaten sind zwei seiner Kollegen von herabstürzendem Gestein schwer verletzt worden. Sie hatten sich die Beine gebrochen und schwere Kopfverletzungen zugezogen. Eine Lebens- oder Krankenversicherung hat niemand. Kaum ein Bergmann erreicht hier das 50. Lebensjahr. Trotzdem beneiden viele Männer Herrn Carcas um seine Arbeitsstelle, denn andere Arbeit gibt es hier kaum.

**M4** *Arbeitsbedingungen in der Mine San José*

> **Merke**
> Um die Landflucht zu verringern, sollen die Lebensbedingungen auf dem Land verbessert werden. Peru verfügt über wenig Industrie. Die Terms of Trade sind für das Land sehr ungünstig.
>
> **Grundbegriffe**
> • Landflucht
> • Terms of Trade

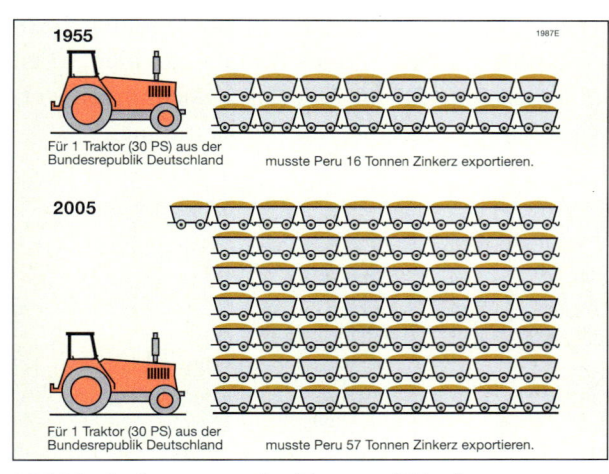

**M5** *Veränderungen der Terms of Trade*

**M6** *Schichtwechsel in einem Bergwerk*

# Peru: Ein Land in Südamerika heute

**M1** *Bevölkerungsentwicklung in Lima*

**M3** *Hauptplatz in Lima mit der Kathedrale*

## Aufgaben

**1** Lima zieht viele Menschen an. Was macht die Hauptstadt so attraktiv?

**2** a) Erkläre die Begriffe Push- und Pullfaktoren.
b) Nenne die Push- und Pullfaktoren am Beispiel von Peru (M4).

## Licht und Schatten in Perus Hauptstadt

Perus Hauptstadt Lima ist mit über acht Millionen Einwohnern die größte und wichtigste Stadt des Landes. Die nächstgrößere Stadt Arequipa hat „nur" 710 000 Einwohner. In Lima konzentrieren sich über 50 Prozent aller Industrie- und Handelsunternehmen und fast drei Viertel aller Internetnutzer des Landes.

Keine andere Stadt Perus bietet derart günstige Standortbedingungen für Industrie- und Dienstleistungsbetriebe. Die Versorgung mit Elektrizität und Wasser ist gewährleistet. Viele Menschen können lesen und schreiben. Hafen und Flughafen sorgen für eine gute Verkehrsanbindung. Gehobene Wohnviertel mit eleganten Geschäften und teuren Restaurants an der Küste oder im Hinterland bieten angenehme Lebensbedingungen für die leitenden Angestellten.

Ein großer Teil der Einwohner lebt jedoch in den zahlreichen Armenvierteln am Stadtrand in der Wüste nördlich und südlich der Stadt sowie an den Berghängen im Osten. Jeden Tag kommen Hunderte von Menschen aus dem Hochland nach Lima, um hier Arbeit zu finden. Sie werden meist enttäuscht. Die Hüttensiedlungen werden von Tag zu Tag größer, die Bildung von **Slums** nimmt zu.

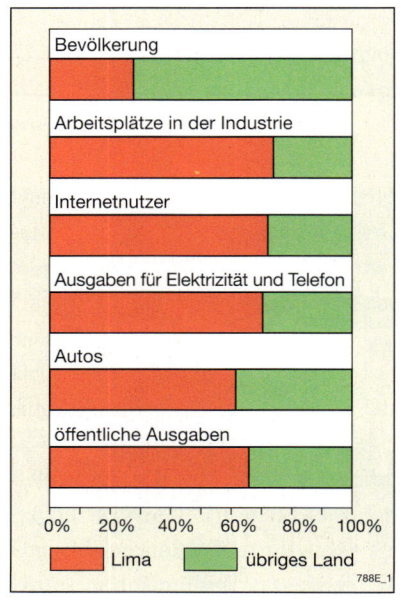

**M2** *Limas Bedeutung innerhalb Perus*

| Pushfaktoren (abweisende Kräfte) | Pullfaktoren (anziehende Kräfte) |
|---|---|
| • niedriges Einkommen<br>• keine Industrie-Arbeitsplätze<br>• Abhängigkeit von Landbesitzern oder Gläubigern<br>• fehlende Bildungs- und Ausbildungsmöglichkeiten | • bessere Arbeits- und Verdienstmöglichkeiten<br>• bessere Bildungs- und Ausbildungsmöglichkeiten<br>• Annehmlichkeiten des städtischen Lebens |

Ländlicher Raum → Großstadt

**M4** *Ursachen der Landflucht*

# Entdeckt, erobert, ausgebeutet – bis heute?

**M5** *Wohnviertel an der Küste*

**M7** *Lima wächst.*

## Push- und Pullfaktoren

Die Bauern in den ländlichen Gebieten erhalten nur wenig Geld für die Nahrungsmittel, die sie auf dem Markt verkaufen. Für sie lebenswichtige Waren, wie Stoffe, Streichhölzer oder Kerzen, werden dagegen von Tag zu Tag teurer. Dies ist nur einer der **Pushfaktoren**, die die Landflucht verursachen.

Dagegen hört die Landbevölkerung in Erzählungen Wunderbares über die großen Städte, vor allem über die Hauptstadt Lima. Diese **Pullfaktoren** bewirken, dass die Städte immer größer werden.

In der Regel erfüllen sich die Wünsche der Zuwanderer nicht. Sie bauen sich am Stadtrand Hütten aus Strohmatten und Wellblech. So haben sich riesige Armenviertel entwickelt, in denen es teilweise kein fließendes Wasser und Toiletten gibt. Krankheiten können sich leicht ausbreiten.

### Aufgabe

**3** a) Die Probleme des unkontrollierten Städtewachstums sind besonders groß, wenn sich die städtische Entwicklung in einem Land überwiegend in einer einzigen Stadt konzentriert. Man spricht von einer sogenannten „Primacy-Situation", wenn die größte Stadt des Landes mindestens dreimal so groß ist wie die nächst kleinere. Erläutere, ob das bei Lima der Fall ist.
b) Erstelle eine Liste der Probleme.

**M6** *Hüttensiedlung am Stadtrand*

### Merke
Viele Städte, vor allem die Hauptstadt Lima, ziehen die Menschen vom Land an. Die Städte werden immer größer. An den Stadträndern breiten sich Slums aus.

### Grundbegriffe
- Slum
- Pushfaktor
- Pullfaktor

# Alles klar?

## Entdeckt, erobert, ausgebeutet ...

### 1. Eine neue Zeit bricht an

Um 1500 beginnt die Neuzeit. Erkläre an drei Beispielen, wodurch diese „neue Zeit" gekennzeichnet ist. Warum kann man sie als Fortschritt bezeichnen?

### 2. Entdeckungen und Eroberungen

a) In Mexiko-Stadt gibt es den „Platz der drei Kulturen". Erkläre diesen Namen.

b) Machu Picchu ist ein beliebtes Touristenziel. Was kann man dort besichtigen?

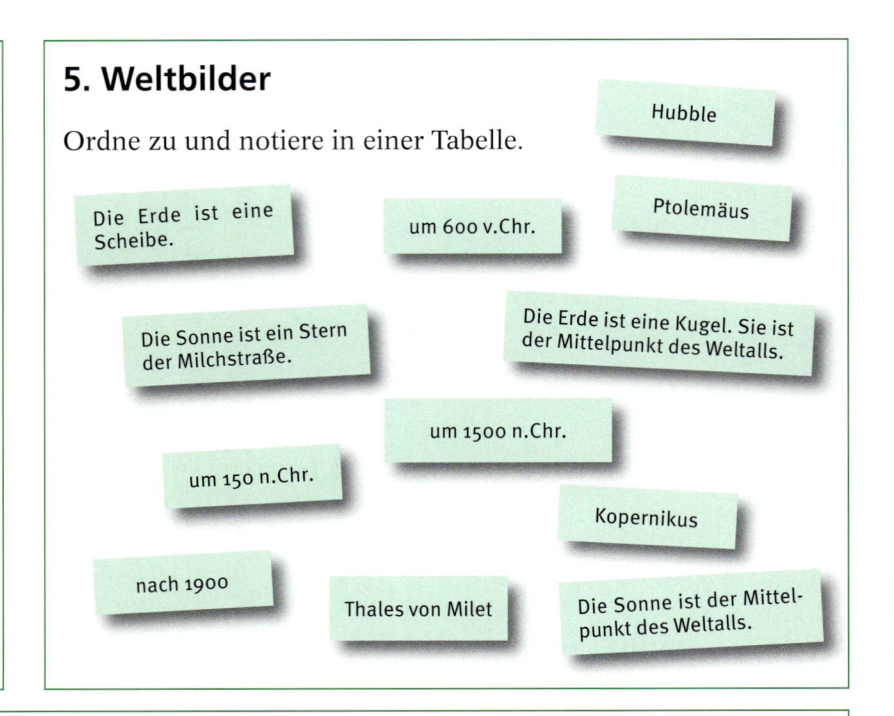

### 5. Weltbilder

Ordne zu und notiere in einer Tabelle.

- Die Erde ist eine Scheibe.
- Die Sonne ist ein Stern der Milchstraße.
- nach 1900
- um 150 n.Chr.
- um 600 v.Chr.
- um 1500 n.Chr.
- Thales von Milet
- Hubble
- Ptolemäus
- Kopernikus
- Die Erde ist eine Kugel. Sie ist der Mittelpunkt des Weltalls.
- Die Sonne ist der Mittelpunkt des Weltalls.

### 3. Entwicklungsländer heute

a) Ordne den Abbildungen das richtige Grundbedürfnis zu.

b) Zeige an Beispielen auf, dass die Grundbedürfnisse in Entwicklungsländern meist nicht erfüllt werden.

c) Die Terms of Trade sind für Peru ungünstig. Erkläre.

d) Notiere in einer Tabelle die Ursachen der Landflucht in Peru. Teile nach Push- und Pullfaktoren ein.

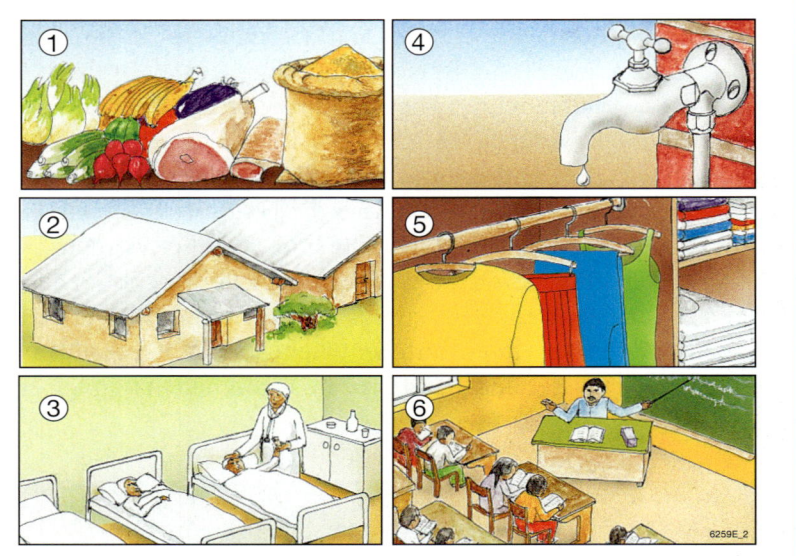

### 4. Handelsbeziehungen

Übertrage die Abbildungen in dein Heft und ergänze die Waren, die beim Tauschhandel bzw. Dreieckshandel wichtig waren. Trage die Namen der Waren in die Pfeile ein.

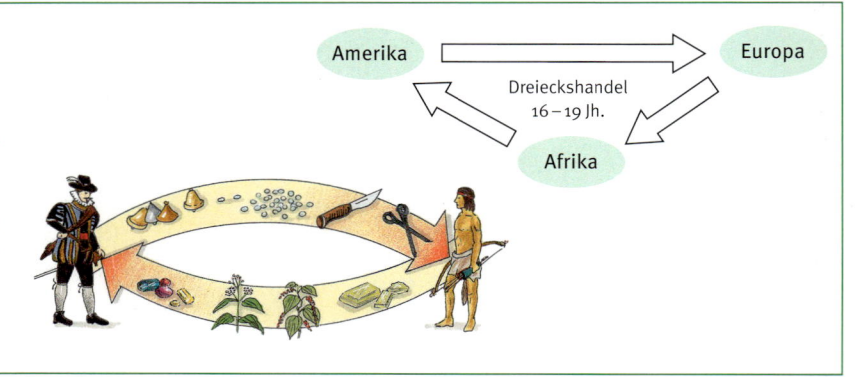

Dreieckshandel 16–19 Jh.
Amerika — Europa — Afrika

# Das Wichtigste

## Grundbegriffe

- Humanist
- Renaissance
- Kulturepoche
- Planet
- Milchstraße (Galaxis)
- Lichtgeschwindigkeit
- Kolumbus
- Indianer
- Magellan
- Karavelle
- Weltumsegelung
- Jakobsstab
- Hochkultur
- Konquistador (Eroberer)
- Kolonie
- Plantagenwirtschaft
- Monokultur
- Dreieckshandel
- Bruttoinlandsprodukt (BIP)
- Grundbedürfnis
- Entwicklungsland
- Dritte Welt
- Industrieland
- Human Development Index (HDI)
- Costa
- Sierra
- Selva
- Landflucht
- Terms of Trade
- Slum
- Pushfaktor
- Pullfaktor

## Auftakt in eine neue Zeit, Das Weltbild im Wandel

Die Entdeckung neuer Erdteile, zahlreiche Erfindungen wie die des Buchdruckes kennzeichnen den Übergang vom Mittelalter zur Neuzeit. Die Weltumsegelung durch Magellan erbrachte den Beweis, dass die Erde die Form einer Kugel hat. Im Jahr 1543 kam Kopernikus zu der Auffassung, nicht die Erde, sondern die Sonne stehe im Mittelpunkt des Weltalls. Heute wissen wir, dass unsere Sonne nur einer von 100 Milliarden Sternen in unserer Galaxis ist.

## Gewürze zu gepfefferten Preisen – Entdeckungen und Eroberungen

Im 15. und 16. Jahrhundert entdeckten europäische Seefahrer auf der Suche nach Gold und kostbaren Gewürzen bisher unbekannte Gebiete. Christoph Kolumbus war einer von ihnen. Er glaubte fest an die Kugelgestalt der Erde. Er suchte einen Seeweg in westlicher Richtung nach Indien. Dabei entdeckte er 1492 Amerika. Die Menschen dort nannte er Indianer.

Fernando Magellan startete 1519 von Spanien aus eine Weltumsegelung. Eins seiner Schiffe kehrte nach fast drei Jahren nach Europa zurück. Damit war bewiesen, dass die Erde eine Kugel ist.

Lange vor diesen Entdeckungen hatten indianische Hochkulturen wie die Azteken den Kontinent Amerika besiedelt. Europäische Eroberer plünderten nun deren Schätze: u.a. Gold, Silber und Edelsteine. Der bekannteste Eroberer war Hernán Cortés. Er zerstörte Tenochtitlán und ermordete die Einwohner dieser Stadt.

## Industrie- und Entwicklungsländer

Die reichen Länder der Erde sind die Industrieländer, die armen die Entwicklungsländer. Um den Entwicklungsstand eines Landes zu messen, wurde der Human Development Index (HDI) entwickelt. Je näher der Wert eines Landes bei 1 liegt, desto höher ist es entwickelt.

## Peru: Ein Land in Südamerika heute

Peru gliedert sich in die drei Großlandschaften Costa, Sierra und Selva. Peru verfügt über wenige Industrien. Die Terms of Trade sind für das Land sehr ungünstig. Viele Menschen ziehen vom Land in die Stadt. Die Städte werden immer größer. An den Stadträndern breiten sich Slums aus.

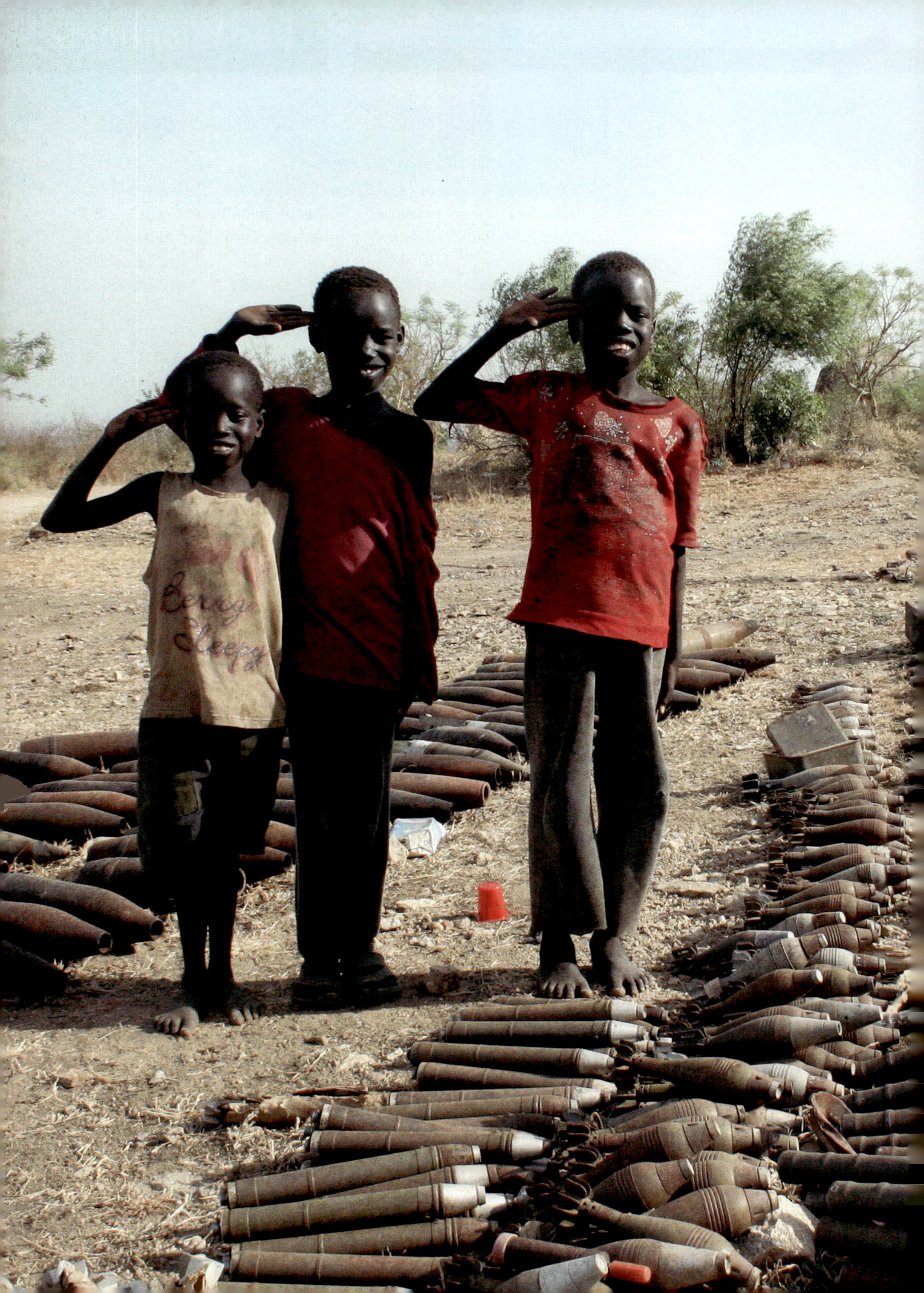
Berry Sleepy

# Kriege und Kriegserfahrung

**Regionale Krisen und Konflikte**

**Kambodscha – Minen lauern überall**

**Krieg als traumatisches Erlebnis**

**Kriegsbegeisterung und Kriegswirklichkeit**

**Rüstung und Waffenhandel**

**Friedensbewegung**

**Weltpolizei UNO**

M1 *Kinder spielen Krieg in Juba/Sudan*

# Regionale Krisen und Konflikte

„Was spielt ihr?" fragte der alte Mann die Kinder. „Wir spielen Krieg!" Darauf der Alte: „Wie kann man nur Krieg spielen? Ihr wisst doch sicher, wie schlimm der Krieg ist. Ihr solltet Frieden spielen." „Das ist eine gute Idee", sagten die Kinder. Schweigen, Beratung, Tuscheln und wieder Schweigen.
Dann trat ein Kind vor und fragte: „Wie spielt man Frieden?"

**M1** *Schwieriges Spiel*

Frieden ist für mich …
…kein Krieg auf der ganzen Welt.
…wenn man wieder Freunde werden kann.
…wenn alle Leute gleich viel Geld haben, sodass niemand neidisch auf den anderen ist.
…unmöglich, es wird niemals überall Frieden geben.
…wenn die Menschen sich miteinander wohl fühlen, dass sie sich nicht streiten und dass sie alles miteinander teilen.

**M2** *Äußerungen von Schülerinnen und Schülern einer 8. Klasse zum Thema Frieden*

## „War of the world"

Die Schülerinnen und Schüler der 8b gehen in die große Pause. Auf dem Schulhof unterhalten sie sich über Erfahrungen mit Computerspielen. Bei den Jungen sind vor allem Kampf- und Kriegsspiele der Renner. Sven berichtet von seinem neuesten Kauf. „War of the World". In diesem Spiel werden Gefechte und Schlachten durchgespielt. Er erklärt in allen Einzelheiten, wie viele Soldaten und welche Waffensysteme mit welcher Feuerkraft zum Einsatz kommen, wie viele „Feinde" auszuschalten sind.

Avad steht die ganze Zeit daneben. Er wirkt abwesend und fühlt sich sichtlich unwohl. „Ey, was ist los mit dir?" fragt Peter. Avad zögert. Dann sagt er es so, dass es alle hören können: „Ich komme aus Bosnien, das wisst ihr ja. Dort war Krieg, nicht auf dem Bildschirm, sondern wirklich. Ich habe das alles miterlebt. Ich habe Explosionen und Schießereien erlebt, ich habe Tote und Verwundete gesehen. Mein Bruder musste in dem Krieg als Soldat kämpfen. Er wurde am Bein verwundet und humpelt jetzt immer noch."

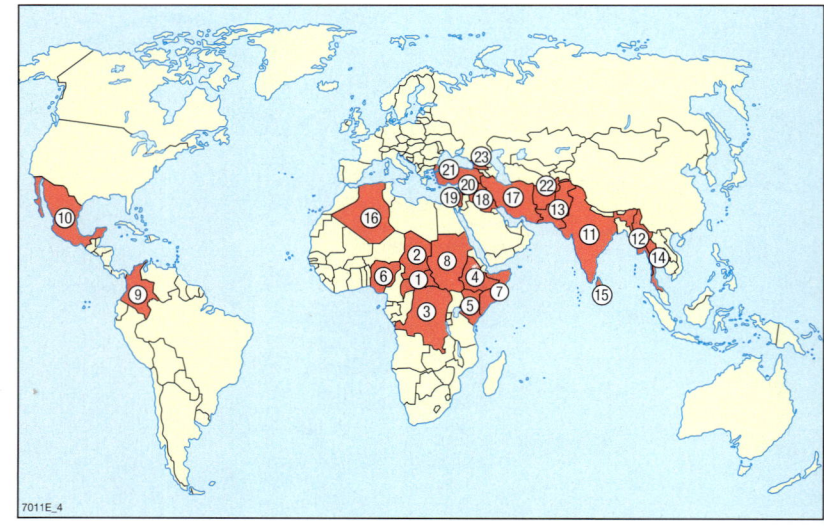

1. **Zentralafrikanische Republik:** nationale Macht
2. **Tschad:** regionale Vorherrschaft, nationale Macht
3. **D. R. Kongo:** nationale Macht
4. **Äthiopien:** Separatismus (Ogade)
5. **Kenia:** Ressourcen (ethnische Gruppen)
6. **Nigeria:** regionale Vorherrschaft, Bodenschätze
7. **Somalia:** System/Ideologie, nationale Macht
8. **Sudan:** regionale Vorherrschaft, Ressourcen (Darfur)
9. **Kolumbien:** System/Ideologie, regionale Vorherrschaft, Bodenschätze
10. **Mexiko:** regionale Vorherrschaft (Drogenkartelle)
11. **Indien:** System/Ideologie, Separatismus (Kaschmir)
12. **Myanmar:** Separatismus, System/Ideologie, nationale Macht
13. **Pakistan:** System/Ideologie, regionale Vorherrschaft (Sunniten, Schiiten)
14. **Thailand:** Separatismus (südliche Grenzregionen)
15. **Sri Lanka:** Separatismus (Tamilen)
16. **Algerien:** System/Ideologie, nationale Macht (islam. Gruppen)
17. **Iran:** Autonomie (Kurden)
18. **Irak:** System/Ideologie, Ressourcen, nationale Macht (Sunniten, Schiiten, Kurden)
19. **Israel:** System/Ideologie, regionale Vorherrschaft, Separatismus (Palästinenser)
20. **Libanon:** System/Ideologie, nationale Macht
21. **Türkei:** Autonomie (Kurden)
22. **Afghanistan:** System/Ideologie, nationale Macht
23. **Georgien:** regionale Vorherrschaft

**M3** *Regionale Krisen und Konflikte 2007/2008*

# Kriege und Kriegserfahrung

## Kindersoldaten

Nach Schätzungen von UNICEF kämpfen auf der ganzen Welt rund 300 000 Kinder und Jugendliche als Kindersoldaten. Mindestens 200 000 Kindersoldaten gibt es allein in Afrika. Viele Kinder werden mit brutaler Gewalt zu kriegerischen Kampfhandlungen gezwungen. Sie werden nicht nur als aktive Kämpfer, sondern auch als Kuriere, Spione sowie zur Minenräumung eingesetzt. Die Auswirkungen sind dramatisch. Die Kinder können im Krieg getötet oder verletzt werden. Sie können Arme und Beine verlieren. Wenn sie unverletzt sind, haben sie noch Jahre nach dem Krieg Angstträume, von denen sie nachts aufwachen.

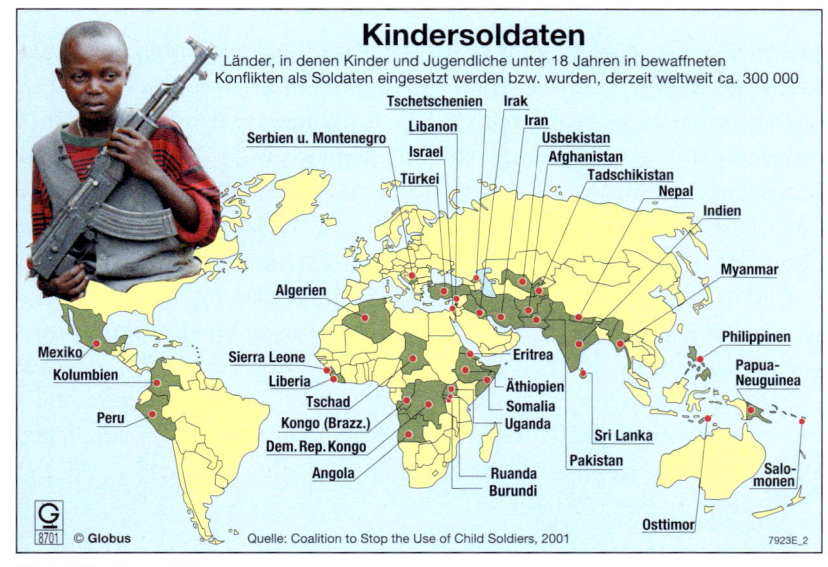

**M4** *Kindersoldaten*

**M5** *Kindersoldat*

## Quelle

**Kinder-Dienst an der Waffe**

In zahlreichen Ländern werden Kinder zum Dienst an der Waffe gezwungen. Sie werden entführt und aus ihrem Umfeld gerissen. Viele Kinder in den Kriegsgebieten Afrikas haben niemanden, der für sie sorgt. Sie schließen sich Soldaten an, um dem Hungertod zu entgehen. Krieg führende Gruppen ziehen oft Kinder und Jugendliche den Erwachsenen als Soldaten vor, weil junge Leute weniger Ansprüche stellen und besser gehorchen. Kindersoldaten bekommen oft keinen oder kaum Sold (Lohn für Soldaten) und begnügen sich mit dem Essen, das sie erhalten.
(Nach: Kampagne „Kindersoldaten – you must act", in: www.drk.de)

## Aufgaben

**1** Setzt das Gespräch zwischen Peter und Avad fort.

**2** a) Informiere dich über Ursachen, Verlauf und Folgen des Kriegsgeschehens in einem Staat in M3 bei der Arbeitsgemeinschaft Kriegsursachenforschung (www.akuf.de).
b) Verfasse hierzu einen Nachrichtentext.

**3** Notiere Gründe, weshalb Kinder zu Soldaten werden (Quelle).

**4** Vergleiche M3 und M4. In welchen Gebieten sind Kinder als Soldaten eingesetzt?

### Merke
In vielen Ländern werden Kinder zum Dienst an der Waffe gezwungen. Die Auswirkungen sind dramatisch.

# Regionale Krisen und Konflikte

## Info

**Sudan**
Kontinent: Afrika
Fläche: 2 505 813 km²
Einwohner: 33,6 Mio.
Hauptstadt: Khartum
Geschichte: Der Sudan erlangte 1956 die Unabhängigkeit von Großbritannien.

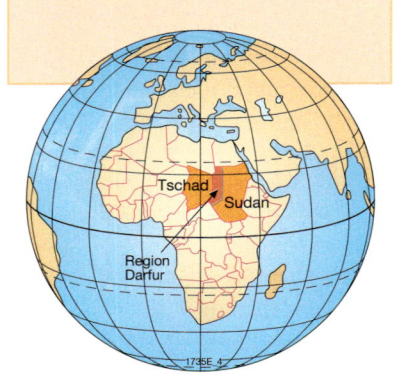

## Der Sudan – Land der Gegensätze

Der Sudan ist das größte Land Afrikas, siebenmal so groß wie Deutschland. Im Norden gibt es völlig regenlose Gebiete. Sie gehören zur Wüste Sahara. Hier wohnen vor allem muslimische Araber. Im Süden regnet es neun Monate im Jahr. Hier gibt es Regenwälder. Die Bevölkerung besteht vor allem aus Christen und Anhängern verschiedener Naturreligionen. Schon seit vielen Jahren kämpft der Süden darum, unabhängig zu werden. Dort gibt es aber Ölquellen. Deshalb will die von den Nord-Sudanesen angeführte Regierung den Süden nicht hergeben.

## Tötung und Plünderung in Darfur

Die Provinz Darfur liegt im Westen des Sudan. Hier leben vor allem Schwarzafrikaner. Sie werden von der überwiegend aus Arabern bestehenden Regierung des Sudan unterdrückt. Im Februar 2003 gründete sich in Darfur eine Rebellenorganisation, die mehr Rechte fordert. Daraufhin ging die Regierung gegen die Rebellen, aber auch gegen die Bevölkerung in Darfur vor. Hierbei wurden sie von bewaffneten Reitermilizen unterstützt. Es kam zu Plünderungen und Vertreibungen, etwa 50 000 Menschen starben, ganze Dörfer wurden niedergebrannt. Zwei Millionen Menschen sind vom Hungertod bedroht.

**M1** *Flüchtlinge aus Darfur in einem Flüchtlingslager im Tschad*

## Kriege und Kriegserfahrung

### Hunderttausende Menschen vertrieben

Als Folge der brutalen Angriffe gibt es nach Schätzungen der UNO fast eine Million Menschen in Darfur, die aus ihren zerstörten und niedergebrannten Dörfern in den Tschad geflohen sind. Große Gebiete wurden entvölkert. In den überfüllten Flüchtlingslagern fehlt es an Lebensnotwendigem wie Wasser, Nahrung und medizinischer Versorgung. Die Soldaten töten und vertreiben nur die Schwarzafrikaner. Die Dörfer, in denen Araber wohnen, lassen sie in Ruhe. Die Regierung des Sudan bestreitet, dass es solche Vorgänge in ihrem Land gibt.

**M2** *Flüchtlinge in Darfur*

**M3** *Der Junge steht vor seinem zerstörten Haus in Darfur*

### WWW

Auf der Internetseite der sudanesischen Botschaft in Deutschland kannst du deren Meinung nachlesen (www.sudan-embassy.de). Die Menschenrechtsorganisation „Human Rights Watch" (www.hrw.org) hingegen sagt: „Es gibt keinen Zweifel daran, dass sich die sudanesische Regierung an Verbrechen gegen die Menschlichkeit in Darfur schuldig gemacht hat."
Allgemeine Informationen über den Sudan findest du auf den Seiten des Auswärtigen Amts der deutschen Bundesregierung (www.auswaertiges-amt.de) und bei Wikipedia (www.wikipedia.de), dem freien Internet-Lexikon.

### Aufgaben

**1** Schreibe einen Text über die Landschaften im Sudan (Text, Lexikon, Internet).

**2** Erläutere die Probleme der Menschen in der Region Darfur.

**3** a) Informiere dich über die Position der Regierung des Sudan (Internet-Tipps).
b) Was sagt die Menschenrechtsorganisation „Human Rights Watch" dazu (Internet)?
c) Nimm Stellung dazu.

**4** Werte M2 und M3 aus.

### Merke
Die Schwarzafrikaner im Westen des Sudan werden von der Regierung unterdrückt. Sie wehren sich. Es kommt zu Vertreibungen. Menschen werden ermordet. Die Regierung bestreitet dies.

# Kambodscha – Minen lauern überall

**M1** *Landmine*

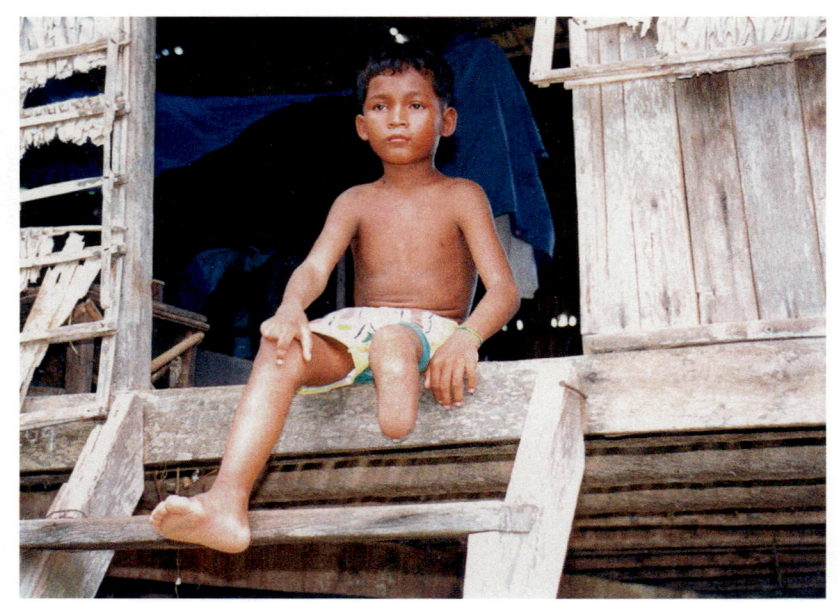

**M2** *Chhorn Na*

## Info

**Landminen**

Landminen sind Sprengkörper, die meistens ein paar Zentimeter tief in der Erde vergraben werden. Sie explodieren, sobald jemand auf sie tritt. Weil sie sehr klein sind, werden sie leicht übersehen. Die meisten Landminen sind „Anti-Personen-Minen", die gegen Menschen eingesetzt werden. Wer auf sie tritt, verliert oft ein oder beide Beine.

## Quelle

**Konvention gegen Landminen**

Am 1. März 1999 trat die Konvention zum Verbot von Anti-Personen-Minen in Kraft. Ihr gehören gegenwärtig 156 Staaten an, allerdings fehlen noch etwa 40 Staaten, darunter führende Minenproduzenten. Weltweit gibt es noch etwa 100 Millionen Landminen.
(Nach: Wolfgang Kötter, Landmine Monitor, 3.12.2007)

## Minen lauern überall

Sechs Jahre alt war Chhorn Na, der Sohn eines Reisbauern in Kambodscha, als er wie jeden Tag die Kühe seiner Familie zur Futtersuche trieb. Alles war ruhig. Plötzlich gab es einen gewaltigen Knall und ein schrecklicher Schmerz durchfuhr seinen Körper. Chhorn Na war auf eine **Landmine** getreten. Er verlor gleich nach dem Knall das Bewusstsein. Ein Nachbar hörte die Explosion und trug ihn nach Hause. Die Mutter brachte ihr Kind ins Krankenhaus. Das linke Bein wurde knapp unter dem Knie amputiert. Ein Onkel schnitt ihm einen Stecken zurecht. Er diente ihm als Krücke. „Ich bin auf den Knien zur Schule gekrochen", erzählt Chhorn Na. Er musste sechs Jahre auf Knien leben, bis er eine Prothese bekam.

## Minen – tödliche Gefahr für Kinder

Vier bis sechs Millionen Minen wurden in Kambodscha von Soldaten verschiedener Kriegsparteien bis Mitte der 1990er-Jahre an wichtigen Stellen knapp unter der Erdoberfläche vergraben. Sie liegen zum Beispiel um Hügel herum, auf Pfaden zu Wasserstellen, an Wegkreuzungen oder unter Schatten spendenden Bäumen. Jeden Monat explodieren mindestens 60 Minen. Sie treffen vor allem die Zivilbevölkerung. Jedes dritte Opfer ist ein Kind. Kambodscha hat die meisten Minenamputierten der Welt: 35 000 Menschen haben durch Minen bereits Füße, Beine oder Arme verloren. Minen sind besonders grausame Waffen, denn sie werden nicht eingesetzt, um ihre Opfer zu töten oder gegnerische Soldaten abzuwehren. Sie sollen Angst verbreiten und die Menschen einschüchtern.

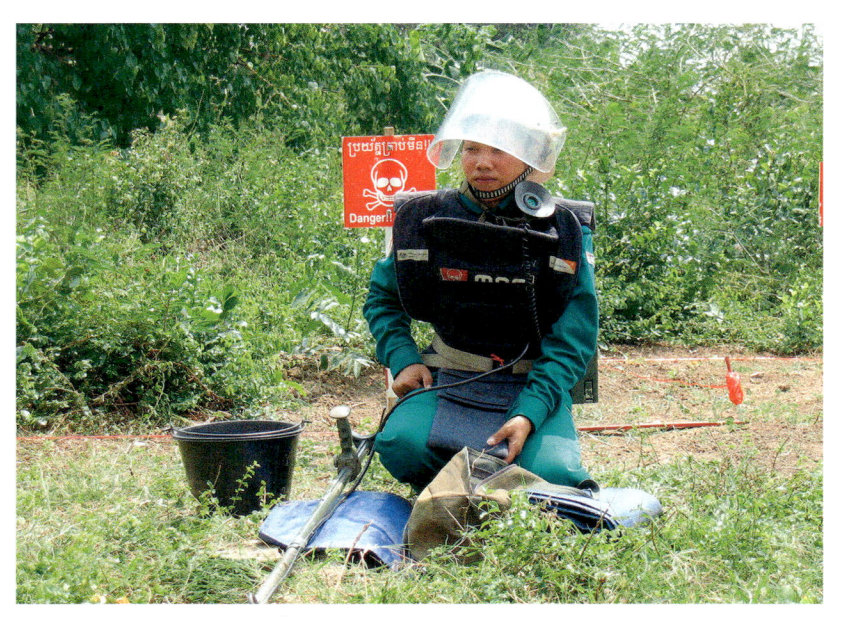

# Kriege und Kriegserfahrung

**M3** *Minenräumerin Theary Mam*

**M4** *Der einbeinige Teddy*

## Minenräumung – Arbeit im Schneckentempo

Die Minenräumerin Theary Mam aus Kambodscha berichtet: „Bei der Räumung von Minen komme ich nur sehr langsam voran. Im Durchschnitt schaffe ich 20–25 m² am Tag und oft liegen auf einem Quadratmeter vier Minen. Dabei ist meine Arbeit sehr gefährlich, denn die Minen sind unter der Erde nicht zu sehen und oftmals schon seit Jahren von Gras oder Büschen überwuchert, aber noch immer hoch explosiv. Die Minen sind ein großes Problem für die Entwicklung unseres Landes." Neben Minenräumern kommen auch Roboter und Minensuchhunde zum Einsatz, aber auch die sind nicht schneller. Zudem ist die Beseitigung von Minen sehr teuer. Eine Mine zu räumen kostet etwa 300 bis 1000 Euro. So wird es wohl noch Jahrzehnte dauern, bis Kambodscha minenfrei ist.

## Kinder leiden unter Schmerzen und Ausgrenzung

Kinder mit fehlenden Gliedmaßen werden mitunter von Mitschülern gedemütigt. Behinderte Jugendliche haben bei der Suche nach Arbeit große Probleme. Mädchen und Frauen, die durch eine Explosion verstümmelt wurden, finden nur schwer einen Lebenspartner oder werden von ihren Männern verlassen. Kinder von Minenopfern stehen vor dem Nichts, wenn Vater oder Mutter aufgrund ihrer Behinderung keine Chance mehr haben, Geld für den Unterhalt der Familie zu verdienen. UNICEF unterstützt Kinder, die durch Minen verletzt wurden und stellt ihnen Prothesen, Krücken oder einen Rollstuhl zur Verfügung. Sie vermittelt den Eltern Grundkenntnisse in Krankengymnastik und der Pflege behinderter Kinder.

## Aufgaben

**1** a) Erläutere, wie sich das Leben von Chhorn Na verändert hat.
b) Informiere dich, wie ihm und anderen Opfern geholfen werden kann (www.landmine.de/de.titel/de.wiewirhelfen/de.wieundwo/index.html).

**2** Nenne Gründe, warum einige Staaten das Verbot von Landminen nicht unterschrieben haben.

**3** Erkunde die Geschichte des einbeinigen Teddybären und berichte über die Maßnahmen des Roten Kreuzes (http://old.roteskreuz.at/1592.html).

### Merke
Weltweit gibt es noch etwa 100 Millionen Landminen. Sie treffen vor allem die Zivilbevölkerung, jedes dritte Opfer ist ein Kind.

### Grundbegriff
- Landmine

# Krieg als traumatisches Erlebnis

## Aufgabe

**1** a) Begründe, warum vor allem Kinder durch einen Krieg ein Trauma erleiden können.
b) Stelle die Probleme dar, mit denen traumatisierte Kinder zu tun haben.
c) Beschreibe, wie die Zukunft dieser Kinder vermutlich aussehen wird.

**M2** *Kinder suchen Feuerholz in zerstörten Häusern (Afghanistan)*

**M1** *Lage Kosovos*

## Info 1

**Der Kosovo-Krieg**
Bis zum Jahr 1990 gab es den Staat Jugoslawien. Hier lebten viele verschiedene Völker, die sich zum Teil sehr schlecht verstanden und selbständig werden wollten. Deshalb kam es zum Krieg. Jugoslawien zerfiel nach und nach in einzelne Staaten. Als letzter neuer Staat bildete sich 2008 der Kosovo aus der ehemaligen gleichnamigen Provinz.

## Kinder leiden besonders

Kinder erleben Kriegsereignisse besonders intensiv und erleiden tiefe seelische Wunden. Oftmals haben sie den Tod von Eltern oder Geschwistern mit angesehen, wurden Zeugen von Folter und Vergewaltigung. Diese Kinder leiden unter Alpträumen, Weinkrämpfen oder Depressionen. Man sagt, sie sind traumatisiert. Ein **Trauma** lässt sich nicht so einfach heilen. Doch ohne Behandlung würde das Leiden der Kinder nicht aufhören. Viele Kinder vermeiden alles, was mit dem Trauma zu tun hat. Sie wollen nicht darüber sprechen, sich nicht erinnern. Viele betäuben sich mit Alkohol und anderen Drogen. Die Jüngsten leiden besonders: Kinder zwischen drei und vier Jahren werden oft stumm oder beginnen zu stottern. Sie leiden unter Wahnvorstellungen und können niemandem mehr vertrauen.

**M3** *Unterricht in der geborgenen Umgebung einer **Hilfsorganisation** hilft den Kindern, ihr Trauma zu verarbeiten (Kosovo)*

# Kriege und Kriegserfahrung

## Quelle 1

**Aus dem Tagebuch eines Kriegskindes**
Montag, 20. April: Ich halte diesen Kanonendonner nicht mehr aus! Die Granaten, die vielen Toten! Unsere Verzweiflung! Den Hunger!! Das Elend! Die Angst! Nur aus diesen Dingen besteht mein Leben!
(Nach: Martin Kronenberg: Geschichte und Abenteuer, Bamberg 1996, S. 75)

## Info 2

**UNICEF**
UNICEF ist eine Hilfsorganisation. Sie hilft vor allem Kindern. Im Kosovo versucht sie, traumatisierten Kindern zu helfen und sie bei der Rückkehr in einen normalen Alltag zu unterstützen: Sie stellt Schulmaterial, Spiele und Sportgeräte bereit. Lehrer und Helfer lernen, ein Trauma zu erkennen. Schwer betroffene Kinder werden zur Einzelbetreuung weitervermittelt.

## Quelle 3

**Bericht der Uniklinik Eppendorf**
Wir versuchen, traumatisierten Kindern die Möglichkeit zu geben, die belastenden Dinge anzusprechen. Die Kinder haben erlebt, dass ihre Eltern sie nicht schützen konnten. Sie erleben die Welt als Bedrohung. Indem die Kinder versuchen, die schrecklichen Erlebnisse in Worte, Bilder oder ins Spiel zu bringen, können sie besprochen und bearbeitet werden."
(Nach: www.abendblatt.de/daten/2006/02/11/532787.html)

## Es gibt Hilfe

1993 wurde die deutsche Hilfsorganisation KINDERBERG e.V. gegründet. Sie bietet Hilfe für Kriegskinder in Bosnien, Kroatien und im Kosovo. Im Westen des Kosovo, in Krusha e Madhe, gibt es ein Zentrum, das von rund 200 Kindern besucht wird und eine Art Kindertagesstätte ist. Die meisten der Kinder sind Waisen oder Halbwaisen, die bei Verwandten leben. Kinderheime sind im Kosovo unbekannt. Auch der dreijährige Visari besucht dieses Zentrum. Er fährt auf seinem Traktor aus Plastik durch die Räume und macht die Geräusche des Motors nach. Er reagiert aber nicht auf die Kontakte der anderen Kinder oder die Berührungen seiner Betreuerin, die ihn zärtlich über die Wange streicht. Visaris Eltern sind im Krieg getötet worden. Er lebt bei einer Tante und besucht täglich das Zentrum.

### Aufgabe

**2** Informiere dich über die Hilfsorganisationen UNICEF und KINDERBERG. Finde heraus, wann und von wem sie gegründet wurden und welche Zielsetzungen sie haben.

## Quelle 2

**Spuren des Krieges**
Der Krieg im Kosovo hat seine Spuren hinterlassen. Viele Kinder kämpfen gegen die schlimmen Erfahrungen, die sie während des Krieges gemacht haben. Sie leiden unter Schlaf-, Bewusstseins- und Beziehungsstörungen, können sich in der Schule nicht konzentrieren. Einige von ihnen sind apathisch geworden. Zu den seelischen Schmerzen kommt meist noch eine körperliche Behinderung durch eine Kriegsverletzung hinzu. Ein Trauma ist nicht so schnell heilbar wie ein Beinbruch. Arbeitslosigkeit und Armut setzen Familien zusätzlich unter Druck. Medizinische Betreuung können sich viele nicht leisten. Im Kosovo leben schätzungsweise 2,1 Millionen Menschen. Durch die schlechte wirtschaftliche Lage leben viele in bitterer Armut.
(Nach: www.caritas.at)

### Merke
Ein Krieg kann bei vielen Menschen ein Trauma auslösen. Besonders betroffen sind Kinder.

### Grundbegriffe
- Trauma
- Hilfsorganisation

# Kriegsbegeisterung und Kriegswirklichkeit

**M1** Kindergedicht

*Der Weltkrieg im Kleinen*

*Wir tragen unser Schießgewehr wie richtige Soldaten.*

*Weithin schallt unser Kriegsgeschrei und kündet unsere Taten.*

*Die Mädchen aber müssen stricken und den Soldaten Strümpfe schicken!*

**M3** Ansprache von Kaiser Wilhelm II. in Berlin am 1. August 1914. Gemälde von Fritz Genutat

Sprechblase: "Will unser Nachbar es nicht anders, gönnt er uns den Frieden nicht, so hoffe ich zu Gott, dass unser gutes deutsches Schwert siegreich aus diesem schweren Kampfe hervorgeht."

## Hurra, es ist Krieg

In einer kurzen Rede wandte sich Wilhelm II., Kaiser des Deutschen Reiches, am 1. August 1914 an die Bevölkerung, um sie auf den beginnenden Krieg gegen Russland und Frankreich vorzubereiten. Bereits in den Jahren vorher spielte das Militär eine immer größere Rolle. Die Ableistung des Wehrdienstes war oft die Voraussetzung, um beruflich weiterzukommen. Auf den Straßen wimmelte es von Uniformen. Auch das Leben der Kinder war durch Kriegsspielzeug und Kriegsgedichte geprägt. Nur wenige Bürger wagten es, diesen Militarismus im Alltag zu kritisieren.

Bei Kriegsbeginn am 1. August meldeten sich Tausende als Freiwillige und zogen freudig in den Ersten Weltkrieg. Man stellte sich vor, dass die meisten Soldaten bis Weihnachten siegreich voll Ruhm und Ehre wieder zu Hause sein würden.

**M2** Typische Kinderkleidung

**M4** Zeitungsanzeige

# Kriege und Kriegserfahrung

**M5** *Tod im Schützengraben*

**M6** *Todesnachricht von der Front*

## Krieg ist kein Spiel

Zu Beginn des Krieges stürmten deutsche Truppen in nur zehn Tagen bis in die Nähe von Paris. Im September wurde der Vormarsch gestoppt. Nun gruben sich die Gegner in Schützengräben ein. Furchtbare Angst, Kälte, kniehoher Schlamm und vollkommene Erschöpfung prägten dort den Kriegsalltag. Über zehn Millionen Soldaten starben im Ersten Weltkrieg. Über zehnmillionenmal mussten Familien die Todesnachricht von der Front verschmerzen. Millionen Kindern fehlte nun der Vater. Millionen Frauen der Ehemann. Trauer, Arbeit, Hunger und Not bestimmten schon während des Krieges den Alltag in der Heimat. Millionen Soldaten kamen blind, gehörlos, verstümmelt, im Gesicht entstellt und mit unauslöschlichen, quälenden Erlebnissen in ihre Heimat zurück. Wie sollten sie im Alltag zurechtkommen, wie ihre Familien ernähren?

### Lebensschicksale erkunden
Die Erkundung von Lebensschicksalen ist eine Möglichkeit, die grausame Wirklichkeit des Krieges als Warnung zu begreifen.
1. Material sammeln: Internet (www.dradio.de/dlf/sendungen/feldpost/download.html)
2. Material auswerten: wichtige Textstellen unterstreichen, Datenliste anlegen (M7).
3. Lebensschicksal beschreiben: Berichte über das Schicksal eines Menschen mit folgender Gliederung:
   a) Leben vor dem Krieg (Familie, Wohnort, Beruf)
   b) Stimmung zu Beginn des Krieges
   c) Erfahrungen aus dem Krieg
   d) Folgen des Krieges
   e) Zeit nach dem Krieg

Dokument:
Herkunft des Dokuments:
Name:
Foto:
Geburtsdatum:
Verletzung:
Todesdatum:
Todesursache:
Todesort:
Familie, Heimatort:
Familiäre Stellung:
Beruf:
Soldatischer Dienstgrad:
Auszeichnungen:
Einsatzorte, Feldzüge:
Kriegsalltag:
Kriegshandlungen:
Befindlichkeit:
Einstellung zum Krieg:

**M7** *Datenliste zu Feldpostbriefen*

## Aufgaben

**1** Betrachte M5 und M6. Notiere deine Gedanken.

**2** Suche im Internet nach Feldpostbriefen und wende die auf dieser Seite beschriebene Methode an (M6, M7).

### Merke
Zu Beginn des 20. Jahrhunderts gab es in Deutschland eine große Kriegsbegeisterung. Die Wirklichkeit des Ersten Weltkriegs war jedoch schrecklich. Etwa zehn Millionen Soldaten starben im Krieg, andere kamen verstümmelt und entstellt zurück.

# Rüstung und Waffenhandel

## Info 1

**Oxfam**
Oxfam ist eine Organisation, die sich weltweit gegen Hunger, Armut und soziale Ungerechtigkeit einsetzt.

**Amnesty International**
Amnesty International (ai) ist eine Organisation, die sich weltweit für Menschenrechte einsetzt.

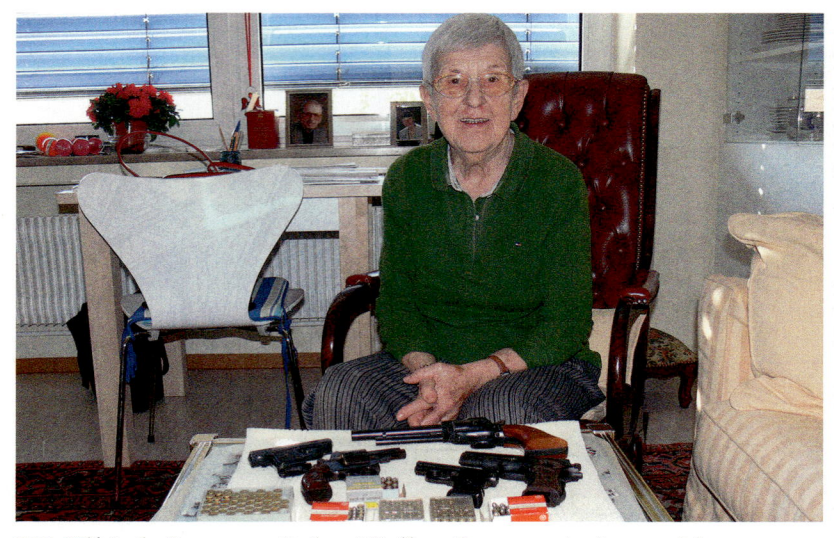

**M1** *Elfriede Jansen mit den Waffen ihres verstorbenen Mannes*

## Quelle 1

**Waffenerwerb und Besitz**
Die Erlaubnis zum Erwerb und Besitz von Waffen wird durch eine Waffenbesitzkarte erteilt. Die Erlaubnis zum Erwerb einer Waffe gilt für die Dauer eines Jahres, die Erlaubnis zum Besitz wird in der Regel unbefristet erteilt.
(§10, Waffengesetz von Deutschland (WaffG))

## Quelle 2

**Waffen unter Kontrolle!**
Konventionelle Waffen sind die wahren Massenvernichtungswaffen unserer Zeit – jedes Jahr sterben Hunderttausende Menschen durch ihren Missbrauch. Dies ist möglich, weil es bislang keine einheitlichen internationalen Regeln gibt, unter welchen Bedingungen Schusswaffen, Panzer, Kampfflugzeuge und andere konventionelle Güter für die **Rüstung** in fremde Länder geliefert werden dürfen.
(Nach: www.oxfam.de)

### Eine gelungene „Überraschung"

Heute unterrichtet die neue Referendarin Frau Ulrike Jansen in der 8b Weltkunde. „Unser Thema heute ist der Waffenhandel. Hierzu möchte ich euch eine Geschichte erzählen. Meine Großmutter ist letzte Woche in ein Altenheim gezogen. Ich habe ihr beim Auspacken geholfen. Plötzlich fand ich in einer Plastiktüte zwei Revolver, drei Pistolen und jede Menge Munition. Meine Oma erklärte mir, dass die Waffen dem Opa gehörten, der Sportschütze war, nun aber schon seit vielen Jahren tot ist. Sie bat mich, die Sachen für sie zu verkaufen. ‚Oma, das geht nicht', sagte ich ihr. ‚Ich spreche mit den Schülern gerade über **Waffenhandel**. Waffen müssen in Deutschland in einem verschlossenen Schrank aufbewahrt werden, getrennt von der Munition. Waffen kann man nicht einfach so verkaufen. Hast du denn einen Waffenbesitzschein? Wenn nicht, müssen wir die Polizei anrufen.' Als dann die Polizei kam, fiel mir ein Stein vom Herzen."

## Quelle 3

**Waffenhandel – ohne Kontrolle eine tödliche Gefahr**
Der Missbrauch von Waffen fordert jährlich 500 000 Tote und gefährdet in vielen Ländern die Sicherheit und die Rechtsordnung. Jährlich geben die Regierungen in Afrika, Asien und Lateinamerika 22 Milliarden US-$ aus, um Waffen zu kaufen. Dieses Geld würde reichen, um weltweit allen Kindern eine Grundschulausbildung zu sichern und die Kinder- und Müttersterblichkeit um mehr als zwei Drittel zu senken.
Laut Amnesty und Oxfam werden jedes Jahr acht Millionen Waffen produziert. Weltweit dürfte es bereits 639 Millionen Kleinwaffen (Pistolen, Gewehre sowie Maschinengewehre) geben.
(Nach: www.oneworld.at)

## Kriege und Kriegserfahrung

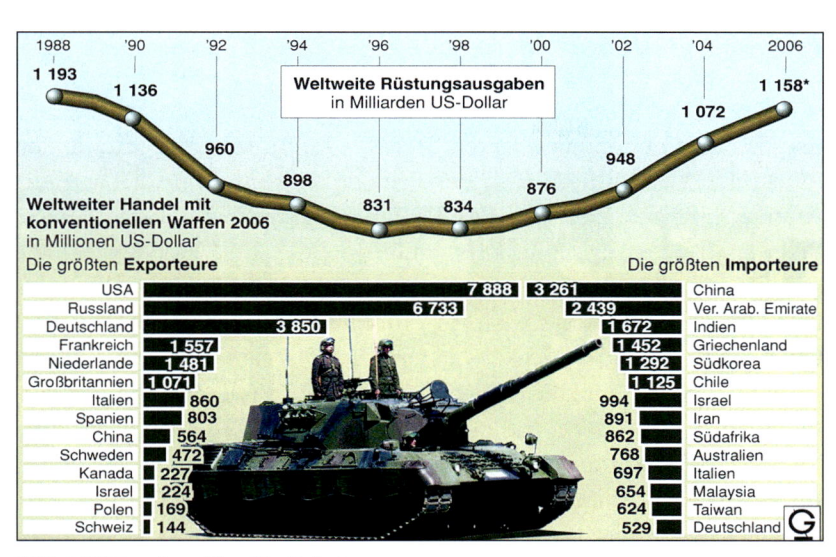

**M2** Milliarden für die Rüstung

**M3** Aus dem Filmspot „Tele-Shop Kalaschnikow"

## Quelle 4

**„Tele-Shop Kalaschnikow"**

Der Filmspot: „Tele-Shop Kalaschnikow" führt im Stil einer TV-Einkaufssendung vor, wie erschreckend einfach tödliche Kriegswaffen in die Hände von verantwortungslosen Menschen gelangen können. Vor edler Verkaufskulisse wird das Schnellfeuergewehr AK-47 „Kalaschnikow" angeboten. Das ist die weltweit verbreitetste Waffe dieser Art. Sie gelangt über dunkle Kanäle an Streitkräfte, Kriminelle oder sogar Kinder. Rechtsfreie Räume in vielen Ländern machen dies möglich. Oxfam und amnesty international fordern die Regierungen auf, unverzüglich mit UN-Verhandlungen zu einem rechtlich verbindlichen Kontrollabkommen („Arms Trade Treaty") zu beginnen.

(Nach: www.oxfam.de)

## Quelle 5

**Parlamentariererklärung**

Täglich leben Millionen Männer, Frauen und Kinder in Furcht vor bewaffneter Gewalt – unter anderem deshalb, weil Waffen zu leicht über Landesgrenzen in die Hände jener Menschen und Gruppen gelangen, die sie dazu verwenden, die Grundrechte anderer Menschen zu verletzen. Ein strenges Waffenhandelsabkommen wird dazu beitragen, die gewaltsame Austragung von Konflikten zu verhindern.

(Nach: Parlamentariererklärung, Waffen unter Kontrolle! September 2008.)

## Aufgaben

**1** Als Frau Jansen die Waffen bei ihrer Oma entdeckt, ruft sie sofort die Polizei an. Erläutere.

**2** Konventionelle Waffen sind die wahren Massenvernichtungswaffen unserer Zeit. Begründe diese Aussage (Quellen 2 und 3).

**3** Begründe, warum sich Parlamentarier auf der ganzen Welt für ein strenges Waffenhandelsabkommen einsetzen.

### Merke
Der Missbrauch von Waffen fordert jedes Jahr 500 000 Tote. Parlamentarier fordern ein strenges internationales Waffenhandelsabkommen.

### Grundbegriffe
- Rüstung
- Waffenhandel

# Friedensbewegung

## Frieden schaffen ohne Waffen

Seit dem Ende des 19. Jahrhunderts organisieren sich Menschen, um für den Frieden einzutreten. Bertha von Suttner gilt als eine der führenden Persönlichkeiten der Friedensbewegung in dieser Zeit. Anfang der Achtzigerjahre des 20. Jahrhunderts entsteht eine neue **Friedensbewegung**. Die **Supermächte** USA und UdSSR bedrohen sich gegenseitig mit Atomwaffen und rüsten immer mehr auf. Die Menschen haben Angst vor einem **Atomkrieg**. Weil Deutschland aufgrund seiner Lage zwischen den Supermächten zuerst betroffen wäre, findet die Bewegung hier zahlreiche Anhänger. Die Menschen befürchten, dass eine Atomrakete in Deutschland einschlägt und schlimme Zerstörungen und Verwüstungen anrichtet. Im Herbst 1983 demonstrieren daher mehrere 100 000 Menschen gleichzeitig in vier Großveranstaltungen gegen die Stationierung amerikanischer Atomwaffen in der Bundesrepublik. Dieser Protest nützt jedoch nichts. Die Mehrheit der Abgeordneten im Deutschen Bundestag stimmt der Stationierung zu.

**M2** *Friedensdemonstration in Bonn 1983 gegen die Stationierung von amerikanischen Atomwaffen in Deutschland*

Dieses Zeichen wurde 1958 von dem Künstler Gerald Holtom entworfen. Es hat seinen Ursprung in der britischen **C**ampaign for **N**uclear **D**isarmament (Kampagne zur nuklearen Abrüstung). Deshalb nennt man es auch CND-Zeichen. Es besteht aus einem Kreis und den Buchstaben **N** und **D** des Winkeralphabets.

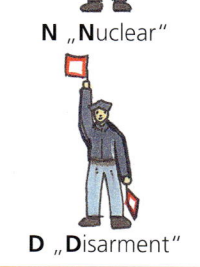

**N** „**N**uclear"

**D** „**D**isarment"

*Bertha von Suttner*

*Mahatma Gandhi*

*Nelson Mandela*

**M1** *Persönlichkeiten der Friedensbewegung*

**M3** *Peace-Zeichen (peace = Frieden)*

# Kriege und Kriegserfahrung

## Info

**Die Ostermarsch-Bewegung**

Die Ostermarsch-Bewegung entstand 1958 in England. Damals protestierten britische Atomwaffengegner in London. Seither gehen jedes Jahr vor und an Ostern in verschiedenen Ländern Tausende Menschen auf die Straße, um für Frieden und Gerechtigkeit zu demonstrieren. Der erste deutsche Ostermarsch fand 1960 statt. Er stand unter dem Motto „Kampf dem Atomtod".

## Quelle

**Tausende bei bundesweiten Ostermärschen**

An den traditionellen Ostermärschen gegen Krieg und Gewalt haben sich in zahlreichen Städten in Deutschland mehrere Tausend Menschen beteiligt. Trotz widriger Wetterbedingungen sind etwas mehr Menschen zu den Protesten gekommen als im vergangenen Jahr. Die Proteste sollen bis Ostermontag fortgesetzt werden.

(Nach: tagesschau.de, 22.03.08)

## Aufgaben

**1** Fertigt kurze Biografien zu den in M1 abgebildeten Personen an. Für welche Ziele traten sie ein? Wodurch wurden sie berühmt?

**2** Erkläre die Bedeutung der beiden Friedenssymbole in M4 mithilfe von M3 und M5.

**3** Liste weitere Zeichen auf, die für den Frieden stehen (Internet).

**4** Auch in der Schule kann eine „Friedensbewegung" sinnvoll sein. Schreibe einen Text.

**M4** *Ostermarsch im Ruhrgebiet*

Die Taube war schon im Alten Testament ein Symbol für Frieden und Versöhnung: Noah ließ nach der Sintflut eine Taube frei. Als sie wieder zurückkam, hatte sie einen Olivenzweig im Schnabel, ein Zeichen für Noah, dass es Land gab. Der Maler Picasso ließ sich davon inspirieren und entwarf 1949 dieses Symbol zum Weltfriedenskongress.

**M5** *Friedenstaube*

### Merke
Schon immer setzten sich Menschen für den Frieden ein. Seit dem Ende des 19. Jahrhunderts gibt es eine organisierte Friedensbewegung.

### Grundbegriffe
- Friedensbewegung
- Supermacht
- Atomkrieg

# Weltpolizei UNO

**M1** *Die Flagge der UNO*

**M3** *Der Sicherheitsrat der UNO tagt*

## Aufgaben

**1** Berichte über die Zusammensetzung und die Aufgaben des Sicherheitsrats der UNO (M3, M4).

**2** a) Informiere dich über die Friedensmissionen der UNO (M5, Internet: www.uno.de, www.uno.org, www.bundeswehr.de).
b) An welchen Einsätzen sind Soldaten der deutschen Bundeswehr beteiligt?
c) Berichte über einen Blauhelm-Einsatz (Ort, Gründe, Zahl der UNO-Soldaten, …).

## Eine Idee wird geboren, die UNO gegründet

Noch während des Zweiten Weltkrieges (1939–1945) machten sich der damalige Präsident der USA Franklin D. Roosevelt und der britische Premierminister Winston Churchill Gedanken über eine Organisation, die nach dem Krieg den Weltfrieden sichern konnte. Im Jahr 1945 gründeten die Vereinigten Staaten von Amerika, Großbritannien und weitere 47 Staaten die **UNO** (United Nations Organization; Organisation der Vereinten Nationen).

Heute gehören der UNO 191 Staaten an, das heißt fast alle Länder der Welt. Nur die Länder Taiwan und West-Sahara sowie die Vatikanstadt sind nicht UNO-Mitglied.

**M2** *Burundi 2006: Blauhelm-Soldaten der UNO im Einsatz*

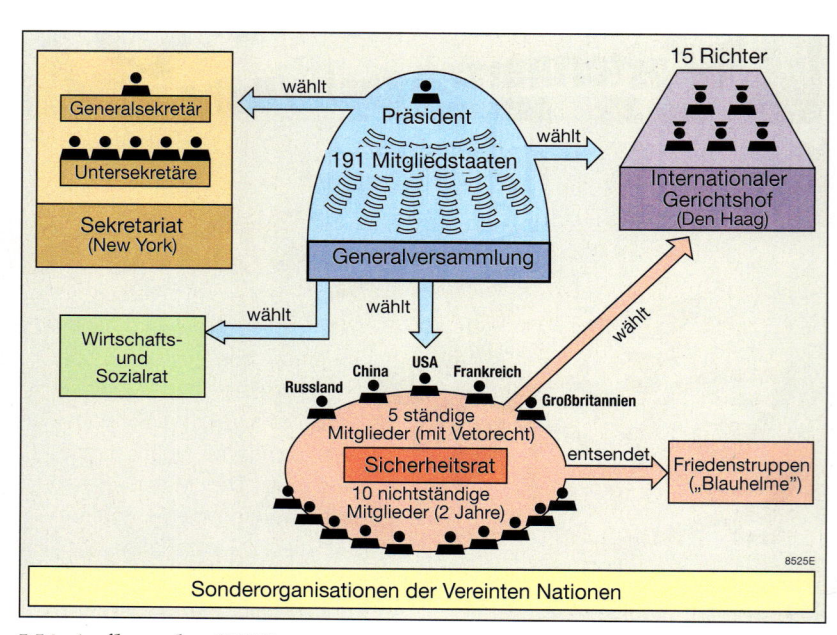

**M4** *Aufbau der UNO*

## Kriege und Kriegserfahrung

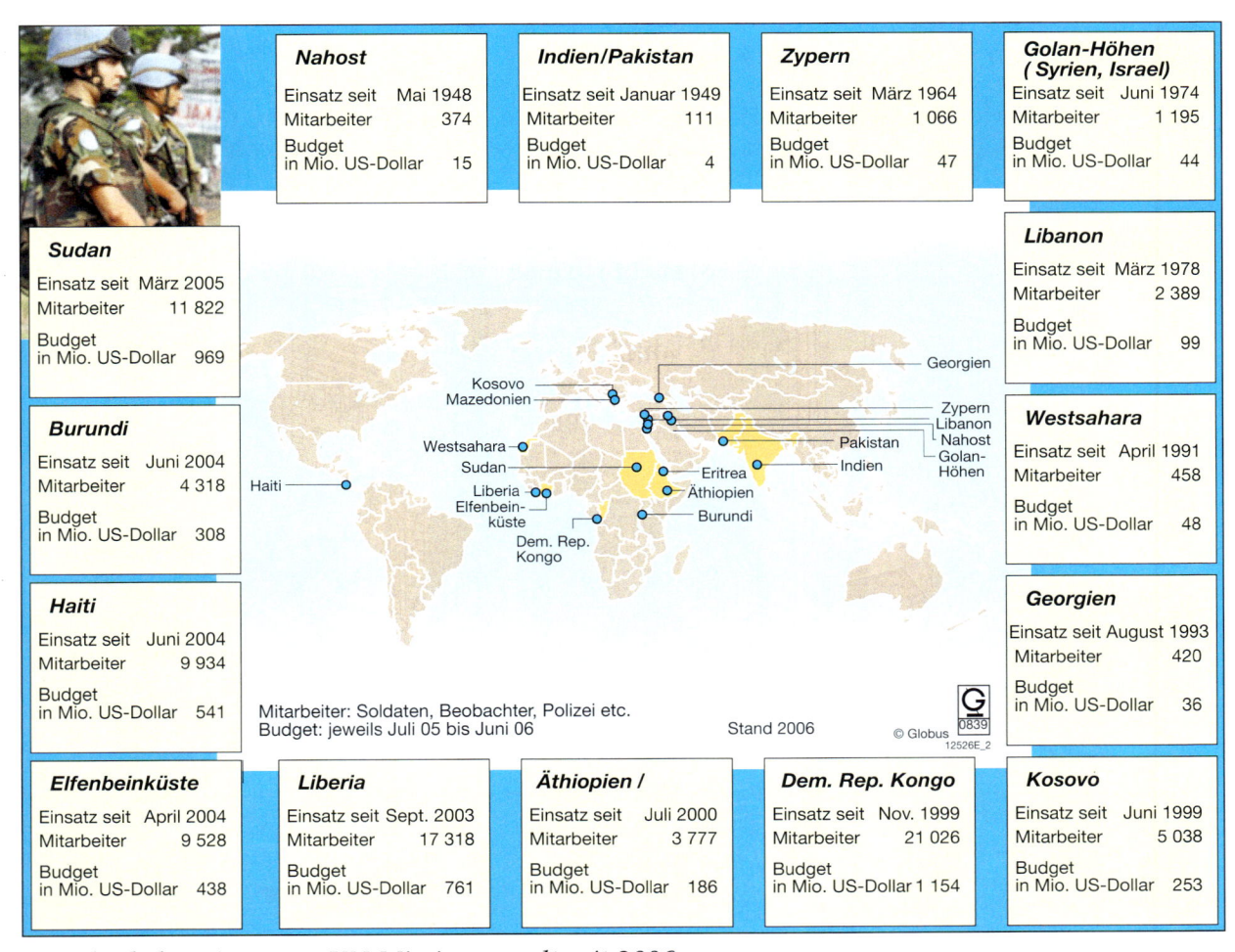

**M5** *Blauhelm-Einsätze – UN-Missionen weltweit 2006*

| Einsatz | Einsatz seit | Mitarbeiter | Budget in Mio. US-Dollar |
|---|---|---|---|
| Nahost | Mai 1948 | 374 | 15 |
| Indien/Pakistan | Januar 1949 | 111 | 4 |
| Zypern | März 1964 | 1 066 | 47 |
| Golan-Höhen (Syrien, Israel) | Juni 1974 | 1 195 | 44 |
| Sudan | März 2005 | 11 822 | 969 |
| Libanon | März 1978 | 2 389 | 99 |
| Burundi | Juni 2004 | 4 318 | 308 |
| Westsahara | April 1991 | 458 | 48 |
| Haiti | Juni 2004 | 9 934 | 541 |
| Georgien | August 1993 | 420 | 36 |
| Elfenbeinküste | April 2004 | 9 528 | 438 |
| Liberia | Sept. 2003 | 17 318 | 761 |
| Äthiopien / | Juli 2000 | 3 777 | 186 |
| Dem. Rep. Kongo | Nov. 1999 | 21 026 | 1 154 |
| Kosovo | Juni 1999 | 5 038 | 253 |

Mitarbeiter: Soldaten, Beobachter, Polizei etc.
Budget: jeweils Juli 05 bis Juni 06
Stand 2006

## Hauptaufgabe der UNO

Hauptaufgabe ist es, die Welt vor Krieg zu bewahren. Um dieses Ziel zu erreichen, gibt es verschiedene Möglichkeiten:
- Friedenserhaltende Maßnahmen (peace-keeping operations) werden ergriffen, wenn ein Krieg verhindert werden soll. Dann werden zum Beispiel **Blauhelm-Soldaten** eingesetzt.
- Friedenschaffende Maßnahmen (peace-making operations) werden ergriffen, wenn der Frieden entweder akut bedroht ist oder bereits gebrochen wurde.

Die Vereinten Nationen haben seit ihrer Gründung weltweit in rund 60 Konfliktfällen versucht, den Frieden zu bewahren oder wiederherzustellen. Zuständig für den Einsatz der Friedenstruppen und die Überwachung der Friedensmissionen ist der Sicherheitsrat (M3, M4). Da die UNO selbst keine eigene Armee hat, ist sie darauf angewiesen, dass Mitgliedstaaten Soldaten zur Verfügung stellen. Auch deutsche Soldatinnen und Soldaten sind an Friedensmissionen beteiligt.

### Merke
Die UNO ist eine internationale Organisation. Sie will die Welt vor Krieg bewahren. Blauhelm-Soldaten werden für friedenserhaltende Maßnahmen in Krisengebieten eingesetzt.

### Grundbegriffe
- UNO
- Blauhelm-Soldat

# Alles klar? Kriege und Kriegserfahrung

## 3. Kinder im Krieg

a) Zeige an folgenden Beispielen auf, inwiefern Kinder besonders von Kriegshandlungen betroffen sind: Kinder in Darfur, Kinder im Kosovo.

b) Berichte, wie die Hilfsorganisationen Unicef und Kinderberg den Kindern in Kriegsgebieten helfen.

## 1. Die Flagge der UNO

Erkläre mithilfe des Internets die Farben und Symbole der Flagge der UNO.

## 4. Friedensbewegung

Beschreibe und erkläre die abgebildeten Symbole.

## 2. Die UNO – Kennst du dich aus?

a) Wann wurde die UNO gegründet?
b) Wer wählt den Sicherheitsrat der UNO?
c) Welche Aufgaben hat der Sicherheitsrat?
d) Wer ist in der Generalversammlung vertreten?
e) Welche Aufgaben hat die Generalversammlung?
f) Wo ist der Sitz des Internationalen Gerichtshofs?
g) Wer ist an der Wahl des Internationalen Gerichtshofs beteiligt?
h) Wo ist der Sitz des Sekretariats?
i) Was sind Blauhelm-Soldaten?
j) Welche Aufgaben hat die UNO, wie kann sie diese Aufgaben erfüllen? Übertrage dazu die Abbildung in dein Heft und schreibe die fehlenden Begriffe hinein.

Hauptaufgabe der UNO: ...

Maßnahmen: ... Maßnahmen ... Maßnahmen

Friedenstruppen: Die ... stellen Soldaten zur Verfügung

Einsatz von UNO-Truppen: Der ... ist zuständig für den Einsatz von Friedenstruppen

# Das Wichtigste

## Regionale Krisen und Konflikte

In vielen Ländern der Erde werden Kinder zum Dienst an der Waffe gezwungen. Die Auswirkungen sind dramatisch. In der Provinz Darfur im Westen des Sudan leben vor allem Schwarzafrikaner. Sie werden von der Regierung unterdrückt. Sie wehren sich. Es kommt zu Mord und Vertreibungen. Die Regierung bestreitet dies.

## Kambodscha – Minen lauern überall

Weltweit gibt es noch etwa 100 Millionen Landminen, viele davon in Kambodscha. Sie treffen vor allem die Zivilbevölkerung. Jedes dritte Opfer ist ein Kind.

## Krieg als traumatisches Erlebnis

Ein Krieg kann bei vielen Menschen ein Trauma auslösen. Besonders betroffen sind Kinder. Hilfsorganisationen versuchen, traumatisierten Kindern zu helfen und sie bei der Rückkehr in einen normalen Alltag zu unterstützen.

## Kriegsbegeisterung und Kriegswirklichkeit

Zu Beginn des 20. Jahrhunderts gab es in Deutschland eine Kriegsbegeisterung. Die Wirklichkeit des Krieges jedoch war schrecklich. Über zehn Millionen Soldaten starben im Ersten Weltkrieg. Viele Soldaten kamen blind oder verstümmelt in ihre Heimat zurück.

## Rüstung und Waffenhandel

Der Missbrauch von Waffen fordert jedes Jahr 500 000 Tote. Parlamentarier fordern ein strenges internationales Waffenhandelsabkommen. Es soll dazu beitragen, die gewaltsame Austragung von Konflikten zu verhindern.

## Friedensbewegung

Schon immer haben sich Menschen für den Frieden eingesetzt. Seit dem Ende des 19. Jahrhunderts gibt es eine organisierte Friedensbewegung. Jedes Jahr finden in Deutschland die sogenannten Ostermärsche gegen Krieg und Gewalt statt.

## Weltpolizist UNO

Die UNO ist eine internationale Organisation. Sie will die Welt vor Krieg bewahren. Blauhelm-Soldaten werden für friedenserhaltende Maßnahmen in Krisengebieten eingesetzt.

### Grundbegriffe

- Landmine
- Trauma
- Hilfsorganisation
- Rüstung
- Waffenhandel
- Friedensbewegung
- Supermacht
- Atomkrieg
- UNO
- Blauhelm-Soldat

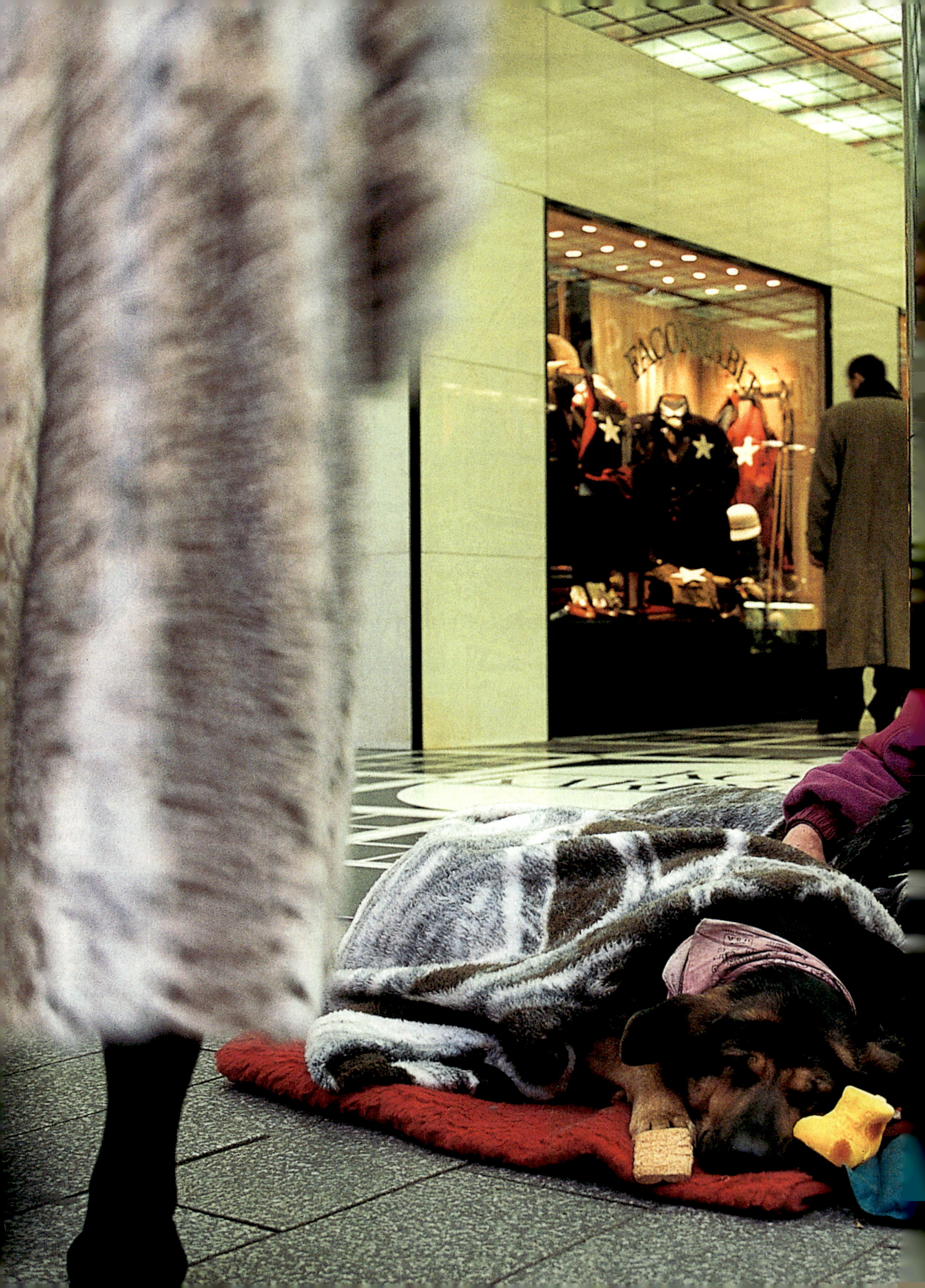

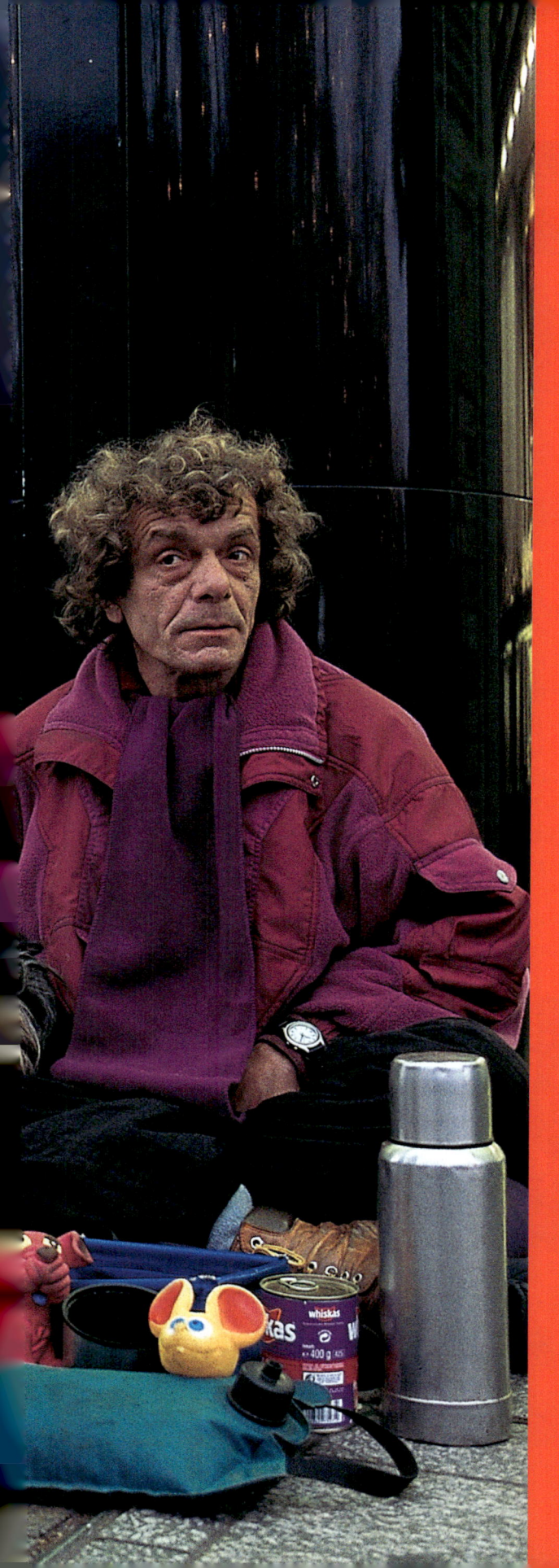

# Miteinander leben will gelernt sein

**Gesellschaft im Wandel**

**Armut im Wohlstand**

**Aussiedler kommen nach Deutschland**

**Berlin – größte türkische Stadt außerhalb der Türkei**

**Auswanderung in die USA**

**Alt trifft jung**

**Rassismus - nicht bei uns**

**Leben mit Behinderungen**

**Hexenverfolgung im Mittelalter**

**Beitrag der Schule zur Integration**

**Ein Interview führen**

# Gesellschaft im Wandel

**M1** *Demonstration von Arbeitslosen in Berlin*

## Immer mehr Reiche, immer mehr Arme

In Deutschland leben immer mehr Menschen im Wohlstand. So hat sich die Zahl derjenigen, die pro Monat mindestens 5000 Euro netto verdienen, in den letzten zehn Jahren versechsfacht. Gleichzeitig verlieren immer mehr Menschen ihren Arbeitsplatz und müssen sich finanziell einschränken. Junge Leute finden oft keine Lehrstelle. Immer mehr Menschen führen ein Leben am **Existenzminimum**.

Wissenschaftlerinnen und Wissenschaftler befürchten, dass sich Deutschland zu einer **Zweidrittelgesellschaft** entwickelt. Das heißt: Zwei Drittel der Bevölkerung verfügen über regelmäßige Einkommen und können Vermögen bilden. Ein Drittel der Bevölkerung ist arm und lebt von staatlicher Unterstützung.

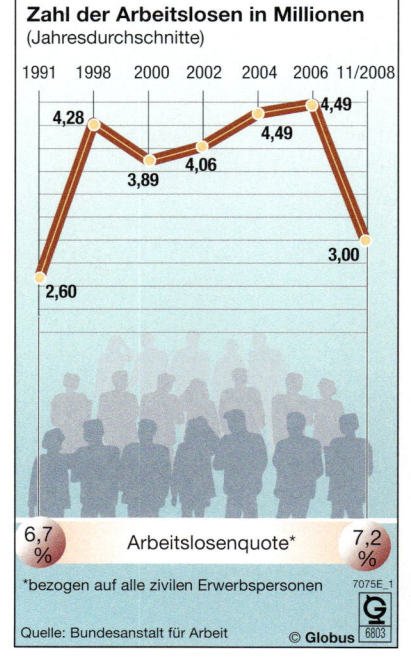

**M2** *Arbeitslosigkeit in Deutschland*

**M3** *Auf einem Empfang*

# Miteinander leben will gelernt sein

**M4** „Die im Dunkeln sieht man nicht!"

## Info

### Armut
Eine eindeutige Definition von Armut gibt es nicht. Menschen, die in Deutschland heute als arm bezeichnet werden, gelten es nicht in einigen anderen Regionen der Erde und galten es auch nicht in früheren Zeiten.
Das Einkommen ist ein Maßstab für Armut. Wer weniger als 50 Prozent des Durchschnittseinkommens verdient (in Deutschland 600 Euro im Monat), gilt als „arm".

## Quelle

### Lisa – kein Einzelfall!
Wenn sie eine Lehrstelle fände, meint Lisa, dann hätte sie wieder Spaß an Aerobic, dann könnte sie Geld sparen und später den Autoführerschein machen. Im Moment hat sie „einfach zu gar nichts Lust". Der Moment dauert schon fast sechs Monate.
Die 16-Jährige hat zweiunddreißig Bewerbungen geschrieben und losgeschickt: „Hiermit bewerbe ich mich um einen Ausbildungsplatz", als Informatikkauffrau, Arzthelferin ... Sie hat sich auch in Leipzig beworben, einer Stadt, die 30 km weit weg von ihrem Heimatort liegt; dort könnte sie bei einer Tante während der Ausbildung kostenlos wohnen. Bisher hat Lisa auf ihre Bewerbungen nur Absagen erhalten. Den Satz „Für Ihren weiteren Lebensweg wünschen wir Ihnen alles Gute." kann sie nicht mehr hören.
(Nach: Die Zeit vom 24.9.1998)

## Aufgaben

**1** Erläutere die Textüberschrift „Immer mehr Reiche – immer mehr Arme".

**2** Wie hat sich die Arbeitslosigkeit in Deutschland entwickelt (M2)?

**3** Die größte Ungerechtigkeit in Deutschland ist die Arbeitslosigkeit. Nimm Stellung zu dieser Aussage.

**4** Schreibe einen Text zu M4.

## Merke
In Deutschland leben immer mehr Reiche und immer mehr Arme. Das Land entwickelt sich in Richtung einer Zweidrittelgesellschaft. Arbeitslosigkeit und Lehrstellenmangel sind hoch.

### Grundbegriffe
- Existenzminimum
- Zweidrittelgesellschaft

**M5** *Auf einem Wochenmarkt*

# Armut im Wohlstand

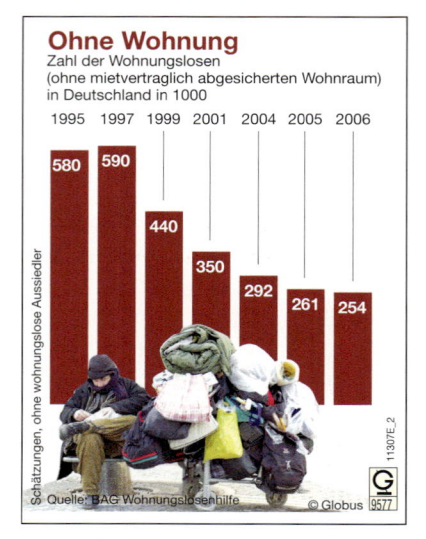

**Wk Rel**

**Ohne Wohnung**
Zahl der Wohnungslosen (ohne mietvertraglich abgesicherten Wohnraum) in Deutschland in 1000

| 1995 | 1997 | 1999 | 2001 | 2004 | 2005 | 2006 |
|------|------|------|------|------|------|------|
| 580  | 590  | 440  | 350  | 292  | 261  | 254  |

Schätzungen, ohne wohnungslose Aussiedler
Quelle: BAG Wohnungslosenhilfe

**M1** *Ohne Wohnung*

## Wohnungslose, Stadtstreicher …

Nichtsesshafte oder **Wohnungslose** werden umgangssprachlich oft abschätzig als „Stadtstreicher" oder „Penner" bezeichnet. Sie haben keine eigene Wohnung oder kein eigenes Zimmer. Grundlegende Bedürfnisse wie Schlafen, Körperpflege, Entspannung und soziale Kontakte im privaten Raum sind nicht möglich. Wenn es dunkel wird, wissen sie meist noch nicht, wo sie die Nacht verbringen.

Nur die **Obdachlosen** unter ihnen sind sich sicher, dass sie „Platte machen", das heißt, dass sie unter freiem Himmel schlafen: über Heizungsschächten und auf Parkbänken, in Hinterhöfen oder Grünanlagen.

Wohnungslose sind damit vom allgemeinen gesellschaftlichen Leben ausgegrenzt. Sie führen ein Leben unterhalb der Menschenwürde. Die Zahl der Wohnungslosen in Deutschland ist in den letzten Jahren zurückgegangen. Allerdings ist die Entwicklung sehr unterschiedlich. So steigt die Zahl der Wohnungslosen in den Großstädten wieder an. In Ostdeutschland hingegen sank die Zahl der Wohnungslosen, nicht zuletzt wegen der vielen leer stehenden Wohnungen.

---

### „Haus Odenwald"

**Ein Selbsthilfeprojekt braucht Hilfe**

Aufgeben wollen wir nicht, schon gar nicht unsere Ziele, die mit dem „Haus Odenwald" verbunden sind:

**Wohnraum, Arbeit, Perspektiven schaffen**

**Unsere Projekte:**

Restaurierung von Altmöbeln, im Auftrag wie zum Verkauf

eine Kfz-Werkstatt mit Gebrauchtwagenhandel

Kurier- und Kleintransportdienst

Wohnungssanierungen, Entrümpelungen

Noch tragen sich die Projekte nicht selbst, arbeiten die Bewohnerinnen und Bewohner des Hauses unentgeltlich. Noch muss alles, was erwirtschaftet wird, in die Sanierung des Hauses fließen.

**Deswegen brauchen wir dringend Ihre Unterstützung, liebe Leserinnen und Leser!**

**Wir suchen dringend:**
➜ Altmöbel (bis 1920, nicht jünger)
➜ Kraftfahrzeuge (mit Kat) aller Art

**M2** *Anzeige in einer Straßenzeitung*

---

## Quelle 1

**Selbst verschuldet?**

Den Menschen, die gezwungen sind, auf der Straße zu leben, haftet das Vorurteil an, ihre soziale Lage selbst verschuldet zu haben. Man begegnet ihnen mit Misstrauen und Verachtung, man nimmt Abstand von ihnen, weil sie ihr Elend öffentlich zeigen. Man wendet sich von ihnen ab, will sie nicht sehen. Wo auch das Abwenden nicht mehr gelingt, lässt man sie von der Polizei vertreiben.

(Nach Manfred. E. Neumann, Willi Schraffenberger: Platte machen. Stuttgart 1992, S. 7)

**M3** *Wohnungslose Jugendliche leben in einem alten Bus.*

## Miteinander leben will gelernt sein

## Quelle 2

**Norbert Abend (40 Jahre) berichtet:**
„Ich war verheiratet, hatte zwei Kinder, Freunde, einen Arbeitsplatz. Dann musste ich zwölf Monate in den Knast wegen einer alten Geschichte. Danach war die Beziehung zu meiner Frau irgendwie ganz anders. Wir hatten ständig Streit. Schließlich zog ich aus der gemeinsamen Wohnung aus. Ich bekam auch keine Arbeit mehr und begann zu trinken, jeden Tag ein bisschen mehr, so lange, bis ich kein Geld mehr hatte. Ziellos zog ich von Stadt zu Stadt, lebte vom Betteln und bin in Notunterkünften untergekrochen."

(Nach: Straßenzeitung „Asphalt" 12/2004, S. 16)

## Quelle 3

**Aus der Rede zum Jahr der Obdachlosen der UN 1987**
Eine Gesellschaft wird weniger an den Standards gemessen, nach denen ihre reichsten Mitglieder leben, sondern vielmehr danach, was sie ihren schwächsten Bürgerinnen und Bürgern ermöglicht. Obdach zu haben ist ein fundamentales Menschenrecht.

(Nach: Perez de Cuellar, Generalsekretär der Vereinten Nationen, 1987)

## Quelle 4

**Leben in Notunterkünften**
In manchen Notunterkünften werden nur Frauen und Männer aufgenommen, die einen Läuseschein vorweisen, der den Besitzern hygienische Unbedenklichkeit bescheinigt. Außerdem: Viele Wohnungslose haben berechtigte Angst, dort bestohlen zu werden. Frauen befürchten sexuelle Übergriffe der männlichen Bewohner. Oftmals sind Hunde „unerwünscht".

(Nach: Badische Neueste Nachrichten vom 27.11.2000)

## Aufgaben

**1** a) Beschreibe das Foto auf den Seiten 90/91.
b) Formuliere eine passende Bildunterschrift.
c) Welche Gedanken gehen dem Wohnungslosen auf dem Foto möglicherweise durch den Kopf (M4, Quelle 4)?

**2** a) Ist Herr Abend an seiner Lage selber schuld (Quelle 2)? Erörtere.
b) Wer hätte ihm helfen können oder müssen?

**3** a) Besorgt auch Straßenzeitungen. Fragt die Verkäuferin oder den Verkäufer, welche Unterstützung sie vom Staat erhalten und ob diese ausreicht?
b) Über welche Probleme der Wohnungslosen wird darin berichtet?

**4** a) Organisiert eine „Ideenbörse". Macht Vorschläge, wie man Probleme der Wohnungslosen lösen könnte (M2).
b) Sprecht mit einem Beschäftigen des Sozialamtes, ob eure Vorschläge umzusetzen sind. Was habt ihr vielleicht nicht bedacht?

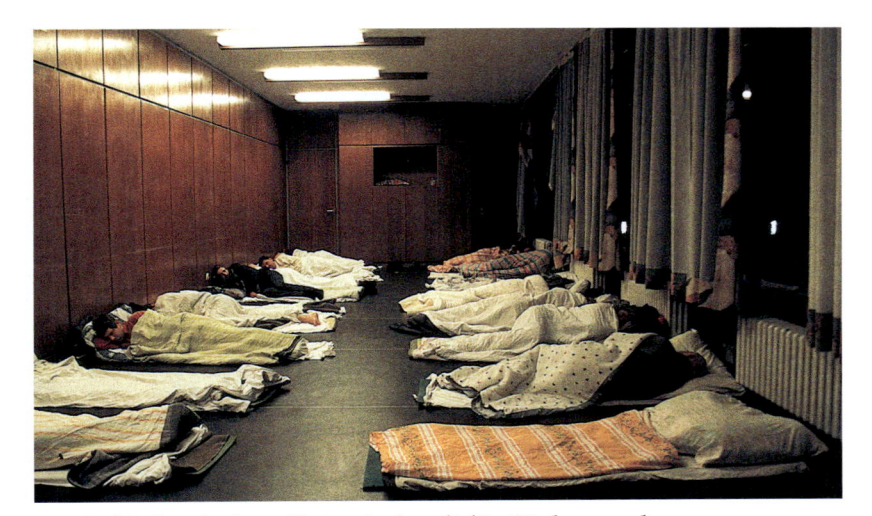

**M4** *Schlafsaal einer Notunterkunft für Wohnungslose*

### Merke
Wohnungslose und vor allem Obdachlose sind vom allgemeinen gesellschaftlichen Leben ausgegrenzt. Sie führen ein Leben unterhalb der Menschenwürde.

### Grundbegriffe
- Wohnungsloser
- Obdachloser

# Aussiedler kommen nach Deutschland

| | |
|---|---:|
| ehemalige Sowjetunion | 2 147 229 |
| Polen | 711 880 |
| Rumänien | 282 550 |
| ehemalige Tschechoslowakei | 9 900 |
| sonstige Länder (z.B. Bulgarien, Ungarn, ehemaliges Jugoslawien) | 12 483 |
| Insgesamt | 3 164 042 |

**M1** *Rund 3,2 Millionen Aussiedler sind zwischen 1984 und 2004 nach Deutschland gekommen*

## Deutschland – alte Heimat, neue Heimat

Im 18. Jahrhundert warb die russische Zarin Katharina II. Bauern- und Handwerkerfamilien aus Deutschland an. Auswanderer ließen sich damals in unbesiedelten Gebieten des Russischen Reiches nieder. Noch heute leben zwei Millionen Nachkommen dieser Auswanderer in Russland und seinen Nachbarstaaten. Viele davon wandern wieder nach Deutschland zurück. Diese **Aussiedler** sind nach unseren Gesetzen deutsche Volkszugehörige.

### Quelle

**Erklärung von Katharina II. 1763 (Auszug)**

Unter den Einwanderern werden Leute sein, die nicht vermögend sind. Solche Leute bekommen das Reisegeld bezahlt. Und ich verspreche allen fruchtbares Land. Hier muss niemand Steuern zahlen.

(Nach R.S. Baur u.a.: Die unbekannten Deutschen. Baltmannsweiler 1999, S. 13)

## Aufgaben

**1** Warum sind im 18. Jahrhundert deutsche Bauern und ihre Familien ausgewandert (Quelle)?

**2** a) Ermittle die Herkunftsländer der Aussiedler (M2, Atlas).
b) Welche Länder gehörten früher zur Sowjetunion?

**M3** *In Karaganda*

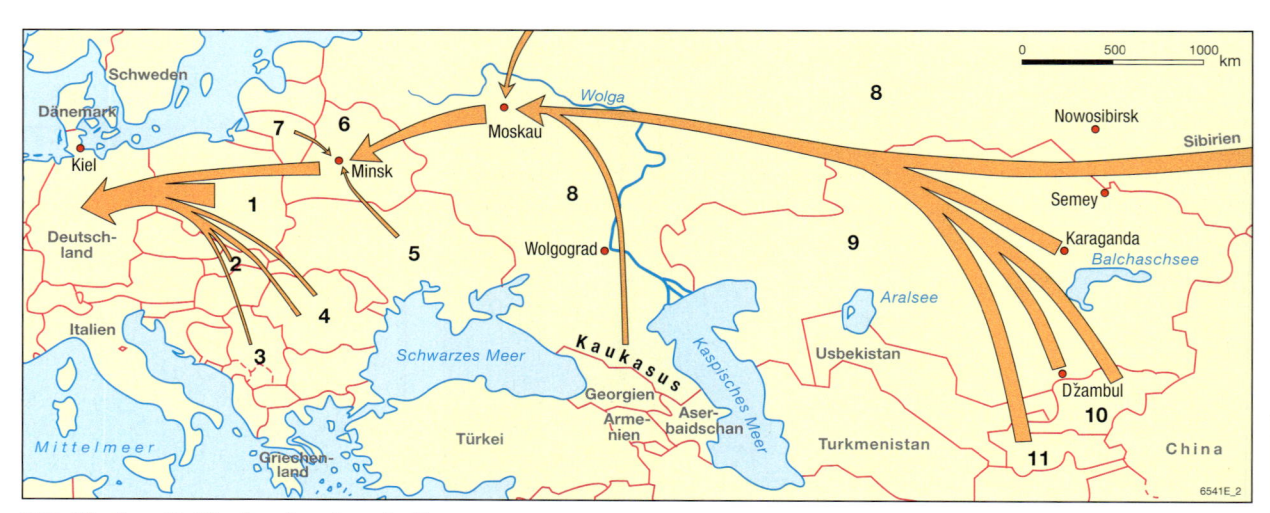

**M2** *Herkunftsländer der Aussiedler*

## Miteinander leben will gelernt sein

**M4** *Swetlana Gerlatowa und ihre Mutter wohnen heute in diesem Haus in Ulm. Frau Gerlatowa verdient 1900 Euro im Monat und konnte eine Vier-Zimmer-Wohnung mieten. Ihre Tochter hat ein eigenes Zimmer.*

### Wanderungsgründe
(Mehrere Gründe konnten genannt werden.)

| | |
|---|---|
| Mit der Familie leben (Familienzusammenführung) | 45 % |
| In Freiheit leben | 41 % |
| In Deutschland leben | 41 % |
| Finanziell besseres Leben | 53 % |
| Armut im Herkunftsland | 22 % |

(R. Münz u.a.: Zuwanderung nach Deutschland. Frankfurt a.M. 1999, S. 137)

**M7** *Wanderungsgründe von Aussiedlern heute (Befragung von 1100 Menschen)*

„Bevor ich nach Deutschland kam, war ich nachmittags oft allein. Die Kinder aus der Nachbarschaft haben nicht gern mit mir gespielt, weil meine Mutter Deutsche ist. Hier ist das ganz anders. Lisa, meine beste Freundin, hilft mir sogar bei den Hausaufgaben. Vor allem in Englisch habe ich große Schwierigkeiten. Dieses Fach habe ich in der Schule in Kasachstan nicht gehabt. Wenn ich meinen Hauptschulabschluss gemacht habe, möchte ich Verkäuferin werden."

*Swetlana Gerlatowa, 15 Jahre*

**M5**

### Aufgabe

**3** Versetze dich in die Rolle von Swetlana Gerlatowa und schreibe einen Brief an deine Großeltern in Kasachstan. Schreibe, wie sich euer Leben verändert hat. (M3 – M6)?

*Sonja Gerlatowa, 40 Jahre, kam 1997 mit ihrer Tochter nach Deutschland. Sie ist allein erziehende Mutter.*

„In Karaganda hatten wir eine Drei-Zimmer-Wohnung in einem Mehrfamilienhaus. Nebenan im Supermarkt habe ich eingekauft, wenn ich abends um 18 Uhr von der Arbeit nach Hause kam. Oft habe nicht bekommen, was ich kaufen wollte.
Früher war ich Näherin. Jetzt arbeite ich in einem Zulieferbetrieb von BMW von abends 10 Uhr bis morgens 6 Uhr. Nachmittags habe ich jetzt mehr Zeit für meine Tochter. Meine Schwester und ihre Familie leben auch in Deutschland."

**M6**

### Merke
Im 18. Jahrhundert wanderten Deutsche in das Russische Reich aus. Nachkommen dieser Auswanderer ziehen heute wieder nach Deutschland um. Sie sind Aussiedler und nach unseren Gesetzen Deutsche.

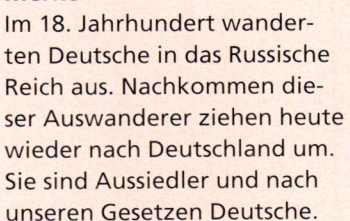

### Grundbegriff
- Aussiedler

# Berlin – größte türkische Stadt außerhalb der Türkei

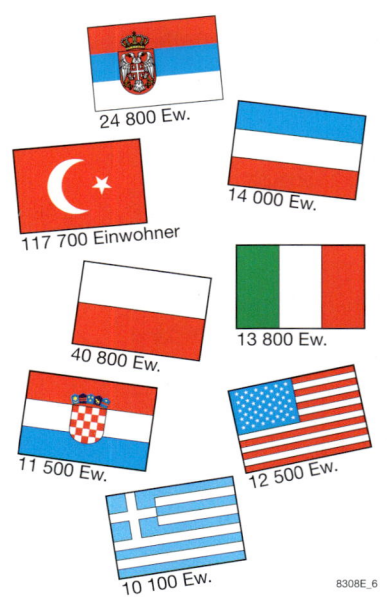

**M1** *Bevölkerungsreichste Ausländergruppen in Berlin (2006)*

- 24 800 Ew. (Serbien)
- 117 700 Einwohner (Türkei)
- 14 000 Ew. (Frankreich)
- 40 800 Ew. (Polen)
- 13 800 Ew. (Italien)
- 11 500 Ew. (Kroatien)
- 12 500 Ew. (USA)
- 10 100 Ew. (Griechenland)

## Berlin – weltoffen

Berlin ist eine weltoffene Stadt mit einer bunten Völkervielfalt. Hier leben fast 450 000 **Ausländer** aus über 180 Staaten der Erde. Etwa 118 000 Menschen sind türkischer Herkunft. Damit ist Berlin die größte türkische Stadt außerhalb der Türkei. Allein im Stadtteil Kreuzberg wohnen 28 000 Türkinnen und Türken.

**M2** *In Berlin-Kreuzberg (Nähe Kottbusser Tor)*

## Quelle 1

**Klein Istanbul mitten in Berlin**

Wer heute in der Umgebung des Kottbusser Tors einkaufen geht, findet zahlreiche türkische Geschäfte: Frisöre, Lebensmittelhändler, Autoreparatur-Werkstätten, Bäcker, Reisebüros, Anwaltskanzleien, Restaurants und Cafés. Fast jeder dritte türkische Einwohner ist auch in Berlin geboren. Viele von ihnen sprechen den Berliner Dialekt. Wie auf den Märkten Istanbuls geht es rund um den U-Bahnhof Kottbusser Tor zu: Dicht an dicht stehen die türkischen Marktstände. Da gibt es „Ekmek", das türkische Weißbrot, „Pide", das runde Fladenbrot, und „Simit", die mit Sesam bestreuten Kringel. Stoffballen und Teppiche liegen aus. Vor allem: Es darf und soll um den Preis gefeilscht werden. Türkische Restaurants erfreuen sich auch vieler deutscher Gäste. Beliebt ist „Sis Kebab Yoghurtlu"; das ist Hammel mit Joghurt.
Ganz in der Nähe wurde eine neue prächtige Moschee gebaut. Sie liegt direkt an einer Hauptverkehrsstraße, und nicht wie bisher üblich auf einem Kreuzberger Hinterhof. (Nach: „Die Welt" vom 27.9.1996, ergänzt)

## Aufgaben

**1** Bestimme die Staaten, aus denen die ausländischen Mitbürgerinnen und Mitbürger in M1 stammen.

**2** Warum bezeichnet man Berlin auch als weltoffene Stadt (M1, Text)?

**3** Überprüfe die Aussage: „Kreuzberg ist Klein-Istanbul" (M2, Quelle 1).

**4** a) Emre und Yildiz Kuruca sind einerseits Türken, andererseits Berliner (M3). Erläutere und nimm dazu Stellung.
b) Emre und Yildiz Kuruca könnten einen deutschen Pass beantragen. Nenne Gründe, die dafür und dagegen sprechen.

## Miteinander leben will gelernt sein

Das ist die Familie von Emre Kuruca und seiner Ehefrau Yildiz. Emre und Yildiz gehören zu den Türken, die 1957 als „Gastarbeiter" nach Berlin kamen. Die beiden leben seither in Kreuzberg und haben zwei erwachsene Söhne, Yussuf und Gökhan. Yussuf ist mit Ayshe verheiratet und hat bereits drei Kinder: die siebenjährige Ayla, den fünfzehnjährigen Murat und die dreizehnjährige Keziban.
Emre und Yildiz Kuruca haben nach über fünfzig Jahren in Deutschland keinen deutschen Pass (den haben nur die Söhne), aber eine unbefristete Aufenthaltserlaubnis. Emre und Yildiz sind ist also „Ausländer", die in Berlin leben.
Kreuzberg ist ihre neue Heimat geworden. Emre arbeitet seit vielen Jahren beim Nachbarschaftsverein Kotti e.V. Er ist davon überzeugt, dass sich die meisten eingewanderten Türkinnen und Türken sehr wohl fühlen in dem Stadtteil, den sie in Berlin mitgestalten.

**M3** *Emre und Yildiz Kuruca mit ihren Enkelkindern*

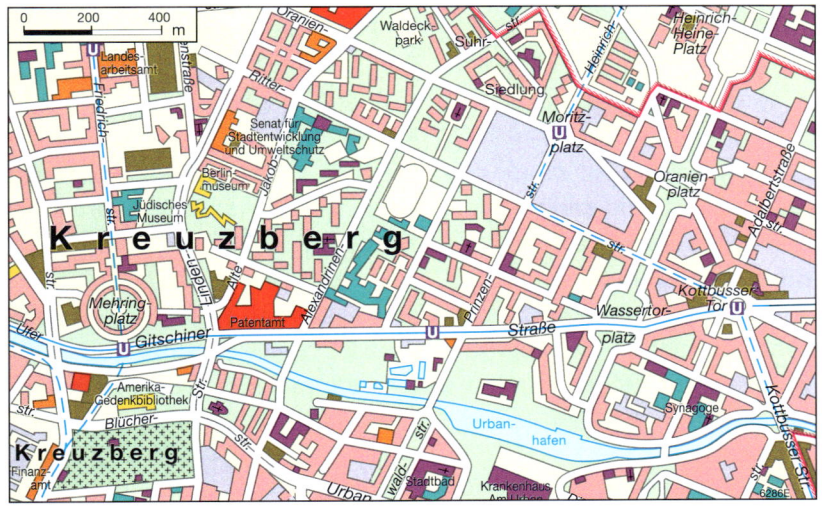

**M4** *Stadtplanausschnitt Berlin-Kreuzberg*

### Aufgaben

**5** Bestimme in M4 den Standort von M2 sowie den in der Quelle 1 genannten Platz und die Straße.

**6** Untersuche, welche Probleme in Kreuzberg zwischen deutscher und türkischer Bevölkerung auftreten können (Quelle 2).

## Quelle 2

**Stellungnahme des Berliner Stadtplaners Ümit Bayam**

„Für uns ist die Planung und Gestaltung einer Stadt mit vielen verschiedenen Volksgruppen eine schwierige Aufgabe. Aber sie kann bewältigt werden. Dazu müssen alle Menschen dieser Stadt lernen, die Verschiedenheit der Lebens- und Wohnweisen anderer Volksgruppen zu verstehen und sie zu schätzen. Die Vielfältigkeit von Menschen und Lebensweisen macht unsere Stadt und ihre Stadtteile viel interessanter."

(Nach: R. Amman und B. v. Neumann-Cosel (Hrsg.): Berlin – eine Stadt im Zeichen der Migration. Berlin 1997)

### Merke
Berlin ist mit über 117 000 Türkinnen und Türken die größte „türkische Stadt" außerhalb der Türkei. Hier leben insgesamt fast 450 000 Ausländer aus über 180 Staaten der Erde.

### Grundbegriff
• Ausländer

# Zeitsprung

# Auswanderung in die USA

**M1** *Deutsche Auswanderer auf dem Weg nach Amerika (um 1850)*

## Aufgabe

**1** Nenne Gründe, warum so viele Deutsche im 19. Jahrhundert in die USA ausgewandert sind.

## Auf nach Amerika!

Im 19. Jahrhundert wanderten über fünf Millionen Deutsche nach Übersee aus. Die **Auswanderer** gingen nach Australien, Brasilien und Argentinien, vor allem aber in die USA. Deutschland war ein Auswandererland.

Die Menschen verließen ihre Heimat, weil in Deutschland große Armut herrschte. Die Bevölkerung war von 25 Millionen im Jahr 1800 auf 56 Millionen im Jahr 1900 angewachsen. Weder im Handwerk noch in der Industrie gab es genügend Arbeitsplätze.

*Jetzt ist die Zeit und Stunde da,
wir ziehen nach Amerika;
der Wagen steht schon vor der Tür,
mit Weib und Kindern ziehen wir.*

*Und als wir kamen nach Baltimore,
da streckten wir die Händ' empor
und riefen laut: Viktoria!
Jetzt sind wir in Amerika.*

*Amerika, du schönes Land,
du bist der ganzen Welt bekannt,
da wächst der Klee drei Ellen hoch,
da gibt es Brot und Fleisch genug.*

**M2** *Verse eines unbekannten Dichters um 1850*

## Quelle 1

**Anzeige des US-Staates Virginia am 11. November 1869 in einer deutschen Zeitung**

Der US-Staat Virginia liegt am Atlantischen Ozean. Das Klima ist gut für den Anbau von Nutzpflanzen. Virginia sucht vor allem Siedler, die Ackerbau treiben. Fruchtbares Farmland wird zu einem günstigen Preis angeboten. In der Nähe des Staates Virginia liegen die größten Städte Amerikas. Dort kann man alle landwirtschaftlichen Produkte zu den höchsten Preisen verkaufen. Dadurch wird den **Einwanderern** eine Zukunft ohne Geldsorgen geboten. Auch aus anderen Gebieten der USA sind in den vergangenen vier Jahren 25 000 Farmer zugewandert. Das zeigt, dass es sich hier gut leben lässt.

(Nach I. Schöberl: Amerikanische Einwandererwerbung in Deutschland 1845—1914. Stuttgart 1990, S. 178)

## Miteinander leben will gelernt sein

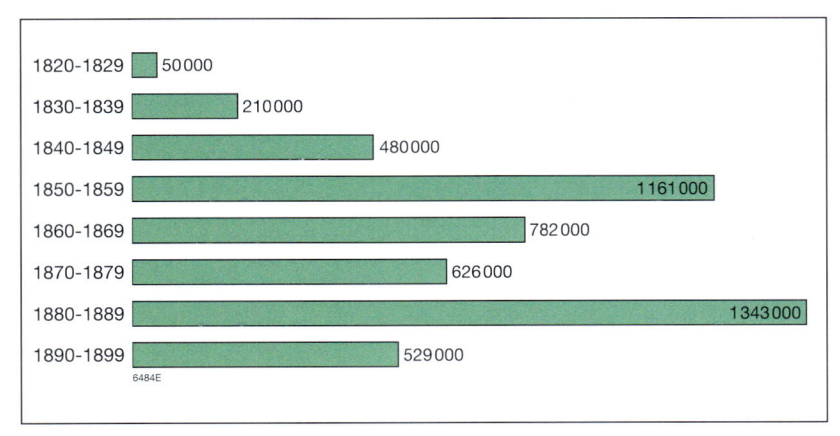

## Zeitsprung

| Zeitraum | Auswanderer |
|---|---|
| 1820-1829 | 50 000 |
| 1830-1839 | 210 000 |
| 1840-1849 | 480 000 |
| 1850-1859 | 1 161 000 |
| 1860-1869 | 782 000 |
| 1870-1879 | 626 000 |
| 1880-1889 | 1 343 000 |
| 1890-1899 | 529 000 |

**M3** *Im 19. Jahrhundert verließen viele Deutsche ihre Heimat.*

**M5** *Deutsche Ortsnamen bei St. Louis (USA)*

## Quelle 2

**Aus Briefen von Auswanderern an ihre Verwandten in Deutschland**

„Hier gibt es am Tag dreimal Fleisch. Das Brot ist so weiß wie bei euch die schönsten Kuchen. Ihr in Deutschland müsst arbeiten und eure Kartoffeln ohne Fleisch und Salz essen. Ihr müsst den Verdienst den Herren geben. Amerika aber ist ein freies Land. Man zahlt wenig Steuern. Hier ist der Himmel und bei euch die Hölle."

(Peter Horn aus Balkhausen, Kreis Darmstadt-Dieburg 1830)

„Als das Haus fertig war, schlug ich den Busch nieder. Ich wurde Holzhauer. Die Axt fraß den Wald. Ich machte eine Masse Brennholz. Ich brauchte damit viele Jahre nicht sparen. Ich legte das Haus frei. Ich schob den Wald zurück. Jahr für Jahr tat ich das. Wenn's ging, rodete ich die Stämme aus. Saßen sie zu fest, ließ ich sie stehen. So pflanzte und säte ich um die Stubben rum. Das sah bunt aus. Aber was das nachher für Korn gab, das glaubst du nicht. Halme wie dickes Rohr."

(Jürnjakob Swehn aus Glaisin, Kreis Ludwigslust, um 1870)

## Aufgaben

**2** Stell dir vor, du bist 1870 mit deiner Familie in die USA ausgewandert. Deine Eltern haben sich als Farmer niedergelassen. Schreibe einen Brief an deine Freundin/deinen Freund in Deutschland. Erzähle ihr/ihm von deinem neuen Leben (Quelle 1, Quelle 2, M4).

**3** Lokalisiere, aus welchen Gebieten Deutschlands die Einwanderer im Raum St. Louis stammen (M5, Atlas).

**M4** *Farm deutscher Auswanderer im US-Staat Washington*

### Merke

Im 19. Jahrhundert wanderten fünf Millionen Deutsche nach Übersee aus. Viele von ihnen gingen in die USA. Viele Auswanderer hofften, dort ein besseres Leben führen zu können.

### Grundbegriffe
- Auswanderer
- Einwanderer

# Projekt

# Alt trifft jung

## Aufgaben

**1** Was bewegt die Schülerinnen und Schüler in dem Beispiel, sich für das Projekt „Alt trifft Jung" zu engagieren (Text, Quelle 2)?

**2** a) Entwickelt weitere Vorschläge, gemeinsam etwas mit alten Menschen zu unternehmen?
b) Analysiert die verschiedenen Vorschläge und beurteilt, welche Vorteile sie bieten und welche Schwierigkeiten es geben könnte.

**M2** „Alt trifft Jung"

### Schüler verwöhnen Senioren
„Pinneberger Schüler verwöhnen Senioren"

Dies war die Überschrift eines Zeitungsartikels über den ersten Besuch von Seniorinnen und Senioren in der IGS Thesdorf in Pinneberg. Das war im Jahr 2005. Seitdem finden diese Besuche zweimal im Jahr statt und erfreuen sich großer Beliebtheit. Schülerinnen und Schüler treten in einen regen Austausch mit den alten Menschen, die in umliegenden Alters- und Pflegeheimen leben. Manchmal findet ein richtiges Programm statt. Gelegentlich tritt ein Chor auf, Schüler spielen auf ihren Instrumenten, lesen Geschichten vor oder spielen mit den Senioren. Organisiert wird diese Veranstaltung durch Schülerinnen und Schüler, wobei sie Unterstützung von zwei Lehrkräften haben. An einem Tag in der Woche gehen einige Schülerinnen und Schüler ins Seniorenheim. Christoph aus der 7b bringt einem Bewohner den Umgang mit dem PC bei. Emily liest einer alten Dame aus der Zeitung vor.

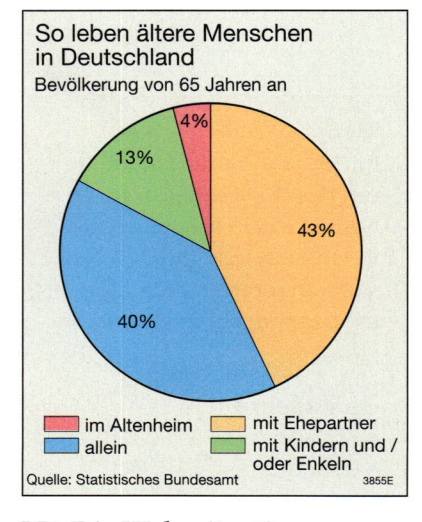

**So leben ältere Menschen in Deutschland**
Bevölkerung von 65 Jahren an

- 4% im Altenheim
- 13% mit Kindern und/oder Enkeln
- 40% allein
- 43% mit Ehepartner

Quelle: Statistisches Bundesamt

**M1** *Die Wohnsituation*

## Quelle 1

**Ein ungewohntes Bild**

Wo in der IGS Thesdorf in Pinneberg sonst Schülerinnen und Schüler in der Bibliothek schmökern oder sich am Computer Informationen aus dem Internet holen, saßen mehr als 20 Senioren in gemütlicher Runde und ließen sich von Schülern mit Getränken und selbstgebackenem Kuchen bewirten. Doch die Zusammenkunft unter dem Motto „Alt trifft Jung" war weit mehr als ein geselliger Kaffeeklatsch. „Wir möchten mit regelmäßigen Begegnungen eine Brücke zwischen der jungen und der alten Generation schlagen", erläutert einer der beiden betreuenden Lehrer. Die Leiterin des Seniorenheims ist voll des Lobes über die jugendlichen Seniorenbetreuer: „Der Besuch in der Schule hat unseren Bewohnern sehr viel Freude bereitet."
(Nach: Pinneberger Zeitung vom 12./13.5.2005)

## Projekt

**Miteinander leben will gelernt sein**

**M3** *„Alt trifft Jung" am Computer*

### Anleitung zur Planung des Projektes

Wenn ihr selbst Kontakt zu einem Seniorenheim aufnehmen wollt, sind vorher folgende Fragen zu klären:
- Wo in unserer Gemeinde gibt es Seniorenheime?
- Wen kann man ansprechen?
- Wie soll die Kontaktaufnahme ablaufen?
- Wer soll Kontakt aufnehmen?
- Was können wir Schüler anbieten?
- Welche Erwartungen könnte das Seniorenheim haben?

**M4** *Logo eines Schülerprojektes* (Schüler für Schüler – Alt trifft Jung)

**Wichtige Adressen**

**Bundesseniorenvertretung (BSV) e.V.**

Stettiner Str. 13
22850 Norderstedt

Die Bundesseniorenvertretung e.V. (BSV) vertritt die Interessen der älteren Generation gegenüber Bundestag, Bundesrat, Bundesregierung, politischen Parteien und kommunalen Spitzenverbänden sowie der Öffentlichkeit.

**Die Bundesarbeitsgemeinschaft der Senioren-Organisationen (BAGSO) e.V.**

Bonngasse 10
53111 Bonn

Die BAGSO e.V. tritt als Interessenvertretung der älteren Generationen in Deutschland vor allem dafür ein, dass jedem Menschen ein selbstbestimmtes Leben im Alter möglich ist und die dafür notwendigen Rahmenbedingungen geschaffen werden. Sie setzt sich dafür ein, dass auch alte Menschen die Chance haben, sich aktiv am gesellschaftlichen Leben zu beteiligen und sich das im öffentlichen Meinungsbild über „die Alten" widerspiegelt.

## Quelle 2

### Schülerstimmen zu „Alt trifft Jung"

Ich finde es toll, etwas mit den alten Menschen zu unternehmen und mich mit ihnen zu unterhalten. Ich habe schon öfter an so einem Nachmittag teilgenommen. Die Senioren freuen sich immer wieder neu auf uns und wir auf sie. Es bringt einfach nur Spaß.

(Samantha, 14 Jahre)

Nachdem ich mein Praktikum im Altenheim absolviert habe, habe ich gemerkt, wie viel Spaß mir der Umgang mit alten Menschen macht. Ich höre ihnen gerne zu, weil man immer etwas dazulernt. Sie haben eben viel mehr Erfahrung als ich und können richtig gute Tipps geben.

(Kathrin, 15 Jahre)

Ich nehme an diesem Projekt teil, weil es mir viel Spaß macht, mich mit den alten Menschen zu unterhalten. Sie erzählen uns von ihrer Schulzeit und Kindheit und wir berichten von uns. Wenn der Nachmittag dann vorbei ist, fällt allen der Abschied ziemlich schwer.

(Marc, 15 Jahre)

# Rassismus – nicht bei uns

## Info

**Rassismus**

Rassisten behaupten, es gäbe Menschen verschiedener Rassen, die einen unterschiedlichen Wert besitzen.
Wissenschaftler bezeichnen die Einteilung der Menschen in Rassen als falsch. Forschungen haben ergeben, dass es mit Ausnahme der Hautfärbung keine Erbanlagen gibt, die nur in einer bestimmten Menschengruppe vorkommen.

## Quelle 1

**Rassismus in Fußballstadien**

Fußballstadien sind nicht gerade Orte, an denen Frieden und Völkerverständigung eingeübt werden. **Rassismus** wird in so mancher Kurve als zum guten Ton gehörig empfunden. Souleyman Sané bekam das zu spüren: Als er als einer der ersten afrikanischstämmigen Spieler in der Bundesliga spielte, wurde er mit Bananen beworfen.
Auf der Internetseite des Fußballmagazins „11 Freunde" spricht er nun im Interview über seine Erfahrungen und warum er immer noch in Ruhrgebiet wohnt. „Bleib hier und kämpfe! Weglaufen bringt nichts", erinnert sich Sané an den Rat eines Leidensgenossen. Und den habe er befolgt: Rassistische Rufe von den Tribünen habe er als Anreiz gewertet, möglichst bald ein Tor zu erzielen.

(Nach: ZEIT ONLINE vom 5. Dezember 2007)

### Rassismus bei uns?

Bis heute ist bei vielen die Vorstellung von Menschen aus anderen Ländern oder Erdteilen von Überheblichkeit geprägt. Viele Vorurteile fallen uns gar nicht auf, weil sie zum Alltag gehören. Ein süßer kleiner Diener wurde zum Markenzeichen für Schokolade: der Sarotti-Mohr. Leckere Naschereien nennen wir Negerküsse und Mohrenköpfe. Was hier noch harmlos erscheint, verwandelt sich bei anderen Gelegenheiten in völlige Ablehnung oder sogar Hass.

## Aufgaben

**1** Lies Quelle 1 und beschreibe das Verhalten der Zuschauer beim Fußballspiel.
a) Schreibe mögliche Gründe auf für dieses Verhalten?
b) Beurteile das Verhalten von Sané.

**2** Betrachte die Aufkleber in M1.
a) Was sollen sie aussagen?
b) Gegen welche Haltung wenden sie sich?

**3** Entwerft in Gruppenarbeit gemeinsam einen Aufkleber gegen Rassismus.

**M1** *Aufkleber gegen Rassismus*

## Miteinander leben will gelernt sein

## Quelle 2

**Gegen jede Diskriminierung**

„Ich und meine Mitspieler wollen klarmachen, dass wir gegen Diskriminierung in jeder Form sind. Wir haben die letzten drei Wochen gesehen, wie Fußball die Menschen zusammenbringen kann, um gemeinsam die Spiele zu genießen – unabhängig von Religion, Nationalität und Hautfarbe. Bitte machen Sie bei der Aktion ‚Unite Against Racism' mit."
Beide Kapitäne trugen eine Armbinde mit „Unite against Racism"-Logos.
(Nach: Welt online vom 25. Juni 2008)

**uniteagainstracism**

## Vereint gegen Rassismus

Der Kapitän der deutschen Fußballnationalmannschaft bei der EM 2008, Michael Ballack, hat im Kampf der Europäischen Fußball-Union (Uefa) gegen den Rassismus eine entscheidende Rolle gespielt. Wie alle Spielführer der vier im Halbfinale stehenden Teams hatte Ballack vor der Partie gegen die Türkei eine Erklärung gegen den Rassismus verlesen. Beim Abspielen der Nationalhymnen wurden Transparente mit der Aufschrift „Unite against Racism" gezeigt.

## Zivilcourage zeigen

Wenn du siehst, wie Menschen mit anderer Hautfarbe bedroht oder angegriffen werden, kannst du helfen, indem du deine Angst überwindest und **Zivilcourage** zeigst. Beachte folgende Punkte:

1. Hole Hilfe. Alarmiere zum Beispiel den Busfahrer, schreie auf der Straße „Feuer". Rufe die Polizei mit deinem Handy.
2. Suche Solidarität. Sprich andere Zuschauer an und bitte um Unterstützung.
3. Verunsichere den Täter. Beschreibe laut schreiend seine Handlung und fordere Unterlassung („Der schlägt die Frau. Die blutet schon. Hören Sie auf.")
4. Halte zum Opfer. Nimm Blickkontakt zum Opfer auf und spricht es an („Ich helfe Ihnen").
5. Wende gegenüber dem Täter keine Gewalt an. Fasse den Täter nicht an. Benutze keine Waffe.
6. Provoziere den Täter nicht. Duze ihn nicht. Kritisiere sein Verhalten, aber werte ihn nicht persönlich ab.
7. Merke dir Gesicht, Kleidung und Fluchtweg des Täters. Erstatte bei der Polizei Anzeige.

## Aufgabe

**4** Erörtere, ob eine Sportveranstaltung der richtige Platz ist, um auf die Rassismusproblematik aufmerksam zu machen.

**Merke**
Rassismus ist eine Lehre. Sie behauptet, es gäbe Menschen verschiedener Rassen, die einen unterschiedlichen Wert besitzen. Diese Einteilung ist jedoch falsch. Mit Ausnahme der Hautfärbung gibt es keine Erbanlagen, die nur in einer bestimmten Menschengruppe vorkommen. Mit Zivilcourage kann man sich gegen Rassismus zur Wehr setzen.

**Grundbegriffe**
- Rassismus
- Zivilcourage

105

# Leben mit Behinderungen

## Aufgaben

**1** Beschreibt M1 und M3. Was ist zu sehen? Worin besteht die Schwierigkeit für den behinderten Menschen?

**2** Bewerte die Gedanken der Menschen auf M2. Ordnet sie jeweils einem Begriff zu:
- Mitleid
- Bewunderung,
- Aggression,
- Verlegenheit
- Verständnislosigkeit
- Gleichgültigkeit
- Neugier
- Ablehnung.

**3** a) Stelle die Arten von Behinderungen in einer Schemazeichnung dar.
b) Erkläre die Ursachen (Text).

*Ich bin nicht behindert, ich werde behindert.*

**M1** *Behindertengerecht?*

## Behindert sein – was heißt das eigentlich?

Ein Mensch ist behindert, wenn seine körperliche Funktion, geistige Fähigkeit oder seelische Gesundheit von dem für das Lebensalter typischen Zustand abweicht. Er kann zum Beispiel nicht sehen, nicht sprechen, nicht hören oder sich bewegen oder ist geistig behindert. Seine Teilhabe am Leben in der Gesellschaft ist daher beeinträchtigt. Ursache hierfür kann eine Erkrankung, eine angeborene Schädigung oder ein Unfall sein. Viele dieser Menschen mit einer **Behinderung** sind auf Hilfe angewiesen wie zum Beispiel einen Rollstuhl oder auf die Hilfe anderer Menschen. Soweit es möglich ist, nehmen behinderte Menschen am täglichen Leben teil. Ihre **Integration** ist eine wichtige Aufgabe.

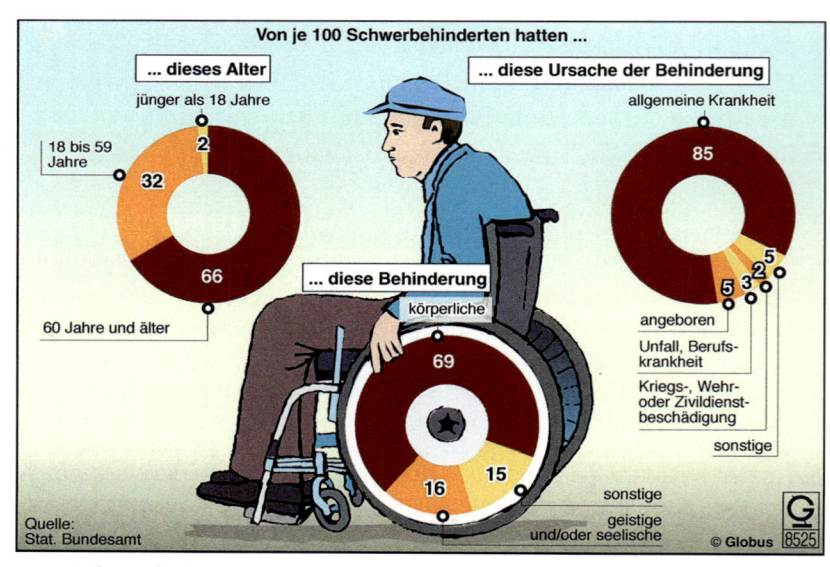

**M2** *Schwerbehinderte in Deutschland*

Von je 100 Schwerbehinderten hatten ...

... dieses Alter:
- jünger als 18 Jahre: 2
- 18 bis 59 Jahre: 32
- 60 Jahre und älter: 66

... diese Behinderung:
- körperliche: 69
- geistige und/oder seelische: 16
- sonstige: 15

... diese Ursache der Behinderung:
- allgemeine Krankheit: 85
- angeboren: 5
- Unfall, Berufskrankheit: 3
- Kriegs-, Wehr- oder Zivildienstbeschädigung: 2
- sonstige: 5

Quelle: Stat. Bundesamt

## Miteinander leben will gelernt sein

**M3** *Im Straßenverkehr*

### Menschen wie du und ich

Im Gegensatz zu früheren Zeiten, wo Behinderte oft von der Gesellschaft ausgeschlossen wurden, gehören sie heute zu unserem Alltag. Jeder weiß, dass es Behinderte gibt und die meisten kennen die verschiedenen Ursachen für Behinderungen. Solange sie nicht selbst betroffen sind, fällt es trotzdem vielen Menschen schwer, Behinderte als Gleichberechtigte und unbefangen zu behandeln. Behinderte wünschen sich aber, dass sie als normal empfunden werden. So wie es kleine, große, dicke oder dünne Menschen gibt, so selbstverständlich sollte es sein, dass jemand im Rollstuhl sitzt, sich mit einem Blindenstock orientiert oder ein Hörgerät trägt. Eine Behinderung sagt nichts über den Charakter eines Menschen aus. Jeder kann fröhlich, zufrieden oder hinterhältig sein – ob mit oder ohne Behinderung.

### Quelle

**Silke Kuwatsch ist an Muskelschwund erkrankt**

Im Laufe der Jahre sind meine Muskeln immer weiter geschwunden. Ich kann kaum noch eine Treppe ohne Hilfe hochgehen. Dies macht mich nach der Definition zu einer Behinderten. Ich muss ehrlich gestehen, ich mag es nicht, wenn ich „die Behinderte" bin. Nicht, weil ich meine Behinderung verleugne, vielmehr weil mich dieser Titel auf eben diese Behinderung reduziert, sie in den absoluten Vordergrund setzt. Ich bin ein Mensch mit einer Behinderung, das trifft es eher. Behindert sein, behindert werden. Was macht das für einen Unterschied? Meine Behinderung würde weniger eine Rolle spielen, gäbe es an jeder Treppe ein Geländer, würden neben Stufen Schrägen existieren, hätte man beim Bau öffentlicher Gebäude Menschen wie mich nicht vergessen.
(Nach: www.silkekuwatsch.de/behinderung.htm)

### Aufgaben

**4** Sprecht über die Aussage des Jungen im Rollstuhl auf Seite 106. Stimmt ihr dem Satz zu oder nicht? Begründet eure Meinung.

**5** Lest die Quelle. Was schreibt Silke Kuwatsch über „behindert sein – behindert werden"?

**6** Überprüft, ob euer Schulgebäude behindertengerecht gebaut und ausgestattet ist.

**7** Gibt es an eurer Schule körperbehinderte Mitschüler? Wenn ja, befragt sie nach ihren Schwierigkeiten.

**8** a) Fertigt Fotos von Hindernissen für Körperbehinderte an.
b) Überprüft, wer für ihre Beseitigung zuständig ist.
c) Macht Vorschläge zur Verbesserung.

### Merke

Menschen mit einem dauerhaften gesundheitlichen Schaden gelten als behindert. Sie werden häufig ausgegrenzt. Ihre Integration ist eine wichtige Aufgabe. Damit der Umgang mit Behinderungen normal wird, gibt es in einigen Schulen Integrationsmaßnahmen.

### Grundbegriffe
- Behinderung
- Integration

# Zeitsprung

# Hexenverfolgung im Mittelalter

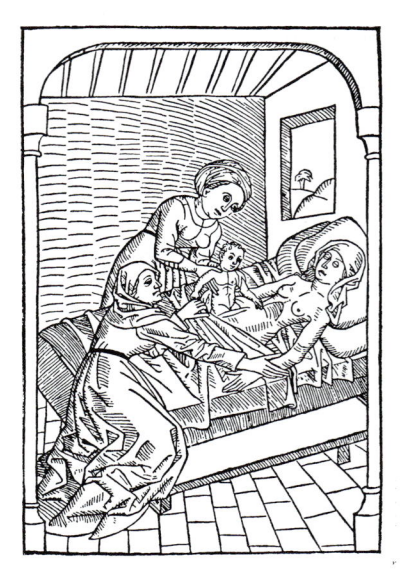

**M1** *Kaiserschnitt*

**M2** *Beinschraube*

**M3** *Wasserprobe*

## Die Hexenverfolgung

Im Mittelalter waren die Menschen in Europa sehr abergläubisch und glaubten daher auch an die Existenz von Hexen. Insbesondere weise Frauen, Hebammen und Kräuterkundige wurden für Hexen gehalten. Oft waren sie Krankenschwester, Ärztin und Apothekerin in einer Person. Sie erkannten und heilten Krankheiten, versorgten Wunden und stellten Medizin her. Man verließ sich auf die Heilkünste der „Hexen". Zu großen Hexenverfolgungen kam es noch nicht.

Dies änderte sich im 15. Jahrhundert. Unzählige Frauen wurden von der Kirche verfolgt, weil sie für Hexen gehalten wurden. Grundlage hierfür war die Vorstellung, dass der Teufel mithilfe von Hexen eine Verschwörung gegen das Christentum plane. Bei allen Hexenprozessen waren nur Belastungszeugen zugelassen. Geständnisse wurden durch **Folter** erzwungen. Auch Hexenproben galten als Beweis.

### Info

**Hexenproben**

Im Mittelalter glaubte man, Hexen durch bestimmte Proben eindeutig überführen zu können. Man nannte sie Hexenproben. Bei der Wasserprobe ging man davon aus, dass diejenigen, die das heilige Wasser der Taufe abgeschüttelt hatten, vom Wasser abgestoßen werden. Die vermeintliche Hexe wurde an Füßen und Händen gefesselt und in einen Fluss oder See geworfen. Blieb sie an der Wasseroberfläche, war sie eine Hexe. Ging sie unter, war sie unschuldig.

## Aufgaben

**1** Über welches Wissen musste eine Frau wie in M1 gezeigt verfügen?

**2** Erkläre, warum es zur Hexenverfolgung kam.

**Wk Rel**

# Zeitsprung

**Geständnis**

**Anklage wegen Hexerei**

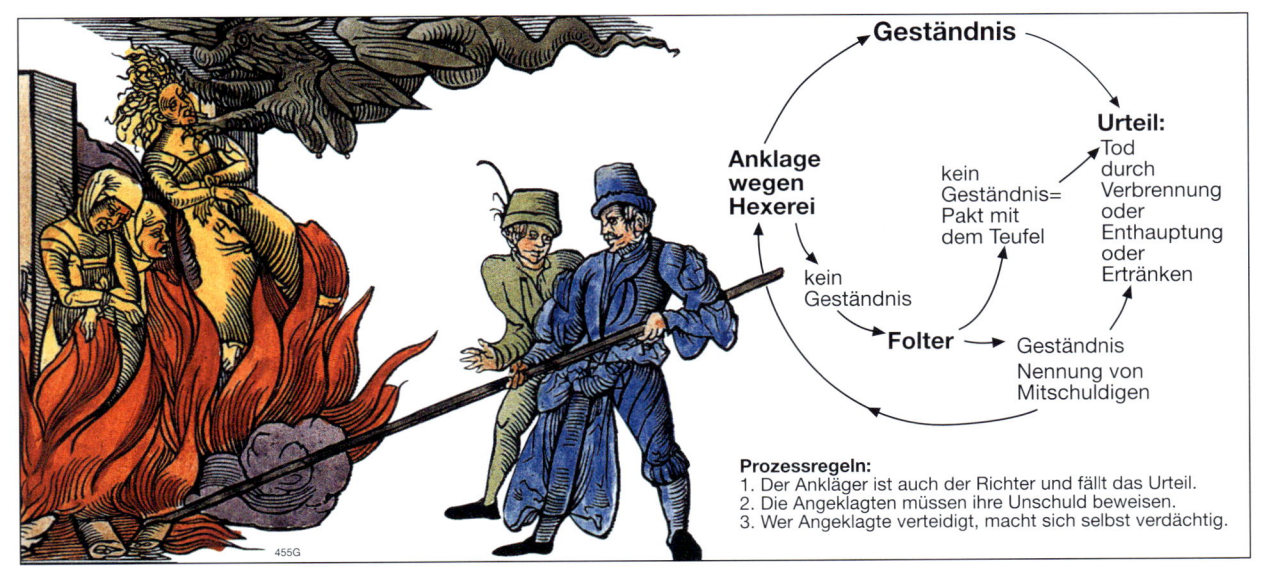

kein Geständnis = Pakt mit dem Teufel

**Urteil:** Tod durch Verbrennung oder Enthauptung oder Ertränken

kein Geständnis

**Folter** → Geständnis Nennung von Mitschuldigen

**Prozessregeln:**
1. Der Ankläger ist auch der Richter und fällt das Urteil.
2. Die Angeklagten müssen ihre Unschuld beweisen.
3. Wer Angeklagte verteidigt, macht sich selbst verdächtig.

**M4** *Hexenprozesse – Einbahnstraße in den Tod*

## Ursachen der Hexenverfolgung

Zwischen dem 15. und 17. Jahrhundert gab es in Europa viele Kriege, Missernten, Krankheiten und Armut. Die Lebensbedingungen der Menschen verschlechterten sich. Eine neue Kältewelle brach über Europa herein. Lebensmittel wurden so teuer, dass große Teile der Bevölkerung Hunger leiden mussten. Schuld daran waren nach Meinung vieler Menschen die Hexen. Durch Predigten angestachelt, begann die Zeit der Hexenverfolgung. In vielen Ländern Europas erreichte sie in den Jahren zwischen 1570 und 1590 ihren Höhepunkt. Die Hexenprozesse erfüllten vor allem die Aufgabe, Sündenböcke für alle Leiden zu finden. Letztlich war die Hexenverfolgung auch noch ein lohnendes Geschäft, denn das gesamte Vermögen der Verurteilten wurde beschlagnahmt und unter den am Prozess Beteiligten aufgeteilt. Das waren die Richter, Henker, Schreiber und Folterer. Bis zum Jahr 1710 wurden nach Schätzungen mehr als 250 000 Frauen umgebracht.

### Aufgaben

**3** Beschreibe, welche Chance eine als Hexe Angeklagte hatte.

**4** a) Erläutere den Verlauf eines Hexenprozesses (M4).
b) Begründe, warum er eine „Einbahnstraße in den Tod" war.

**5** Welche Minderheiten wurden und werden heute noch verfolgt und warum?

Für die unzähligen Opfer steht auch das Schicksal der 67-jährigen Witwe Klara Geißlerin. Sie wurde 1597 in Gelnhausen in Hessen verhaftet. Eine andere Frau, die wegen Hexerei hingerichtet worden war, hatte unter Folterqualen Klara Geißlerin beschuldigt, mit drei Teufeln zusammenzuleben. Beim Verhör leugnete Klara Geißlerin ihre Schuld. Man begann sie zu foltern und sie gestand, was auch immer der Richter von ihr verlangte. Nach der Folter widerrief sie ihre Aussagen und wurde daraufhin wieder gefoltert. Dies wiederholte sich nochmals. Klara Geißlerin starb während der letzten Folter. Ihre Leiche wurde im gleichen Jahr verbrannt.

**M5** *Klara Geißlerin – Schicksal einer Frau*

### Merke
Vom 15. bis 18. Jahrhundert wurden in Mitteleuropa vor allem Frauen als Hexen verfolgt. 80 Prozent aller Prozesse wurden gegen Frauen geführt.

**Grundbegriff**
- Folter

# Beitrag der Schule zur Integration

## Integrationshilfen …

In bestimmten Gegenden, meist in Ballungsräumen mit viel Industrie, gibt es Schulen, die einen hohen Ausländeranteil haben. In manchen Klassen sitzen heute schon mehr ausländische Schüler als deutsche. Es ist dann besonders wichtig, dass in solchen Schulen viel dafür getan wird, das Verständnis zwischen Deutschen und Ausländern, aber auch zwischen Ausländern aus verschiedenen Herkunftsländern zu fördern. Das kann zum Beispiel in Form von Schülerreferaten über verschiedene Herkunftsländer oder in Projekten realisiert werden. Denn wer seine Mitschülerinnen und Mitschüler besser kennt, der kann auch mehr Verständnis für sie entwickeln.

**Farid** (17)
Am besten gefällt mir, dass ich noch ein Jahr länger die Schule besuchen darf. So kann ich vielleicht meinen qualifizierenden Hauptschulabschluss erreichen und habe dadurch bessere Berufschancen. Gut ist auch, dass ich eine Prüfung in meiner Muttersprache Arabisch ablegen kann. Vielleicht kann ich ja irgendwann nach Bagdad zurückkehren, und dann ist es vorteilhaft, wenn ich eine Prüfung vorweisen kann.

**Ebru** (15)
Ich bin Türkin und in Deutschland geboren. Meine Muttersprache spreche ich nur noch im Urlaub in der Türkei. Früher besuchte ich den islamischen Religionsunterricht an der Schule, doch mittlerweile ist mir der Ethikunterricht lieber. Ich lebe wie deutsche Jugendliche auch, habe deutsche Freunde und bin mir noch nicht sicher, wo ich später leben möchte.

**Daniela** (15)
Obwohl wir zuhause Kroatisch sprechen, verstehe ich schon ganz gut Deutsch. Im Unterricht kann ich mich verständigen. Leider fällt mir das Schreiben noch schwer. Dafür besuche ich den zweistündigen Kurs „Deutsch für Ausländer". Dort kann ich in einer kleineren Gruppe noch intensiv üben. Den Kurs „Kroatisch" habe ich zusätzlich gewählt, weil meine Familie vielleicht bald nach Kroatien zurückkehren wird.

**Alia** (15)
Ich bin seit zwei Jahren in Deutschland. Trotzdem spreche ich die Sprache noch nicht perfekt. Deswegen besuche ich drei Stunden in der Woche den Kurs „Deutsch als Zweitsprache". Damit ich meine Muttersprache Arabisch nicht verlerne, besuche ich zusätzlich nachmittags den „muttersprachlichen Ergänzungsunterricht". Ich möchte auf jeden Fall Apothekerin werden und dafür werde ich lernen, lernen, lernen.

**M1** *Ausländische Schüler einer neunten Klasse*

# Miteinander leben will gelernt sein

## ... und Völkerverständigung

Neben den zusätzlichen Bildungsangeboten für ausländische Schüler gibt es eine Vielzahl von Möglichkeiten, einander besser kennenzulernen und zu verstehen:

**Patenschaften:**
Schüler der höheren Jahrgangsstufen betreuen jüngere, ausländische Kinder als Paten. Sie helfen ihnen, sich in der Schule zurechtzufinden.

**Gastschüler in der eigenen Klasse:**
Eine Woche lang tauschen deutsche und ausländische Schüler Wohnung und Familie. So erleben sie einen anderen Lebensstil „live".

**Sprachlos in der City:**
Schüler versuchen, einen Nachmittag ohne Sprache auszukommen. Sie kaufen ein, erkundigen sich nach einer Adresse oder besuchen eine Gaststätte – wie Fremde, wenn sie sich ohne Deutschkenntnisse zurechtfinden müssen.

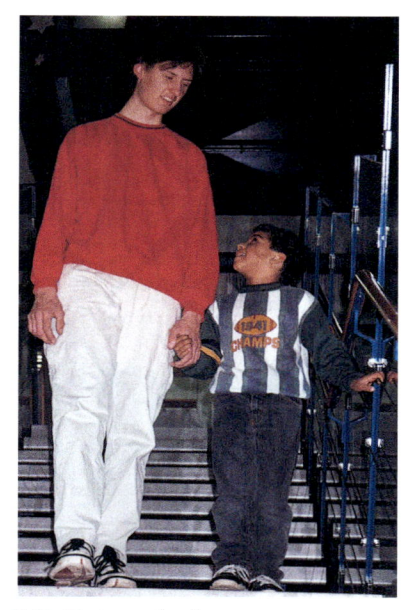

**Multikulturelle Feiertage:**
Mindestens ein Jahr lang feiert die Schule zusammen mit den Schülern ausländischer Herkunft deren Feiertage.

**Neues „Wörterbuch des Unmenschen":**
Schüler sammeln Begriffe und Formulierungen, die Ausländer ausgrenzen und diskriminieren, um sie in einem „Wörterbuch des Unmenschen" zu dokumentieren.

**Anders wohnen:**
Zwei Klassenräume werden zu Wohnzimmern. Einen Raum richten deutsche Schüler so ein, wie sie sich ein türkisches Wohnzimmer vorstellen, während türkische Schüler deutschen Wohnstil rekonstruieren.

**Video-Tagebuch:**
Deutsche und türkische Schüler beschreiben ihren Alltag zu Hause und in der Freizeit. Für diese Dokumentation lassen sich die Rollen auch tauschen.

*M2 Patenschaft*

*M3 Vorbereitung auf einen „Tag der offenen Tür"*

## Aufgaben

**1** a) Ermittle an deiner Schule
- die Zahl der ausländischen Schüler,
- die Herkunftsländer,
- die zusätzlichen Unterrichtsangebote.

b) Erstelle mit den Ergebnissen eine Statistik in Form eines Schaubildes.

**2** Stelle die Ideen auf dieser Seite allen Schülern deiner Schule vor.
a) Ergänze die Liste mit eigenen Vorschlägen.
b) Finde mithilfe eines Fragebogens heraus, welche Ideen am besten ankommen und schreibe eine Hitliste auf.
c) Verwirkliche eine der Ideen.

# Gewusst wie

# Ein Interview führen

## Warum verlassen Menschen ihre Heimat?

Hinter jeder ausländischen Mitbürgerin und jedem ausländischen Mitbürger, der hier in Deutschland lebt und arbeitet oder die Schule besucht, steckt ein persönliches Schicksal. Viele haben ihre Heimat und die Familie nicht gezielt verlassen und nicht freiwillig alles Vertraute und Gewohnte aufgegeben. Die persönlichen Gründe für den Aufbruch in ein fremdes Land können völlig unterschiedlich sein. Informationen erhält man in einem Interview.

### A: Interviewpartner finden
Nachbarn, Arbeitskolleginnen und -kollegen der Eltern, Mitschüler/innen und deren Eltern oder Großeltern,
Besitzer und Mitarbeiter in Restaurants, Geschäften, Imbissbuden

### B: Fragen überlegen

Wo …?
Wie lange …?
Warum …?
… Erwartungen …?
Fühlen Sie sich …?
… Probleme …?
… zurück?

### C: Interview durchführen
1. vertrauensvolle Atmosphäre schaffen
   - Gründe für das Interview erklären
   - nicht aufdringlich, sondern verständnisvoll reagieren
   - Privatsphäre respektieren

2. Interviewtechnik anwenden
   - Interviewpartner/in ermuntern
   - Nachfragen, aber nicht nachhaken
   - Stichworte aufgreifen
   - die wichtigsten Antworten und Ergebnisse am Schluss noch einmal zusammenfassen

### D: Auswerten
1. einzeln
2. in der Gruppe/Klasse

- persönliche Gründe: Familie, Träume, …
- wirtschaftliche Gründe: Einkommen, Arbeitsplatz, Versorgung, …
- politische Gründe: Vertreibung, Verfolgung, Unterdrückung, …
- andere Gründe: Dürre, Überschwemmung, attraktiver Arbeitsplatz,

**Miteinander leben will gelernt sein**

# Gewusst wie

## Migration weltweit – Beispiele

Seit es Menschen auf der Erde gibt, ziehen immer wieder Einzelne oder Gruppen in andere Regionen in der Hoffnung auf bessere Lebensbedingungen. In den letzten Jahrzehnten hat die weltweite Migration ein bisher nie gekanntes Ausmaß angenommen. Man nimmt an, dass sich gegenwärtig über 175 Millionen Menschen fern ihrer Heimat aufhalten. 19,2 Millionen gelten als Flüchtlinge oder als Kriegsvertriebene. Manche von ihnen sind auf der Suche nach einer neuen Heimat.

### Quelle

**Über 1000 Flüchtlinge auf der Insel Lampedusa eingetroffen**

Am Mittwochmorgen wurde ein Boot mit 40 Personen an Bord, darunter sieben Frauen, gerettet. Das Boot war sieben Seemeilen südlich von Lampedusa zwischen Tunesien und Sizilien in Not geraten. Fünf weitere Flüchtlinge, die sich an Teilen eines gesunkenen Bootes festhielten, konnten ebenfalls in Sicherheit gebracht werden. Insgesamt wurden zwölf Flüchtlingsboote aufgegriffen. Im Auffanglager der 20 Quadratkilometer großen Insel befinden sich über 1500 Flüchtlinge. Eine Luftbrücke wurde organisiert, um die Migranten in andere Auffanglager auf Sizilien zu bringen.
(Nach: Neue Züricher Zeitung online vom 8. Oktober 2008)

### Aufgaben

**1** Formuliere Fragen für das Interview (S. 112, Sprechblase).

**2** a) Sucht Interviewpartner/innen und führt Interviews durch.
b) Legt für die Auswertung eine Tabelle an:
Geburtsland, Geburtsort, ... Jahre in Deutschland, Gründe, Erwartungen, Probleme, Rückkehr geplant?
c) Stellt die unterschiedlichen Gründe für die Migration in einem Diagramm dar (S. 112 unten).

**3** Lies die persönlichen Aussagen der Migranten (M1–M2). Aus welchen Gründen verließen sie ihre Heimat?

**4** Würdest du zur Ausbildung oder für einen Job deine Heimat verlassen?

„In unserem Heimatort in Kasachstan gab es einen Supermarkt, in dem ich einkaufte. Das hat etwa zwei Stunden gedauert, denn ich musste mich in langen Schlangen anstellen. Ich wusste aber nie, ob das, was ich kaufen wollte, noch vorrätig war, wenn ich drankam. Es gab einfach zu wenig Lebensmittel. Mein Mann ist Russe. Auch er ist froh, dass wir jetzt in Deutschland wohnen."
(Alla Gurbunowa, 45 Jahre, in Russland geborene Deutsche, seit 1995 in Lüneburg)

**M2** *Alla Gurbunowa*

**M1** *Indischer Software-Experte bei der Firma Krupp-Thyssen-Engineering in Essen*

„Zu Hause in Chennai (Madras) suchte ich im Internet nach einem neuen Job. Vor allem Web-Adressen, die mit ‚Job' beginnen und mit ‚search' enden, interessierten mich. Auf solchen Seiten beschreiben IT-Firmen, welche Mitarbeiter sie suchen. Die einen sitzen vielleicht in Deutschland oder den USA, die anderen in Korea oder Indien. Ich bewarb mich als Experte für Software der Firma Oracle. Wenig später hatte ich ein Angebot aus München. Ich arbeite, wo ich gebraucht werde und viel Geld verdienen kann."
(Prabu Ekambaram, 25 Jahre, Computerspezialist aus Indien)

## Alles klar?

# Miteinander leben will gelernt sein

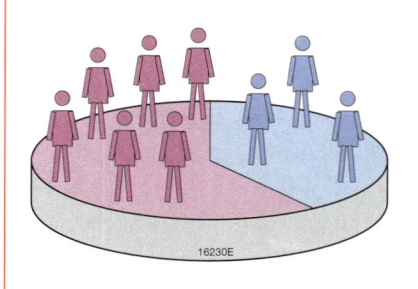

## 1. Unterschiede in der Gesellschaft

a) Erkläre den Begriff „Zweidrittelgesellschaft".

b) Der Begriff „Armut" kann nicht eindeutig definiert werden. Begründe.

c) Erläutere, welches Kriterium in Deutschland zugrunde gelegt wird, wenn es um Armut geht.

## 2. Alte Heimat – neue Heimat

a) Berichte mithilfe der Abbildungen über das Thema „alte Heimat – neue Heimat".

b) Notiere, wie du dazu beitragen kannst, dass die Kinder von Aussiedlern und ausländischen Mitbürgern besser integriert werden können.

## 3. Auswanderung im 19. Jahrhundert

Auch für die Auswanderung aus Deutschland im 19. Jahrhundert gibt es Push- und Pullfaktoren. Übertrage das Schema in dein Heft und trage die Gründe ein, die damals für die Auswanderer wichtig waren.

**Pull-Faktoren (USA)**
- ...
- ...

**Push-Faktoren (Deutschland)**
- ...
- ...

## 4. Integration und Völkerverständigung

a) Begründe deine Meinung zum Projekt „Pinneberger Schüler verwöhnen Senioren".

b) Erkläre an Beispielen, welche Punkte bei Zivilcourage beachtet werden sollten.

c) Erläutere Möglichkeiten zur Völkerverständigung und zu Integrationshilfen, die du besonders positiv bewertest.

# Das Wichtigste

## Gesellschaft im Wandel, Armut im Wohlstand

In Deutschland lebt ein Großteil der Bevölkerung in wachsendem Wohlstand. Gleichzeitig sind immer mehr Menschen vom steigenden Wohlstand abgekoppelt. Deutschland ist eines der reichsten Länder der Erde. Über fünf Millionen Erwachsene sind jedoch arm. Nichtsesshafte oder Wohnungslose führen ein Leben am Rand der Gesellschaft

## Aussiedler kommen nach Deutschland

Im 18. Jahrhundert wanderten Deutsche in das Russische Reich aus. Nachkommen dieser Auswanderer ziehen heute wieder nach Deutschland um. Sie sind Aussiedler und haben nach unseren Gesetzen das Recht auf die deutsche Staatsbürgerschaft.

## Berlin – größte türkische Stadt außerhalb der Türkei

Berlin ist mit über 127 000 Türkinnen und Türken die größte „türkische Stadt" außerhalb der Türkei. Allein im Stadtteil Kreuzberg wohnen 28 000 Türkinnen und Türken. In Berlin leben insgesamt fast 450 000 Ausländer aus über 180 Staaten der Erde.

## Auswanderung in die USA

Im 19. Jahrhundert verließen über fünf Millionen Deutsche ihre Heimat und wanderten nach Übersee aus. Die Auswanderer gingen vor allem in die USA, um sich dort eine neue Existenz aufzubauen. Ortsnamen zeigen, wo sich die Deutschen angesiedelt haben.

## Rassismus – nicht bei uns

Rassismus ist eine Lehre, die behauptet, es gäbe Menschen verschiedener Rassen, die einen unterschiedlichen Wert besäßen. Diese Einteilung ist jedoch falsch. Mit Zivilcourage kann man sich gegen Rassismus zur Wehr setzen.

## Leben mit Behinderungen

Menschen mit einem dauerhaften gesundheitlichen Schaden gelten als behindert. Sie werden häufig ausgegrenzt. Ihre Integration ist eine wichtige Aufgabe. Damit der Umgang mit Behinderungen normal wird, gibt es in Schulen Integrationsmaßnahmen.

## Hexen im Mittelalter

Im Mittelalter wurden mehr als 250 000 Frauen als vermeintliche Hexen umgebracht.

### Grundbegriffe

- Existenzminimum
- Zweidrittelgesellschaft
- Wohnungsloser
- Obdachloser
- Aussiedler
- Ausländer
- Auswanderer
- Einwanderer
- Rassismus
- Zivilcourage
- Behinderung
- Integration
- Folter

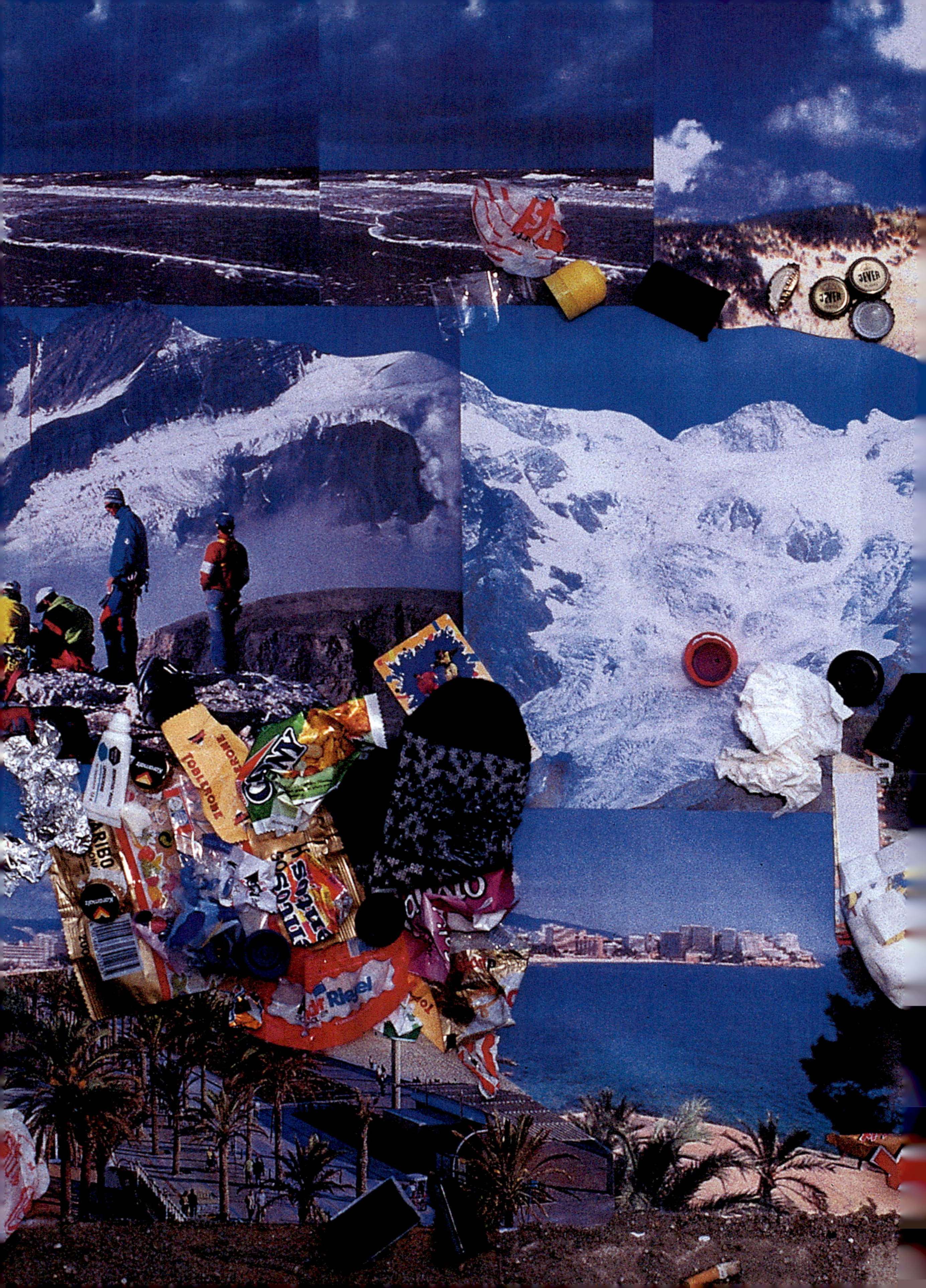
JEVER
TOBLERONE
Riegel

# Urlaubsreisen – um jeden Preis?

**Reisen früher**

**Reisen heute**

**Tourismus und Umwelt**

**Nordsee – Ferienparadies oder Kloake?**

**Ein Bild auswerten**

**Die Alpen – ein Urlaubsparadies?**

**Ferntourismus in Kenia**

**Tourismus weltweit**

**M1** *Nordsee – Alpen – Mittelmeer: Collage einer Lerngruppe*

# Reisen früher

**M1** „Umgeworfen" (Gemälde von A. Müller-Lingke)

## Aufgaben

**1** a) Irma Wald aus Pirmasens reist im Jahre 1750 zu ihrer Tante nach Mainz. Schreibe eine Geschichte über ihre Reise (M1, M2).
b) Zeichne eine Karte mit der möglichen Reiseroute von Irma Wald (Atlas). Trage ein, in welchen Orten sie möglicherweise übernachtet hat. Beachte M3.

**2** Du machst von deinem Wohnort aus eine dreitägige Reise mit der Kutsche. Bis zu welchem Ort kommst du (M3)?

**3** Das Seebad Norderney ist heute noch ein beliebtes Reiseziel. Besorge dir im Reisebüro Prospekte und male ein Plakat, das Urlauber neugierig machen soll.

### Reisen anno dazumal

Bis ins 19. Jahrhundert war Reisen eine beschwerliche, langwierige, gefährliche und teure Angelegenheit. Dies änderte sich erst mit der Einführung der Eisenbahn.

Vor 350 Jahren reisten die meisten Menschen zu Fuß. Nur reiche Leute, wie Adelige oder Kaufleute, konnten sich ein Pferd leisten und ritten auf ihren Reisen.

Schwache, kranke oder alte Leute sowie Frauen mit Kleinkindern reisten in einer Pferdekutsche. Das Sitzen im ungefederten Wagen war jedoch eine Qual und setzte große Geduld voraus, denn die Straßen waren schlecht oder gar nicht gepflastert. Tiefe Spurrillen erschwerten die Fahrt. Oft brach ein Rad, was zu langen Wartezeiten führte. Die eng beieinander sitzenden Passagiere wurden bei jedem Schlagloch durcheinandergerüttelt. Außerdem waren sie den als grob und frech beschriebenen Kutschern ausgeliefert.

### Quelle

**Unbequem und gefährlich**

Im Pferdewagen saßen die Reisenden auf Holzbänken, die Füße auf dem Gepäck. Die Wagen rumpelten und schaukelten über die steinigen und staubigen Wege. Bei Regenwetter waren viele Straßen von einer dicken Schlammschicht überzogen.
Zudem war das Reisen gefährlich, vor allem für Frauen. Diebe und Wegelagerer überfielen oftmals die Reisenden und raubten sie aus. Vor wilden Tieren musste man sich in Acht nehmen, wenn die Reise durch Wälder führte.

(Nach: Kurt Beyer (Hrsg): Zeit der Postkutschen, Karlsruhe 1992, S. 27ff.)

## Urlaubsreisen – um jeden Preis?

**Einige Regeln für diejenigen, die ihre erste Reise machen**

1. Reise nicht mit Leuten, die du nicht kennst.
2. Nimm nicht zu viel Gepäck mit.
3. Prahle nicht mit deinem Geld.
4. Wenn du in einem Gasthof übernachtest, verriegele die Tür deines Zimmers.
5. Lerne die Sprache des Landes gründlich, in das du reist.
6. Kleide dich so, wie es in der Fremde üblich ist.
7. Versuche Leute kennenzulernen, die Ansehen genießen und von denen du etwas lernen kannst, zum Beispiel einen Minister, Geistlichen oder Apotheker.
8. Gib dich nicht als jemanden aus, der du in Wirklichkeit nicht bist. Hüte dich vor jeglichen Übertreibungen. Du kannst sonst leicht entlarvt und verspottet werden.
9. Glaube nicht, dass alles Fremde gut ist. Halte aber nicht alles für schlecht, was dir unbekannt ist.
10. Hüte dich vor jeglichem Spiel. Denn du verreist nicht, um reicher, sondern um geschickter und klüger zu werden.
11. Besichtige nicht nur die wichtigsten Gebäude einer Stadt. Versuche auch, die Sitten und Bräuche der Menschen kennenzulernen.
12. Halte dir immer den Zweck deiner Reise vor Augen. Frage dich jeden Tag, ob du etwas gesehen und gehört hast, was diesem Zweck dient.

**M2** *Ratschläge aus der Hamburgischen Moralischen Wochenschrift „Der Patriot" (1725)*

**M4** *Werbeplakat von 1892*

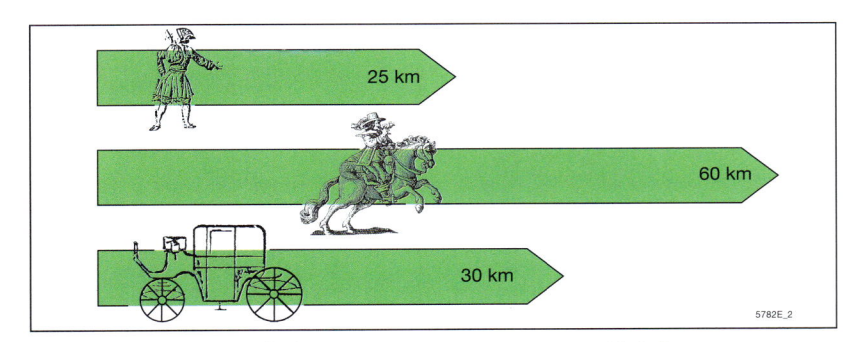

**M3** *Reisegeschwindigkeiten pro Tag vor etwa 350 Jahren*

## Aufgaben

**4** Informiere dich im Internet über Marco Polo und schreibe einen Sachtext über seine Ziele, Verkehrsmittel und Gründe seiner Reisen.

**5** Nenne zwei „Ratschläge", die dir heute besonders merkwürdig vorkommen (M2). Begründe.

## Info

**Marco Polo (1254–1324)**

Einer der ersten großen Reisenden, die sogar einen Kontinent durchquerten, war Marco Polo aus Venedig. Zusammen mit seinem Vater und seinem Onkel brach er im Jahr 1271 im Alter von 17 Jahren nach China auf. Die kleine Gruppe durchquerte unter anderem Gebirge und Wüsten. In Chengdu trafen sie angeblich den Kublai Khan, den großen Herrscher der Mongolen. 1295 kehrten sie zurück. Marco Polos ausführliche Beschreibungen des kaiserlichen Hofes und des Landes wurden weltberühmt.

### Merke

Das Reisen war bis ins 19. Jahrhundert beschwerlich und gefährlich.
Die meisten Leute reisten zu Fuß und einige in einer Pferdekutsche. Nur reiche Leute konnten sich ein Reitpferd leisten.

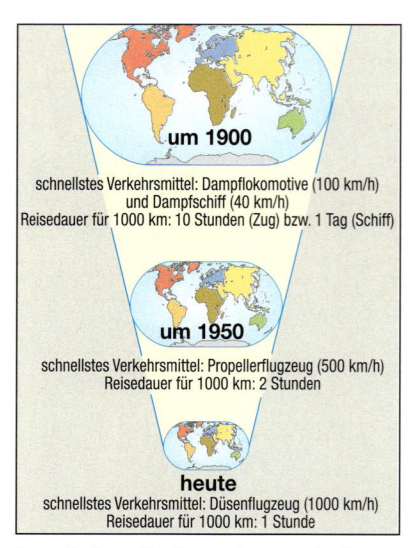

# Reisen heute

**M1** *Schnelligkeit der Verkehrsmittel*

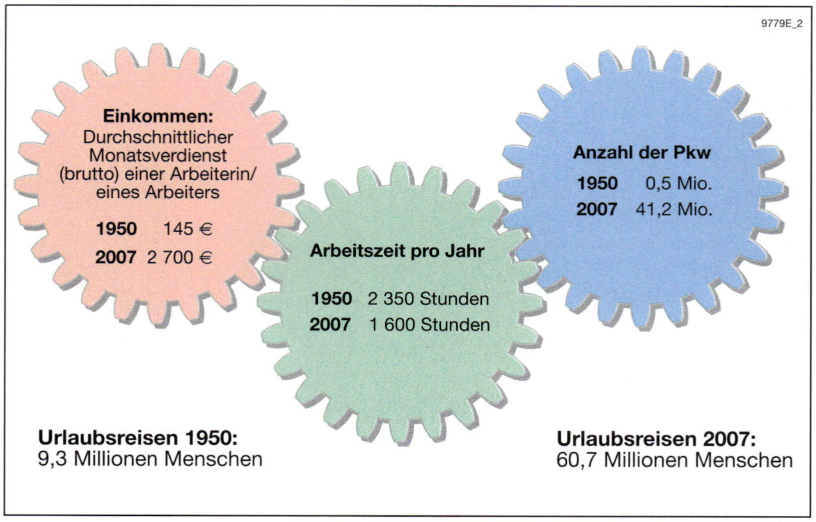

**M2** *Gründe für die Zunahme des Reisens in Deutschland*

## Schneller – weiter – billiger?

Heute ist es für die meisten Menschen selbstverständlich zu reisen. Die Verkehrsmittel wurden immer schneller. So ist es zum Beispiel möglich, in wenigen Stunden mit dem Flugzeug nach New York zu kommen; noch vor 100 Jahren brauchte man mit dem Schiff über eine Woche. Immer beliebter werden Urlaubsreisen. Die Zahl der Reisenden hat sich gegenüber 1950 weit mehr als versechsfacht.

## Quelle

**Ich geh dann mal weg**

Urlaub ist „die Erlaubnis, wegzugehen". Wer eine Urlaubsreise unternimmt, verlässt seinen Arbeitsplatz, lässt seinen Alltag hinter sich, bricht auf zu einem neuen Ort. So hat jeder Mensch, wenn er in Urlaub fährt, mit Recht das Gefühl, etwas zurückzulassen.

(Nach: Rainer Bleistein: Freizeit ohne Langeweile. Freiburg 1982, S. 19)

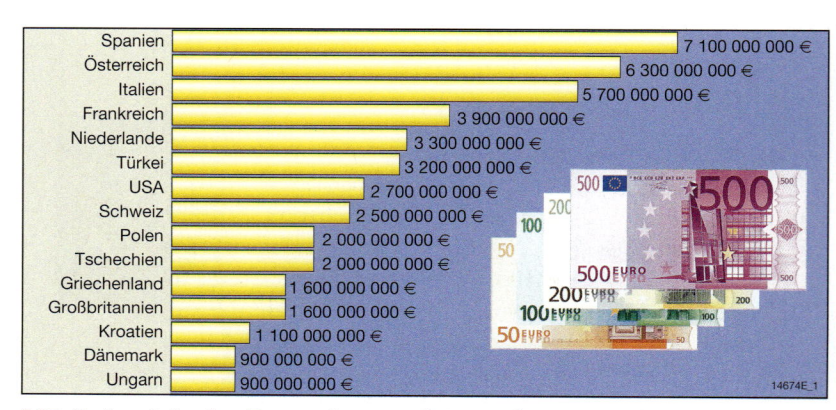

## Aufgaben

**1** a) Lokalisiere drei Fremdenverkehrsgebiete in Deutschland (Atlas, Karte: Deutschland – Verkehr und Tourismus).
b) Bestimme ihre „natürliche Erholungseignung" (Lage am Wasser, in den Bergen, in Waldgebieten).

**2** Ordne in M3 die Reiseziele der Deutschen nach: Nachbarländer Deutschlands/weitere Staaten Europas und Asiens.

**3** Schreibe einen Text über die Zunahme der Urlaubsreisen in Deutschland und begründe sie (M2).

**M3** *Reiseziele der Deutschen und Ausgaben im Urlaubsland*

## Urlaubsreisen – um jeden Preis?

**M4** *Klasse 7a hat viele Vorschläge*

## Klassenfahrt nach …?

Die Klasse 7a möchte einen Ausflug mit mindestens einer Übernachtung machen. Doch wo soll es hingehen? Julia und Svenja wollen ans Meer, einige Jungen schlagen die Berge vor. Andere Kinder haben noch nie eine größere Reise gemacht und wissen nicht, was sie sagen sollen.

Eine Klassenfahrt kostet Geld, und so beruft die Klassenlehrerin erstmal einen Elternabend ein. Die Eltern diskutieren das Thema und beschließen danach, dass die Kinder selbst ein Reiseziel aussuchen sollen, die Gesamtkosten der Fahrt jedoch höchstens bei 70 Euro pro Kind liegen dürfen.

Nun soll die Klasse Vorschläge erarbeiten. Die Schülerinnen und Schüler besuchen Reisebüros oder schauen sich Angebote im Internet an. Nun wird verglichen. Transport, Übernachtung und Programm kann man einzeln buchen. Man kann sich aber auch für ein Pauschalangebot entscheiden.

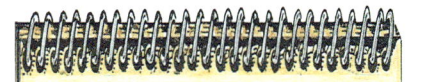

Bei einer Klassenreise sollten alle Schülerinnen und Schüler mitfahren können. Aber nicht alle haben gleich viel Geld zur Verfügung. Bei rechtzeitiger Planung kann zum Beispiel durch den Verkauf von Kuchen oder Getränken bei einer Schulfeier die Klassenkasse aufgebessert werden. Manchmal hilft auch der Förderverein der Schule.

### Unterkunft und Verpflegung
Besonders preiswert sind die Jungendherbergen. Man kann zwischen Übernachtung mit Frühstück (Ü/F), Halbpension (HP) und Vollpension (VP) wählen.

### Transport
Je nach Reiseziel und Größe der Klasse kann die Fahrt mit der Bahn oder dem Bus günstiger sein. Besonders preiswert ist eine Radtour.

Bei der Festlegung des Programms sind Eintrittspreise (Burg, Zoo) zu berücksichtigen.
Oft bieten die Jugendherbergen ein örtliches Programm mit allen Eintrittskosten an.

**M6** *Planung der Kosten*

**M5** *Das kommt in den Rucksack, das bleibt draußen*

### Merke
Durch die Verbesserung der Verkehrsmittel werden die Reisezeiten immer kürzer. Die Zahl der Urlaubsreisenden in Deutschland hat stark zugenommen.

# Tourismus und Umwelt

**M1** *Angebote eines Reisebüros*

## Aufgaben

**1** a) Welche Urlaubsziele bietet das Reisebüro an (M1)?
b) In welchen Ländern liegen diese Ziele?

**2** a) Welche Gefährdungen von Landschaft und Natur durch Touristen fallen dir ein (siehe auch M6)?
b) Ordne die Bilder in M6 einigen der in M5 genannten Punkte zu.

**3** „Die Urlauber fallen scharenweise in die Fremdenverkehrsgebiete ein und machen gerade das kaputt, was sie suchen."
Nimm Stellung (M3, M4 und M6).

**4** Wie sollte man sich deiner Meinung nach im Urlaub „umwelt-gerecht" verhalten?

> **Merke**
> Das Reisen hat sich zum Massentourismus entwickelt. Dadurch ist die Natur stark gefährdet.

## Menschenmassen – Gefahr für Landschaft und Natur

An der Ost- und Nordsee, in den Alpen oder am Mittelmeer verbringen Jahr für Jahr Millionen Menschen ihren Urlaub. Das Reisen hat sich zum Massentourismus entwickelt.

Die Urlauber wollen den Alltag vergessen, sich entspannen und erholen. Für viele spielen dabei eine schöne Landschaft sowie eine abwechslungsreiche Pflanzen- und Tierwelt eine wichtige Rolle. Wissenschaftlerinnen und Wissenschaftler haben jedoch festgestellt, dass die Natur durch den Massentourismus stark gefährdet ist.

| Fremdenverkehrs-gebiet | 1984 Urlauber | 1984 Übernachtungen | 2004 Urlauber | 2004 Übernachtungen |
|---|---|---|---|---|
| Ostsee | 1 340 000 | 7 350 000 | 2 200 000 | 9 900 000 |
| Ostfriesische Inseln | 400 000 | 4 400 000 | 697 000 | 5 000 000 |
| Sauerland | 1 440 000 | 5 860 000 | 1 700 000 | 6 040 000 |
| Allgäu | 880 000 | 7 200 000 | 1 410 000 | 8 130 000 |

**M2** *Anzahl der Urlauber und Übernachtungen in ausgewählten Feriengebieten Deutschlands*

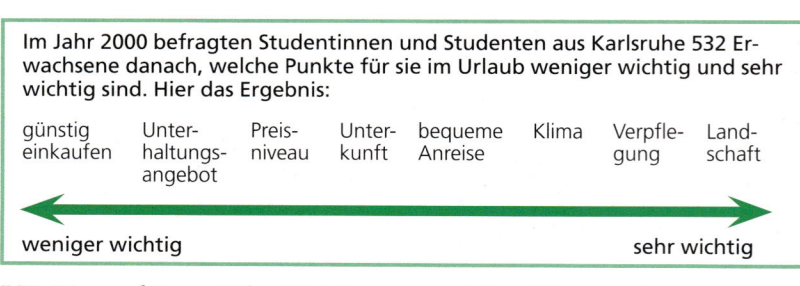

> Im Jahr 2000 befragten Studentinnen und Studenten aus Karlsruhe 532 Erwachsene danach, welche Punkte für sie im Urlaub weniger wichtig und sehr wichtig sind. Hier das Ergebnis:
>
> günstig einkaufen – Unterhaltungsangebot – Preisniveau – Unterkunft – bequeme Anreise – Klima – Verpflegung – Landschaft
>
> ← weniger wichtig          sehr wichtig →

**M3** *Ein „schöner Urlaub" hängt von vielen Dingen ab*

## Urlaubsreisen – um jeden Preis?

„Meine Mutter hat ein Motorrad gemietet. Damit sind wir beide zu einem See rausgefahren und haben dort gebadet." *(Klara, 12 Jahre)*

„Wir haben mit dem Auto viele Ausflüge in die nähere Umgebung gemacht." *(Tim, 12 Jahre)*

„Ich habe im Sommer einen Skikurs gemacht. Jeden Morgen sind wir mit der Seilbahn auf einen Gletscher hochgefahren und haben dort bis zum frühen Nachmittag geübt." *(Ina, 11 Jahre)*

„Mit anderen Urlaubern sind wir im Geländewagen kreuz und quer durch die Dünen gefahren und haben ein Picknick gemacht. Ein Animateur hatte die Fahrt organisiert." *(Ulli, 12 Jahre)*

„Ich habe eine Ferienfreizeit mitgemacht. Am spannendsten war für mich ein Orientierungslauf durch den Wald." *(Gregor, 13 Jahre)*

„Am Tag war ich fast nur am Strand und lag stundenlang in der Sonne. Abends war ich öfter in der Disko." *(Laura, 13 Jahre)*

„Im Urlaub konnte ich mein Mountainbike ausprobieren. Das hatten mir meine Eltern kurz vorher geschenkt. Über steile Wege bin ich durch den Wald gefahren. Das hat richtig Spaß gemacht." *(Heiko, 12 Jahre)*

„Toll war die Bergwanderung. An einer Alm konnte ich Kühe und Pferde aus der Nähe beobachten. Dort haben wir auch einen Blumenstrauß für unsere Ferienwohnung gepflückt." *(Lisa, 11 Jahre)*

**M4** *Schülerinnen und Schüler erzählen, was sie in den Ferien gemacht haben*

a) Seltene Pflanzen werden gepflückt und zertreten oder auf andere Weise zerstört.

b) Tiere werden gestört und vertrieben.

c) Abgase der Autos verpesten die Luft.

d) Müll wird in die Landschaft geworfen.

e) Lärmende Gäste stören Urlauber und Einheimische.

f) Die Landschaft wird durch Straßen, Hotels oder Ferienwohnungen verschandelt.

**M5** *Mögliche Gefahren durch den Tourismus (Auswahl)*

**M6** *Gefährdungen der Umwelt durch Touristen?*

# Nordsee – Ferienparadies oder Kloake?

*M1 An der Nordseeküste*

*M2 Übungskarte*

## Aufgaben

**1** Welche Bundesländer grenzen an die Nordsee (M2 und Atlas, Karte: Deutschland – politisch).

**2** Bestimme die in M2 eingezeichneten Meeresteile (I und II), Inseln und Inselgruppen (1 bis 4), Städte (1 bis 7) sowie Flüsse und Kanäle (a bis c). Nenne auch die beiden Staaten (NL, DK). Nimm den Atlas zu Hilfe (Karte: Deutschland – physisch).

**3** Warum macht Familie Gröbel Urlaub an der Nordsee und bewohnt eine Ferienwohnung? Nenne mögliche Gründe (M1, M3, Text).

**4** Schreibe folgenden Lückentext ab. Ergänze die fehlenden Wörter mithilfe von M4.
Bei ... steigt das Meer an. Bei ... zieht sich das Meer zurück.

**5** Auf den Fotos M5 und M6 ist der Hafen der Stadt Husum abgebildet. Was zeigen die Fotos in Bezug auf die Gezeiten (M4)?

## Urlaub machen am Meer

Gröbels freuen sich riesig. Morgen beginnen die Sommerferien. Dann fährt die Familie in Urlaub. In diesem Jahr machen Gröbels Urlaub an der Nordsee. Sie haben eine Ferienwohnung gemietet. „Das ist genau das Richtige für uns", sagt Frau Gröbel. „Wir können selbst das Essen kochen und in vier Minuten sind wir zu Fuß am Meer. Die salzhaltige Nordsee-Luft ist gut gegen meinen Husten."

*M3 Familie Gröbel am Strand*

## Urlaubsreisen – um jeden Preis?

**M5** *In Husum am 16. April um 13 Uhr*

**M6** *In Husum etwa sechs Stunden später*

## Ein Meer, aber kein Wasser!

„Beeilt euch. Wir wollen zum Strand!", ruft Herr Gröbel. Als die Familie am Strand ankommt, sind alle enttäuscht. Das Meer ist nur in der Ferne zu sehen. „Jetzt ist gerade **Ebbe**.", stellt Frau Gröbel fest. „Das Meer zieht sich zurück. Am Nachmittag sieht es ganz anders aus. Dann ist **Flut** und das Meer kommt nahe zum Strand." Ebbe und Flut nennt man **Gezeiten**.

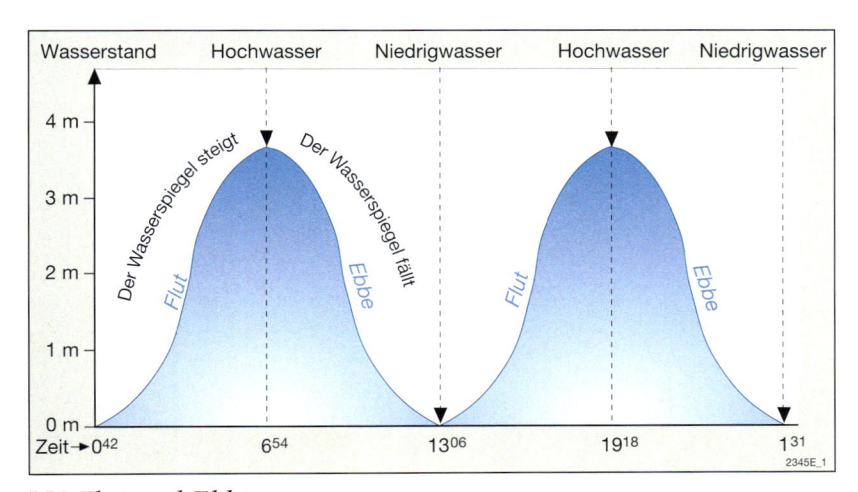

**M4** *Flut und Ebbe*

### Merke
Viele Familien machen Urlaub an der Nordsee. An der Nordseeküste wechseln sich Ebbe und Flut im Laufe eines Tages ab.

### Grundbegriffe
- Ebbe
- Flut
- Gezeiten

125

# Nordsee – Ferienparadies oder Kloake?

Wk Bio

**Biologische Besonderheiten im Wattenmeer**
- Im Wattenmeer brüten, fressen und rasten Millionen von Vögeln. Es ist eines der vogelreichsten Gebiete der Erde.
- Das Wattenmeer ist die „Kinderstube" wichtiger Speisefische wie Scholle, Seezunge, Hering, Aal. Hier wachsen sie auf.
- Das Wattenmeer ist der wichtigste Lebensraum der Seehunde.
- Im Wattenmeer leben 250 Tierarten, die an keiner anderen Stelle der Welt vorkommen.

**M1**

## Aufgaben

**1** Bestimme die drei Staaten, die Anteil am Wattenmeer der Nordseeküste haben (Atlas, Karte: Deutschland – physisch).

**2** Schreibe einen Text über die Besonderheiten des Wattenmeeres.

**3** Stelle dar, wodurch das Wattenmeer bedroht ist.

**4** Beschreibe einen Konflikt, der durch zwei unterschiedliche Nutzungen des Wattenmeeres entsteht (M6).

① Seeschwalbe
② Austernfischer
③ Garnele
④ Strandkrabbe
⑤ Scholle
⑥ Miesmuscheln mit Seepocken
⑦ Herzmuschel
⑧ Tellmuschel
⑨ Sandklaffmuschel
⑩ Wellhornschnecke
⑪ Pierwurm
⑫ Bäumchenröhrenwurm
⑬ Wattringelwurm
⑭ Rochen-Ei

**M3** *Lebensraum Watt*

## Leben im Wattenmeer

Das Wattenmeer ist ein Teilgebiet der Nordsee. Es erstreckt sich mit einer Breite von etwa 10 km von Esbjerg in Dänemark bis nach Den Helder in den Niederlanden und ist etwa 8000 km$^2$ groß. Der deutsche Anteil beträgt etwa zwei Drittel. Es ist die größte Wattenlandschaft der Welt. Sie umfasst in Niedersachsen 2400 km$^2$ und in Schleswig-Holstein 2900 km$^2$ (Vergleich: Saarland 2570 km$^2$).

Das Wattenmeer ist geprägt durch den Wechsel von Ebbe und Flut. Hierbei fallen die Wattflächen abwechselnd trocken und werden wieder überflutet. Sie bilden einen einzigartigen Lebensraum für bestimmte Pflanzen und Tiere. Ein Besucher sieht bei Ebbe zunächst nur eine gleichförmige und fast leblose Fläche. Das ist kein Wunder, denn ein Großteil des Lebens spielt sich im Wattboden ab.

Im Wattboden leben nur wenige Tierarten: Würmer, Muscheln, Schnecken und Krabben. Diese Kleintiere sind jedoch sehr zahlreich vertreten. So hat man von einer kleinen Schnecke bis zu 300 000 Tiere pro km$^2$ gefunden. Der Boden des Wattenmeeres enthält zehnmal so viel „Lebendmasse" wie der Boden der offenen Nordsee. Daher ist das Watt ein wichtiges Nahrungsgebiet für viele Tiere. Mit dem Hochwasser kommen die „Flutgäste". Es sind vor allem Bodenkrebse, wie zum Beispiel die Strandkrabbe, und Bodenfische, wie zum Beispiel die Flunder.

**M2** *Die Bedeutung des Wattbodens*

## Urlaubsreisen – um jeden Preis?

## Das Wattenmeer ist bedroht

Die Urlauber und die Bewohner der Nordseeküste sind eine Gefahr für den Lebensraum Wattenmeer. Die Menschen werfen gedankenlos Abfälle weg. Rücksichtslose Wanderer und Bootsfahrer stören die Tiere bei der Aufzucht ihrer Jungen. Anliegerstaaten missbrauchen die Nordsee als Müllkippe. Abfälle, Bauschutt und giftige Reste der chemischen Industrie werden von Schiffen direkt in die Nordsee gekippt. Gemeinden und Industriebetriebe leiten giftige Abwässer über die Flüsse ins Wattenmeer. Öllachen von Tankerunfällen töten Seevögel.

Die unterschiedlichen Ansprüche an das Wattenmeer durch Bewohner, Touristen, Kapitäne und Unternehmer gefährden die Tier- und Pflanzenwelt des Wattenmeeres. Dadurch ergeben sich ernsthafte **Nutzungskonflikte**.

**M4** *Der Säbelschnäbler ist ein hochbeiniger Wasservogel. Dieser Zugvogel verbringt den Winter in Afrika.*

Bei Ebbe werden die trockengefallenen Wattflächen von Tausenden von Vögeln aufgesucht. Im Frühjahr und Herbst kommen riesige Schwärme von Gastvögeln, zum Beispiel Säbelschnäbler, Ringelgänse und Enten. Ihr Einzugsgebiet reicht von Alaska bis Sibirien. Im Sommer überwiegen die in der Nähe brütenden Küstenvögel, zum Beispiel die Seeschwalben. Bei Ebbe suchen die Seehunde ihre Sandbänke auf. Hier werden ihre Jungen geboren; sie folgen ihrer Mutter bereits bei der nächsten Flut ins Wasser.

**M5** *Leben im Watt bei Ebbe*

> **Merke**
> Das Wattenmeer ist eine einzigartige Tier- und Pflanzenwelt. Fremdenverkehr, Schifffahrt und Industrie gefährden diesen Lebensraum.
>
> **Grundbegriff**
> • Nutzungskonflikt

**M6** *Nutzungskonflikte im Wattenmeer*

## Gewusst wie

## Ein Bild auswerten

**M1** *Lage von Horumersiel*

### Reise ans Meer

Die Ferienorte an der Nordseeküste werben mit eindrucksvollen Bildern in ihren Prospekten. So kann man sich schon vor der Reise einen Eindruck über den Ort und die Landschaft verschaffen.

Ein Bild sagt oft mehr als tausend Worte. Bilder auszuwerten bedeutet, sie zum „Reden" zu bringen. Dies lernst du im Weltkunde-Unterricht.

Schau dir das Bild zunächst in aller Ruhe an. Überlege, was dir dazu einfällt. Entweder du machst dir Stichwörter oder ihr sprecht in der Klasse darüber. Erst wenn du dich über die Beobachtungen und Einfälle schriftlich oder mündlich geäußert hast, machst du weiter. Beachte jetzt die „Hinweise zur Bildauswertung".

### Hinweise zur Bildauswertung

**1. Orientierung**

Beantworte zunächst folgende Fragen:
- Auf welcher Seite im Atlas ist der Ort zu finden?
- Was ist abgebildet?
- Hat das Bild eine Unterschrift?
- Was sagt sie aus?
- Ist das Bild von der Erde oder aus der Luft aufgenommen?

Atlas und/oder Lexikon können dir bei der Beantwortung einzelner Fragen helfen.

**2. Beschreibung**

Beschreibe die Einzelheiten, die du im Bild erkennst. Überlege dir eine Reihenfolge, die du bei dieser Beschreibung beachtest. Beschreibe zum Beispiel nacheinander den Vordergrund, Mittelgrund, Hintergrund oder sprich nacheinander über die verschiedenen Inhalte wie zum Beispiel Häuser, umgebende Landschaft, Küste mit Hafen, Badestrand und Campingplatz, Meer mit Watt und Insel.

**M2** *Luftbild von Horumersiel bei Wilhelmshaven*

## Urlaubsreisen – um jeden Preis?

# Gewusst wie

**M3** *Skizze des Luftbilds*

### 3. Erklärung

Stelle Zusammenhänge zwischen den entdeckten Einzelheiten in unserem Bild her, zum Beispiel zwischen Meer und Küste, der Siedlung und den Freizeiteinrichtungen, dem Deich und den Feldern und Weiden. Beispiele: Große und ebene Äcker weisen auf günstige Bedingungen für die Landwirtschaft hin. Der Deich und das Watt mit Schlick weisen auf ein Gezeitenmeer hin. Es herrscht gerade Ebbe. Motorboot- und Segelschiffhafen, Neubauten (Hotels, Ferienwohnungen), Campingplatz und Badestrand kennzeichnen die Küste als Erholungsraum.

### 4. Zeichnung

Du kannst auch eine Skizze anfertigen. Dadurch werden dir einzelne Teile des Bildes mit wichtigen Inhalten bewusst gemacht. Eine solche Skizze zeigt M3. Hier ist der Deich eingezeichnet. Links davon erstreckt sich die Marsch mit den Ortschaften. Rechts vom Deich ist das Vorland. Hier sind ein Campingplatz gezeichnet, ein Sonnenschirm für den Badestrand und der Hafen. Davor erstreckt sich das Wattenmeer.

# Die Alpen – ein Urlaubsparadies?

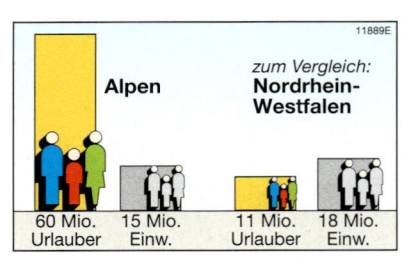

**M1** *Alpen: Zahl der Urlauber pro Jahr und Einwohner*

Alpen: 60 Mio. Urlauber, 15 Mio. Einw.
zum Vergleich: Nordrhein-Westfalen: 11 Mio. Urlauber, 18 Mio. Einw.

## Erholung in den Bergen

Jedes Jahr machen Millionen von Menschen in den Alpen Urlaub. Sie sind begeistert von der schönen Natur. Sie genießen die Aussicht von einem hohen Berggipfel, freuen sich über die bunten Blumen oder beobachten Murmeltiere.

Andere Menschen mögen die Alpen wegen der vielen Freizeit- und Sportmöglichkeiten im Hochgebirge der Alpen; sie kommen zum Beispiel, um zu wandern oder um Ski zu laufen.

### Info

**Alpen**

Die Alpen sind das größte Gebirge Europas. Sie bedecken eine Fläche von 200 000 km² (zum Vergleich: Nordrhein-Westfalen 34 000 km²). Der Montblanc ist 4807 m hoch. Er ist der höchste Alpengipfel und auch der höchste Berg Europas. Die hohen Berge der Alpen sind ständig mit Schnee und Eis bedeckt. Acht Staaten (einschließlich Monaco) haben Anteil an den Alpen.

**M3** *Alpenblumen* (Enzian, Edelweiß)

**M2** *Tiere und Pflanzen in den Alpen*

Höhenstufen:
- Schnee, Gletscher
- Der **Steinadler** baut seinen Horst (Nest) in unzugänglichen, steilen Felswänden
- 2500 m
- Fels, Schutt
- Lebensraum der **Gämse** ist die Felsregion. Ein dichtes Fell schützt sie bei Frost.
- Matten
- 1900 m
- Das **Murmeltier** liebt sonnige Hänge. In tiefen, verzweigten Gängen hält es einen Winterschlaf.
- kleine Bäume, Latschen
- 1700 m
- Nadelwald
- 1300 m
- Laub- und Mischwald
- Das **Auerhuhn** findet in ruhigen Nadel- und Mischwäldern Nahrung und Schutz.
- 800 m

## Urlaubsreisen – um jeden Preis?

**M4** *In den Dolomiten. Diese Berggruppe gehört zu den Alpen.*

**M5** *Gegenstände, die Urlauber in die Alpen mitnehmen*

### Aufgaben

**1** Welche Länder haben Anteil an den Alpen? Schreibe sie auf (Atlas, Karte: Alpen – ein Hochgebirge).

**2** Begründe, warum so viele Menschen in den Alpen Urlaub machen (M2–M5).

> **Merke**
> Die Alpen sind das größte Gebirge Europas. Millionen Menschen machen dort Urlaub.

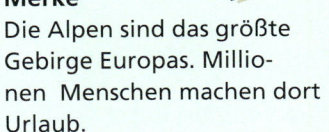

# Die Alpen – ein Urlaubsparadies?

**M1** *Zum Gipfel führen manchmal viele Pfade. Aber nur einer davon ist der richtige Weg.*

**M3** *Auf dem 1874 m hohen Jenner bei Berchtesgaden (Deutschland)*

## Vom Geschäft mit den Gästen

Die Urlauber in den Alpen geben jedes Jahr 25 Mrd. Euro aus. Der **Tourismus (Fremdenverkehr)** hat viele Dörfer reich gemacht. In manchen Gegenden ist er wichtiger als die Industrie.

Einheimische arbeiten in Fremdenverkehrsbüros, Hotels, Eiscafés und Diskotheken. Andere verdienen ihr Geld als Bergführer und Skilehrer oder verleihen Fahrräder und Schlittschuhe an die Urlaubsgäste. Die meisten Menschen sind das ganze Jahr über im Fremdenverkehr beschäftigt. Manche werden nur für den Sommer und Winter eingestellt. Dann kommen sehr viele Urlauber in die Alpen.

### Aufgabe

**1** Der Fremdenverkehr ist wichtig für die Einheimischen und die Gemeinden. Erläutere anhand von Beispielen (M2, M4).

### Daten zu Bad Hindelang 2005
(Lage: in den Allgäuer Alpen, 60 km westl. von Garmisch-Partenkirchen)

| | |
|---|---|
| Einwohner: | 4 900 |
| Urlauber, davon fast ein Viertel aus Nordrhein-Westfalen: | 140 000 |
| Übernachtungen: | 940 000 |
| Beschäftigte im Fremdenverkehr: | 1 800 |
| Einnahmen durch den Fremdenverkehr: | über 30 Mio. € |

**M2** *Rund drei Viertel der Einwohner von Bad Hindelang leben vom Tourismus.*

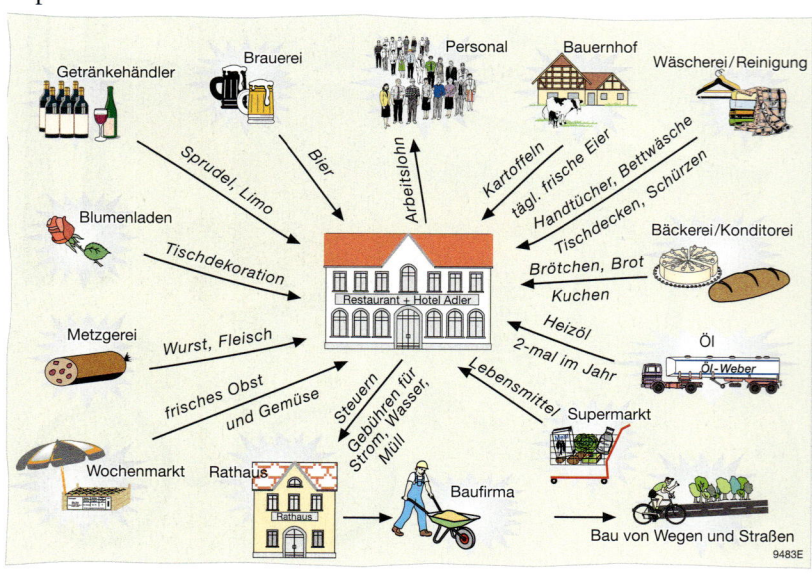

**M4** *Auswirkungen des Fremdenverkehrs auf die Wirtschaft*

## Urlaubsreisen – um jeden Preis?

**M5** *Tunnelbau in den Alpen*

Wanderer pilgern in Scharen auf hohe Gipfel. Sie verlassen häufig den Wanderweg. Über die großen Alpenstraßen rollen am Tag bis zu 100 000 Autos. Abgase verpesten die Luft. Lärm zerreißt die erholsame Stille. Bäume werden abgeholzt und noch mehr Teerstraßen gebaut. Die Urlauber sollen die entlegenen Täler bequem erreichen. Touristen werden in voll gestopften Bussen zu den Seilbahnen und Bergrestaurants gekarrt.
(Nach: Spiegel spezial Nr. 2/1997)

**M7** *Die Alpen – beliebt, benutzt, geschunden*

### Wenn die Kasse nicht mehr so oft klingelt!

Bürgermeister Roman Haug berichtet: „Bei uns in Bad Hindelang machen im Jahr 140 000 Menschen Urlaub. Die Urlauber bleiben im Durchschnitt sieben Tage; vor zehn Jahren waren es zehn Tage. Die Einnahmen aus dem Fremdenverkehr sind zurückgegangen."

Wie Bad Hindelang geht es vielen anderen Orten in den Alpen. Deshalb wollen Fremdenverkehrsfachleute alles tun, damit die Zahl der Urlauber wieder ansteigt. Sie versuchen, vor allem junge Leute für die Alpen zu begeistern. Es werden zum Beispiel Radwege gebaut, auf denen man mit dem Mountainbike fahren kann.

### Aufgaben

**2** „Viele Menschen sollen in den Alpen Urlaub machen", fordern die Bürgermeister der Bergorte. Erstelle ein Werbeplakat eines Alpenortes für Familien mit Kindern in deinem Alter.

**3** Wie wirkt sich der Fremdenverkehr auf die Natur und die Landschaft der Alpen aus?

#### Fahrradfahrer im Gebirge
- zerstören Pflanzen und stören Tiere, wenn sie abseits der Wege fahren;
- richten Schäden an Wegen an, wenn sie stark bremsen.

#### Gleitschirmflieger im Gebirge
- beunruhigen Tiere, wenn sie zu niedrig fliegen.

#### Wildwasserfahrer im Gebirge
- stören brütende Tiere, wenn sie Lärm machen und zu nahe an Kiesbänken vorbeifahren.

**M6** *Mögliche Nachteile für die Natur bei ausgewählten Sportarten*

> **Merke**
> Viele Gemeinden in den Alpen leben vom Tourismus. Zahlreiche Einheimische arbeiten in diesem Bereich.
> Durch den Fremdenverkehr ist die Natur gefährdet. Die Landschaft wird verändert.
>
> **Grundbegriff**
> - Tourismus (Fremdenverkehr)

# Die Alpen – ein Urlaubsparadies?

**M1** *Eine Alternative?*

**M2** *Gesehen in der Nähe der Stadt Meran (Südtirol)*

## Aufgabe

**1** Welche Anforderungen des sanften Tourismus erfüllen die Gemeinden Bettmeralp, Bad Hindelang und Oberstdorf (M3, M5 und M8)?

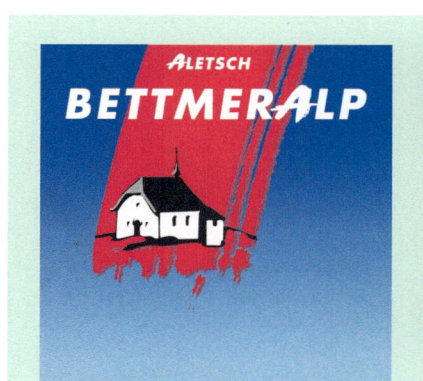

### Der Umwelt zuliebe – Klasse statt Masse

„Wir dürfen nicht zusehen, wie die großartige Natur in den Alpen durch den Massentourismus kaputt gemacht wird", warnen Naturschützerinnen und Naturschützer. Auch Fremdenverkehrsexperten sind der Meinung, dass die Alpenlandschaft das kostbarste Gut ist, was man den Erholungsuchenden zu bieten hat.

Die Alpen müssen geschützt werden, sonst bleiben die Touristen aus. Deshalb soll der sanfte Tourismus gefördert werden. Diese Form des Tourismus schont die Umwelt und bringt dennoch so viel Geld ein, dass die einheimische Bevölkerung in den Alpentälern davon leben kann. Noch bieten nicht alle, aber bereits viele Fremdenverkehrsgemeinden in den Alpen „sanfte" Ferien an. Sie haben Maßnahmen ergriffen, die umweltschonend sind.

In der Schweiz haben sich neun Alpengemeinden zur „Gemeinschaft Autofreier Schweizer Touristenorte" (G.A.S.T.) zusammengetan, darunter auch Bettmeralp. Der Ort liegt 10 km nordöstlich der Stadt Brig. Dort können die Touristen die Bergwelt in Ruhe genießen.
In Bettmeralp darf niemand mit einem Auto fahren, das mit Kraftstoff angetrieben wird (Ausnahme: z.B. Rettungsfahrzeuge, Feuerwehr, Müllabfuhr). Die Gäste – wenn notwendig auch das Reisegepäck – werden mit Elektrofahrzeugen oder Pferdefuhrwerken, im Winter auch mit Schlitten, transportiert.

**M3** *Erholung für die Alpenluft*

## Urlaubsreisen – um jeden Preis?

„Ebbas Bsünders" ist ein Verein der Bauern von Hindelang. Sie haben sich verpflichtet, ihr Land schonend zu bewirtschaften. Sie halten zum Beispiel nur eine Kuh pro Hektar, weil zu viele Tiere die Weiden zertrampeln, und setzen keinen Handelsdünger ein. Dies bedeutet, dass sie auf einer Wiese etwa ein Drittel weniger Heu ernten, das sie als Viehfutter verwenden. Um ihr Vieh zu versorgen, müssen sie eine größere Fläche bewirtschaften. Jetzt mähen sie auch Wiesen an Steilhängen, auf denen früher Büsche standen und ungepflegt aussahen.

Die Bauern vermarkten ihre Produkte (z.B. Milch, Butter, Käse, Fleisch) in Hindelang. Sie betreiben einen Bauernmarkt (Laden). Auf den Speisekarten der Hotels und Gaststätten werden ihre Erzeugnisse als „Ebbas Bsünders" (Etwas Besonderes) angeboten.

**M4**

„Urlaub vom Auto – umweltfreundlich mit der Bahn": Mit diesem Slogan wirbt die Kurverwaltung Hindelang. Sie bietet eine so genannte „Hindelanger Bahn-Pauschale" ab 240 Euro an. Im Preis der Urlaubsreise sind enthalten:
- 7 Übernachtungen in einem Hotel oder in einer Pension;
- Bahnfahrt 2. Klasse (Hin- und Rückfahrt);
- Abholservice am Bahnhof Sonthofen;
- 7-Tage-Urlaubsticket, mit dem man kostenlos und so oft man will in Hindelang und im Umkreis von etwa 30 km Bus und Bahn fahren kann. Auch alle anderen Touristen können dieses 7-Tage-Urlaubsticket oder ein 14-Tage-Urlaubsticket zum Preis von 10,00 beziehungsweise 16,00 Euro kaufen. Rund 20 000 dieser Tickets werden pro Jahr verkauft.

**M5** *Urlaub ohne Auto*

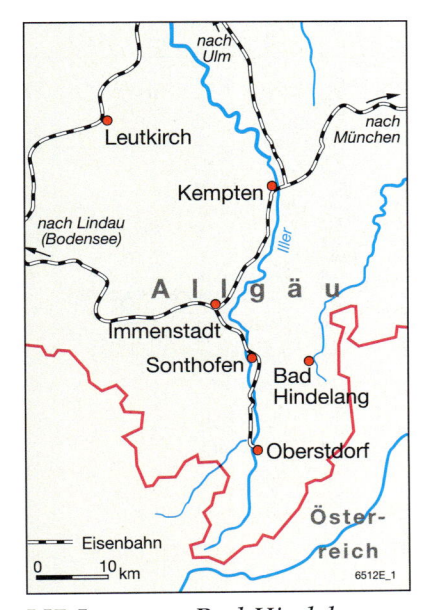

**M6** *Bad Hindelang, Ortsteil Oberjoch*

Die Fremdenverkehrsgemeinde Oberstdorf hat am Ortsrand drei Parkplätze mit 1000 Stellplätzen gebaut. Die Parkgebühr beträgt 2,60 Euro pro Tag. Elektrobusse bringen die Touristen im 15-Minuten-Takt kostenlos bis ins Ortszentrum.
In Oberstdorf selbst wurde die Anzahl der Parkplätze um 1000 verringert. Gleichzeitig wurden die Parkgebühren erhöht. Wer bis ins Zentrum fahren und dort parken will, zahlt für eine halbe Stunde einen Euro; die Höchstparkdauer beträgt zwei Stunden und kostet vier Euro.

**M7** *Lage von Bad Hindelang*

**M8** *Bus statt Pkw*

## Aufgaben

**2** Eine Familie aus Kiel will in Bad Hindelang Urlaub machen und möchte mit dem Zug fahren. Erkundige dich bei der Bahn über die Reisestrecke und Fahrtdauer (M7).

**3** Auch die Bauern von Bad Hindelang sorgen dafür, dass der Tourismus in diesem Ort eine gute Zukunft hat. Erläutere (M4).

> **Merke**
> Die Alpen sind durch den Massentourismus gefährdet. Sie müssen geschützt werden. Deshalb wird der sanfte Tourismus gefördert.

# Ferntourismus in Kenia

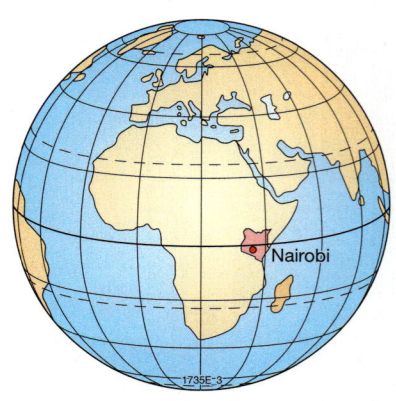

**M1** *Die Lage Kenias in Afrika*

**M2** *„Heia Safari" – unterwegs mit dem Land Cruiser*

## Aufgaben

**1** Schreibe einen kurzen Erlebnisbericht zu M2. Was könnte für die Urlauber besonders aufregend gewesen sein?

**2** Fertigt ein Plakat zum Thema „Urlaubsland Kenia" an. Besorgt euch Prospekte in einem Reisebüro. Schneidet aus den Prospekten Bilder aus, die euch am besten gefallen. Klebt die Bilder auf und schreibt kurze Texte dazu.

**3** Was würdest du an Kenia interessant finden (M2, M4)?

## Ein Traum wird wahr

Ilse und Werner Kräuter können es immer noch nicht glauben. Sie haben bei einem Preisausschreiben mitgemacht und den Hauptpreis gewonnen: eine Reise nach Kenia. „Davon haben wir bisher nur träumen können. Wir nehmen sogar an einer **Safari** teil. Tiere, die wir sonst nur im Zoo sehen, beobachten wir in der freien Natur", sagt Frau Kräuter. Sie und ihr Mann sind überglücklich.

850 000 Touristen haben im Jahr 2005 Urlaub in Kenia gemacht. Ein Sechstel der Urlauber waren Deutsche. Viele davon haben den Urlaub an der Küste von Kenia verbracht. Dort gibt es lange, weiße Sandstrände. Man kann baden, tauchen, surfen und angeln. Die Einnahmen aus dem **Ferntourismus** sind für das Land Kenia wichtig. Kenia gehört zu den ärmsten Ländern der Welt.

**M3** *Urlauber bringen Geld ins Land.*

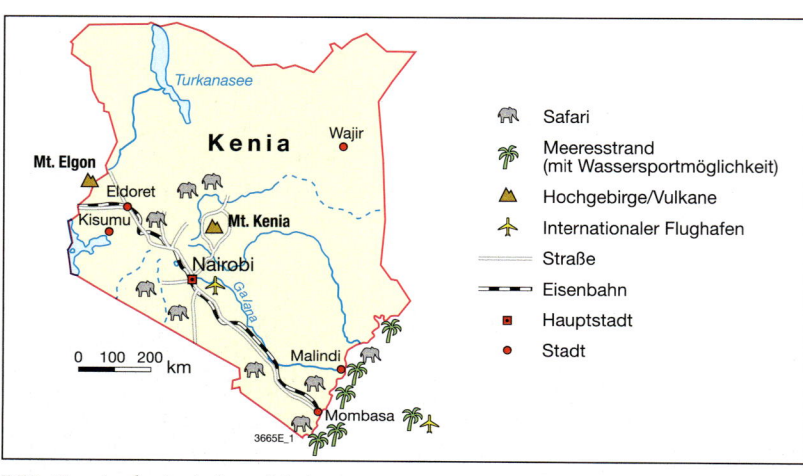

**M4** *Kenia hat viel zu bieten*

### Merke
Kenia ist ein Urlaubsland in Afrika. Das Land braucht die Einnahmen aus dem Ferntourismus.

### Grundbegriffe
- Safari
- Ferntourismus

# Urlaubsreisen – um jeden Preis?

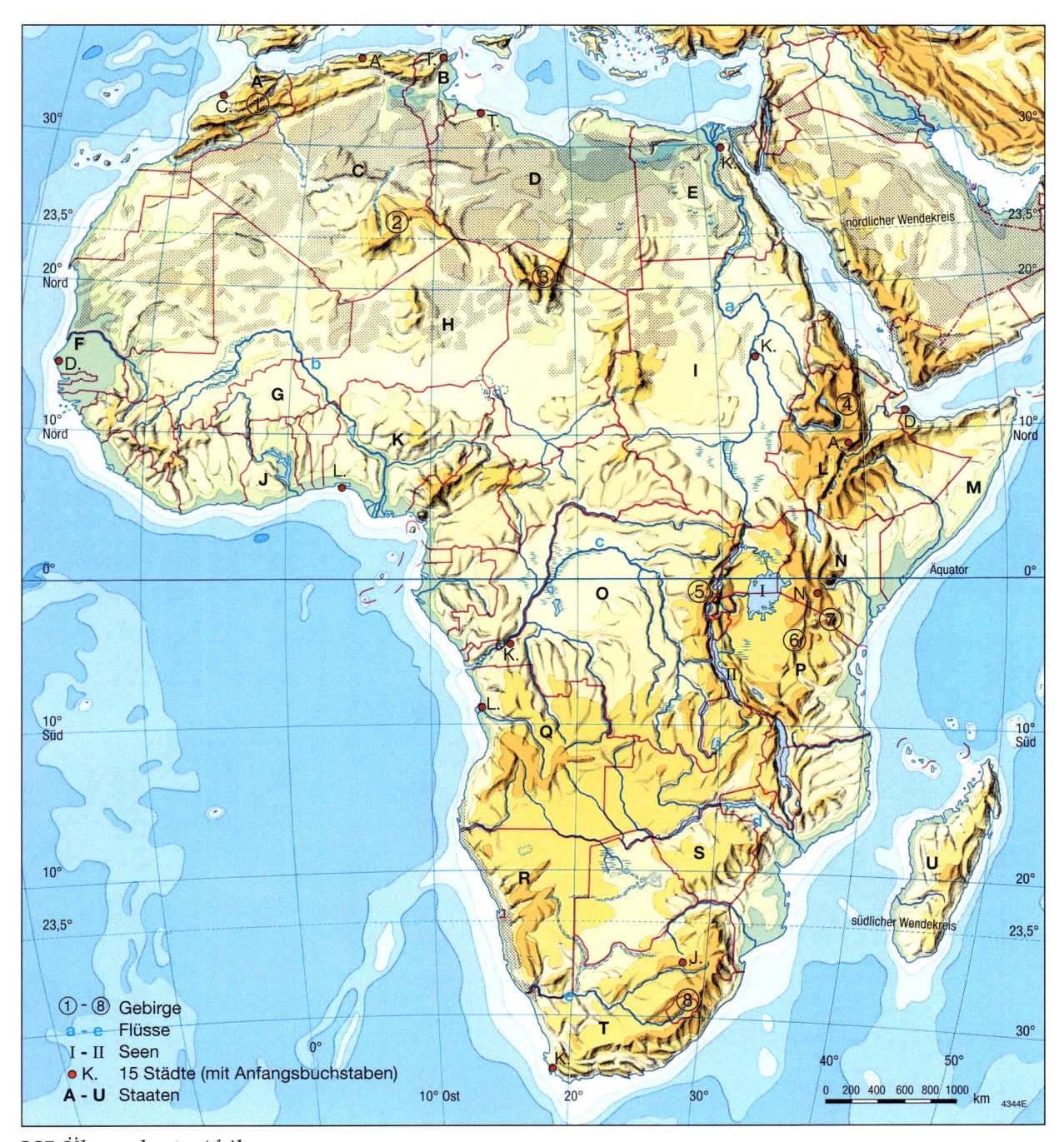

**M5** *Übungskarte Afrika*

① – ⑧ Gebirge
a – e Flüsse
I – II Seen
● K. 15 Städte (mit Anfangsbuchstaben)
A – U Staaten

**M6** *In Afrika unterwegs*

## Aufgabe

**4** Bestimme in M5 für die Zahlen und Buchstaben die richtigen Namen (Atlas, Karten: Afrika – physisch und Afrika – politische Übersicht). Erstelle dazu eine Liste.

# Tourismus weltweit

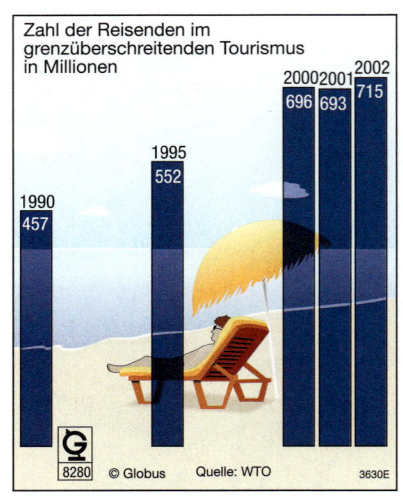

**M1** *Auslandsreiseverkehr weltweit*

## Die Deutschen – „Weltmeister im Reisen"

Die Reiselust der Deutschen ist groß. Sie machen häufiger als andere Urlaub. Zwei Drittel der Deutschen verbringen ihren Haupturlaub im Ausland. Flugreisen ans Mittelmeer oder in ferne Länder sind sehr beliebt. Zu günstigen Preisen fliegen deutsche Urlauber unter anderem in die USA, nach Kenia, Thailand oder auf eine der zahlreichen Inseln im Pazifischen Ozean.

Der Tourismus ist eine wichtige Einkommensquelle für viele Länder. Durch den Fremdenverkehr entstehen neue Arbeitsplätze: zum Beispiel in Hotels, Restaurants, Souvenirläden und auf Flughäfen. Auch andere Bereiche der Wirtschaft wie die Landwirtschaft und Fischerei, die Bauwirtschaft und das Handwerk profitieren vom Tourismus.

| Land | Einwohner in Mio. | Zahl der Touristen 2004 in Mio. | |
|---|---|---|---|
| | | in das Ausland | aus dem Ausland |
| Deutschland | 82 | 73 | 18 |
| Frankreich | 59 | 17 | 77 |
| Spanien | 41 | 5 | 50 |
| Griechenland | 11 | 2 | 13 |
| USA | 285 | 58 | 45 |

**M2** *Nicht alle verreisen so oft wie die Deutschen*

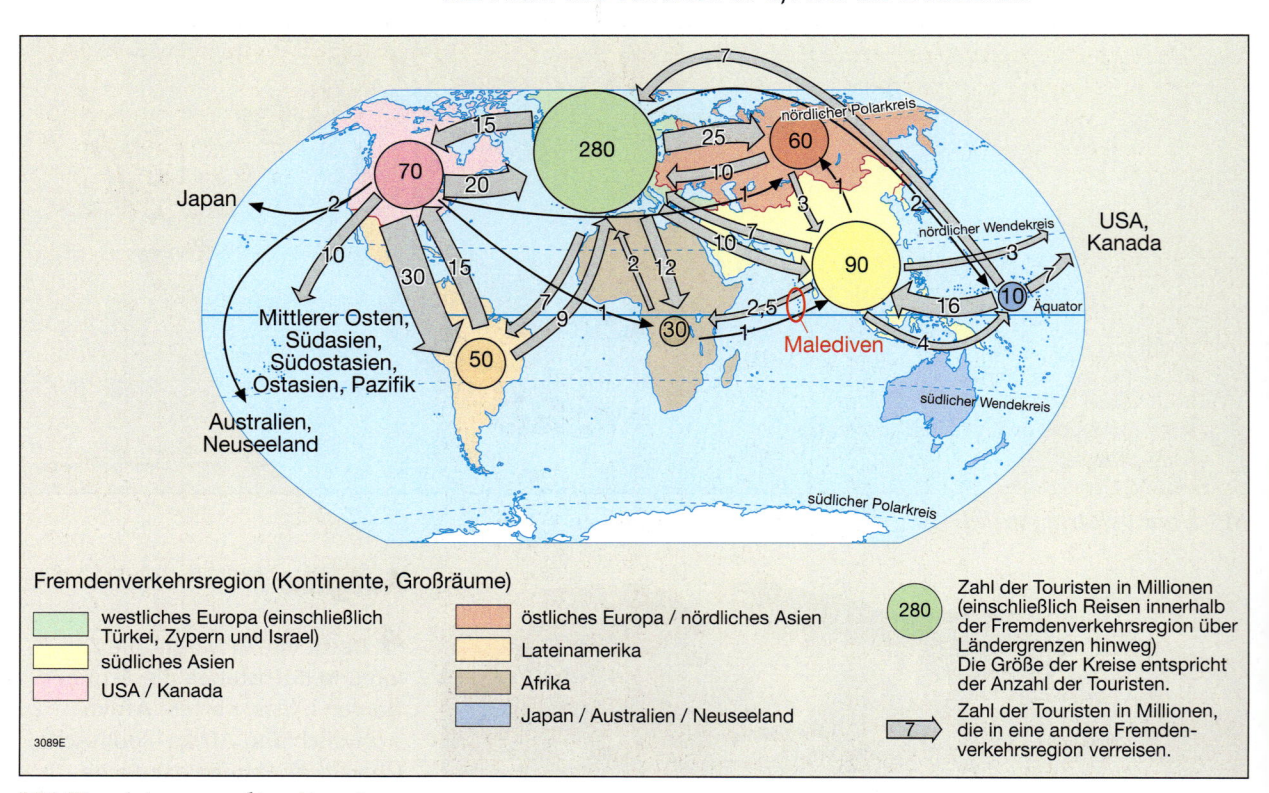

**M3** *Touristen – weltweit unterwegs*

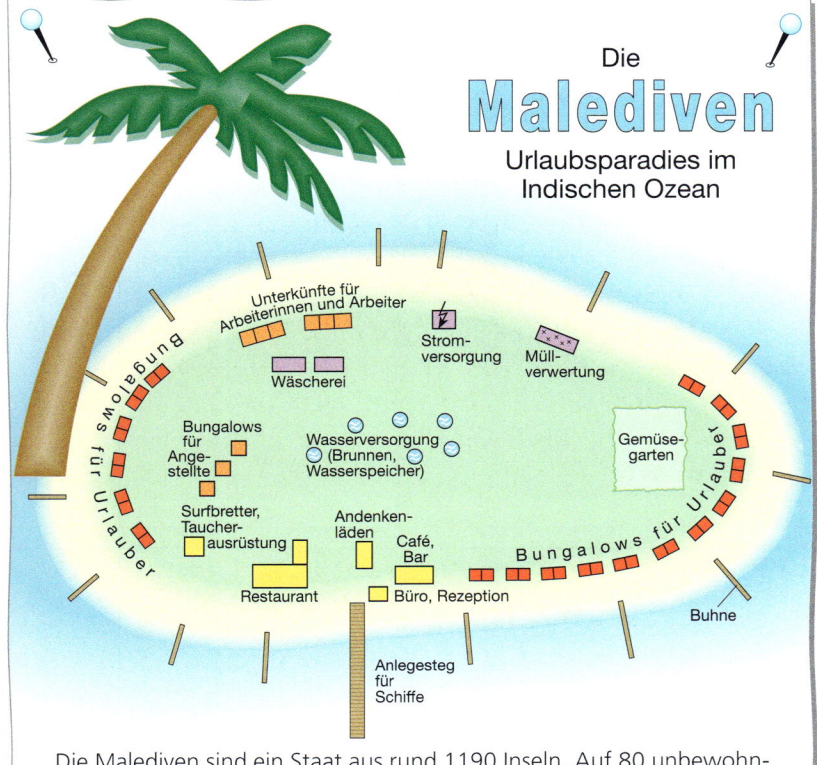

# Urlaubsreisen – um jeden Preis?

## Die Malediven
### Urlaubsparadies im Indischen Ozean

(Skizze einer Hotelinsel mit folgenden Einrichtungen: Bungalows für Urlauber, Unterkünfte für Arbeiterinnen und Arbeiter, Stromversorgung, Müllverwertung, Wäscherei, Bungalows für Angestellte, Wasserversorgung (Brunnen, Wasserspeicher), Gemüsegarten, Surfbretter/Taucherausrüstung, Andenkenläden, Café/Bar, Restaurant, Büro/Rezeption, Buhne, Anlegesteg für Schiffe)

Die Malediven sind ein Staat aus rund 1190 Inseln. Auf 80 unbewohnten Inseln wurden moderne Unterkünfte und Fremdenverkehrseinrichtungen gebaut. Hier verbringen jedes Jahr 470 000 Menschen ihren Urlaub. Die meisten sind Pauschalreisende aus Europa. Sie bleiben durchschnittlich zwei Wochen. Die Regierung der Malediven lenkt den Tourismus: Die Touristen haben kaum Kontakt zu Einheimischen. Angehörigen von einheimischen Arbeitskräften ist es verboten, die Touristen-Inseln zu besuchen.

**M4**

**M5** Kurumbau, eine der Hotelinseln auf den Malediven

| Land | Einnahmen in Mio. Euro durch den Tourismus | durch den Export |
|---|---|---|
| Bahamas | 1530 | 490 |
| Malediven | 320 | 165 |
| Samoa | 65 | 10 |
| Mauritius | 960 | 1350 |
| *Zum Vergleich:* | | |
| Spanien | 37 585 | 133 800 |
| Thailand | 11 400 | 112 800 |

**M6** Der Tourismus als Einkommensquelle ausgewählter Inselstaaten 2006

## Aufgaben

**1** Schreibe einen kurzen Bericht zum Thema „Die Welt auf Reisen" (M1, M2).

**2** Liste auf, wohin die Europäer (westliches Europa) verreisen und wer nach Westeuropa reist (M3).

**3** Durch den Tourismus sind auf den Malediven Arbeitsplätze entstanden. Nenne mögliche Berufe, in denen die Malediver tätig sind (M4, M5).

**4** Werte Tabelle M6 aus.

---

**Merke**
Weltweit verreisen jedes Jahr 700 Millionen Menschen. Die Einnahmen aus dem Tourismus sind für viele Länder, wie zum Beispiel die Malediven, wichtig. Durch den Tourismus entstehen Arbeitsplätze.

# Alles klar? Urlaubsreisen – um jeden Preis?

## 1. Höhenstufen in den Alpen

Welche Bodenbedeckung (Pflanzen) findet man in den verschiedenen Höhenstufen?

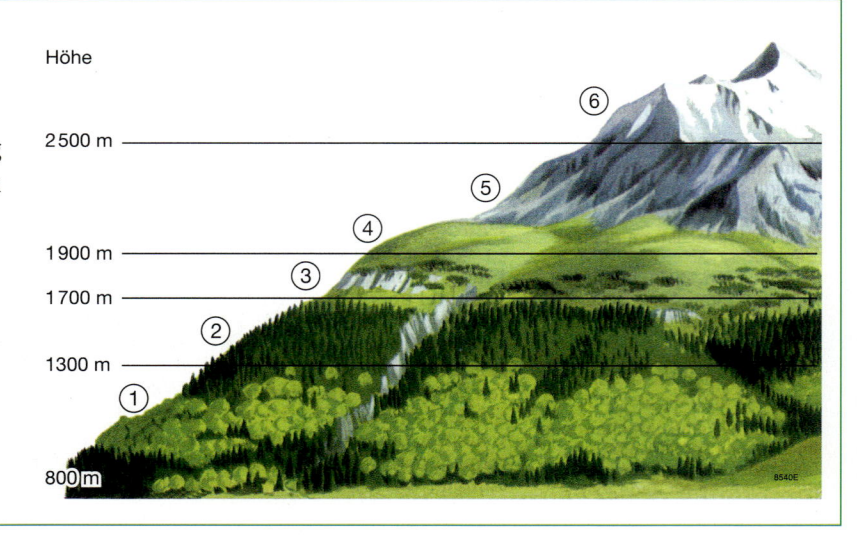

## 2. Urlaubsreisen-Rätsel

Lege Transparentpapier auf das Rätsel und löse es. (Ä = AE)

*Waagerecht:*
1. Kleintier im Wattboden
2. Teil des Meeresbodens an einer Küste, der bei Ebbe trockenfällt
3. Beliebtes Urlaubsland in Afrika
4. Hochbeiniger Wasservogel
5. Alpenblume

*Senkrecht:*
6. Urlaubsreisen in ferne Länder
7. Das regelmäßige Heben und Senken des Meeresspiegels
8. Name des Staates, der aus rund 1190 Inseln besteht,
9. Rundfahrt mit Wildbeobachtung in freier Natur
10. Europäisches Hochgebirge
11. Gezeitenmeer an der deutschen Küste

## 3. Kennst du dich aus?

a) Nenne mindestens vier Beispiele für mögliche Gefahren durch den Tourismus.
b) Notiere mindestens sechs Auswirkungen des Tourismus auf die Wirtschaft.
c) Mit welchen Maßnahmen möchten einige Urlaubsorte in den Alpen den Tourismus verändern?
d) Wie kannst du dich im Urlaub verhalten, damit die Natur nicht geschädigt wird?
e) Stelle den Nutzungskonflikt an der Küste dar.

# Das Wichtigste

### Reisen früher

Bis ins 19. Jahrhundert war Reisen beschwerlich und gefährlich. Die meisten Leute reisten zu Fuß oder mit einer Pferdekutsche. Nur reiche Leute wie Adlige oder Kaufleute konnten sich ein Pferd leisten.

### Reisen heute

Durch die Verbesserung der Verkehrsmittel werden die Reisezeiten immer kürzer. Die Zahl der Urlaubsreisenden in Deutschland hat stark zugenommen.

### Tourismus und Umwelt

An der Ost- und Nordsee, in den Alpen oder am Mittelmeer verbringen jedes Jahr Millionen Menschen ihren Urlaub. Das Reisen hat sich zum Massentourismus entwickelt. Dadurch ist die Natur stark gefährdet.

### Nordsee – Ferienparadies oder Kloake?

Viele Familien machen Urlaub an der Nordsee. An der Nordseeküste wechseln sich Ebbe und Flut im Laufe eines Tages ab. Das Wattenmeer ist eine einzigartige Tier- und Pflanzenwelt. Fremdenverkehr, Schifffahrt und Industrie gefährden diesen Lebensraum.

### Die Alpen – ein Urlaubsparadies?

Die Alpen sind das größte Gebirge Europas. Millionen Menschen machen dort Urlaub. Viele Gemeinden in den Alpen leben vom Tourismus. Zahlreiche Einheimische arbeiten in diesem Bereich. Die Alpen sind durch den Massentourismus gefährdet. Sie müssen geschützt werden. Deshalb wird der sanfte Tourismus gefördert.

### Ferntourismus in Kenia

Kenia ist ein Urlaubsland in Afrika, das besonders von Deutschen gern besucht wird. Es gibt lange, weiße Sandstrände. Das Land braucht die Einnahmen aus dem Ferntourismus. Es gehört zu den ärmsten Ländern der Erde.

### Tourismus weltweit

Weltweit verreisen jedes Jahr 700 Millionen Menschen. Die Einnahmen aus dem Tourismus sind für viele Länder, wie zum Beispiel die Malediven, wichtig. Durch den Tourismus entstehen Arbeitsplätze.

**Grundbegriffe**

- Ebbe
- Flut
- Gezeiten
- Nutzungskonflikt
- Tourismus (Fremdenverkehr)
- Safari
- Ferntourismus

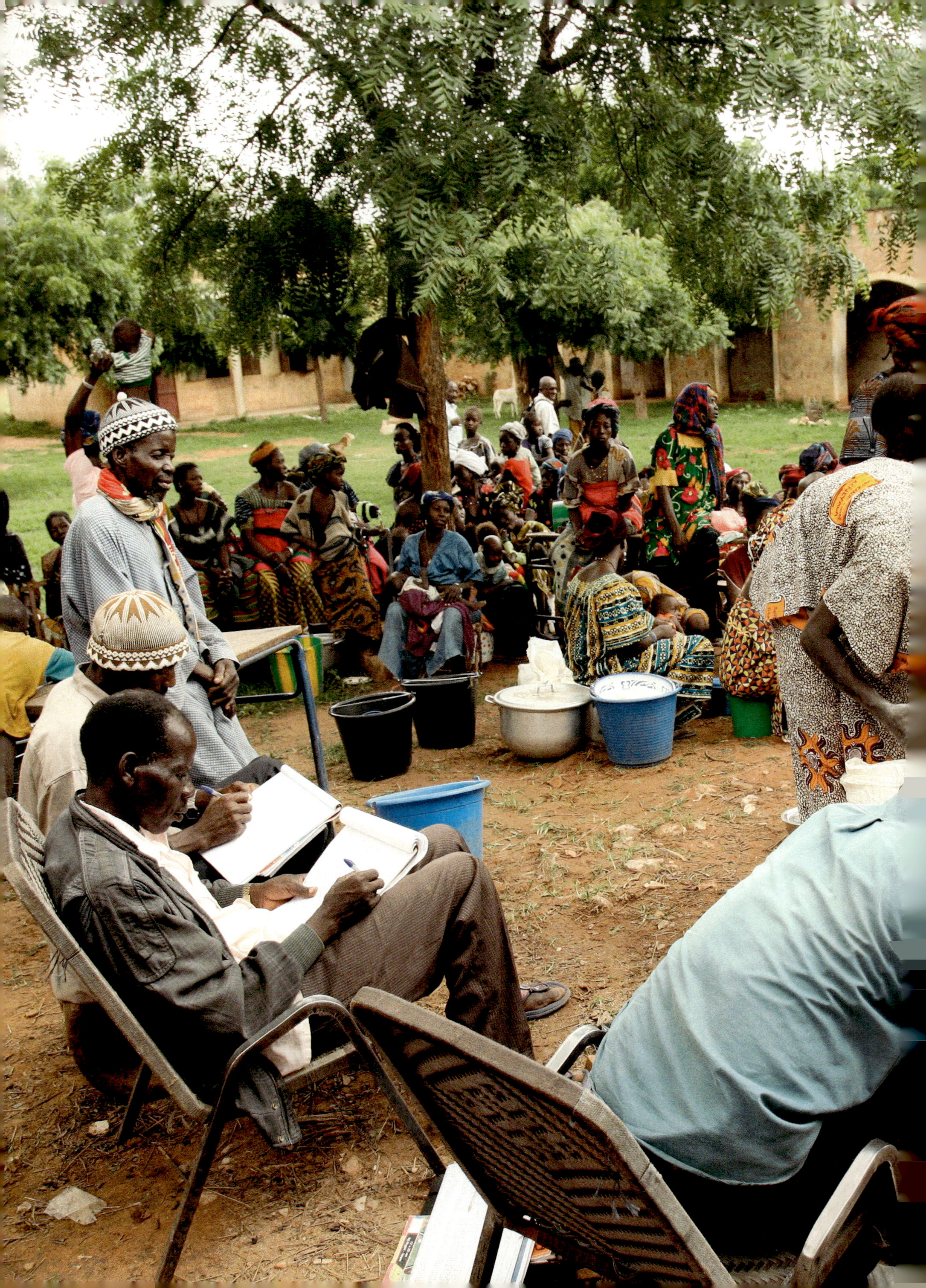

# Hunger ist kein Schicksal – Hunger wird gemacht

**Genug Nahrung – ungleich verteilt**

**Kinder müssen arbeiten**

**Leben auf dem Müll**

**Auch ihr könnt helfen**

**Aids – nicht nur in Afrika**

**Einen Bildbrief schreiben**

**Musik verbindet**

**M1** *Verteilung von Lebensmitteln in Mali 2008*

# Genug Nahrung – ungleich verteilt

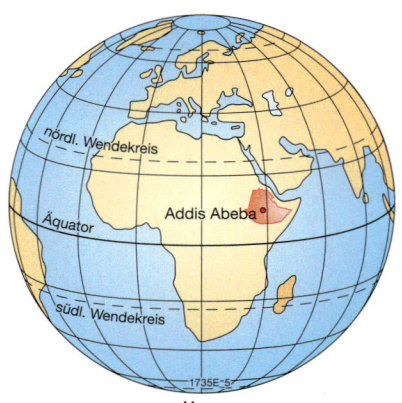

**M1** *Die Lage Äthiopiens*

## Äthiopien – ein armes Land

Äthiopien ist eines der ärmsten Länder der Erde. Über 80 Prozent der 75 Mio. Einwohner leben von der Landwirtschaft. Der größte Teil des Landes ist gebirgig. Es gibt daher kaum Möglichkeiten, neue Ackerflächen zu gewinnen. Gleichzeitig wächst die Bevölkerung sehr schnell. Berechnungen ergeben, dass sie bis 2025 auf 118 Mio anwachsen wird. Deshalb steht pro Person immer weniger Ackerland zur Verfügung. Während es 1975 noch durchschnittlich 0,4 ha landwirtschaftliche Nutzfläche pro Äthiopier gab, waren es im Jahr 2007 nur noch 0,1 ha. Die Folge ist, dass immer mehr Familien ihren Nahrungsbedarf nicht decken können. So haben die Bauern kein Geld für den Kauf von notwendigen Arbeitsgeräten oder Dünger.

Immer wieder treten Dürren auf und verursachen große Hungersnöte. Da nur wenige Straßen durch das Land führen, sind Nahrungsmittel-Lieferungen und eine ärztliche Versorgung äußerst schwierig.

## Aus einem Reisebericht

Bei unserem Besuch in einem kleinen Bergdorf Äthiopiens sehen wir eine Gruppe von acht Kindern, die vor einer Hütte sitzt. Das jüngste ist ein Mädchen; es ist etwa vier Jahre alt. Es hält eine Schüssel in seiner Hand und isst einige gekochte Stücke Yams. Dies ist seine erste Mahlzeit seit drei Tagen.

Die älteste Schwester Emma hat den Yams auf der Suche nach Nahrung in einem fast zehn Kilometer entfernten Sumpfgebiet gefunden. Seit die Eltern im vorigen Jahr gestorben sind, muss die vierzehnjährige Emma allein für ihre Geschwister sorgen.

## Aufgaben

**1** a) Lies den Reisebericht und schreibe deine Eindrücke auf.
b) Wie könnte ein Tag im Leben dieser Kinder aussehen?

**2** a) Beschreibe die Ernährungslage in Äthiopien (M2).
b) Vergleiche die Lage in Afrika mit der in Europa (M2).

**3** Lies den Text „Äthiopien – ein armes Land" und nenne zwei Gründe für den Hunger.

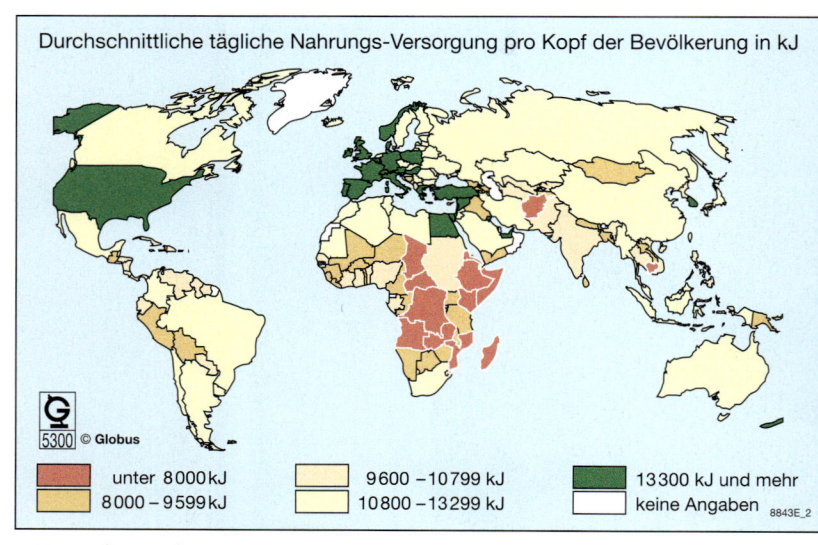

**M2** *Welternährungssituation*

## Hunger ist kein Schicksal – Hunger wird gemacht

## Quelle 1

**Folgen der Unterernährung**

Alle ein bis fünf Sekunden stirbt auf der Erde ein Mensch an den Folgen der **Unterernährung**. 24 000 bis 100 000 Menschen sind es jeden Tag, zehn bis 30 Millionen jedes Jahr. Der Hunger bleibt die Todesursache Nummer eins in der Welt: Noch immer sterben mehr Menschen an Unterernährung als an AIDS, Malaria und Tuberkulose zusammen. Der Hunger fordert auch mehr Opfer als alle Kriege. Die Zahl der Hungernden nimmt weltweit zu. Im Jahr 2006 konnten 854 Millionen Menschen ihren täglichen Energiebedarf von 10 000 kJ nicht decken.

(Nach: dpa vom 16.10.2006)

| Land | Kohlehydrate | Eiweiß | Fett |
|---|---|---|---|
| Äthiopien | 6 500 kJ | 800 kJ | 400 kJ |
| Indien | 8 500 kJ | 1 300 kJ | 300 kJ |
| Deutschland | 6 000 kJ | 5 000 kJ | 2 000 kJ |

**M3** *Zusammensetzung der Nahrung (pro Person/Tag)*

## Info

**Nahrungsbedarf**

Der Nahrungsbedarf eines Menschen ist abhängig von seiner körperlichen Tätigkeit. Sie bestimmt seinen Energieverbrauch. Im Durchschnitt braucht ein Mensch ca. 10 000 kJ (Kilojoule) am Tag. Beim Schlafen sind es in einer Stunde etwa 84 kJ, beim Stehen 185 kJ, beim Gehen (5 km/h) 790 kJ, beim Holzhacken 1200 kJ und beim Dauerlauf 2 520 kJ.
Auch die Zusammensetzung der Nahrung ist wichtig. Sie sollte etwa zu 60 Prozent aus Kohlenhydraten (z. B. Getreide, Kartoffeln) bestehen sowie zu mindestens 15 Prozent aus Eiweiß (z. B. Fleisch, Fisch, Milch, Soja) und Vitaminen (z. B. Obst).

## Quelle 2

**Übergewicht und Fettsucht**

Seit 20 Jahren steigen Übergewicht und Fettsucht in den Industriestaaten dramatisch an. Sieben bis acht Prozent der Kinder in Deutschland sind fettsüchtig. Als zu dick gelten sogar jedes fünfte Kind und jeder dritte Jugendliche.
Kinder mit großen Gewichtsproblemen leiden frühzeitig an Diabetes (Zuckerkrankheit), Fettleber oder haben Haltungsschäden.

(Nach: Frankfurter Rundschau vom 16.07.2007)

## Aufgaben

**4** Lies M3. Vergleiche die Ernährung in den drei Ländern (Info).

**5** Beurteile die Ernährungssituation in Deutschland (Quelle 2).

**6** a) Berechne deinen ungefähren Energieverbrauch an einem normalen Tag (Info).
b) Untersuche, ob die Zusammensetzung deiner Nahrung richtig ist (Info).

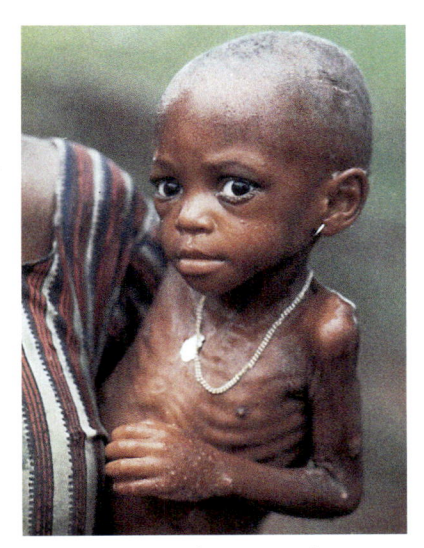

**M4** *Unterernährtes Kind*

**M5** *Überernährter Mann*

### Merke

Besonders in Afrika, aber auch in Südasien und Teilen Südamerikas haben viele Menschen nicht genug zu essen oder ihre Nahrung enthält nicht genügend Eiweiß und Vitamine. Der Hunger fordert jedes Jahr Millionen von Todesopfern.

**Grundbegriff**
• Unterernährung

# Genug Nahrung – ungleich verteilt

| | |
|---|---|
| Deutschland | 79 Jahre |
| USA | 78 Jahre |
| China | 72 Jahre |
| Brasilien | 72 Jahre |
| Indien | 63 Jahre |
| Südafrika | 47 Jahre |
| Mali | 49 Jahre |
| Äthiopien | 49 Jahre |

**M1** *Lebenserwartung in verschiedenen Ländern 2007*

**M2** *Auswirkungen von Unterernährung*

## Welt der Hungernden – Welt der Satten

Die auf der gesamten Erde erzeugten Nahrungsmittel würden ausreichen, um alle Menschen zu ernähren. Trotzdem hungert etwa eine Milliarde Menschen. Die Hauptursache für den Hunger ist die Armut. 1,3 Mrd. Menschen haben pro Tag weniger als einen US-Dollar zum Leben. Sie können sich somit kaum Nahrungsmittel kaufen und wenn, dann nur die billigsten. Obst oder gar Fleisch sind meistens zu teuer.

Aufgrund der Armut haben die Menschen oft auch keinen Zugang zu sauberem Wasser und können sich bei Krankheit keine Medikamente leisten. Statt zur Schule zu gehen, müssen die Kinder zum Lebensunterhalt beitragen.

Die Menschen in den Industriestaaten hingegen produzieren Nahrungsmittel im Überfluss. Viele nicht verkaufte Lebensmittel werden sogar als Müll vernichtet.

### Aufgaben

**1** a) Beschreibe M3. Unterscheide dabei nach Großräumen der Erde.
b) Schreibe die Namen der Staaten auf, in denen mehr als 50 % der Bevölkerung mit weniger als 1 US-$ pro Tag leben müssen.

**2** Erläutere die Auswirkungen von Unterernährung auf Kinder (M2).

**3** Erkläre den Zusammenhang von Hunger und Armut auf der Erde (M2, M3).

**4** Werte eine der beiden Karikaturen aus (M5).

**5** Beurteile das Projekt von Karl-Heinz Böhm (M4).

**6** Nimm Stellung zu den Ursachen des Hungers (M7). Welche sind deiner Meinung nach besonders wichtig und warum?

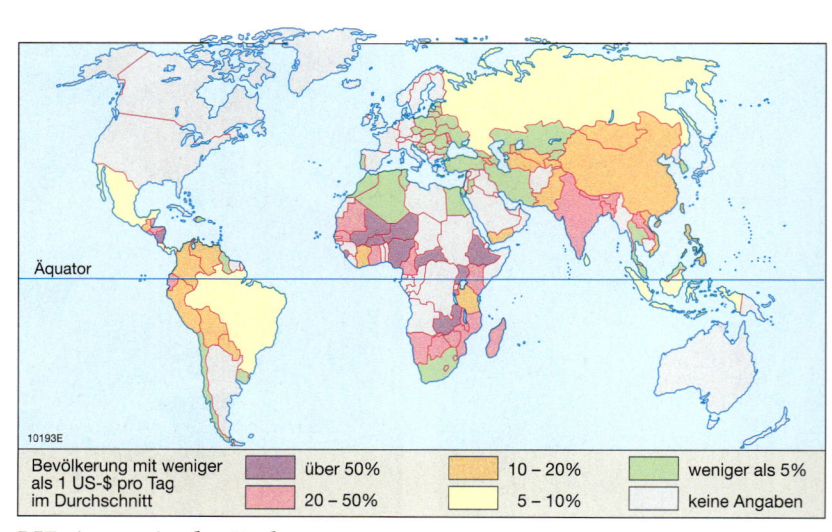

**M3** *Armut in der Welt*

## Hunger ist kein Schicksal – Hunger wird gemacht

**Einsatz für andere**

1981 gründete der Schauspieler Karl-Heinz Böhm die Organisation „Menschen für Menschen", um der Bevölkerung in Äthiopien zu helfen. Er selbst lebt jedes Jahr für einige Monate im Land und organisiert Hilfsprojekte. Im übrigen Teil des Jahres reist er durch Europa, hält in vielen Ländern Vorträge und sammelt dabei Geld für seine Organisation. Davon lässt er in Äthiopien unter anderem Brunnen bauen sowie Kindergärten, Jugendheime und Krankenhäuser errichten. Weiterhin werden Hilfskräfte ausgebildet, die seine Arbeit in Äthiopien unterstützen und sie später einmal selbst weiterführen.

**M4** *Karl-Heinz Böhm engagiert sich für Äthiopien*

**M5** *Zwei Karikaturen zum Thema „Hunger"*

Bob Geldof organisierte im Sommer 2005 fünf Rockkonzerte mit 100 Gruppen. Stars wie Robbie Williams und U2 spendeten ihre Gage für Afrika. Zwei Milliarden Menschen sahen diese Konzerte im Fernsehen. 2007 war Bob Geldof für einen Tag in der Redaktion der Bildzeitung, um auf die schwierige Situation in Afrika aufmerksam zu machen.

**M6** *Bob Geldofs Engagement für Afrika*

> **Merke**
> Auf der Erde werden insgesamt genügend Nahrungsmittel erzeugt, um alle Menschen zu ernähren. Trotzdem hungern weltweit etwa eine Milliarde Menschen. Hauptursache für den Hunger ist die Armut.

**M7** *Einige Ursachen des Hungers*

Ursachen: ungünstiger Naturraum (Wüste, Regenwald, Gebirge); Überbevölkerung; Kriege, Bürgerkriege; mangelndes „Know-how" beim Anbau; wenig technische Hilfsmittel; ungleiche Verteilung von Grund und Boden; Wassermangel; geringes Einkommen, Armut; Anbau von Pflanzen für den Verkauf ins Ausland → Hunger in den Entwicklungsländern

# Kinder müssen arbeiten

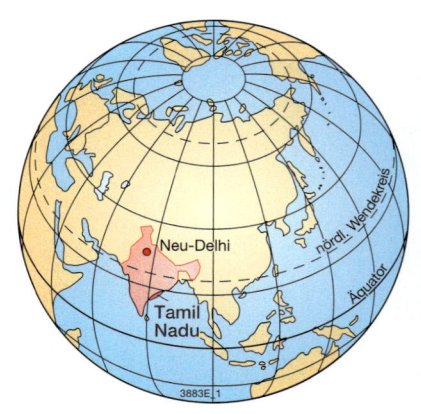

**Wk Rel**

**M1** *Die Lage des indischen Bundesstaates Tamil Nadu*

## Aufgaben

**1** Arbeitet wie Kinder in Indien (M2) und beschreibt danach eure Eindrücke.

**2** Beurteile die Arbeit von Pandisvari (M3 und Quelle).

**3** Schreibe einen Text, wie das zukünftige Leben von Pandisvari verlaufen könnte.

**4** Wie lange müsste Pandisvari arbeiten, um die 50 000 Rupien für ihre Hochzeit selbst zu verdienen? Berechne (Quelle).

---

Räumt die Tische der Klasse an die Wände. Stellt die Stühle mitten in den Raum in zwei Reihen – so, dass sich die Lehnen berühren. Die Sitzflächen sind eure Arbeitsflächen. Ihr sitzt auf der Erde. Nehmt nun ein loses Rechenblatt und zwei Buntstifte mit unterschiedlicher Farbe. Zeichnet damit genau auf die Linienkreuze einen Punkt, immer abwechselnd in der Farbe. Zeichnet saubere Reihen! Redeverbot! Arbeitet so 15 Minuten.

**M2** *Arbeiten wie Kinder in Indien*

**M3** *Pandisvari bei der Arbeit*

## Quelle

**Pandisvari – ein „Streichholzkind" in Indien**

Pandisvari lebt im indischen Bundesstaat Tamil Nadu. Sie hat die Hände eines Roboters. Blitzschnell tauchen die schmalen Finger in den großen Haufen kleiner Hölzer, greifen eine Handvoll Stäbchen heraus, ziemlich genau 52 Stück, und verteilen sie mit perfekt abgezirkeltem Schwung in kaum fünf Sekunden auf die 52 Rillen einer Latte, und dies so lange bis 52 Latten für einen Holzrahmen gefüllt sind. Dann beginnt alles von vorne. Jeder Handgriff sitzt. Die Elfjährige arbeitet schnell, still und ohne erkennbare Anstrengung, fast wie eine Maschine – von sechs Uhr morgens bis sechs Uhr abends, sechs Tage in der Woche.

Etwa 20 Mädchen kauern in dem halbdunklen Raum vor ihren Streichholzrahmen, die Jüngste ist neun, die Älteste 14 Jahre alt. Durch die Reihen geht der Besitzer dieser Fabrik. In der Hand hält er einen Stock, den er regelmäßig benutzt. Die Schläge sind aber nicht das Schlimmste für Pandisvari. Das Schlimmste ist die „Giftküche" in einer Ecke des Raumes. Hier wird Schwefel erhitzt, aus dem die Hölzer ihre rote Kuppe bekommen. Ein etwa vierzehnjähriger Junge taucht die fertigen Rahmen mit den Spitzen der Hölzchen nach unten in den Schwefel-Bottich. Anschließend löscht er sie kurz in einem Wasserbad ab. Jedes Mal zischt es und ätzende Dämpfe ziehen durch den Raum. Sie brennen in den Augen und reizen die Lungen. Immer wieder muss Pandisvari husten, und das geht allen Kindern so. Pandisvari arbeitet im Akkord. Am Tag verdient sie fünfzehn Rupien, das sind ungefähr 50 Cent.

(Nach Frank Hermann: Bei den Streichholzkindern in Indien. In: Bal-Samsara 1/95 DWH Bonn)

## Hunger ist kein Schicksal – Hunger wird gemacht

## Ursachen und Folgen der Kinderarbeit

Indische Eltern sind oftmals froh über jede Rupie, die ihre Kinder nach Hause bringen. Viele von ihnen haben Schulden, weil sie bei nur geringen Einkünften hohe Geldausgaben haben. So mussten Pandisvaris Eltern zur Hochzeit der älteren Tochter 50 000 Rupien ausgeben. Das meiste Geld haben sie sich von einem Geldverleiher besorgt, der aber 60 Prozent Zinsen verlangt. Ohne die Mithilfe von Pandisvari könnten sie diese Schulden nie abbezahlen. Dafür nehmen es die Eltern in Kauf, dass ihre Tochter wahrscheinlich nicht älter als 40 oder 45 Jahre wird – das ist die durchschnittliche Lebenserwartung der Streichholzkinder. Sie können im Qualm der Fabrik an Tuberkulose oder Krebs erkranken, ihre Körper können krumm werden, weil sie den ganzen Tag im Schneidersitz auf dem Steinfußboden hocken. Vor allem können sie nicht oder nur unregelmäßig zur Schule gehen und erhalten keine vernünftige Schulbildung.

In Indien ist **Kinderarbeit** weit verbreitet. Ganze Industrien haben sich auf Kinderarbeit eingestellt, wie auch die kleine Fabrik von Herrn Murgan. Er sagt: „Ich beschäftige die Mädchen nur, weil mich die Eltern darum bitten. Eigentlich ist Kinderarbeit verboten, das weiß ich. Aber was soll ich machen?"

### Info

**„Match Belt" („Streichholz-Gürtel")**
Im indischen Bundesstaat Tamil Nadu werden 80 Prozent aller indischen Zündhölzer hergestellt. Für Landwirtschaft im größeren Stil ist es hier zu trocken. Die Streichholzfabriken haben der ganzen Gegend ihren Namen gegeben: Match Belt. In den 600 größeren und 6000 kleinen Fabriken arbeiten schätzungsweise 80 000 Kinder; die meisten von ihnen sind Mädchen. Die Schachteln tragen bunte Etiketten mit vielversprechenden Namen. „Flower" heißt zum Beipiel das Produkt von Herrn Murgan. Es enthält den Zusatz, dass der Kunde damit „De-Luxe-Zündhölzer" kauft.

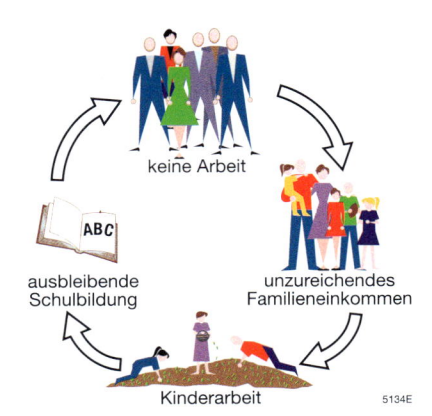

**M5** *Armut und Kinderarbeit*

### Aufgaben

**5** Beurteile Herrn Murgans Behauptung zur Kinderarbeit (Text).

**6** Stelle den Zusammenhang zwischen Armut und Kinderarbeit dar (M5).

**7** Bewerte die Vorschriften von RUGMARK im Hinblick auf eine sinnvolle Maßnahme gegen Kinderarbeit (M4).

Das RUGMARK-Warenzeichen (engl. rug: Teppich) wird an Teppichknüpf-Betriebe in Indien und anderen Ländern vergeben, die auf die Beschäftigung von Kindern unter 14 Jahren verzichten. Außerdem müssen sich die Unternehmer verpflichten, den gesetzlich vorgeschriebenen Mindestlohn zu zahlen. Weiterhin müssen sie zwei Prozent des eingenommenen Geldes aus dem Teppichverkauf für die Bezahlung von Lehrerinnen und Lehrern sowie den Bau von Schulen und Kindergärten abgeben.

**M4** *RUGMARK-Teppiche sind ohne Kinderarbeit hergestellt.*

### Merke
Weltweit arbeiten über 200 Millionen Kinder bis zu zwölf Stunden am Tag. Die Arbeit ist oft zu schwer für die Kinder. Manche arbeiten schon ab einem Alter von fünf Jahren. Sie gehen kaum oder gar nicht zur Schule.

### Grundbegriff
- Kinderarbeit

# Leben auf dem Müll

**M1** *Die Lage der Philippinen*

## Arbeiten im informellen Sektor

Viele Menschen auf den Philippinen und in anderen armen Ländern arbeiten ohne Arbeitsvertrag auf ihr eigenes Risiko. Sie sind nicht gemeldet, zahlen keine Steuern und auch keine Sozialabgaben. Diesen Bereich der Wirtschaft nennt man den **informellen Sektor** (informell = ohne Auftrag, Sektor = Bereich"). Dazu zählen unter anderem Müllsammler, Zeitungs- oder Zigarettenverkäufer, Schuhputzer, Autowäscher, Lastenträger, Taxifahrer, Hausdienerinnen und Fremdenführer, aber auch Drogenhändler und Prostituierte. Die im informellen Sektor arbeitenden Menschen verrichten Gelegenheitsarbeiten. Wenn es keine Arbeit gibt, sind sie längere Zeit ohne Einkommen.

Da sehr viele Menschen nach einer festen Anstellung suchen, ist die Konkurrenz groß und die Löhne sind niedrig. Selbst wenn ein Familienmitglied eine Anstellung hat, müssen die anderen irgendwo dazuverdienen, so auch die Kinder.

Stadtverwaltungen und Regierungen verbieten Arbeiten im informellen Sektor nicht. Viele Menschen hätten sonst überhaupt keine Möglichkeit zum Überleben, da sie kaum lesen und schreiben können und auch keinen Beruf erlernt haben. Man nimmt an, dass fast die Hälfte aller Tätigkeiten in den Großstädten armer Länder im informellen Sektor ausgeübt wird. Auch in Deutschland nehmen die Arbeiten in diesem Sektor zu.

## Aufgaben

**1** Analysiere, warum die Menschen im informellen Sektor arbeiten.

**2** Die Regierung könnte die Arbeiten im informellen Sektor verbieten. Zähle die Vor- und Nachteile eines solchen Verbotes auf.

**3** Nenne einige Beispiele für Tätigkeiten im informellen Sektor in Deutschland.

**4** M2 zeigt den „Arbeitsplatz Müllkippe". Beschreibe die Arbeit und erörtere mögliche Gefahren und Schwierigkeiten für die Müllsammler.

**5** Für Manuel haben die Gummistiefel eine besondere Bedeutung (M3). Erkläre.

**6** Suche drei der Hilfsorganisationen im Internet und schreibe Steckbriefe über sie (M4).

**M2** *Arbeitsplatz Müllkippe*

## Hunger ist kein Schicksal – Hunger wird gemacht

**Manuel berichtet von seiner Arbeit:**
„Hallo, mein Name ist Manuel. Ich lebe in Manila, der Hauptstadt der Philippinen. Ich bin gerade auf dem Weg zu meiner Arbeit auf der Müllkippe. Warum ich einen leeren Sack bei mir habe? Ich hoffe, dass ich ihn heute mindestens einmal voll bekomme. Gestern habe ich nur ein paar Stoffreste gefunden, obwohl ich fast den ganzen Tag gesucht habe. Aber in der Regenzeit ist es sowieso nicht so günstig. Ohne meine Gummistiefel wäre ich ganz schlecht dran. Die habe ich übrigens vor gar nicht langer Zeit auch im Müll gefunden. War das ein Glück! Viele meiner Freunde beneiden mich darum. Die Stiefel sind zwar etwas zu groß und auch nicht ganz wasserdicht, aber sie schützen meine Füße. Durch sie habe ich einen großen Vorteil: Ich brauche nicht so vorsichtig zu sein und kann schneller von einer zur anderen Stelle laufen. Das ist wichtig, denn wenn ich als Erster bei den Müllwagen bin, kann ich mir die besten Stücke aussuchen.
Ich bin nämlich nicht alleine dort. Bestimmt 300 bis 400 andere Menschen suchen hier auch. Aber so viele gute Stücke finde ich meistens nicht und muss froh sein, überhaupt Blechdosen, Plastikflaschen, Pappe, Holz und auch alte Kleidung oder Stoff zu ergattern. Das bringe ich zu den Sammelstellen der Händler nebenan und bekomme Geld dafür.
Aber nun muss ich los, sonst bin ich zu spät dran. Adyos."
(Nach Manfred Marquardt. In: Kinder Kinder, Nr. 13, 4. Aufl. 2005, S. 13)

*Manuel, 11 Jahre*

**M3** *Müll sammeln und verkaufen – eine Arbeit im informellen Sektor*

**M4** *Hilfsorganisationen (Auswahl) mit Internet-Adressen*

---

**Merke**
In den armen Ländern, wie den Philippinen, arbeiten sehr viele Menschen im informellen Sektor. Weltweit sind mehr als 500 Millionen Menschen in diesem Bereich tätig.

**Grundbegriff**
- informeller Sektor

# Projekt

## Auch ihr könnt helfen

**M1** *Lage von Gambia*

### Entwicklungszusammenarbeit – auch in der Schule

Die Klasse 8a der Gesamtschule in Bad Lippspringe wollte ein Hilfsprojekt starten: Sie wollte Geld sammeln, um dies den Menschen in einem anderen Teil der Erde, denen es nicht so gut geht wie uns, zu spenden. Im Klassenrat wurde das Thema diskutiert. Hier wurden zwei Fragen geklärt:
Wie beschaffen wir das Geld? Welches Projekt unterstützen wir? Sabine machte den Vorschlag, die Äpfel an den Bäumen entlang der Heimatstraße zu pflücken, daraus Apfelsaft herstellen zu lassen und diesen zu verkaufen. Die Idee fand große Zustimmung.

Die zweite Frage war schon schwieriger zu klären. Da hatte der Klassenlehrer eine Idee. Er schlug vor, das Geld Jens Weitzenbürger zu spenden. Dieser stammt aus Bad Lippspringe, lebt aber seit 1999 in Gambia. Im Rahmen der **Entwicklungszusammenarbeit** bemüht er sich, die Bevölkerung in seiner Umgebung mit einfachen Techniken im Umgang mit Solarstrom vertraut zu machen und ihnen den selbstständigen Umgang damit zu zeigen. Jens Weitzenbürger kann jede Spende gut gebrauchen. Außerdem ist gewährleistet, dass das Geld gut angelegt ist. Der Klassenrat informierte sich im Internet über das Projekt, sorgfältig wurden die Argumente ausgetauscht und schließlich entschied sich die Klasse dafür, das Geld Jens Weitzenbürger zur Verfügung zu stellen.

## Info

**Entwicklungszusammenarbeit**

Hilfen, die von den reichen Ländern der Erde in die armen Länder gehen, werden Entwicklungszusammenarbeit genannt. Darunter versteht man alle Maßnahmen zur Unterstützung des wirtschaftlichen Wachstums und der sozialen Entwicklung in den armen Ländern der Erde.
Früher sprach man auch von Entwicklungshilfe. Der Begriff Entwicklungszusammenarbeit soll dagegen verdeutlichen, dass eine nachhaltige Entwicklung nur durch gemeinsame Anstrengungen erfolgen kann.
Entscheidend für den Erfolg der Entwicklungszusammenarbeit ist, ob hierdurch:

a) die Lebensbedingungen der Menschen in den anderen Ländern verbessert werden und
b) die Menschen in der Lage sind, einmal begonnene Projekte selbstständig weiterzuführen und ähnliche Projekte selbst durchzuführen.

## Quelle

**Jens Weitzenbürgers Projekt**

*Paderborn, 01. September 2006:* Der Verein „Solar Technology Group" in Gambia will die Versorgung der Bevölkerung insbesondere in kleinen Dörfern sicherstellen und setzt dabei auf Solarenergie. Vereinsgründer ist der Paderborner Jens Weitzenbürger, der vor sechs Jahren nach Gambia ausgewandert ist und sich für den Einsatz von Solarenergie in Gambia stark macht. Vor zwei Jahren entwickelte Weitzenbürger einen Solarkocher auf Basis einer Satellitenschüssel, der zum Kochen genutzt wird.
„Mit solchen einfachen, schnell einsetzbaren Hilfsmitteln ist den Menschen am meisten geholfen – schließlich soll auch jeder Elektriker vor Ort die Geräte bedienen können", so Weitzenbürger. Weiterhin ist es dem gelernten Heizungsbauer wichtig, dass die Menschen auf dem Gebiet Fotovoltaik ausgebildet werden.

(Nach: www.biohaus.de → news)

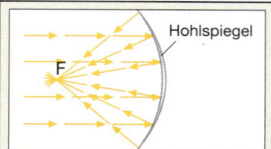

Treffen starke Sonnenstrahlen auf einen Hohlspiegel wie eine Satellitenschüssel, werden die Strahlen so reflektiert, dass sie sich in einem Brennpunkt bündeln. Dieser wird mit „F" (von lat. Focus) bezeichnet.
In diesem Punkt kann sich ein Gegenstand entzünden. Daher der Name Brennpunkt.

**M2** *Der Strahlengang beim Hohlspiegel kann für Kocher genutzt werden.*

# Projekt

**Hunger ist kein Schicksal – Hunger wird gemacht**

## Äpfel für Gambia gepflückt
*Über 500 Kilogramm zu Apfelsaft verarbeitet*

**Bad Lippspringe.** Der Apfel fällt bekanntlich nicht weit vom Stamm. Die Bestätigung dieses Sprichworts lieferten nun die Schüler der Klasse 8a der Gesamtschule Bad Lippspringe – und das auch noch für einen gemeinnützigen Zweck.

Die Schüler hatten sich zusammen mit ihrem Klassenlehrer entschlossen, die reichlich behangenen Apfelbäume entlang der Heimatstraße in Bad Lippspringe abzupflücken und das leckere Obst dann zu gesundem Apfelsaft weiterverarbeiten zu lassen.

Dazu kletterten immer zwei bis drei Schüler in die Bäume und schüttelten die Äste, bis die Äpfel unweit des Stamms zu Boden fielen. „So geht es schneller", meinte der Klassen- und Schülersprecher mit einem Augenzwinkern.

„Wir werden sicherlich über 500 Kilogramm an Äpfeln pflücken können. Pro 100 Kilo bekommt wir 13 Flaschen Apfelsaft. Dieser wird dann in der Schule an die Schüler und Lehrer verkauft", erklärte der Klassenlehrer und dankte dabei dem Vertreter der Stadt Bad Lippspringe, der diese Aktion erlaubt hatte.

Der durch den Verkauf erzielte Erlös von 250 € wird zur einen Hälfte in die Klassenkasse und zum anderen an Jens Weitzenbürger gehen, der seit einigen Jahren im afrikanischen Gambia lebt und dort Entwicklungsarbeit in Sachen Solarenergie leistet. Es war eine gelungene Spendenaktion.

(Nach: Neue Westfälische Nachrichten vom 12.09.06)

**M3** *Zeitungsartikel*

**M4** *Herstellung von Solaröfen in Gambia*

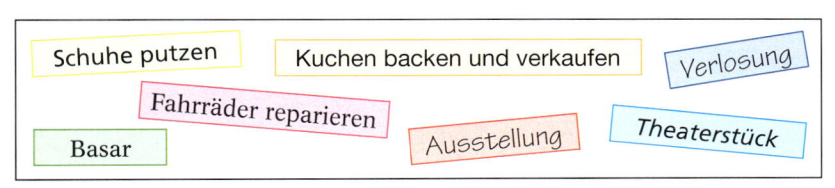

Schuhe putzen   Kuchen backen und verkaufen   Verlosung
Fahrräder reparieren   Ausstellung   Theaterstück
Basar

**M5** *Plant selbst Aktionen, um ein Hilfsprojekt zu unterstützen! Ideen dazu gibt es viele.*

## Aufgaben

**1** Erkläre den Begriff Entwicklungszusammenarbeit an einem Beispiel.

**2** Startet selbst eine Aktion, um Menschen in einem anderen Teil der Erde zu helfen.

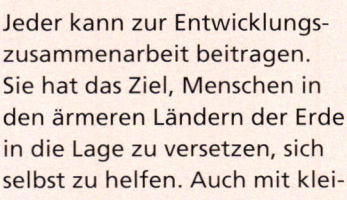

### Merke
Jeder kann zur Entwicklungszusammenarbeit beitragen. Sie hat das Ziel, Menschen in den ärmeren Ländern der Erde in die Lage zu versetzen, sich selbst zu helfen. Auch mit kleinen Spenden kann ein sinnvoller Beitrag geleistet werden.

### Grundbegriff
- Entwicklungszusammenarbeit

# Aids – nicht nur in Afrika

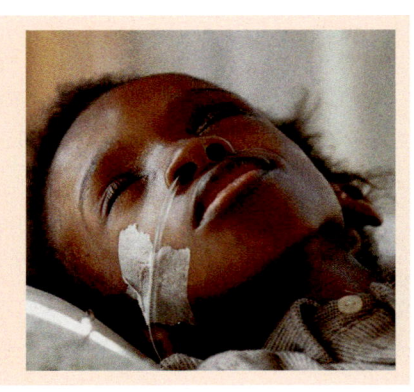

**M1** *Der an Aids erkrankte Nkosi Johnson 2000 und 2001*

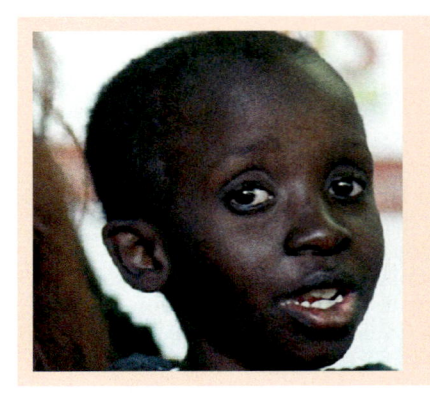

Nkosi Johnson lebte in Südafrika. Er starb am 1. Juni 2001 im Alter von zwölf Jahren an den Folgen von Aids. Nkosi wurde vor seiner Geburt durch die an Aids erkrankte Mutter mit dem Virus infiziert. Im Alter von zwei Jahren kam Nkosi in ein Heim für HIV-infizierte Kinder, weil er und seine Mutter wegen der Krankheit von der Familie verstoßen wurden.

## Aufgaben

**1** Berichte, wie es zur Ausbreitung von Aids in Afrika kommt und über mögliche Schicksale infizierter Menschen (M1).

**2** Beschreibe die weltweite Ausbreitung der Aids-Epidemie (M2).

## Aids breitet sich aus

Die Bevölkerungsentwicklung in Afrika wird sehr stark beeinflusst durch **Aids**. Weltweit waren Anfang 2007 etwa 33 Mio. Menschen infiziert. Etwa 70 Prozent davon leben in Afrika südlich der Sahara. Viele Babys werden dort noch nicht einmal fünf Jahre alt, weil sie sich vor der Geburt bei ihrer Mutter angesteckt haben. Jede vierte Frau im Alter zwischen 20 und 29 Jahren trägt das tödliche Virus in sich. Im Jahre 2007 starben weltweit etwa zwei Millionen Menschen an Aids.

## Info

### Aids
Aids ist die Abkürzung für **a**cquired **i**mmune **d**eficiency **s**yndrome. Es wird durch den HI-Virus (engl. „human immunedefiency virus") ausgelöst. Das Virus zerstört Zellen des Immunsystems. Dadurch können sich Infektionen ungehindert im Organismus des Erkrankten ausbreiten. Anzeichen für die Krankheit sind Gewichtsverlust, Fieber und schwer verlaufende Infektionen.
Menschen, die sich infiziert haben, sind HIV-positiv. Erst wenn die genannten Krankheitssymptome auftreten, spricht man von Aids. Aids-Viren werden zum Beispiel durch ungeschützten Geschlechtsverkehr übertragen. Neugeborene können die Krankheit durch ihre infizierte Mutter erhalten.

## Quelle

### Von Aids betroffene Personengruppen
In Afrika ist Aids vor allem eine Krankheit der jungen Menschen. Viele junge Frauen sind infiziert und dadurch auch ihre Kinder. Heute liegt die Lebenserwartung im südlichen Afrika bei durchschnittlich 45 Jahren, das entspricht dem Stand Deutschlands von 1900. Nicht nur die Armen sterben an Aids. Ein großer Teil der jungen Elite, der gut ausgebildeten jungen Leute, der Hoffnungsträger für die Entwicklung der Länder, stirbt.
(Nach: MAP [Monitoring the AIDS Pandemic Network]. Washington 2000)

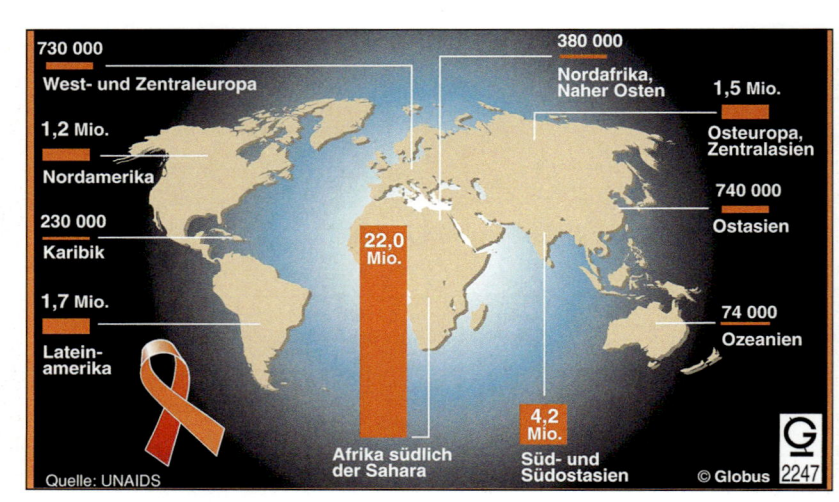

**M2** *HIV-Infizierte nach Regionen (2007)*

- West- und Zentraleuropa: 730 000
- Nordafrika, Naher Osten: 380 000
- Osteuropa, Zentralasien: 1,5 Mio.
- Nordamerika: 1,2 Mio.
- Ostasien: 740 000
- Karibik: 230 000
- Lateinamerika: 1,7 Mio.
- Afrika südlich der Sahara: 22,0 Mio.
- Süd- und Südostasien: 4,2 Mio.
- Ozeanien: 74 000

Quelle: UNAIDS

## Hunger ist kein Schicksal – Hunger wird gemacht

### Warum gerade Afrika?

Im südlichen Afrika leben viele junge Menschen, von denen zahlreiche weder lesen noch schreiben können. Ihnen fehlt das Wissen über Sexualität, Aids und Verhütungsmethoden. Oft wird das Problem verharmlost oder verdrängt. Es fehlen HIV-Tests, die Gewissheit schaffen, ob sich jemand angesteckt hat oder nicht. Die Frauen sind von den Männern abhängig. Sie können ihr Sexualleben nicht selbst bestimmen. Viele Männer müssen in weit entfernten Städten arbeiten. Dort infizieren sie sich bei den wechselnden Sexualpartnerinnen, da sie sich selten mit Kondomen schützen. Sie tragen die Krankheit dann in ihre Familien.

### Aufgaben

**3** Nenne Übertragungswege des HI-Virus (Info, Text).

**4** Erläutere, welche Personengruppen von Aids besonders betroffen sind.

**5** Übersetze und erkläre M4.

**6** Berichte über die Aufklärungsarbeit im Kampf gegen Aids (M3–M5). Nenne Gründe, warum der Erfolg so gering ist.

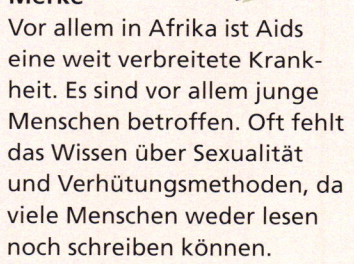

**M3** *Aufklärungsunterricht in Südafrika*

> **Merke**
> Vor allem in Afrika ist Aids eine weit verbreitete Krankheit. Es sind vor allem junge Menschen betroffen. Oft fehlt das Wissen über Sexualität und Verhütungsmethoden, da viele Menschen weder lesen noch schreiben können.
>
> **Grundbegriff**
> • Aids

**M4** *Aids-Aufklärung in Tansania – Plakat*

**M5** *So funktioniert ein Kondom*

# Gewusst wie

## Einen Bildbrief schreiben

**Wk K**

### Ein Brief nach Ruanda

*Eine Schülerin der Klasse 8c berichtet:*

„An unserer Schule gibt es eine Schulpartnerschaft mit Gakanka. Das ist ein Dorf in der Nähe von Kigali, der Hauptstadt von Ruanda. Von unserer Lehrerin haben wir zwar viel über die Schule und das Land Ruanda gehört, aber über die Schülerinnen und Schüler wussten wir nichts Genaues. Wir wollten erfahren, wie sie in Afrika leben. Umgekehrt wollten wir den Kindern in Afrika mitteilen, wie wir hier leben.

Nun sprechen unsere Partnerschulkinder Französisch, wir dagegen Deutsch. Also haben wir überlegt, wie wir uns trotz der verschiedenen Sprachen verständigen können. Und da ist uns eine wirklich gute Möglichkeit eingefallen. Jeder von uns schrieb einen Bildbrief, einen Brief aus lauter kleinen Bildern. Alle 24 Briefe haben wir dann per Luftpost nach Ruanda geschickt. Wir waren gespannt darauf, ob wir Antwortbriefe aus Afrika erhalten würden."

**M1** *Lage von Deutschland und Ruanda auf der Erde*

### Aufgaben

**1** Schreibe den Bildbrief von Barbara in einen „normalen" Brief um (M2).

**2** Schreibe selbst einen Bildbrief.

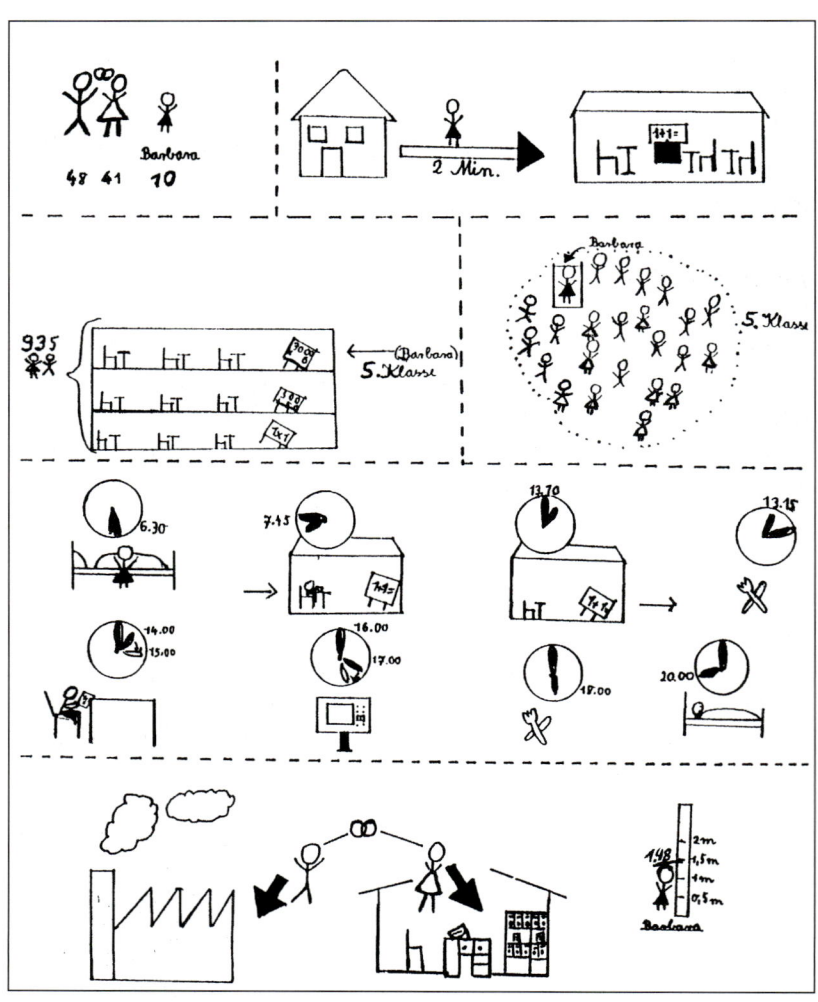

Könnt ihr meinen Bildbrief lesen?

**M2** *Der Bildbrief von Barbara*

# Hunger ist kein Schicksal – Hunger wird gemacht

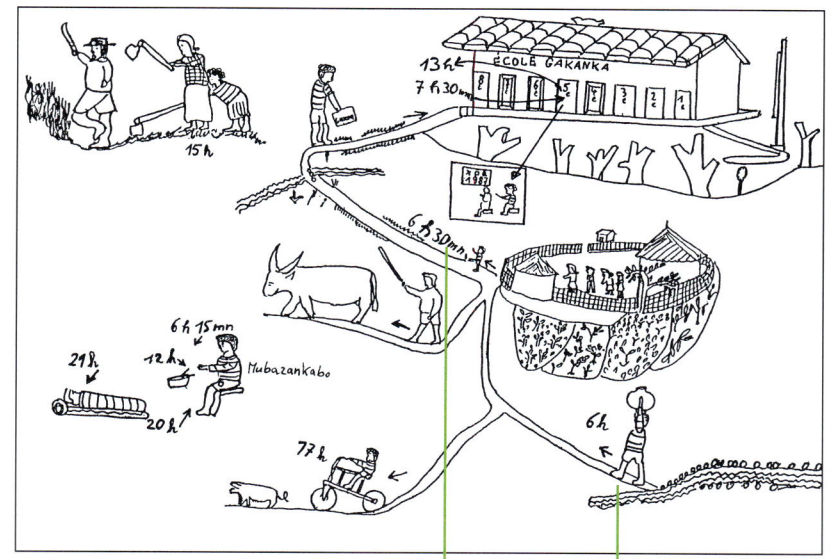

## Gewusst wie

**M3** *Der Bildbrief von Mubazankabo aus Ruanda*

Um 6.30 Uhr verlässt Mubazankabo sein Dorf und macht sich auf den Weg zur Schule. Sein Schulweg dauert …

Um 6.00 Uhr in der Frühe holt Mubazankabo schon Wasser aus dem Fluss. Er trägt es in einem Tonkrug auf dem Kopf.

**M4** *So übersetzt du den Bildbrief von Mubazankabo*

## Post aus Ruanda

„Bald bekamen wir tatsächlich Antwortbriefe von unserer Partnerklasse aus Ruanda. Sie sahen ähnlich aus wie unsere. Die Kinder berichteten, was sie den Tag über so machen. Wie ihr im Brief von Mubazankabo Ruboneza ‚lesen' könnt, unterscheidet sich sein Tagesablauf von meinem oder auch deinem ganz erheblich."

### So schreibst du einen Bildbrief

Überlege, worüber du mit verschiedenen Bildern berichten willst. Du kannst zum Beispiel über dein Leben erzählen; speziell über:

- deine Familiensituation (z. B. Alter und Beruf der Eltern, Geschwister)
- deinen Alltag (z. B. Tagesablauf, Mahlzeiten, Schulzeit, Schulweg, Informationen über deine Schule, Klasse und deine Freizeitgestaltung)

Achte darauf, die Bildzeichen so einfach wie möglich zu gestalten, damit sie leicht für andere zu verstehen sind.
Stelle sie nach Themenbereichen zusammen. Es muss deutlich werden, welche der dargestellten Personen du bist.
Zahlenangaben (z. B. Uhrzeiten) können den Bildbrief besser lesbar machen.
Wichtig ist auch, dass du deinen Brief sehr sauber zeichnest.

### Aufgabe

**3** „Übersetze" den Bildbrief aus Ruanda (M3). Du kannst so anfangen: Ich heiße Mubazankabo. Schon um 6.00 Uhr in der Frühe hole ich Wasser aus dem Fluss. Ich trage es in einem Tonkrug auf dem Kopf. Um 6.15 Uhr frühstücke ich … .

**Das musst du wissen:**

„h" ist die Abkürzung für das französische Wort „heure" (Stunde).
„mn" ist die Abkürzung für das Wort „minutes" (Minuten).
„Ecole" bedeutet „Schule".

**Merke**
Menschen, die keine gemeinsame Sprache sprechen, können sich mit Piktogrammen (Bildzeichen) untereinander verständigen.

# Musik verbindet

## Musik aus dem Sumpf

„Born on the Bayou" war ein bekannter Rock'n-Roll-Titel der 1960er-Jahre. Die Bayous sind die sumpfigen, verschlungenen Seitenarme der Mississippi-Mündung im US-Bundesstaat ①. Der Name „Bayou" stammt von Französisch sprechenden Siedlern, die sich „Cajuns" nennen. „Cajun-Musik" hat ihren Ursprung in der französischen Volksmusik. Hauptinstrumente sind Akkordeon und Violine. Doch nicht nur die „Cajun-Musik" dringt aus dem sumpfigen Mississippidelta zu uns vor. Die Stadt ② ist ein „Schmelztiegel" vieler musikalischer Rhythmen und Stile.

## Ethnobeat – Musik der Welt

Exotische, fremdartige Klänge hört man auch in unseren Hitparaden seit einigen Jahren. Ethnobeat oder auch Weltmusik wird diese Form der Popmusik gelegentlich genannt. Das Wort „Ethno" weist auf die Vielfalt der Rassen und Völker hin. Während in den Sechziger und Siebzigerjahren die Pop- und Schlagermusik fast ausschließlich von Musikern aus Europa und den USA bestimmt wurde, dringt heute Musik aus anderen Teilen der Erde immer stärker in unsere Radioprogramme vor. „Weltmusik" eröffnet mit ihren seltenen Instrumenten für uns neue Klänge und Rhythmen.

## Salsa picante – „scharfe Soße" aus Lateinamerika

Scharf und heiß wie die berühmte Pfeffersoße, die „Salsa picante", ist der Rhythmus der Musik in Lateinamerika (Mittel- und Südamerika). Der Name bezeichnete ursprünglich die Tanzmusik der Insel ③ und drückt eine besonders „feurige" Spielweise der Musiker aus. Salsa ist heute jedoch die Sammelbezeichnung für die pop- und rockorientierte Tanzmusik in den Ländern Lateinamerikas. Eine Reihe Musikgruppen verbreitet die Salsa-Musik seit Beginn der 1970er Jahre in der ganzen Welt, allen voran die Gruppe „Santana". Mit ihren zahlreichen Trommeln, Glocken und Schlaghölzern spielen Salsa-Gruppen einen durchdringenden Rhythmus. Bei uns besonders beliebt ist auch die Reggae-Musik der Karibik-Insel ④. Sie wurde in den 1980er Jahren durch den Rap des Hip Hop bereichert, der Raggamuffin genannt wird.

**M1** „Weltmusik" – die musikalische Weltkarte

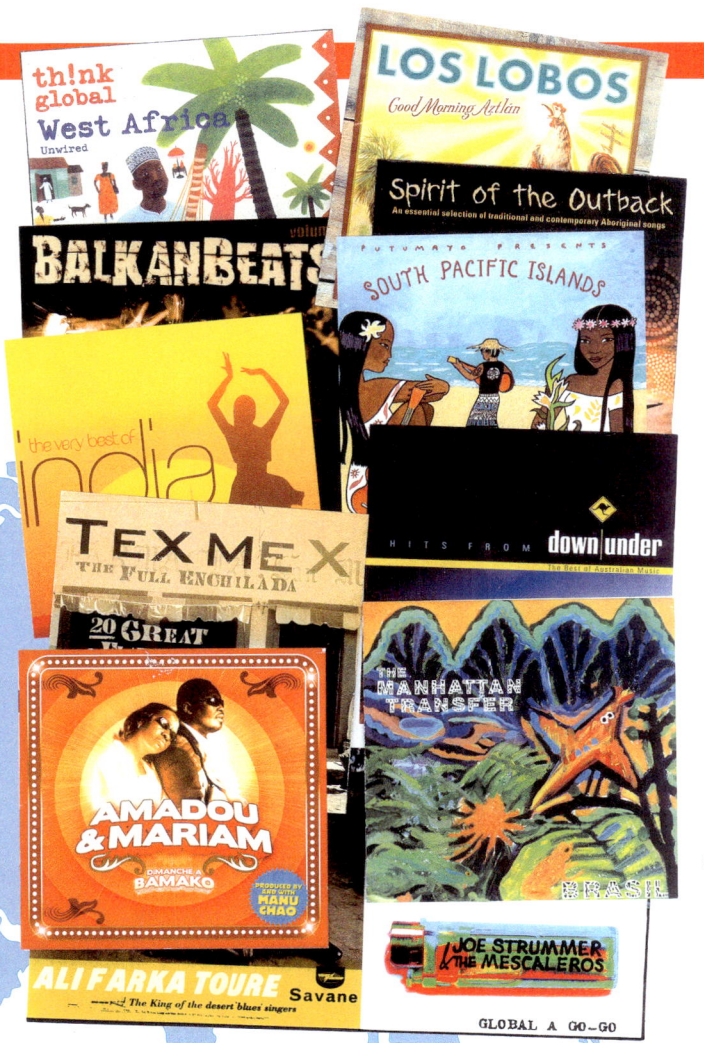

**M2** *„Ethnobeats" –
Eine Auswahl von CDs*

## Aufgaben

**1** Bestimme die in den Texten ausgelassenen Namen von Ländern, Bundesstaaten und Städten (Zahlen ① bis ⑩) (Atlas, Karten: Erde – Staaten und Erde – physisch).

**2** In der „musikalischen Weltkarte" (M1) findest du einige weitere Namen von Musik und Tänzen der Welt. Bestimme deren Herkunftsländer (Atlas, Karte: Erde – Staaten).

**3** M2 zeigt eine Collage von Weltmusik. Welche Kontinente und Länder sind in den Beschriftungen der CDs versteckt?

### African Beats

„Under the African skies …" • dieses Lied des Musikers Paul Simon ist eine Verbeugung vor dem Kontinent Afrika. So vielfältig die Kulturen und Religionen der Völker Afrikas sind, so artenreich ist auch ihre Musik. So hört man z. B.:

- Rai-Musik, arabische Disko- und Popmusik, aus dem nordafrikanischen Staat ⑤.
- Cora-Klänge, Musik mit der westafrikanischen Harfenlaute, aus ⑥.
- Juju-Musik, eine schnelle, melodische Tanzmusik, z. B. aus dem Staat ⑦.
- Valiha-Klänge, Musik mit der Röhrenzither, die von Spezialisten der Insel ⑧ gespielt wird.

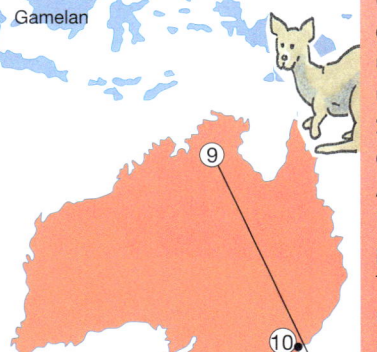

### Pop vom Ayers Rock

Ungewohnte Klänge und Gesänge tönen auch aus Australien zu uns. Es sind die Klänge von Bilma und Didgeridoo. Das sind die Schlaghölzer und Blasinstrumente der Aborigines, der Ureinwohner Australiens.

Manche Aborigines-Musikgruppen verbinden heute ihre uralten Traditionen mit den Rhythmen und Instrumenten der modernen Popmusik. Das musikalische Produkt nennt sich „Abo-Rock". Aus ihren Wohngebieten um den Ayers Rock, im Bundesstaat ⑨ von Australien, gehen diese Gruppen nicht nur in die Millionenstädte Melbourne und ⑩. Auch bei uns ist „Abo-Rock" beliebt.

159

# Alles klar? Hunger ist kein Schicksal ...

## 1. Kennst du dich aus?

Erkläre das abgebildete Warenzeichen.

## 3. Armut und Kinderarbeit

Übertrage das Schema des „Teufelskreises" in dein Heft und ergänze die fehlenden Begriffe.

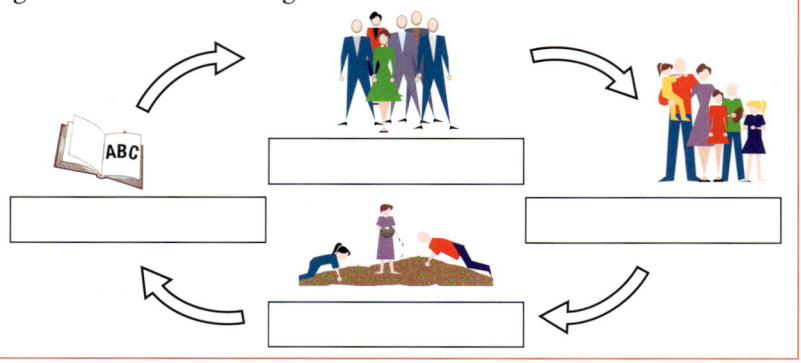

## 4. Ursachen und Auswirkungen des Hungers

a) Stelle in einer Tabelle mögliche Ursachen des Hungers zusammen.

b) Übertrage das Schema zu den Auswirkungen von Unterernährung in dein Heft und ergänze die fehlenden Begriffe.

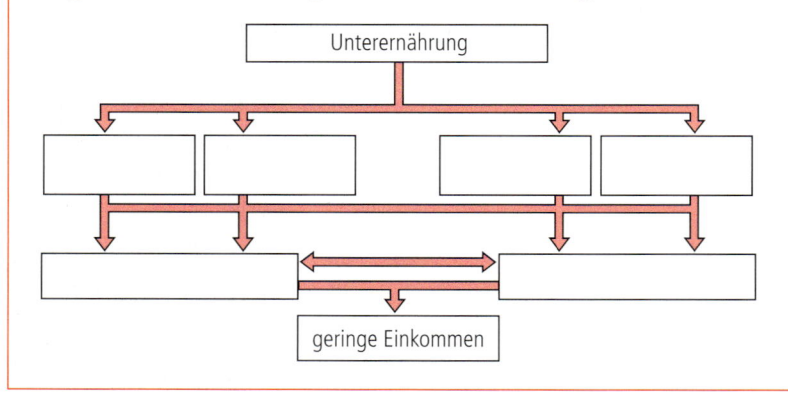

(Schema: Unterernährung → ... → geringe Einkommen)

## 2. Kinder in Entwicklungsländern

a) Beschreibe Manuels Leben.

b) Als Vertreter einer Hilfsorganisation sollst du ein Hilfsprojekt für die Kinder in Manila entwerfen. Wie sieht „dein" Hilfsprojekt aus? Begründe deinen Vorschlag.

# Das Wichtigste

## Genug Nahrung – ungleich verteilt

Hunger ist die Todesursache Nummer eins in der Welt. Er fordert mehr Opfer als alle Kriege zusammen. Besonders in Afrika, aber auch in Südasien und Teilen Südamerikas haben viele Menschen nicht genug zu essen oder ihre Nahrung enthält nicht genügend Eiweiß und Vitamine. Insgesamt werden auf der Erde genügend Nahrungsmittel erzeugt, um alle Menschen zu ernähren. Trotzdem hungern weltweit etwa eine Milliarde Menschen. Hauptursache für den Hunger ist die Armut.

## Kinder müssen arbeiten

Weltweit arbeiten über 200 Millionen Kinder bis zu zwölf Stunden am Tag. Die Arbeit ist oft zu schwer für die Kinder. Manche arbeiten schon ab einem Alter von fünf Jahren. Sie gehen kaum oder gar nicht zur Schule. In Indien ist Kinderarbeit weit verbreitet. Ganze Industrien haben sich darauf eingestellt. Kinder knüpfen unter anderem Teppiche oder stellen Streichhölzer her.

## Leben auf dem Müll

In den armen Ländern arbeiten viele Menschen im informellen Sektor. Sie haben keinen Arbeitsvertrag und sind nicht gegen Krankheiten versichert. Sie verrichten Gelegenheitsarbeiten. Wenn es keine Arbeit gibt, sind sie ohne Einkommen. Dazu gehört auch Müll sammeln und verkaufen. Weltweit sind mehr als 500 Millionen Menschen in diesem Bereich tätig.

## Auch ihr könnt helfen

Jeder kann zur Entwicklungszusammenarbeit beitragen. Sie hat das Ziel, Menschen in den ärmeren Ländern der Erde in die Lage zu versetzen, sich selbst zu helfen. Auch mit kleinen Spenden kann ein sinnvoller Beitrag geleistet werden.

## Aids – nicht nur in Afrika

Aids ist vor allem in Afrika eine weit verbreitete Krankheit. Es sind vor allem junge Menschen betroffen. Oft fehlt das Wissen über Sexualität und Verhütungsmethoden, da viele Menschen weder lesen noch schreiben können.

## Einen Bildbrief schreiben

Menschen, die keine gemeinsame Sprache sprechen, können sich mit Piktogrammen (Bildzeichen) untereinander verständigen.

**Grundbegriffe**

- Unterernährung
- Kinderarbeit
- informeller Sektor
- Entwicklungszusammenarbeit
- Aids

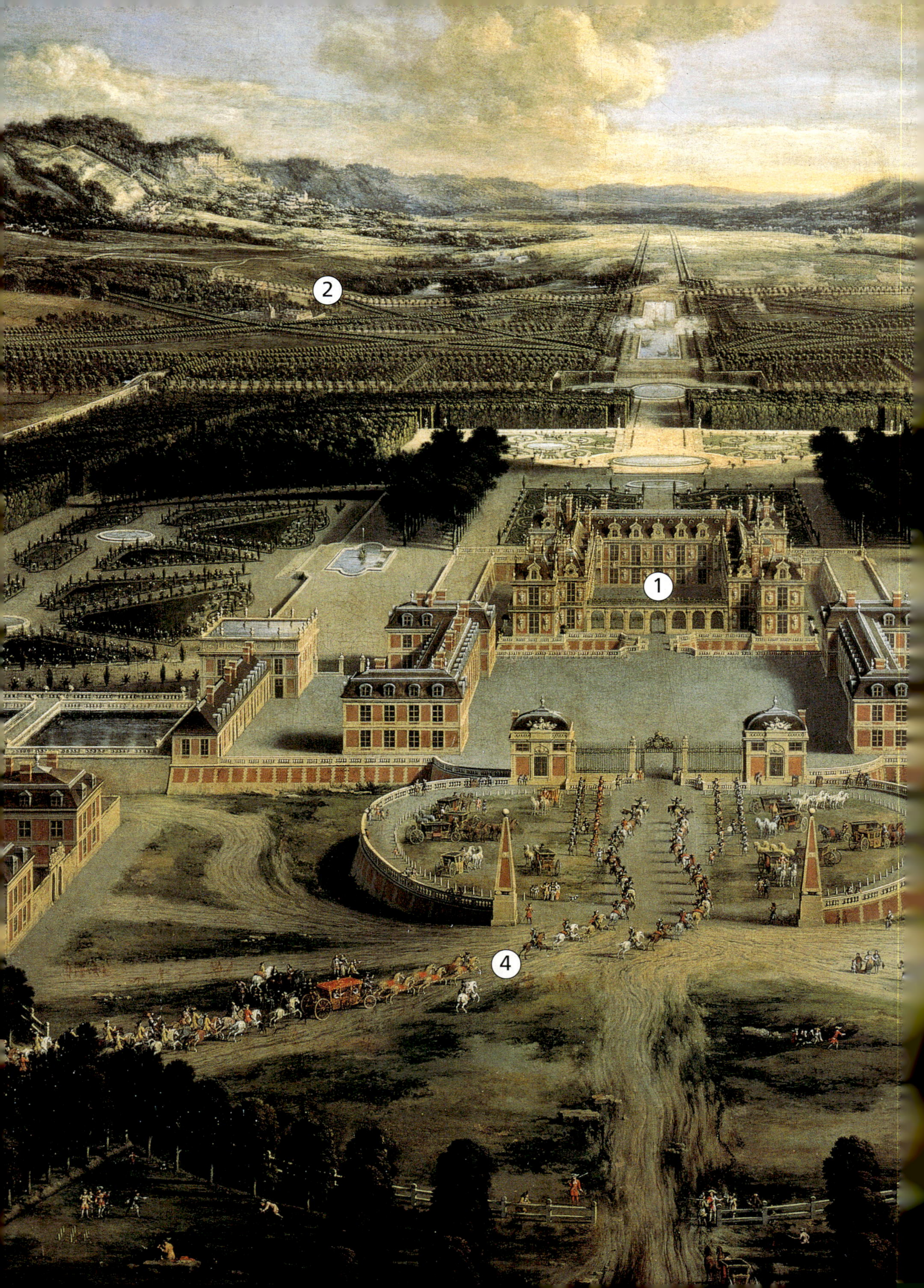

2
1
4

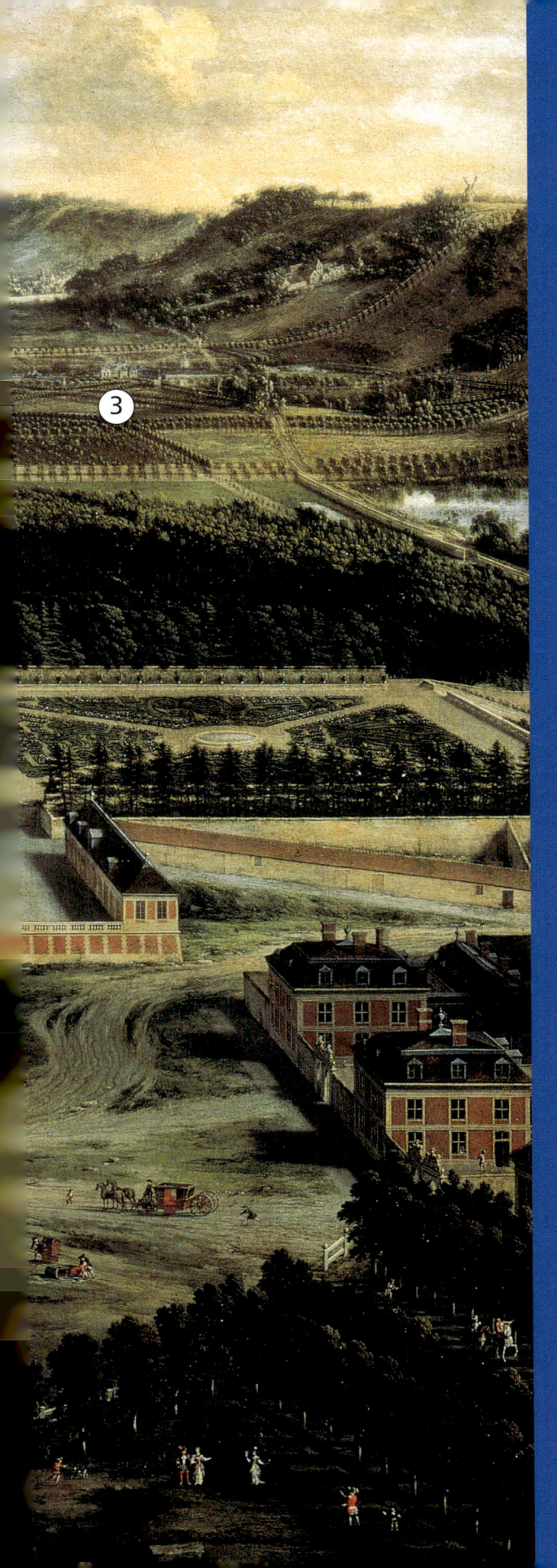

# Der Absolutismus

„Der Staat bin ich!"

Die Stützen der Macht

Der Aufbau der französischen Gesellschaft

**M1** *Schloss Versailles bei Paris*
① *Schlafzimmer des Königs*
② *Tiergehege*
③ *Theater und zwei Gartenschlösschen*
④ *Straße nach Paris*

# „Der Staat bin ich!"

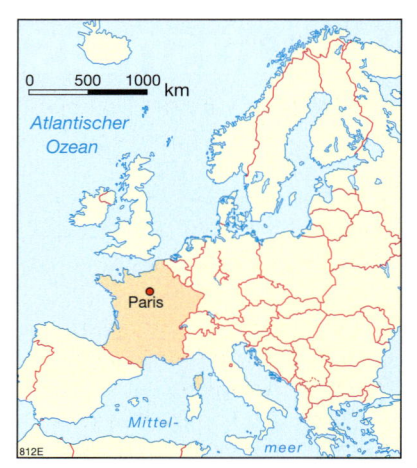

**M1** *Lage von Frankreich in Europa*

## Versailles – das Zentrum der Macht des Sonnenkönigs

Ludwig XIV. war von 1661 bis 1715 in Frankreich König. Er nannte sich selbst **Sonnenkönig**. Unter seiner Herrschaft wurde Frankreich zum mächtigsten Staat in Europa.

Ludwig XIV. regierte von seinem Schloss Versailles aus. Es liegt etwa 30 Kilometer südwestlich von Paris. Als er 1661 die Regierung übernahm, ließ er als Erstes das Jagdschloss seines Vaters in eine glanzvolle Schlossanlage umbauen. Das Schloss bekam eine 580 m lange Gartenseite mit 1000 Fenstern. Im Park ließ der König Alleen und Wasserstraßen bauen. Es wurden Beete angelegt, die parallel oder strahlenförmig verliefen. Außerdem gab es ein Gehege mit fremden Tieren wie Dromedaren, Elefanten und Tigern. Im Schlosspark befanden sich ein Theater und zwei kleine Gartenschlösschen.

### Quelle 1

**Die Sonne als Sinnbild der Macht**

„Die Sonne ist ohne Zweifel das schönste Sinnbild eines großen Fürsten; sowohl deshalb, weil sie einzig in ihrer Art ist, als auch durch den Glanz, der sie umgibt; durch das Licht, das sie den anderen Gestirnen spendet, die gleichsam ihren Hofstaat bilden; durch die Wohltaten, die sie überall spendet."

(Nach Ludwig XIV.: Memoiren. Übersetzt von L. Steinfeld. Basel/Leipzig 1931, S. 137)

**M3** *Sonnensymbol am Gitter des Hofes von Versailles*

Es herrscht hier in Versailles eine Pracht, die du dir nicht ausdenken kannst. An Marmor und Gold wurde nicht gespart. Edelsteine, Spiegel, Edelhölzer, Teppiche, wohin du schaust. Köstliche Gemälde und Statuen an den Wänden. Und erst die Springbrunnen, Wasserkünste und Pavillons in dem riesigen Park. Denke dir nur, alle Alleen, Wege und Wasserläufe sind auf das Schlafzimmer des Königs ausgerichtet.
Liselotte

**M2** *Liselotte von der Pfalz war mit dem Bruder von Ludwig XIV. verheiratet. Sie lebte in Versailles und schrieb mehr als 5000 Briefe nach Deutschland, in denen sie das Leben am Hof beschrieb.*

### Quelle 2

**Der König steht auf**

Im Mittelpunkt des Schlosses lag das Schlafzimmer Ludwigs XIV. Hier versammelten sich jeden Morgen die Prinzen und andere hohe Adelige, um dabei zu sein, wenn der König aufstand. Um acht Uhr früh weckte der erste Kammerdiener den König. Ludwig nahm Weihwasser und sprach ein Gebet. Dann kamen einige Minister, die Vorleser, die Apotheker, Ärzte, Offiziere und Kammerdiener. Nachdem der König eine Perücke aufgesetzt hatte, traten die Kirchenfürsten und weitere Adelige ein. Der König zog sein Nachthemd aus und übergab es dem ersten Kammerdiener. Er verlangte sein Taghemd. Dies war der Höhepunkt der Zeremonie: Das Recht, dem König das Hemd zu reichen, stand zunächst dem Bruder des Königs zu; wenn dieser abwesend war, den Söhnen und Enkeln des Königs. War der König angezogen, ging er mit großem Gefolge zur Morgenmesse.

(Nach Th. Steudel: Der Fürstenstaat. Berlin 1933, S. 1)

# Der Absolutismus

**M4** *Großer Festsaal im Schloss Versailles (heutiges Bild)*

## Aufgaben

**1** Ludwig XIV. wird der „Sonnenkönig" genannt. Erläutere.

**2** Du bist Dienerin oder Diener in Versailles. Schreibe einen Bericht über ein großes Fest am Hof.

**3** König Ludwig führt einen Fürsten aus dem Deutschen Reich durch die Anlage seines Schlosses. Versetze dich in dessen Lage und berichte über seine Eindrücke.

## Die Bedeutung des Schlosses

Versailles war nach 28 Jahren Bauzeit das größte Schloss in Europa. Seine Pracht verherrlichte die Macht des Königs. Vielen Fürsten in Europa diente Schloss Versailles (siehe Seiten 162/163) als Vorbild.

4000 Schlossbedienstete versorgten Tag und Nacht den König und seine Gäste. Darunter befanden sich 338 Köche, 125 Sänger, 80 Pagen, zwölf Mantelträger und acht Rasierer allein für den König, 74 Kapläne und 48 Ärzte. Allerdings gab es im Schloss keine einzige Toilette.

## Info

### Absolutismus

Die Art der Herrschaft, die Ludwig XIV. ausübte, heißt **Absolutismus**. Der Herrscher trifft alle wichtigen Entscheidungen selbst und erlässt alle Gesetze. Niemand darf ihn kritisieren. Er hat alle Macht im Staat. Ludwig sagte von sich selbst: „Der Staat bin ich!" Er regierte uneingeschränkt, sozusagen absolut.

In fast allen europäischen Staaten des 17. Jahrhunderts gab es diese Staatsform. Der Absolutismus wurde in Frankreich im Jahr 1789 unter Ludwig XVI. abgeschafft.

### Merke

Ludwig XIV. war ein absolutistischer Herrscher. Er regierte als „Sonnenkönig" nach dem Wahlspruch „Der Staat bin ich!" Das Schloss Versailles zeigt nach außen die Macht des Königs.

### Grundbegriffe
- Sonnenkönig
- Absolutismus

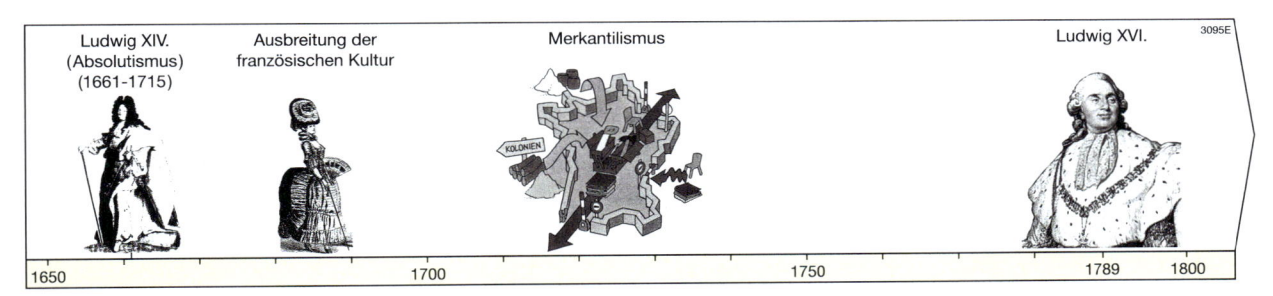

**M5** *Zeitleiste*

Ludwig XIV. (Absolutismus) (1661–1715) — Ausbreitung der französischen Kultur — Merkantilismus — Ludwig XVI.

1650 — 1700 — 1750 — 1789 — 1800

# „Der Staat bin ich!"

## Quelle

### Die Perücke

Kennzeichen der Herrenmode im Zeitalter Ludwigs XIV. war die Perücke. Da lange Haare wieder Mode wurden und nicht jeder Mann über die gewünschte Haarfülle verfügte, griff man zur Perücke. Sie wurde zum wichtigsten Standeszeichen der französischen Hoftracht und damit der höfischen Gesellschaft Europas. Der Löwe war das Sinnbild männlicher Kraft und Schönheit. Daher wurden die Perücken der Mähne des Löwen immer ähnlicher. Die beliebteste Haarfarbe der Perücken war blond.

Die Perücke war nicht nur unbequem sondern auch teuer, da echtes Haar außerordentlich knapp war. Die unteren Volksschichten trugen Perücken aus Pferde- und Ziegenhaar, Wolle oder anderen Materialien.

(Nach E. Thiel: Geschichte des Kostüms. Berlin 1980, S. 236)

## Mode im Zeitalter von Ludwig XIV.

Als Frankreich unter der Herrschaft Ludwigs XIV. die politische und kulturelle Führung in Europa angetreten hatte, nahmen sich die Adelshäuser Europas die französische Mode ebenso zum Vorbild wie den „Sonnenkönig" selbst und sein Schloss. Nach dem Regierungsantritt Ludwigs XIV. dauerte es keine zehn Jahre, bis ganz Europa sich bedingungslos nach der französischen Mode richtete. Damit gingen nationale Unterschiede verloren: Die französische Mode wurde in Adelskreisen zur „Weltmode".

Das Bein blieb im 17. Jahrhundert frei; es sollte höfische Eleganz ausstrahlen. Strümpfe und Schuhe standen im Mittelpunkt der Betrachtung. Der elegante Strumpf bestand aus Seide. Die Schuhe glichen kleinen Kunstwerken und hatten abgestumpfte Spitzen, die sie lang und schmal erscheinen ließen. Die Absätze wurden nach und nach höher. Da der König sehr klein war, ließ er die Sohlen seiner Schuhe mit Kork unterlegen und dann mit rotem Leder überziehen. Rote Absätze wurden deshalb zum Vorrecht des Adels.

Unter Ludwig XIV. waren lange Haare Mode. Dadurch wurde der Kragen immer mehr bedeckt und schließlich überflüssig. Es blieben von ihm nur noch vorn zwei in Falten gelegte Streifen übrig. Die Enden dieses Kragens wurden immer länger, bis aus dem Kragen ein Halstuch und aus diesem schließlich die Krawatte unserer Tage wurde.

**M1** *Höfische Kleidung aus der Zeit Ludwigs XIV. Bildnis einer vornehmen Familie in Berlin um 1680*

## Aufgabe

**1** a) Betrachte M1 auf den Seiten 162/163. Aus wie vielen Teilen besteht das Schloss?
b) Zähle auf, womit die Gäste des Königs ihre Zeit verbringen konnten. M2 auf Seite 164 gibt zusätzliche Hilfestellung.

## Der Absolutismus

### Aufgaben

**2** Werte das Bild (M2) aus. Nutze dabei die Bildunterschrift und die Texte auf Seite 166.

**3** a) Beschreibe M1 auf Seite 166.
b) Das Bild zeigt den Einfluss der französischen Mode in Europa. Begründe.

**4** Stelle die Haltung Ludwigs XIV. in M2 nach.
a) Beschreibe, wie du dich dabei fühlst.
b) Frage die anderen, wie du auf sie wirkst.

**M2** *Ludwig XIV. Das Bild wurde 1701 von Hyacinthe Rigaud gemalt und ist 2,79 x 1,90 m groß. Es hing früher im Thronsaal des Schlosses Versailles und zwar so, dass die Füße des Königs in Augenhöhe des Betrachters waren. Heute ist das Bild im Louvre-Museum in Paris ausgestellt.*
*Der König blickt von oben überlebensgroß auf die Anwesenden herab und beherrscht dabei seine Umgebung. Er zeigt sich voller Stolz mit seinem Krönungsmantel aus Samt, der mit kostbarem Hermelinpelz gefüttert ist. Die aufgestickten Lilien sind das Wahrzeichen seiner Königsfamilie. Die Krone als Zeichen seiner Herrschaft trägt er nicht auf dem Kopf. Er hat sie zur Seite gelegt, um seine Person in den Mittelpunkt zu rücken. Schwert und Zepter sind weitere Zeichen seiner Herrschaft.*

#### Das Portrait eines absolutistischen Herrschers
Hyacinthe Rigaud war einer der bedeutendsten Malers des 17. Jahrhunderts. Er hatte sich auf Portraits spezialisiert. Sein Bild von Ludwig XIV. wurde zum Vorbild für Portraits der Herrschenden im damaligen Europa. Nichts wurde dem Zufall überlassen. Jeder Gegenstand und jede Einzelheit haben eine Bedeutung.

#### Merke
Am Hof Ludwigs XIV. herrschte eine strenge Kleiderordnung. Die französische Mode wurde von den europäischen Fürsten übernommen, weil sie dem „Sonnenkönig" gleichen wollten.

# Die Stützen der Macht

## Der König sichert seine Macht

In der Zeit des Absolutismus sorgte der König auf dreifache Weise für die Erhaltung seiner Macht: Die Soldaten setzten seine Politik durch. Die Beamten verwalteten den Staat. Mit den Einnahmen finanzierte der König seine Politik.

### Die Beamten
Damit die Entscheidungen des Königs auch in den entfernten Gebieten Frankreichs befolgt werden, entmachtet er den dortigen Adel. Er ersetzt die Adeligen durch zuverlässige Beamte. Es sind gebildete Bürger, die ihm treu ergeben sind. Sie wissen, dass sie sofort entlassen werden, wenn sie die Befehle des Königs nicht richtig ausführen. Die Beamten treiben die Steuern der Untertanen ein und sind zuständig für die örtliche Verwaltung, die Gerichte, die Polizei, den Straßenbau und die Versorgung der Bevölkerung mit Lebensmitteln.
Durch den Einsatz der Beamten wird ganz Frankreich zentral und einheitlich verwaltet.

### Die Soldaten
Ludwig XIV. vergrößert sein Heer von 45 000 auf 400 000 Mann. Damit besitzt er die stärkste Armee in Europa. Wenn ein Krieg beendet ist, werden die Soldaten nicht entlassen, sondern bleiben dem König als **stehendes Heer** erhalten. Dann helfen sie beim Bau des Schlosses, beim Straßenbau und dabei, die Befehle des Königs durchzusetzen.
Ludwig XIV. führt Kriege gegen seine Nachbarn und erobert Gebiete im Osten des Landes. Waffen, Uniformen und Nahrungsmittel für die Soldaten sind sehr teuer. Der Unterhalt der Armee und der Bau von Festungen und Kasernen umfasst etwa ein Drittel der Staatsausgaben.

### Die Einnahmen
Um das nötige Geld für alle Ausgaben zu bekommen, erhebt der König Steuern. Die Höhe der Steuerzahlungen richtet sich nach Einkommen und Besitz der Untertanen. Aber der Adel und die Geistlichen müssen kaum Steuern bezahlen. Sie zahlen nur indirekte Steuern als Zuschläge auf einzelne Waren. Diese Steuern werden beim Kauf der Ware (z.B. Salz, Tabak, Seife) mitbezahlt. Um zusätzliche Einnahmen zu ermöglichen, fördert der Staat den Handel.

# Der Absolutismus

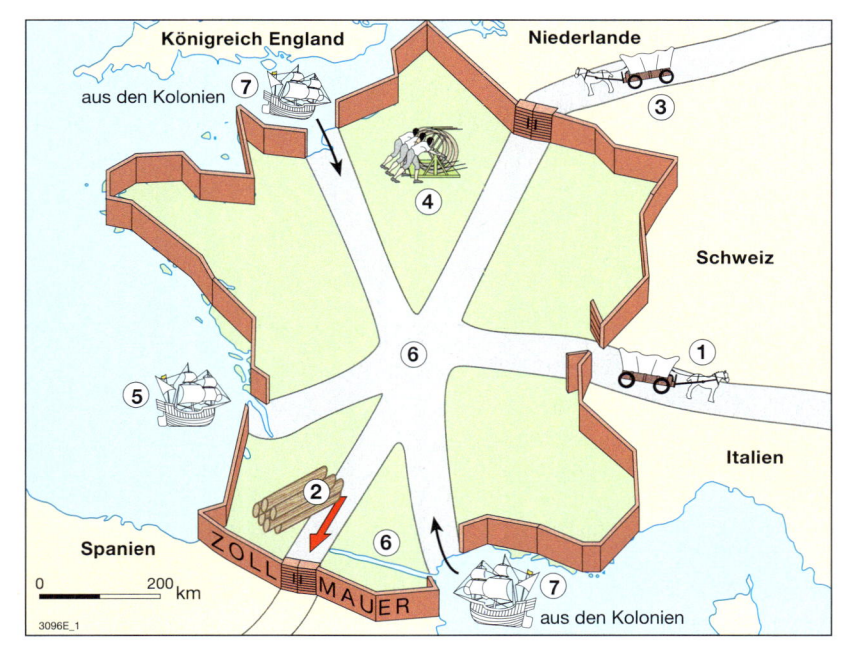

**M1** *So funktioniert der Merkantilismus.*

## Der Merkantilismus

Finanzminister unter Ludwig XIV. war Colbert (1619 – 1683). Er entwickelte das System des **Merkantilismus** und unterstützte den Bau von **Manufakturen**. In diesen Betrieben verrichteten Arbeiter nur noch einzelne Handgriffe bei der Herstellung einer Ware. Die Waren konnten so kostengünstiger und schneller hergestellt werden.

> Unter Merkantilismus verstehe ich, dass wir günstige Rohstoffe aus unseren Kolonien holen (A), sie in unseren Manufakturen verarbeiten (B) und die fertigen Waren mit Gewinn im Ausland verkaufen (C). Damit der Transport möglichst gut klappt, unterhalten wir eine eigene Handelsflotte (D) und fördern den Ausbau von Straßen und Kanälen (E).
> Fertige Waren aus dem Ausland dürfen nicht eingeführt werden (F). Wir lassen sie nicht ins Land. Sonst würden unsere Fertigwaren keinen Absatz finden und es würde weniger Geld in die Staatskasse kommen.
> Unsere Rohstoffe hingegen dürfen nicht ausgeführt werden (G). Sonst könnten im Ausland daraus Fertigwaren hergestellt werden. Das wollen wir nicht.
> Wir führen dieses System in Frankreich ein, weil in der Staatskasse kein Geld mehr ist. Die Steuern können wir nicht erhöhen. Sie sind eigentlich schon zu hoch. Also müssen wir Geld im Ausland verdienen. Der König braucht Geld für den Unterhalt des Heeres, für Kriege, für die Gehälter der Beamten, für kostspielige Bauten wie zum Beispiel Schloss Versailles und für die aufwendige Hofhaltung.
>
> Jean Baptiste Colbert

**M2** *Brief von Colbert an einen Freund*

## Aufgaben

**1** Erkläre die besondere Darstellung Ludwig XIV. und seines Staatswesens in der Zeichnung auf Seite 168.

**2** Erläutere mit eigenen Worten die drei Säulen der Macht des Königs.

**3** Zeichne nach M1 ein Schaubild zum Merkantilismus.

**4** Ordne die Buchstaben in M2 den Zahlen in M1 zu. Lege eine Tabelle an.

| Buchstaben | Zahlen |
|---|---|
| A | ⑦ |
| B |  |
| C |  |
| ..... |  |

### Merke
Die Stützen der königlichen Macht waren die Beamten, die Soldaten und die Einnahmen. Manufakturen förderten den Merkantilismus.

### Grundbegriffe
- stehendes Heer
- Merkantilismus
- Manufaktur

# Der Aufbau der französischen Gesellschaft

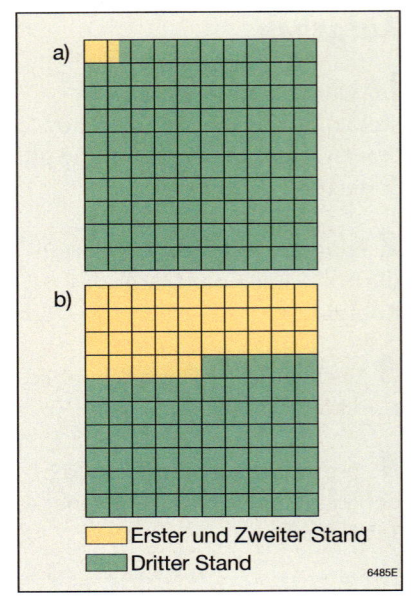

**M1** *Anteil der Stände an den Steuerzahlungen (a) und am Grundbesitz (b) um 1780*

Erster und Zweiter Stand
Dritter Stand

**M2** *„Austernfrühstück" (Gemälde von Jean François de Troy, 1689–1752)*

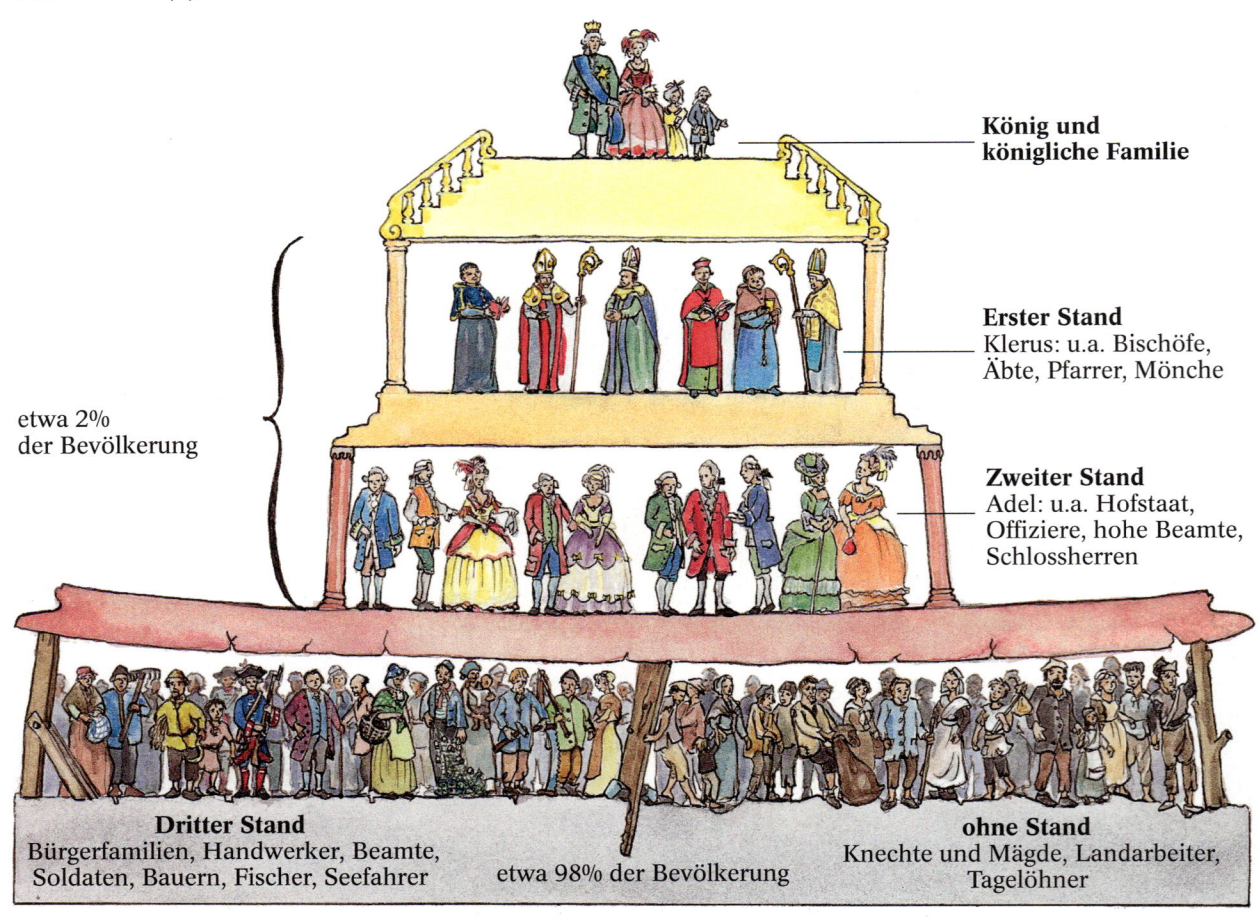

**König und königliche Familie**

**Erster Stand**
Klerus: u.a. Bischöfe, Äbte, Pfarrer, Mönche

etwa 2% der Bevölkerung

**Zweiter Stand**
Adel: u.a. Hofstaat, Offiziere, hohe Beamte, Schlossherren

**Dritter Stand**
Bürgerfamilien, Handwerker, Beamte, Soldaten, Bauern, Fischer, Seefahrer

etwa 98% der Bevölkerung

**ohne Stand**
Knechte und Mägde, Landarbeiter, Tagelöhner

**M3** *Aufbau der französischen Gesellschaft um das Jahr 1780*

# Der Absolutismus

**M4** *„Bauernfamilie beim Essen" (Gemälde von Louis le Nain)*

## Bauern hatten es schwer

Um 1780 lebten in Frankreich etwa 25 Millionen Menschen. Sie waren in drei **Stände** eingeteilt. Jeder wurde in einen bestimmten Stand hineingeboren, den er nicht verlassen konnte. Es gab für jeden Stand genaue Vorschriften, wie man sich zu verhalten hatte, welche Kleidung und wie viel Schmuck man tragen durfte.

Dem Adel und den Geistlichen ging es sehr gut. Sie zahlten keine direkten Steuern.

Die Bauern bearbeiteten die Felder ihrer Grundherren. Dafür mussten sie ihnen einen Teil der Ernte abgeben. Zusätzlich zahlten sie Steuern an den König und zehn Prozent ihres Einkommens an die Kirche. Ihnen blieb kaum die Hälfte ihrer Einkünfte zum Leben.

Wegen einer Missernte im Jahr 1788 gab es in ganz Frankreich kaum noch Getreide. Brot wurde knapp. Selbst die Bauern konnten ihren eigenen Bedarf nicht mehr decken. Sie forderten vom König, dass alle drei Stände Steuern zu bezahlen hätten.

> Am 10. Oktober 1788 in einem kleinen Dorf südwestlich von Paris: Herr Traban sitzt zusammen mit seiner Frau Mathilde und ihren fünf Kindern am Tisch. Jedes Kind hat eine dünne Scheibe Brot in der Hand. Sie reißen kleine Stücke vom Brot ab und tunken diese in eine Holzschüssel, die auf dem Tisch steht. Darin sind Reste der Milchsuppe, die es am Mittag gab. Die Eltern teilen sich eine Brotscheibe. Herr Traban ist verzweifelt. Seine Frau erwartet ein Kind. Er weiß nicht, ob er seine Familie in Zukunft ernähren kann.

**M5** *Auf dem Land – ein Leben in Not*

> ... Wir fordern, dass alle Steuern von allen drei Ständen ohne irgendwelche Ausnahmen gezahlt werden. Außerdem wünschen wir das gleiche Gesetz und Recht im ganzen Königreich. Ebenso ist es an der Zeit, alle Abgaben und Dienste der Bauern abzuschaffen ...

**M6** *Bauern eines Dorfes schrieben 1789 an den König*

## Aufgaben

**1** Erkläre den Aufbau der französischen Gesellschaft zur Zeit des Absolutismus (M3).

**2** Der Anteil der Stände an der Bevölkerung und den Steuerzahlungen ist sehr unterschiedlich. Beschreibe (M1, M3).

**3** Die Kleidung der Menschen gab Aufschluss über die Zugehörigkeit zu ihrem Stand. Erläutere (M2, M4).

**4** Die Bauern empfanden ihre Lage als ungerecht. Begründe (M5, M6).

---

**Merke**
Die französische Gesellschaft war im Absolutismus in drei Stände gegliedert. Abgaben und Steuern zahlte vor allem der Dritte Stand.

**Grundbegriff**
- Stand

# Alles klar? Der Absolutismus

## 1. Französische Mode

Die Abbildung zeigt die Mode des 17. Jahrhunderts. Notiere die typischen Merkmale. Verwende auch die Begriffe „Schärpe" und „Kniehose".

① _____
② _____
③ _____
④ _____
⑤ _____
⑥ _____
⑦ _____

## 2. Wer ist das?

## 3. Die Stützen der Macht

Schreibe den Lückentext ab und ergänze dabei die Lücken.

Ludwig XIV. sicherte sich seine Macht, indem er sich auf die …, die … und die … stützte. Damit seine Entscheidungen auch in entfernten Gebieten Frankreichs befolgt wurden, ersetzte er dort die Adeligen durch seine … . Dies waren gebildete Bürger, die ihm treu ergeben waren. Die … trieben die … ein und waren zuständig für die …, die …, die …, den … und die Versorgung der Bevölkerung mit … .
Seine Armee wandelte Ludwig XIV. in ein … … um, das heißt, dass die Soldaten nicht entlassen wurden, wenn ein Krieg beendet war.
Um das nötige Geld für alle Ausgaben zu bekommen, erhob der König … . Die Höhe richtete sich nach … und … . Der … und die … mussten kaum … bezahlen.

## 4. Die Ständegesellschaft

Übertrage die Abbildung in dein Heft oder deine Mappe und beschrifte sie.

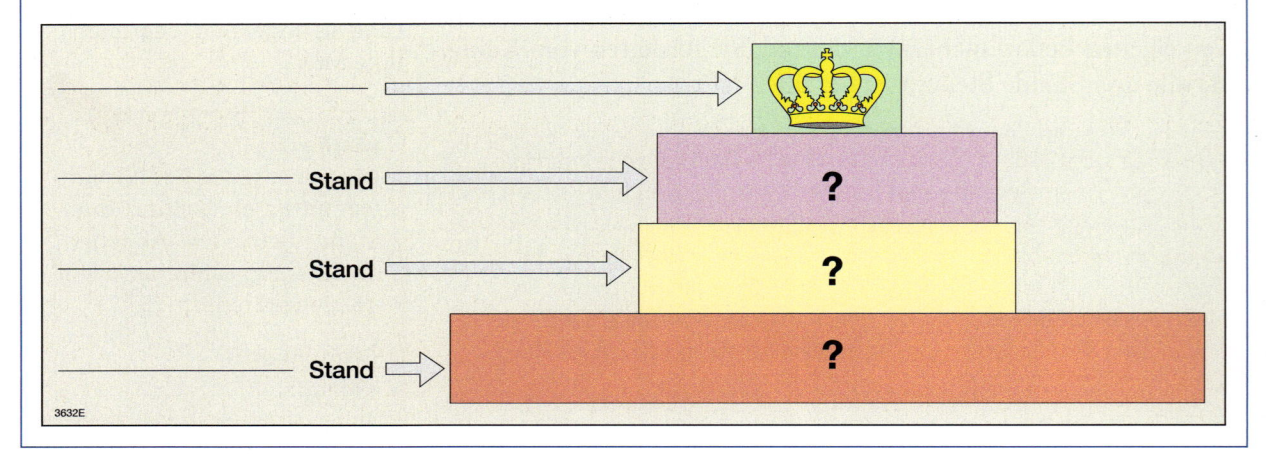

_____ →
_____ Stand →  ?
_____ Stand →  ?
_____ Stand →  ?

# Das Wichtigste

## „Der Staat bin ich!"

König Ludwig XIV. regierte von 1661 bis 1715 Frankreich von seinem Schloss Versailles aus. Es war das größte Schloss in Europa. Er nannte sich selbst „Sonnenkönig". Ludwig XIV. hatte alle Macht im Staat. Von sich selbst sagte er: „Der Staat bin ich!" Er regierte uneingeschränkt; man sagt auch absolutistisch. Die Art der Herrschaft nennt man Absolutismus. In fast allen europäischen Staaten des 17. Jahrhunderts gab es diese Staatsform. Der Absolutismus wurde in Frankreich im Jahr 1789 abgeschafft.

Das absolutistische Königtum verlangte auch in der Kleidung nach einer klaren Ordnung. In ganz Europa ordneten sich die Fürsten dem Diktat des französischen Hofes und seiner Mode unter. Die französische Mode wurde zur „Weltmode".

## Die Stützen der Macht

In der Zeit des Absolutismus sorgte der König auf dreifache Weise für die Erhaltung seiner Macht: Die Soldaten setzten seine Politik durch. Die Beamten verwalteten den Staat. Mit den Einnahmen finanzierte der König seine Politik.

Finanzminister unter Ludwig XIV. war Colbert (1619 – 1683). Er entwickelte das System des Merkantilismus und unterstützte den Bau von Manufakturen. In diesen Betrieben verrichteten Arbeiter nur noch ganz bestimmte Handgriffe bei der Herstellung einer Ware. Die Waren konnten so kostengünstiger und schneller hergestellt werden.

## Der Aufbau der französischen Gesellschaft

Um 1780 lebten in Frankreich etwa 25 Mio. Menschen. Sie waren in drei Stände eingeteilt. Jeder gehörte zu einem bestimmten Stand, daran konnte er nichts ändern. Dem Adel und den Geistlichen ging es gut. Sie zahlten keine Steuern. Die Bauern bearbeiteten die Felder ihrer Grundherren. Dafür mussten sie ihnen einen Teil der Ernte abgeben. Zusätzlich zahlten sie Steuern an den König und an die Kirche. Ihnen blieb kaum die Hälfte ihres Einkommens zum Leben. Die Bauern forderten vom König, dass alle drei Stände Steuern zu bezahlen hätten.

**Grundbegriffe**

- Sonnenkönig
- Absolutismus
- stehendes Heer
- Merkantilismus
- Manufaktur
- Stand

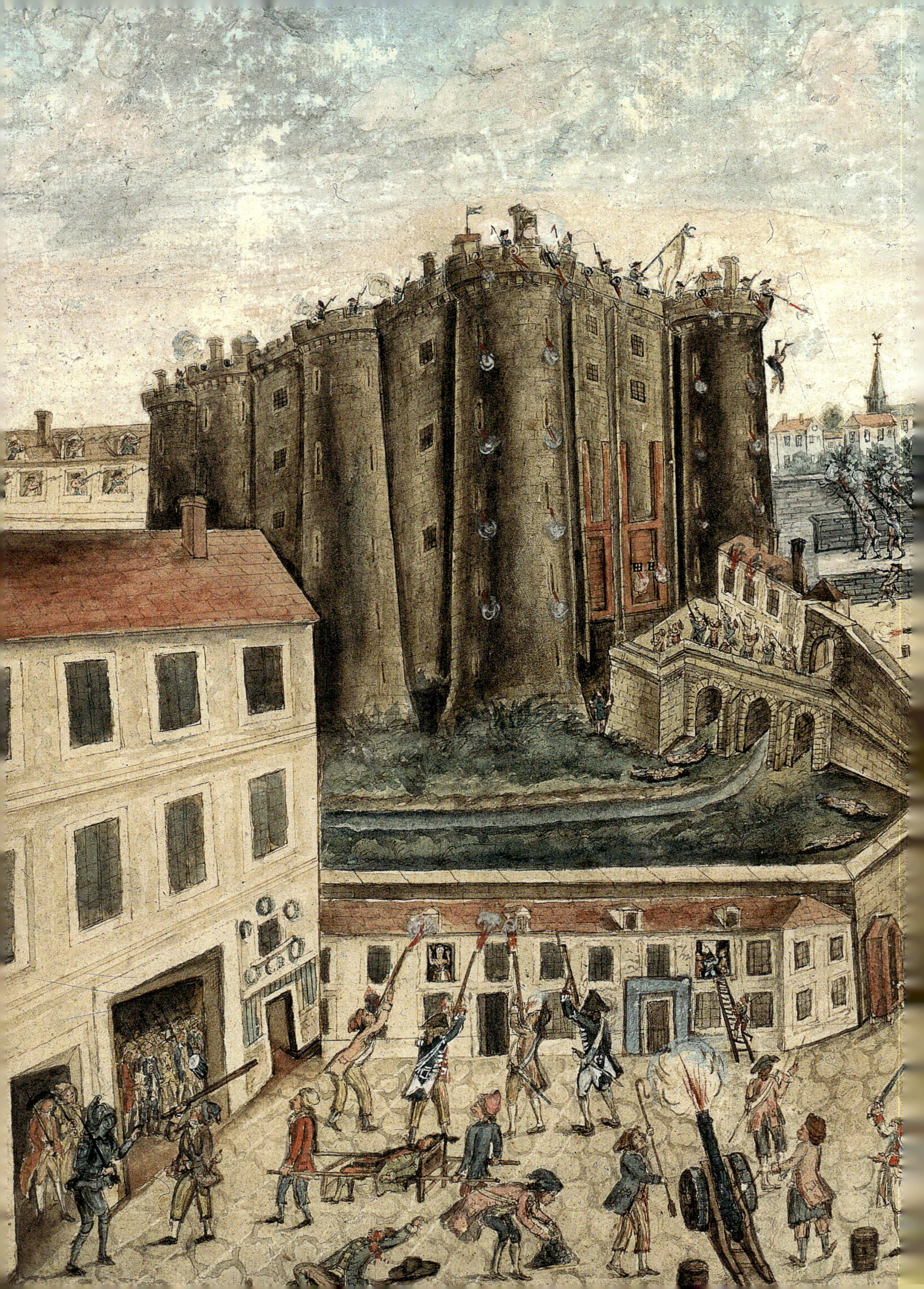

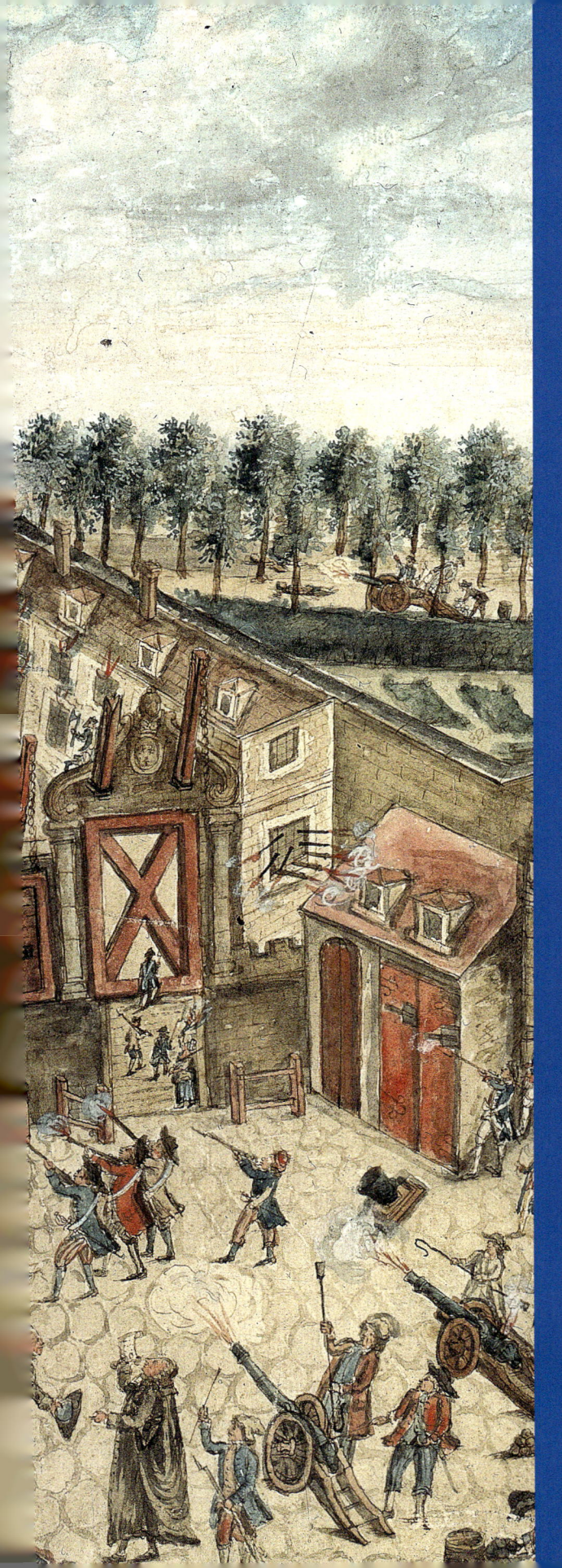

# Revolutionen verändern die Welt

Verschiedene Arten von Revolutionen

Die Französische Revolution

Menschenrechte heute

Ein Lernplakat erstellen

Die Revolution von 1848

Amerika – Vorbild für Europa

Die Industrielle Revolution

Kinderarbeit heute

**M1** *Sturm auf die Bastille – der Beginn der Französischen Revolution*

# Verschiedene Arten von Revolutionen

**M1** *In Paris um das Jahr 1780 – Straßenszene (links) und Szene am Königshof Ludwigs XVI. (rechts)*

## Revolutionen haben tief greifende Folgen

Das Bild auf den Seiten 174/175 zeigt die Erstürmung der Bastille am 14. Juli 1789; die Bastille war das Gefängnis der Stadt Paris. Dieses Ereignis war der Beginn der Französischen Revolution. Durch diese **Revolution** haben sich die politischen Verhältnisse in Frankreich vollkommen verändert.

Ereignisse von einer solch großen und für die Zukunft eines Landes wichtigen Bedeutung gab es nicht nur in der Politik. Auch Erfindungen auf dem Gebiet der Technik hatten die Bedeutung einer Revolution. Mithilfe des Telefons beispielsweise konnten Informationen schneller als je zuvor ausgetauscht werden.

## Info

**Revolution**
Das Wort „Revolution" wird in vielen Bereichen verwendet, zum Beispiel in der Politik und in der Technik. Mit diesem Begriff werden Ereignisse beschrieben, die das Leben der Menschen grundlegend verändert („auf den Kopf gestellt") haben.

## Quelle 1

**Revolution der armen Bevölkerung**
Damit eine Revolution [der gesellschaftlichen Ordnung] ausbricht, müssen die untersten Klassen [die ärmsten Menschengruppen] mit ihren Lebensverhältnissen sehr unzufrieden sein. Aber sie müssen auch ein Mindestmaß von Stärke haben. Sie müssen die Hoffnung haben, dass sie die bestehenden Verhältnisse verändern können.
(A. Schaff: Geschichte und Wahrheit. Wien 1970, S. 9)

| Absolutismus | Beginn der Französischen Revolution | Neue Verfassung | Tod von Ludwig XVI. | Ende der Französischen Revolution | Frankreich wird wieder Monarchie |
|---|---|---|---|---|---|
| | Sturm auf die Bastille; Erklärung der Menschen- und Bürgerrechte Abschaffung der Ständegesellschaft | | | Machtübernahme Napoleons | Kaiserkrönung Napoleons |
| | 1789 | 1791 | 1793 | 1799 | 1804 |

**M2** *Zeitleiste zur Französischen Revolution*

## Revolutionen verändern die Welt

**M3** *Erfinder und ihre Erfindungen*

(Labels im Bild: Johann Philipp Reis (1834–1874); Telefon 1861; Karl Benz (1844–1929); Revolver mit Kipplauf 1835; Samuel C. Colt (1814–1862); George Eastman (1854–1932); Motorwagen 1886; Amateur-Kamera 1888)

### Quelle 2

**Es gibt keine Mauer mehr zwischen West- und Ostberlin**

Am 10. November 1989 um 0.02 Uhr sind sämtliche Übergänge zwischen beiden Stadthälften von Berlin offen. Eine riesige Menschenmenge aus Ostberlin wälzt sich in die Innenstadt von Westberlin. Kneipen und Restaurants bleiben bis in die Morgenstunden geöffnet. Die meisten Wirte spendieren Freibier. Politiker und Fernsehteams aus aller Welt mischen sich unter die Feiernden. Zeitungen drucken Sonderausgaben. Das Ende von 28 Jahren Mauer und Stacheldraht mündet in die größte Spontan-Party aller Zeiten. Die friedliche Revolution hat gesiegt.

(Nach: Nachrichtenmagazin Focus vom 4. Oktober 1999, S. 137)

### Aufgaben

**1** Nenne mögliche Gründe für die Erstürmung der Bastille (M1, Seite 174/175, M1 und Quelle 1).

**2** a) Ordne die Erfindungen den Namen der Erfinder zu (M3, Lexikon).
b) War die Erfindung des Motorwagens eine Revolution? Erläutere.

**3** a) Informiere dich über die Ereignisse im November 1989 in Berlin (Quelle 2, M4, neues Lexikon Stichwort: Berlin).
b) Erkläre den Begriff „friedliche Revolution", der in diesem Zusammenhang verwendet wurde.

**M4** *In Berlin spielten sich in der Nacht vom 9. zum 10. November 1989 unbeschreibliche Szenen ab. Die Mauer, die seit dem 13. August 1961 den Ostteil der Stadt vom Westteil trennte, wurde geöffnet.*

---

**Merke**
Eine Revolution verändert die Lebensverhältnisse der Menschen grundlegend.

**Grundbegriff**
• Revolution

# Die Französische Revolution

## Aufgaben

**1** Untersuche die Entwicklung der Einnahmen und Ausgaben des französischen Staates (M1). Fasse dein Ergebnis in einem Merksatz zusammen.

**2** Der Finanzminister schlägt vor, dass der erste und zweite Stand (Seite 170, M3) mehr Steuern zahlen sollen.
a) Welche Gründe könnte er anführen?
b) Was hält der König deiner Meinung nach von diesem Vorschlag? Erkläre.

**3** Lege Transparentpapier auf M3. Umrande den König und die einzelnen Stände (Seite 170, M3) mit verschiedenen Farben. Beschrifte die Zeichnung mit den Namen der Stände.

## Die Kassen sind leer!

Im Jahr 1788 litt der größte Teil der Bevölkerung Frankreichs Hunger und Not. Unwetter und Dürren hatten im Land zu Missernten geführt. König Ludwig XVI. dagegen lebte auf seinem Schloss Versailles bei Paris in Saus und Braus. Das aufwendige Leben am Hof des Königs kostete viel Geld. Hinzu kamen die Ausgaben für den Hofstaat, die königlichen Beamten im Land und das Heer. Die Ausgaben des französischen Staates waren viel höher als die Einnahmen. Der König lieh sich deshalb Geld beim Adel und von reichen Bürgern. Dafür musste er hohe Zinsen zahlen. Die Staatsschulden wuchsen immer mehr an. Frankreich stand kurz vor dem Bankrott.

In dieser schwierigen Situation beriet sich der König mit seinem Finanzminister. Der Minister war der Meinung, dass der Klerus (erster Stand) und der Adel (zweiter Stand) direkt an den König Steuern zahlen sollten. Er empfahl König Ludwig XVI., die **Generalstände** einzuberufen, die von alters her für Steuerfragen zuständig sind. Nur sie konnten die Steuergesetze ändern.

| Jahr | Einnahmen | Ausgaben |
|---|---|---|
| | in Mio. Livres | |
| | (damalige Währung) | |
| 1726 | 181 | 182 |
| 1751 | 259 | 256 |
| 1775 | 377 | 411 |
| 1788 | 472 | 634 |

**M1** *Einnahmen und Ausgaben des französischen Staates*

| | Ausgaben in Mio. Livres | Anteil in % |
|---|---|---|
| Hof | 43 | 7 |
| Heer | 159 | 25 |
| Rückzahlung von Staatsschulden und Zinsen | 261 | 41 |
| sonstige Ausgaben | 171 | 27 |

**M2** *Staatsausgaben 1788*

**M3** *Eröffnung der Generalstände durch den König (rechts: der Adel; links: die Kirchenvertreter; vorn: Vertreter des dritten Standes)*

## Revolutionen verändern die Welt

### Der König wankt, aber er fällt nicht

Im Mai 1789 versammelten sich die Generalstände im Schloss des Königs. Ludwig XVI. hoffte, höhere Steuern durchsetzen zu können. Bevor die Verhandlungen begannen, kam es jedoch zu einem Streit. Es ging darum, wie abgestimmt werden sollte. Bisher hatte jeder Stand nur eine Stimme. Der dritte Stand fühlte sich dadurch betrogen. Nun verlangte er, dass jeder Einzelne der gewählten Abgeordneten eine Stimme abgeben durfte. König Ludwig XVI. lehnte diese Forderung ab.

Die Vertreter des dritten Standes waren empört. Sie verstanden sich als die wahren Vertreter der Bevölkerung Frankreichs. Als sich der dritte Stand nicht durchsetzen konnte, trennte er sich von den übrigen Ständen und erklärte sich zur **Nationalversammlung**. Er beriet sich in einem Tanzsaal des Schlosses, dem sogenannten Ballhaus. Dem dritten Stand schlossen sich zahlreiche Abgeordnete der anderen Stände an. Alle schworen, so lange zusammenzubleiben, bis Frankreich eine Verfassung (siehe Seite 183) erhielt.

**M5** *Zusammensetzung der Generalstände im Mai 1789*

### Quelle

**Gibt es bald eine neue Herrschafts- und Gesellschaftsordnung?**
Das Verhalten des dritten Standes ist eine offene Kampfansage an den König. Vor allem die Forderung nach einer Verfassung bedeutet Zündstoff. Sollte eine Verfassung zustande kommen, wäre natürlich auch der König daran gebunden. Das würde das Ende des Absolutismus bedeuten. Und sollten zudem noch die Vorrechte des Adels abgeschafft werden, so wäre auch die Ständegesellschaft am Ende.

(Nach der Fernsehsendung „Freiheit, Gleichheit, Brüderlichkeit" des Bayerischen Rundfunks vom 18.12.1999)

### Aufgaben

**4** Der dritte Stand wollte, dass bei einer Abstimmung jeder einzelne Abgeordnete eine Stimme hat. Erkläre (M5).

**5** Erläutere die möglichen Folgen einer neuen Verfassung (Quelle).

**M4** *Die Nationalversammlung legte am 20. Juni 1789 einen Eid, den sogenannten Ballhausschwur, ab.*

### Merke
Frankreich stand im Jahr 1788 vor dem Bankrott. Die Generalstände sollten eine Steuererhöhung beschließen. Im Streit um das Abstimmungsverfahren erklärte sich der dritte Stand zur Nationalversammlung. Er forderte für Frankreich eine Verfassung.

### Grundbegriffe
- Generalstände
- Nationalversammlung

# Die Französische Revolution

**M1** *Nach der Erstürmung wurde die Bastille bis auf die Grundmauern niedergerissen.*

## „Auf zur Bastille!"

**14. Juli 1789:** Die Straßen von Paris sind voll von Menschen. Die Leute haben gehört, dass König Ludwig XVI. Soldaten nach Paris schicken will. Sie glauben, dass der König die Nationalversammlung einschüchtern und dadurch seine Macht sichern will.

Vor allem die sogenannten kleinen Leute sind darüber sehr empört. Sie haben dem König vertraut, aber die Versorgung mit Lebensmitteln ist noch schlechter geworden. Die Wut gegen den König und die Anhänger des Absolutismus ist nicht mehr zu bremsen. Mit Gewalt stürmt die Menge die Bastille. Sie befreit die Gefangenen. Dabei gibt es viele Tote.

### Info

**Bastille**
Die Bastille war eine mächtige Festung in Paris. König Ludwig XIV. ließ dort seine politischen Gegner einsperren. Er nutzte die Bastille als Staatsgefängnis. Die Bastille war ein Symbol des Absolutismus, der unumschränkten Herrschaft des Königs. Am Beginn der Französischen Revolution stürmte am 14. Juli 1789 die Pariser Bevölkerung die Bastille und befreite die Gefangenen. Heute befindet sich an der Stelle der ehemaligen Bastille ein großer Platz. Der Tag der Erstürmung der Bastille, der 14. Juli, ist seit 1880 in Frankreich Nationalfeiertag zum Gedenken an den Beginn der Französischen Revolution.

### Quelle 1

**Bericht des Uhrmachers J. B. Humbert vom Sturm auf die Bastille**
Gegen 15.30 Uhr kamen wir an der Bastille an. Jeder von uns gab ungefähr sechs Gewehrschüsse ab. Erst als wir die Kanone zünden wollten, wurde die Zugbrücke heruntergelassen. Die Tür dahinter war verschlossen. Nach etwa zwei Minuten öffnete ein Soldat die Tür von innen. Er fragte uns, was wir wollten. „Übergebt die Bastille!", antworteten ich und die anderen. Da ließ uns der Soldat hinein.
(Nach C.E. Paschold u.a.: Die Französische Revolution. Stuttgart 1989, S. 80)

## Aufgaben

**1** Das Bild auf den Seiten 174–175 hat ein Weinhändler gemalt. Er war bei der Erstürmung der Bastille dabei. Berichte über die Ereignisse aus der Sicht des Händlers.

**2** Für die Bevölkerung war die Bastille ein Symbol für die uneingeschränkte Herrschaft des Königs. Erkläre (Info).

**M2** *Die Kommandanten der Bastille wurden enthauptet und ihre Köpfe der johlenden Menge gezeigt.*

## Revolutionen verändern die Welt

### Bauern lehnen sich auf

Die Nachricht von der Erstürmung der Bastille verbreitete sich wie ein Lauffeuer in ganz Frankreich. Die Ereignisse von Paris ermutigten die Bauern, sich gegen die Grundherren und die Kirche aufzulehnen. Ihre Wut über die hohen Steuern und Abgaben war riesig groß. Überall auf dem Land kam es zu Unruhen.

Die Bauern fanden sich zusammen. Sie bewaffneten sich mit Mistgabeln, Sensen, Dreschflegeln und Jagdgewehren. Sie drangen in Klöster und in die Schlösser der Adligen ein. Damit rächten sie sich für die jahrelange Unterdrückung. Tausende von Adelsfamilien flohen ins Ausland, weil sie um ihr Leben fürchteten.

**M4** *Bauern verbrennen Urkunden ihrer Grundherren (Bild von 1889).*

**M3** *Bauern schlagen mit Dreschflegeln auf verschiedene Standeszeichen des Adels und der Kirche, wie zum Beispiel Orden, Degen, Rüstung, Bischofsstab oder Mitra (Karikatur).*

### Aufgaben

**3** Warum haben die Bauern die Urkunden ihrer Grundherren verbrannt (M4, Quelle 2)?

**4** Werte die Karikatur M3 aus.

## Quelle 2

**Ein Adliger beschwert sich bei der Nationalversammlung über das Verhalten der Bauern**

Am 29. Juli 1789 stürmte eine Horde wild gewordener Bauern in mein Schloss. Ich stellte mich vor sie, aber sie warfen mich zu Boden. So etwas hatte ich noch nie erlebt. Ich bekam große Angst. Zum Glück waren meine Frau und meine zwei Kinder nicht im Schloss.
Die Bauern durchsuchten jedes Zimmer. Sie brachen die Schränke auf und durchwühlten die Schubladen. Sie nahmen alle Urkunden mit. Sie haben die Papiere im Wald neben dem Schloss sofort verbrannt. Aber das war den Bauern wohl noch nicht genug. Sie drehten auch meinen Gänsen und Tauben den Hals um.
(Nach W. Markov: Revolution im Zeugenstand. Leipzig 1982, S. 102f)

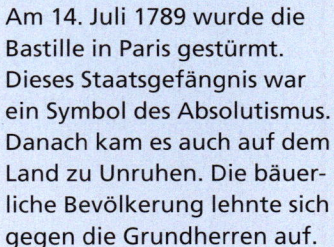

### Merke
Am 14. Juli 1789 wurde die Bastille in Paris gestürmt. Dieses Staatsgefängnis war ein Symbol des Absolutismus. Danach kam es auch auf dem Land zu Unruhen. Die bäuerliche Bevölkerung lehnte sich gegen die Grundherren auf.

# Die Französische Revolution

## Aufgaben

**1** Viele Bauern hofften nach den Beschlüssen vom 5. August 1789 auf ein besseres Leben. Erkläre (Text, Quelle).

**2** Welche Menschen- und Bürgerrechte (M1) gelten
a) für den einzelnen Menschen;
b) für die ganze Gesellschaft?

**3** Nenne zwei Rechte, die deiner Meinung nach für das Zusammenleben in einer Gesellschaft am wichtigsten sind. Begründe.

**4** Was hat sich mit der Verfassung von 1791 an der Machtstellung des Königs verändert (M2, M4)?

**5** Prüfe, ob die Verfassung von 1791 mit den Punkten 1 und 3 der Menschen- und Bürgerrechte übereinstimmt (M2, M1).

## Hoffnung auf ein besseres Leben

Die Unruhen in den Städten und auf dem Land fanden kein Ende. Die Aufstände der Armen gegen die Reichen waren nicht mehr zu kontrollieren. Die Nationalversammlung musste handeln, damit in ganz Frankreich wieder Ruhe einkehrte. Deshalb schuf sie in der Nacht vom 4. auf den 5. August 1789 alle Vorrechte des Adels ab. Auch der Klerus (die Kirche) musste auf bisherige Rechte verzichten. Die Bauern brauchten zum Beispiel an die Kirche nicht mehr den zehnten Teil ihrer Ernten abzuliefern. Durch die Beschlüsse der Nationalversammlung wurden die Grundlagen der Ständegesellschaft (siehe Seiten 170/171) beseitigt. Eine neue **Gesellschaftsordnung** musste geschaffen werden.

### Quelle
**Gleiche Rechte und Pflichten**
Das alte Frankreich wurde am 5. August 1789 endgültig zu Grabe getragen. Die Bauern waren nicht mehr Leibeigene der Grundherren. Sonderrechte der Adeligen und des Klerus wie zum Beispiel Steuerbefreiungen wurden aufgehoben. Jetzt musste jeder Steuern zahlen. Jeder Staatsbürger sollte zu jedem Amt zugelassen werden, wenn er dazu fähig war.
(Nach P. Sethe: Die großen Tage. Frankfurt a.M. 1953, S. 57f)

*DÉCLARATION DES DROITS DE L'HOMME ET DU CITOYEN*
Décrétés par l'Assemblée Nationale dans les séances des 20, 21, 23, 24 et 26 août 1789, acceptés par le Roi

1. Die Menschen sind von Geburt frei und gleich an Rechten.
2. Der Zweck jeder politischen Vereinigung ist die Erhaltung der Menschenrechte. Diese Rechte sind Freiheit, Eigentum, Sicherheit und Widerstand gegen Unterdrückung.
3. Der Ursprung jeder Herrschaft liegt seinem Wesen nach beim Volk.
4. Die Freiheit besteht darin, alles tun zu dürfen, was anderen nicht schadet. Grenzen dürfen nur vom Gesetz festgelegt werden.
10. Niemand darf wegen seiner Meinung, selbst religiöser Art, belangt werden.
11. Die freie Mitteilung der Gedanken und Meinungen ist eines der kostbarsten Menschenrechte.
13. Die Steuer muss auf alle Bürger nach ihrem Vermögen gleich verteilt werden.

**M1** *Auszug aus der „Erklärung der Menschen- und Bürgerrechte" von 1789. Sie umfasst 17 Punkte.*

## Revolutionen verändern die Welt

### Eine neue Ordnung entsteht

Die Abgeordneten der Nationalversammlung diskutierten lange über die neue Gesellschaftsordnung. Dann entschieden sie, wie die Menschen in Zukunft zusammenleben sollten. Ein wichtiger Teil der neuen Ordnung war die „Erklärung der Menschen- und Bürgerrechte". Die Rechte wurden am 26. August 1789 verkündet. Sie galten für alle Franzosen, auch für den König.

Die „Erklärung der Menschen- und Bürgerrechte" war die Grundlage einer neuen **Verfassung**. In ihr wurde festgelegt, wie Frankreich regiert werden sollte. Die Macht des Königs wurde eingeschränkt. Er konnte nun nicht mehr wie früher allein regieren und herrschen wie er wollte.

**M3** *„Der König im Käfig der Verfassung" (zeitgenössische Karikatur)*

### Info

**Menschen- und Bürgerrechte**

Bereits einige Jahrzehnte vor der Französischen Revolution, in der Zeit der **Aufklärung**, schrieben Gelehrte, dass alle Menschen von Natur aus frei sind und die gleichen Rechte haben. Diese angeborenen und bleibenden Rechte nannten sie **Menschenrechte**. Zu den Menschenrechten zählt auch, dass die Herrschaft in einem Staat beim Volk liegt. Es darf dann keinen Alleinherrscher geben, der seine Macht missbraucht und das Volk unterdrückt.

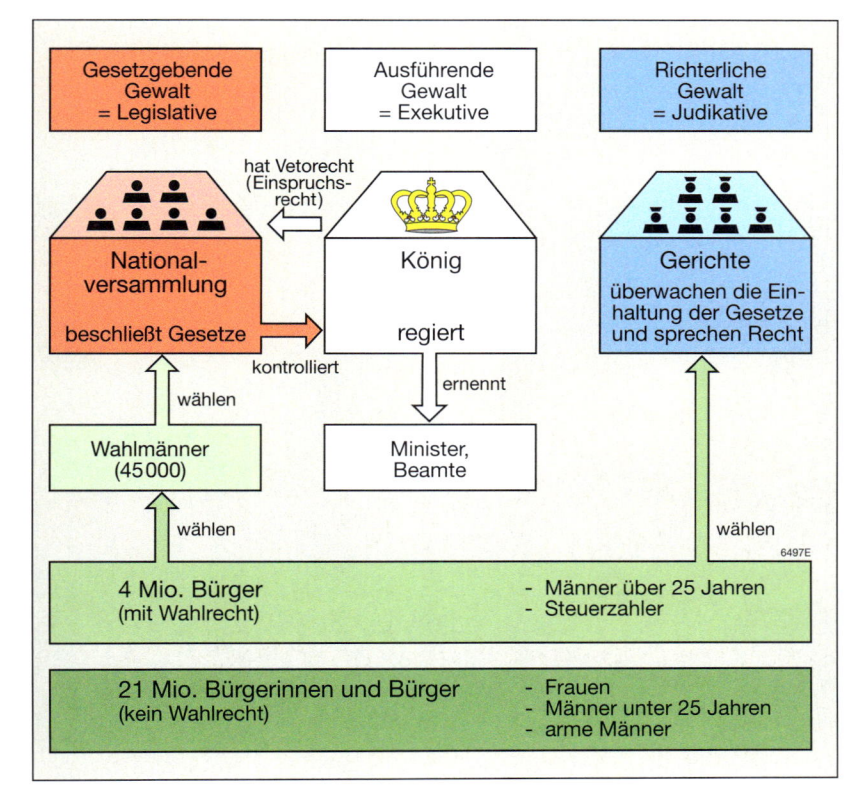

**Der König hat die absolute Macht.**
Er regiert allein.
Er macht die Gesetze allein.
Er überwacht allein, dass die Gesetze befolgt werden.
Er entscheidet allein, was Recht ist.

**Untertanen müssen gehorchen.**

**M4** *So herrschten Frankreichs Könige bis 1791*

**M2** *Frankreichs neue Verfassung von 1791*

### Merke

Im Jahr 1789 wurde eine neue Gesellschaftsordnung auf der Grundlage der Erklärung der Menschen- und Bürgerrechte geschaffen. Die neue Verfassung von 1791 schränkte die Macht des Königs ein.

**Grundbegriffe**
- Gesellschaftsordnung
- Verfassung
- Aufklärung
- Menschenrechte

# Die Französische Revolution

M1 *Frankreich im Jahr 1792*

## Frankreich hat keinen König mehr

Ludwig XVI. fühlte sich nicht mehr sicher. Im Juni 1791 floh er mit seiner Gemahlin Marie Antoinette in einer Kutsche. Ihr Ziel war das Ausland. In dem Ort Varennes-en-Argonne wurden der König und die Königin erkannt und nach Paris zurückgebracht. Viele Franzosen betrachteten den Fluchtversuch als Verrat am Vaterland.

Die Fürsten in Europa hatten Angst, dass es auch in ihren Ländern zu einer Revolution kommt. Österreich und Preußen drohten Frankreich mit einem Krieg, falls dort die Monarchie abgeschafft wird. Sie ließen Soldaten an den Grenzen zu Frankreich aufmarschieren. Daraufhin erklärte Frankreich diesen Ländern 1792 den Krieg.

Nun überschlugen sich die Ereignisse. Nach wie vor herrschte überall Armut und Hunger. Das Volk war unzufrieden. Im August 1792 wurde Ludwig XVI. von aufgebrachten Bürgern gefangengenommen. Die Nationalversammlung setzte den König ab. Frankreich wurde eine Republik. Es war das erste Land in Europa ohne König.

## Quelle 1

**Zur Hinrichtung des Königs**

Ludwig XVI. hat eine Verschwörung gegen die Republik angezettelt. Er hat Verbindungen mit Fürsten im Ausland aufgenommen. Mit ihrer Hilfe wollte er die Revolution in Frankreich rückgängig machen.
Ein solcher König gefährdet das Glück seines Volkes. Er wird deshalb zum Tode verurteilt. Ludwig muss sterben, weil das Vaterland Frankreich leben soll.

(Nach K.H. Peter (Hrsg.): Reden, die die Welt bewegten. Stuttgart 1959, S. 53f)

## Aufgaben

**1** Warum wurde König Ludwig XVI. abgesetzt und zum Tode verurteilt (Text, Quelle 1)?

**2** a) Beschreibe M2.
b) Stell dir vor, du stehst auf dem Platz. Was würdest du denken oder tun?

**3** Nach der Hinrichtung des Königs rief ein Teil der Zuschauer: „Es lebe die Republik!".
Die meisten Menschen gingen jedoch traurig fort.
Warum haben sich die Zuschauer so unterschiedlich verhalten? Nenne mögliche Gründe.

M2 *Am 21. Januar 1793 wurde Ludwig XVI. mit einer Guillotine (Fallbeil) hingerichtet.*

## Revolutionen verändern die Welt

### Der König ist tot, es lebe der Kaiser

Nach dem Tod Ludwig XVI. übernahm die Nationalversammlung, die nun Nationalkonvent hieß, die Regierung. Unter den Abgeordneten gab es Anhänger der Monarchie und Anhänger der Republik. Zwischen ihnen kam es immer wieder zum Streit über die richtige Politik. Die meisten Franzosen interessierte dieser Streit kaum noch. Sie sehnten sich nach Sicherheit und Ordnung. Die Menschen glaubten, dass dann die Lebensverhältnisse endlich besser würden.

In dieser Zeit richteten sich alle Hoffnungen auf Napoleon Bonaparte. Napoleon war General und sehr beliebt. Er kämpfte während der Französischen Revolution gegen Anhänger der Monarchie. In Kriegen errang er wichtige Siege für Frankreich. Napoleon übernahm im Jahr 1799 die Macht und erklärte die Französische Revolution für beendet. Er krönte sich am 2. Dezember 1804 selbst zum Kaiser. Das war das Ende der Republik. Frankreich war wieder eine Monarchie.

**M4** *Napoleon Bonaparte (1769 – 1829) als junger Mann*

### Quelle 2

**Kaiserkrönung in der Pariser Kathedrale Notre-Dame**
Papst Pius VII. salbte zuerst den Kaiser und die Kaiserin mit dem heiligen Öl. Dann segnete er ihre Kronen. Als der Papst dem Kaiser die Krone aufsetzen wollte, wurde ihm gesagt, dass er das nicht tun soll. Napoleon setzte sich selbst die Krone auf. Eine Bewegung ging durch die Versammlung. Man empfand Bewunderung über den „edlen und berechtigten Stolz" des großen Feldherrn.
(Nach O. Aubry: Die Französische Revolution. Paris. o.J., S. 122f)

### Aufgaben

**4** Stelle Daten zu Napoleon und seinem Leben zusammen (M4, Lexikon).

**5** Erläutere den Unterschied zwischen einer Monarchie und einer Republik.

**M3** *Napoleon Bonaparte, der sich zuvor selbst gekrönt hat, setzt seiner Frau Josephine die Krone auf. (Gemälde von J.-L. David)*

---

**Merke**
1792 wurde König Ludwig XVI. abgesetzt und Frankreich Republik. Napoleon Bonaparte übernahm 1799 die Macht und erklärte die Französische Revolution für beendet. Napoleon krönte sich 1804 selbst zum Kaiser. Frankreich wurde wieder Monarchie.

# Zeitsprung

# Menschenrechte heute

## Quelle 1

**Allgemeine Erklärung der Menschenrechte der Vereinten Nationen (UN) vom 10. Dezember 1948 (Auszug)**

*Artikel 3:* Jedermann hat das Recht auf Leben, Freiheit und Sicherheit der Person.

*Artikel 5:* Niemand darf der Folter oder grausamer, unmenschlicher oder erniedrigender Behandlung oder Strafe unterworfen werden.

*Artikel 7:* Alle Menschen sind vor dem Gesetz gleich.

(Nach Wochenschau, 49. Jg., September 1998, S. 33)

---

- In 110 Staaten der Erde werden Gefangene misshandelt oder gefoltert.
- Mindestens 300.000 politische Gefangene sitzen ohne Anklage im Gefängnis.
- Mindestens 17 Millionen Menschen befinden sich auf der Flucht vor Hunger und Gewalt.
- In 106 Staaten gilt die Todesstrafe.
- Täglich sterben 35.000 Kinder an Hunger und Gewalt.
- 1,4 Milliarden Menschen leben in absoluter Armut.
- In 45 Ländern werden Menschen willkürlich hingerichtet.
- 700 Millionen Menschen sind arbeitslos oder unterbeschäftigt.

**M1** *Menschenrechtsverletzungen in der Welt*

## Menschenrechte für alle Menschen?

Die Erklärung der Menschenrechte von 1789 (siehe Seiten 182/183) ist eine der wichtigsten Errungenschaften der Französischen Revolution. 1948 haben die Vereinten Nationen (UN) auf dieser Grundlage eine „Allgemeine Erklärung der Menschenrechte" verabschiedet. Alle Mitgliedsstaaten haben sie unterzeichnet. Doch gilt sie für alle Menschen auf der ganzen Welt?

## Info 1

**Demokratische Republik Kongo**
Kontinent: Afrika
Fläche: 2 345 411 km²
Einwohner: 66,5 Mio.
Hauptstadt: Kinshasa
Geschichte: Die Demokratische Republik Kongo (DR Kongo) hieß bis 1960 Belgisch-Kongo und von 1971 bis 1997 Zaïre. Nicht zu verwechseln mit der westlich gelegenen Republik Kongo. Durch Bürgerkrieg und Korruption ist die Regierung insbesondere im Osten des Landes nicht mehr Herr der Lage. Bodenschätze werden von lokalen Kriegsherren ausgebeutet. Die DR Kongo wird als gescheiterter Staat bezeichnet.

## Quelle 2

**Mehr als 250 000 Menschen fliehen vor Bürgerkrieg**
Massaker, Vergewaltigungen und brutale Überfälle bestimmen den Alltag der Menschen im Osten des Kongos. Tausende Frauen, Männer und Kinder fliehen vor den Kämpfern und Plünderern. Die Lage der Flüchtlinge wird immer verzweifelter. Es fehlt an Lebensmitteln, Trinkwasser und Medikamenten, Decken, Kleidung und Notunterkünften. Die Menschen sind der kühlen Regenzeit schutzlos ausgeliefert. Besonders viele Kinder leiden unter schwerer Bronchitis und Lungenentzündungen. Rund um Goma sind bereits die ersten Menschen an Cholera erkrankt.
(Nach: www.misereor.de)

## Quelle 3

**Krieg um Rohstoffe**
Die Demokratische Republik Kongo, in der einer der erbittertsten Konflikte der Welt tobt, ist ein reiches Land. Es gibt Öl und Diamanten – vor allem aber das Mineral Coltan, das für die Herstellung von Handys benötigt wird. Doch wie in anderen Ländern Afrikas auch fördert dieser Reichtum die Gewalt.
(Nach: sueddeutsche.de vom 19.11.2008)

**Revolutionen verändern die Welt**

# Zeitsprung

## Quelle 4

**Folter und Tötung**

Die Menschenrechte werden in Myanmar noch immer massiv verletzt. Die Militärregierung in Naypyidaw kontrolliert das ganze Land. Jeder Widerspruch gegen das Regime wird streng bestraft. Meinungs-, Versammlungs- und Pressefreiheit existieren nicht. Zahlreiche politische Gefangene verbüßen hohe Freiheitsstrafen. Besonders betroffen sind politisch andersdenkende Minderheiten in abgelegenen Gebieten. Hier geht das örtliche Militär nach eigenem Ermessen gegen die Menschen vor, wobei unter anderem Zwangsarbeit, Zwangsumsiedlung, Mord und Folter praktiziert werden. (Nach: Auswärtiges Amt, 25. Mai 2005)

## Info 3

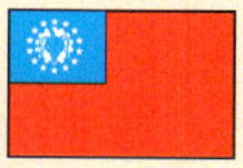

**Myanmar**
Kontinent: Asien
Fläche: 676 578 km$^2$
Einwohner: ca. 53 Millionen
Hauptstadt: Naypyidaw
Geschichte: Myanmar (früher Birma) erlangte 1948 die Unabhängigkeit von Großbritannien. Seit 1962 regiert das Militär.

## Info 2

**Vereinte Nationen (United Nations Organization: UNO)**

Die UNO wurde 1945 gegründet; Hauptsitz ist New York. Ihr gehören 185 Staaten an. Die wichtigste Aufgabe ist die Sicherung des Friedens und der Schutz der Menschenrechte.

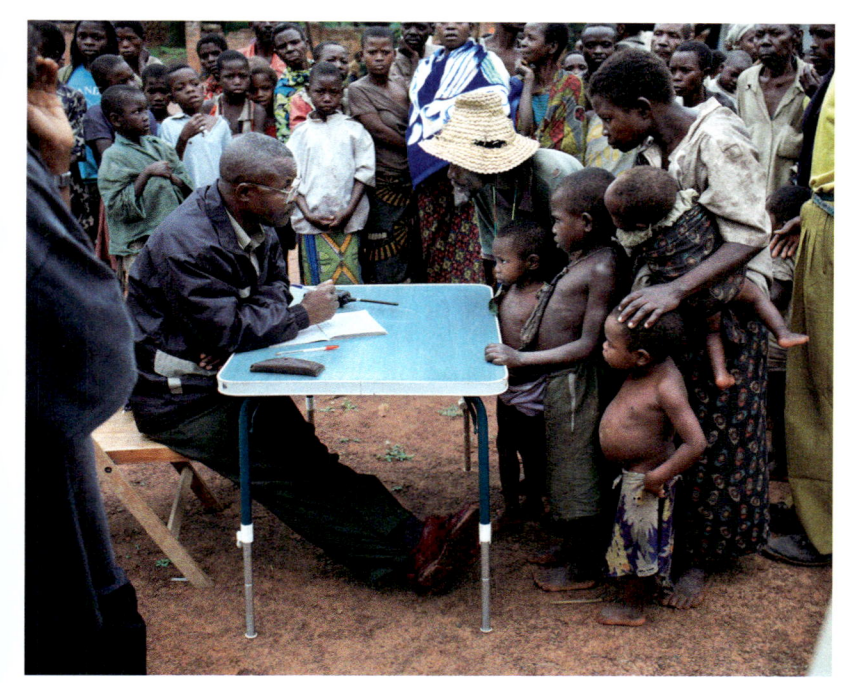

## Aufgaben

**1** Liste die Menschenrechtsverletzungen stichwortartig auf (M1).

**2** Stelle die aktuelle Situation in der DR Kongo dar (Internet).

**3** In dem Prospekt eines Reiseveranstalters heißt es: „… weil sich das Land Myanmar aus politischen Gründen fremden Einflüssen nur wenig öffnet, bietet es ein besonders unverfälschtes Bild asiatischen Lebens." Nimm dazu Stellung.

### Merke
Die Menschenrechte gehen auf die Französische Revolution zurück. Obwohl diese Rechte in fast allen Staaten der Erde gelten, werden sie immer wieder verletzt.

**M2** *Ankunft im Flüchtlingslager (DR Kongo)*

# Gewusst wie

## Ein Lernplakat erstellen

**Vor der Revolution**

Sehr viele arme Menschen

Wenige reiche Menschen

Ständegesellschaft!
König Ludwig XVI. regiert allein.

**Kampfansage an den König**

Der dritte Stand erklärt sich zur Nationalversammlung.
Forderung nach einer Verfassung;
Ballhausschwur!

**Die Französische REVOLUTION**

Die gesellschaftlichen und politischen Verhältnisse wurden mit Gewalt verändert.

**Es lebe der Kaiser!**

1799: Napoleon übernimmt die Macht.
**Ende der Französischen Revolution.**
Napoleon krönt sich 1804 zum Kaiser.

**Der König ist tot**

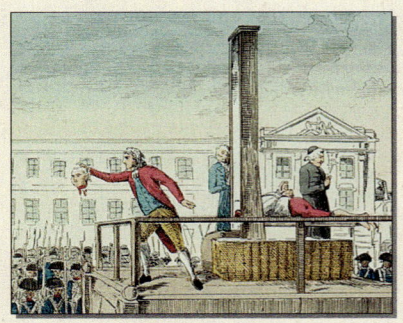

1793: Hinrichtung von König Ludwig XVI.
**Ende der Monarchie;**
Frankreich wird Republik.

**M1** *Die Französische Revolution: Lernplakat einer Schülerin*

# Gewusst wie

**Revolutionen verändern die Welt**

## Wenn eine Klassenarbeit geschrieben wird, …

… kannst du dich mit einem Lernplakat auf die Arbeit gut vorbereiten. Auf einem solchen Plakat stehen die wichtigsten Inhalte eines Themas: Informationen, die du wissen musst.

### Auf zur Bastille!

**14. Juli 1789:
Sturm auf die Bastille;
Ausbruch der Revolution**

### Alle Menschen sind gleich

...degesellschaft wird abgeschafft.
**26. August 1789: Erklärung der
Menschen- und Bürgerrechte.**
Neue Verfassung schränkt
Macht des Königs ein.

### Schritt für Schritt, dann klappt's am besten

Wenn du ein Lernplakat erstellst, gehst du am besten in den folgenden fünf Schritten vor:
1. Verschaffe dir zunächst einen Überblick über das Thema. Schlage im Schulbuch und in deinem Heft oder deiner Mappe nach.
2. Schreibe Stichwörter und kurze Sätze, die dir zum Thema einfallen, auf Papierstreifen.
3. Gliedere das Thema in Teilthemen. Lege dazu die Papierstreifen zusammen, die inhaltlich zueinander passen.
4. Gib jedem Teilthema eine passende Überschrift. Hier helfen die Überschriften im Schulbuch weiter.
5. Ordne die einzelnen Themen auf einem Karton übersichtlich und sinnvoll an. (Bei der Französischen Revolution bietet sich eine zeitliche Anordnung an). Klebe erst dann die Materialien fest.
6. Hänge das Plakat im Klassenzimmer auf.

### Tipps zur Gestaltung des Lernplakats

– Schreibe kurze Überschriften, kurze Sätze und Stichwörter, weil du dir die gut merken kannst.
– Hebe Dinge hervor, die besonders wichtig sind (z.B. Überschriften und Jahreszahlen durch Farbe, eine größere Schrift oder Unterstreichung).
– Ergänze die Stichwörter und Texte unbedingt mit Bildern. Dann behältst du das, was du lernen sollst, viel besser.

## Aufgaben

**1** Was brauchst du, wenn du ein Lernplakat anfertigen willst? Erstelle eine Liste.

**2** Besonders wichtige Dinge werden in M1 hervorgehoben. Nenne Beispiele.

**3** Halte mithilfe des Lernplakats (M1) einen kurzen Vortrag zum Thema „Die Französische Revolution".

> **Merke**
> Das Lernplakat ist eine Hilfe bei der Vorbereitung auf eine Klassenarbeit.

# Die Revolution von 1848

## Quelle 1

**„Das Lied der Deutschen"
(Dritte Strophe)**

Einigkeit und Recht und Freiheit
für das deutsche Vaterland!
Danach lasst uns alle streben
brüderlich mit Herz und Hand!
Einigkeit und Recht und Freiheit
sind des Glückes Unterpfand.
Blüh im Glanze dieses Glückes,
blühe, deutsches Vaterland.

(Hoffmann von Fallersleben, geboren 1798, gestorben 1874, deutscher Dichter)

**M1** *Auf dem Weg zum Schloss Hambach 1832*

## Einigkeit und Recht und Freiheit!

***27. Mai 1832:*** 30 000 Menschen marschieren zum Schloss Hambach bei Neustadt in der Pfalz. Immer wieder wird aus der Menge laut gerufen: „Es lebe Deutschland!" und „Es lebe die Freiheit!". Bauern, Handwerker, Studenten, Professoren, Journalisten und Rechtsanwälte sind aus ganz Deutschland angereist. Sie setzen sich für ein geeintes Deutschland ein. Dieser **Nationalstaat** soll eine Republik sein. In einer Verfassung sollen die politischen Mitspracherechte und die Freiheitsrechte der Bürger festgelegt werden. Einige aus der Menge fordern sogar, dass die Fürsten in Deutschland abgesetzt werden. Diese haben bisher die alleinige Macht und regieren nach Belieben.

***Februar 1848:*** In Frankreich entsteht erneut eine Revolution. Das Land wird wieder eine Republik. Dieses Ereignis greift auf Deutschland über und löst auch hier Unruhen aus. In vielen kleineren und größeren Städten, wie zum Beispiel Berlin, kommt es zu blutigen Aufständen. Die Menschen sind fest entschlossen, die politischen Verhältnisse zu verändern. Sie sind sehr unzufrieden, zumal sich auch die Lebensverhältnisse verschlechterten. Vor 1848 gab es mehrere Missernten. Jetzt sind die Lebensmittel knapp und die Preise steigen höher und höher. Aber die Löhne haben sich nicht verändert.

Die Bevölkerung der Stadt Mannheim reagiert zuerst auf die Ereignisse in Frankreich. Am 27. Februar 1848 versammeln sich dort 2500 Männer und Frauen. Es werden Forderungen an die Politiker gestellt (siehe Quelle 2). Würde ein Umsturz der bestehenden politischen und sozialen Verhältnisse gelingen?

## Quelle 2

**Petition (Bittschrift)
vieler Bürger und Einwohner
der Stadt Mannheim**

Das deutsche Volk hat das Recht, zu verlangen:
- Wohlstand, Bildung und Freiheit für alle,
- unbedingte Pressefreiheit,
- ein deutsches Parlament, frei gewählt durch das Volk.

Diese Forderungen sind so dringend, dass mit deren Erfüllung nicht länger gezögert werden kann und darf.

(Nach „Mannheimer Petition" vom 27. Februar 1848)

### Revolutionen verändern die Welt

**M2** *700 Aufständische ziehen durch die Stadt Lörrach (Baden). Ihr Anführer, Gustav Struve, fordert die Menschen auf, sich anzuschließen. Doch nur wenige machen mit (Gemälde von 1848).*

Der Journalist Struve setzte sich ebenso wie der Rechtsanwalt Friedrich Hecker leidenschaftlich für eine Republik ein. Beide stammten aus Mannheim. Sie warben auf zahlreichen Volksversammlungen für ihre politischen Ideen. Struve und Hecker waren sich sicher, dass die Bevölkerung hinter ihnen stand. Deshalb rief Hecker am 12. April 1848 in Konstanz die Republik aus. Doch der Aufstand schlug fehl.

**M3** *Straßenkampf in Berlin 1848*

## Aufgaben

**1** Welche Vorstellungen hatte Hoffmann von Fallersleben von einem deutschen Vaterland (Quelle 1)?

**2** Welche Gründe führten zur Revolution von 1848? Erläutere mithilfe von Quelle 2.

**3** Hättest du dich dem badischen Revolutionär Gustav Struve angeschlossen (M2)? Nenne Gründe, die aus deiner Sicht dagegen und Gründe, die dafür sprechen.

**4** a) An der Revolution von 1848 beteiligten sich Menschen aus allen Schichten der Bevölkerung. Begründe.
b) Mit welchen Mitteln haben sie sich für Freiheit und Demokratie eingesetzt?

### Merke
Im Jahr 1848 kam es in Deutschland zu einer Revolution. Die Menschen forderten einen Nationalstaat und setzten sich für bessere Lebensverhältnisse ein. Sie versuchten, ihre Ziele auch mit Gewalt durchzusetzen.

### Grundbegriff
- Nationalstaat

# Die Revolution von 1848

**M1** *Die Abgeordneten der Nationalversammlung ziehen in die Paulskirche ein*

## Die Nationalversammlung tagt

Die Revolutionäre hatten ein großes Ziel erreicht. In allen deutschen Ländern wurden Abgeordnete für ein Parlament, die sogenannte Nationalversammlung, gewählt. Es gab noch keine Parteien. Deshalb wurden fast nur bekannte und angesehene Personen gewählt: zum Beispiel der Professor für deutsche Sprache Jacob Grimm und der Dichter Ludwig Uhland.

Die Abgeordneten trafen sich am 18. Mai 1848 in Frankfurt am Main. Sie tagten in der Paulskirche. Der Präsident der Nationalversammlung erläuterte die Aufgaben des Parlaments: „Wir sollen eine Verfassung für Deutschland schaffen, für das gesamte Reich. Deutschland will eins sein, ein Reich, regiert vom Willen des Volkes. Wenn über Manches Zweifel besteht und Ansichten auseinandergehen, über die Forderung der Einheit ist kein Zweifel."

Die Abgeordneten erarbeiteten eine neue Verfassung für ganz Deutschland. Die Grundrechte waren Teil der Verfassung. Sie sollten Rechte sichern, die den Menschen bisher verweigert wurden. Aber welche Länder sollten zu Deutschland gehören? Die Nationalversammlung entschied sich für die kleindeutsche Lösung.

## Aufgaben

**1** Welche Lösungen haben die Abgeordneten der Nationalversammlung auf die vier wichtigen Fragen gefunden (M2)?

**2** Welche Länder sollten zu einem vereinten Deutschland gehören (M5 und Atlas, Karte: Revolution 1848/49)?

**3** Vergleiche die Karten M4 und M5. Nenne Unterschiede (Atlas).

**4** Lies die Artikel 2, 3, 4, 5, 10, 13 und 14 im Grundgesetz der Bundesrepublik Deutschland. Ordne die Artikel den Grundrechten in M3 zu.

**M2** *Wichtige Fragen, über die die Abgeordneten diskutierten*

- Brauchen wir einen Kaiser?
- Wer soll das Deutsche Reich regieren?
- In Österreich leben viele Völker, die nicht Deutsch sprechen. Soll Österreich trotzdem zum Deutschen Reich gehören?
- Welche Länder gehören eigentlich zu einem vereinten Deutschland?

## Revolutionen verändern die Welt

### Quelle

**Nimmt der König von Preußen die Kaiserkrone an?**

Deutschlands Königskrone ist nie anders als durch die Wahl der Reichsfürsten vergeben worden – und das seit 1000 Jahren. Erlauben Sie mir jetzt zu fragen: Was bietet man mir? Wer bietet mir? Antwort: Eine Versammlung von 600 Untertanen bietet mir die Krone an. Aber Untertanen können keine Krone vergeben.

(Schreiben des preußischen Königs Friedrich Wilhelm IV. an den Großherzog von Sachsen-Weimar, Auszug)

## Ein Traum zerplatzt

Der König von Preußen lehnte die Kaiserkrone ab. Er setzte Militär gegen die Revolutionäre ein und löste die Nationalversammlung gewaltsam auf. Viele Revolutionäre wurden verhaftet und erschossen. Andere konnten ins Ausland fliehen. Der Deutsche Bund mit seinen Fürstentümern wurde wieder eingerichtet. Die Fürsten hoben alle Grundrechte auf. Die Revolution von 1848 war gescheitert. Die Bürgerinnen und Bürger hatten ihren Kampf für Einheit und Freiheit verloren.

**M4** *Die großdeutsche Lösung*

**M5** *Die kleindeutsche Lösung*

§ 137 Der Adel als Stand ist aufgehoben. Die Deutschen sind vor dem Gesetz gleich.

§ 138 Die Freiheit der Person ist unverletzlich.

§ 143 Jeder Deutsche hat das Recht, durch Wort, Schrift, Druck und Bild seine Meinung frei zu äußern.

§ 162 Die Vereinigungs- und Versammlungsfreiheit wird gesichert.

§ 164 Das Eigentum ist unverletzlich.

§ 166 Jeder Untertänigkeits- und Hörigkeitsverband hört für immer auf.

**M3** *„Grundrechte des deutschen Volkes" aus dem Jahr 1848*

### Merke

Der König von Preußen sollte Kaiser werden und das vereinte Deutschland regieren. Er lehnte dies ab und löste die Nationalversammlung auf. Die Revolution von 1848 war gescheitert.

193

# Amerika – Vorbild für Europa

**M1** „We are one." Erste Münze der Vereinigten Staaten von Amerika

### Info
**USA**
Die Vereinigten Staaten von Amerika heißen auf Englisch: „**U**nited **S**tates of **A**merica". Von der englischen Bezeichnung wird die Abkürzung USA abgeleitet.

## Europäische Siedler in Amerika

Die Besiedlung Nordamerikas begann 1607. Damals landeten drei englische Schiffe mit etwa 100 Menschen an der amerikanischen Ostküste. Sie gründeten eine kleine Stadt und nannten sie Jamestown. Ab 1620 begann eine regelrechte Einwanderungswelle. Menschen aus allen europäischen Ländern gründeten Siedlungen in Nordamerika. Bauern, Handwerker und Kaufleute wollen in der neuen Welt ihr Glück machen. Aber es kamen auch Abenteuerlustige und religiös verfolgte Menschen. Im Laufe der Jahre entstanden 13 Kolonien, die den englischen Gesetzen unterstanden. Rechtlich galten die Kolonisten als Engländer. England war aber sehr weit weg und in den Kolonien gab es viele Aufgaben und Probleme, die schnell gelöst werden mussten. Deshalb gab es bald in allen Kolonien eine Art **Selbstverwaltung**. Weil das Land dünn besiedelt war und die Wege weit waren, fingen die Siedler an, Vertreter zu wählen, die dann auf die Versammlungen gingen, um sich zu beraten und Entscheidungen zu fällen.

## Der Kampf gegen das Mutterland

England hatte durch Kriege viel Geld ausgegeben. Man suchte nach neuen Möglichkeiten, Geld zu bekommen. Da beschloss das Parlament in London, neue Steuern einzuführen, die hauptsächlich von den 13 Kolonien in Amerika bezahlt werden sollten. Auf fast alle Waren, die aus England kamen, wurden jetzt Zölle erhoben. Die Menschen waren empört. Bisher hatten sie ihre Angelegenheiten selbst bestimmt. Jetzt wollte England über sie bestimmen. Am meisten ärgerten sich die Menschen über die Teesteuer, die sie für indischen Tee bezahlen sollten. Denn Tee war ihr Lieblingsgetränk.

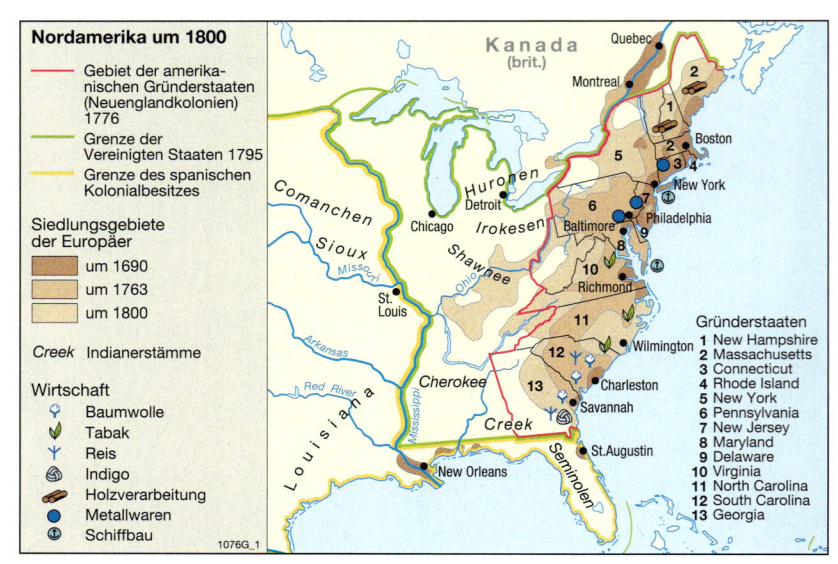

### Aufgaben

**1** Erläutere, welche Bevölkerungsgruppen nach Amerika auswanderten und warum.

**2** Beschreibe das Verhältnis der Kolonien zum Mutterland England.

**3** Erkläre die Gründe für die Selbstverwaltung der Siedler in den Kolonien.

**4** a) Stelle dar, wie es zur Boston Tea-Party kam.
b) Beschreibe die Folgen.

**5** Erkläre die Gewaltenteilung in der Verfassung der USA.

**6** Erläutere die Aussage: „Die USA sind das Vorbild für alle demokratischen Staaten in Europa."

**M2** Die 13 Kolonien in Nordamerika

## Revolutionen verändern die Welt

## Boston Tea-Party und der Weg in die Unabhängigkeit

Als im Dezember 1773 drei englische Schiffe mit Tee beladen in Boston einliefen, schlichen 50 als Indianer verkleidete Kolonisten auf die Schiffe, überwältigten die Wachen und warfen mehr als 300 Teekisten ins Wasser. Dann verschwanden sie wieder. Ganz Boston lachte über diesen Streich. Doch der englische König war empört über diese dreiste Auflehnung. Kriegsschiffe blockierten den Hafen, die Bürger sollten Schadenersatz leisten und die Schuldigen ausliefern. Diese waren dazu jedoch nicht bereit. 1775 begann der amerikanische **Unabhängigkeitskrieg**. Vertreter der 13 Kolonien hatten nämlich beschlossen, die Abhängigkeit von England zu beenden. 1776 verkündeten sie ihre Unabhängigkeit und ein Jahr später schlossen sie sich zu einem losen Bund von 13 Staaten zusammen. Der Krieg dauerte bis 1781. England wurde militärisch besiegt und 1782 erkannte der englische König die 13 „Vereinigten Staaten von Amerika" als unabhängig an.

## Die Verfassung der USA

In den nächsten Jahren entwickelten die USA eine gemeinsame Verfassung. Sie wurde 1787 verabschiedet. Die Verfassung legte den Aufbau des neuen Staates sowie die Rechte und Pflichten der einzelnen Bundesstaaten fest. Um einen Missbrauch der Macht zu verhindern, wurde eine Trennung der Gewalten eingeführt. Es gab die gesetzgebende Gewalt (Parlament), die ausführende Gewalt (Präsident) und die richterliche Gewalt (Oberster Gerichtshof). 1791 wurde der Verfassung ein Katalog von Menschenrechten hinzugefügt. Sie gilt bis heute und ist Vorbild für viele Staaten in Europa.

**M3** *Bostoner Tea-Party, 1773 (zeitgenössische Darstellung)*

### Info

**Kleine Flaggenkunde**
Die amerikanische Nationalflagge von 1777 enthielt 13 Streifen und 13 im Kreis angeordnete Sterne. Jeder Stern stand für eine Kolonie.
Die Farben Rot, Weiß und Blau haben ihren Ursprung im „Union Jack", der Flagge des englischen Mutterlandes. Im Sternenbanner ist jede Farbe ein Symbol: Weiß steht für Reinheit und Unschuld, Rot für Tapferkeit und Widerstandsfähigkeit, Blau für Wachsamkeit, Beharrlichkeit und Gerechtigkeit.

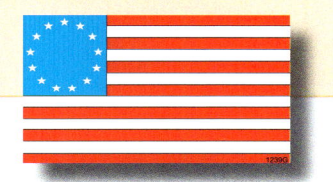

### Aufgabe

**7** a) Erläutere die Bedeutung der einzelnen Elemente der amerikanischen Flagge.
b) Erkunde die Anzahl der Sterne auf der jetzigen amerikanischen Flagge.
c) Wann ist der letzte Bundesstaat dazugekommen?

### Merke
Mit der Unabhängigkeitserklärung und der Einführung der Verfassung waren die Vereinigten Staaten von Amerika Vorbild für viele Staaten in Europa.

### Grundbegriffe
- Selbstverwaltung
- Unabhängigkeitskrieg

# Die Industrielle Revolution

## Aufgaben

**1** Wie funktioniert eine Dampfmaschine (M2)?

**2** Die Erfindung der Dampfmaschine war eine Revolution im Bereich der Technik. Erkläre (Quelle).

**3** Beschreibe die Entwicklung der Kruppwerke Essen (M3).

**4** Vergleiche die Karten M4 und M5 miteinander. Welche Unterschiede stellst du fest? Begründe sie.

## Mit Volldampf in eine moderne Zeit

Die Erfindung der Dampfmaschine durch den Engländer James Watt leitete die **Industrielle Revolution** ein. Ihm gelang es im Jahr 1769, die Kraft des Dampfes in Bewegung umzusetzen. Dampfmaschinen wurden zuerst in englischen Fabriken eingesetzt, zum Beispiel in Spinnereien und Webereien. Garne und Stoffe konnten nun in großen Mengen hergestellt werden. Die Massenproduktion setzte sich durch. Das Zeitalter der **Industrialisierung** war angebrochen.

Die Vorteile der Dampfmaschine wurden bald auch in Deutschland genutzt. Im Ruhrgebiet wurden seit 1780 Dampfmaschinen im Bergbau oder bei der Herstellung von Eisen und Stahl eingesetzt. Zahlreiche Unternehmer gründeten hier neue Fabriken. Viele Arbeiterinnen und Arbeiter wurden gebraucht.

### Quelle

**Bericht aus England 1835**

Wir sehen eine Dampfmaschine mit einer Kraft von 100 Pferden. Sie setzt bis zu 50 000 Spindeln in Bewegung. Das Ganze bedienen 750 Arbeiter. Die Maschinen erzeugen so viel Garn wie früher 200 000 Menschen. Ein Arbeiter leistet heute so viel wie früher 266.

(Nach C. Bernoulli: Geschichte der britischen Baumwollmanufactur. Stuttgart 1836, S. 67)

**M1** *James Watt (1736–1819), Erfinder der Dampfmaschine*

**M2** *So funktioniert eine Dampfmaschine: In einem Ofen (a) wird Feuer gemacht. Das Wasser im Kessel (b) verdampft. Der Wasserdampf wird so in den Zylinder (c) geleitet, dass er den Kolben (d) einmal nach oben und dann wieder nach unten drückt. Diese Bewegung wird durch das Gestänge (e) auf zwei Zahnräder (f) übertragen. Diese treiben ein Schwungrad (g) an. Das Rad ist über einen Lederriemen (h) mit einer Maschine verbunden.*

# Revolutionen verändern die Welt

1820: etwa 30 Beschäftigte

1884: 10 800 Beschäftigte

**M3** *Entwicklung der Kruppwerke in Essen, in denen Stahl produziert wurde. Der Unternehmer Friedrich Krupp stellte hier im Jahr 1835 die erste Dampfmaschine auf.*

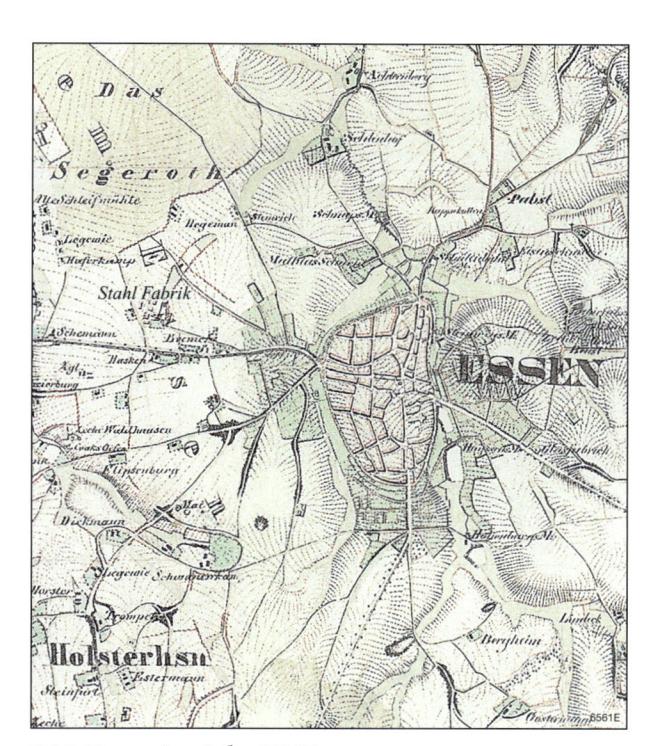

**M4** *Essen im Jahr 1842*

**M5** *Essen im Jahr 1892*

| Jahr | Einwohner |
|---|---|
| 1905 | 476 200 |
| 1871 | 143 900 |
| 1858 | 71 700 |
| 1816 | 24 800 |

**M6** *Bevölkerungsentwicklung in Essen 1816 – 1905*

---

**Merke**
Die Industrielle Revolution begann mit der Dampfmaschine.

**Grundbegriffe**
- Industrielle Revolution
- Industrialisierung

# Die Industrielle Revolution

## Quelle 1

**Fabrikordnung der Firma Krupp 1838**

1. Jeder Arbeiter muss treu und folgsam sein.
2. Er muss durch Fleiß beweisen, dass er die Absicht hat, zum Nutzen der Fabrik zu arbeiten.
3. Wer fünf Minuten zu spät zur Arbeit kommt, verliert einen Viertel Tag.

(Nach C. Jantke: Der vierte Stand. Freiburg 1955, S. 178)

6 Uhr morgens ist die Zeit, wenn der Krupp'sche Esel schreit! Dann rennt jeder, was er kann mit und ohne Henkelmann. Denn genau in 5 Minuten wird der Esel nochmals tuten. Nur der dicke Rentner Feuchter eilt nicht! Seines Weges kreucht er! Plötzlich da, ein Stoß, ein Schwupp, fliegt sein Hut zum sel'gen Krupp. Nun rennt er auch – wie besessen! So sieht's aus früh 6 in Essen!

**M1** *Der laute Heulton einer Werkssirene („Krupp'scher Esel") warnte die Arbeiter: Nur noch fünf Minuten, dann beginnt die Arbeit.*

## Arbeiten statt spielen

Der Lohn eines Arbeiters und seiner Frau reichte oft nicht aus, um eine Familie zu ernähren. Über die Hälfte des Einkommens gab ein einfacher Arbeiter für Lebensmittel aus. Deshalb mussten auch die Kinder arbeiten gehen. Kinderarbeit war weit verbreitet. In den Fabriken standen sogar Zehnjährige bis zu zwölf Stunden am Tag an den Maschinen. Gearbeitet wurde mindestens sechs Tage in der Woche, von Montag bis Samstag.

In den Städten lebten die meisten Arbeiterkinder in engen Ein- oder Zweizimmerwohnungen. Die hygienischen Verhältnisse waren katastrophal.

## Quelle 2

**In einer Baumwollspinnerei um 1850**

Die Luft war stickig und heiß. Überall flogen winzige Baumwollteilchen herum. Der Fußboden war mit einer klebrigen Masse aus Öl und Staub überzogen. Man musste sich zwischen den Maschinen durchzwängen. Der Lärm war entsetzlich. Der Raum war dunkel.

(Nach W. Lautemann, Geschichte in Quellen, Bd. VI. München 1970, S. 156)

## Aufgaben

**1** Berichte über die Arbeit in der Fabrik (Quelle 2). Beginne so: „Ich bin dreizehn Jahre alt und …".

**2** Kinder wurden in den Baumwollspinnereien oft krank. Nenne mögliche Gründe (Quelle 2).

**3** Vergleiche die Arbeit von Isa mit der von Narsamma (M3, Quelle 3). Nenne Unterschiede.

**4** Warum arbeiten in der Streichholzfabrik (M4) so viele Kinder? Begründe mithilfe von Quelle 3.

**M2** *Kind in einer Baumwollspinnerei um 1900*

# Kinderarbeit heute

## Zeitsprung

**M3** *Kinderarbeit gibt es überall: Isa (16 Jahre) aus Plön jobbt neben der Schule, um sich besondere Wünsche zu erfüllen. Narsamma (12 Jahre) arbeitet in Indien zehn Stunden am Tag auf einer Teeplantage.*

## Quelle 3

**Schulden müssen zurückgezahlt werden**

Narsamma lebt in Nordindien. Ihre Eltern sind Landwirte. Sie bauen auf den Feldern Nutzpflanzen zur Selbstversorgung an. Als im letzten Jahr der Regen ausblieb, verdorrte die Ernte. Narsammas Eltern mussten sich Geld leihen, um Reis kaufen zu können.
Von einem Arbeitsvermittler bekamen sie 2000 indische Rupien (umgerechnet etwa 50 Euro). Dafür muss Narsamma auf einer Teeplantage arbeiten. Sie verdient umgerechnet 19 Euro im Monat. Damit werden der Kredit und die sehr hohen Zinsen zurückgezahlt. Schuldknechtschaft nennt man dieses Arbeitsverhältnis.
(Nach einer Sendung des SWR1-Radio vom 10.8.2003)

## Info

**Kinderarbeit heute**

Weltweit arbeiten 250 Millionen Kinder, die erst fünf bis 14 Jahre alt sind. Sie
- knüpfen zum Beispiel Teppiche in Pakistan,
- nähen T-Shirts in Bangladesch,
- stellen Spielzeug in China her oder
- arbeiten in Bergwerken in Kolumbien.

**Merke**
Um 1850 arbeiteten in Deutschland in den Fabriken auch Kinder. Die Arbeit war gefährlich und ungesund. Heute gibt es in vielen Ländern Kinderarbeit.

**M4** *In einer Streichholzfabrik in Indien (heute)*

# Die Industrielle Revolution

## Wohnungsnot

Die Hoffnung auf Arbeit und Verdienst lockte um 1850 immer mehr Menschen in die Städte. Die Zahl der Einwohner stieg in kurzer Zeit sehr stark an. In älteren Häusern wurden die Keller und Dachböden zu Mietwohnungen umgebaut. Zusätzlich mussten so schnell wie möglich neue Wohnungen geschaffen werden. Trotzdem herrschte große Wohnungsnot. Es wurden immer höhere Mieten verlangt.

Arbeiter, die gut verdienten, konnten sich eine kleine Wohnung leisten. Andere mussten sich mit nur einem Zimmer begnügen. Manche Familien vermieteten an alleinstehende Arbeiter ein Bett, um ihr Einkommen aufzubessern. Einige Arbeiter teilten sogar ihr Bett mit einem Kollegen, der in einer anderen Schicht arbeitete.

Die neuen Arbeitersiedlungen entstanden in unmittelbarer Nähe der Fabriken. Sie wurden regelrecht „aus dem Boden gestampft". Wer keine Wohnung oder kein Bett fand, baute sich eine notdürftige Behausung aus Brettern. In diesen Barackensiedlungen wohnten die ganz armen Arbeiter. Andere wiederum hausten in Ställen oder Schuppen.

**M1** *Große Wäsche ohne eine Kochgelegenheit war mühsam*

## Aufgabe

**1** a) Verdeutlicht euch die Größe der Arbeiterwohnung (M3). Zeichnet dazu mit Kreide einen Grundriss im Schulhof.
b) Sprecht über die Lebensverhältnisse der Familie (M1, M2, M3).

## Quelle

**„Wohnung zu vermieten!" – ein Arbeiter berichtet:**
Die Wände der Wohnung waren feucht. Zwei kleine Fenster führten in einen schmalen Gang. Kein Sonnenstrahl drang ins Zimmer. Die Kammer hatte gar keine Fenster und war stockdunkel. Ein Kamin im Haus, in den man halb hineinkriechen musste, vertrat die Stelle der Küche.
(Nach W. Emmerich: Proletarische Lebensläufe, S. 180)

| | |
|---|---|
| *Montag:* | Kartoffelsuppe |
| *Dienstag:* | Sauerkraut und weiße Bohnen |
| *Mittwoch:* | Suppe mit Erbsen |
| *Donnerstag:* | Kartoffeln mit roten Rüben |
| *Freitag:* | Zwei Heringe mit Kartoffeln |
| *Samstag:* | Linsensuppe |
| *Sonntag:* | Fleischbrühe vom Knochen und Kartoffeln |

**M2** *Hauptmahlzeiten einer Arbeiterfamilie*

**M3** *24 Quadratmeter für sieben Personen*

# Revolutionen verändern die Welt

**M4** *Die Halle der Villa Hügel ist mit einem Thronsaal vergleichbar*

**M6** *Die Villa Hügel wurde 1872 – 1873 von der Familie Krupp in Essen erbaut. Mit 220 Räumen ist sie eine der prunkvollsten Fabrikantenvillen in Deutschland.*

## Wohnungen für Mitarbeiter der Firma

Es gab auch einige Unternehmer, die für ihre Arbeiter eigene Wohnungen bauten. Zum Beispiel vermietete die Firma Krupp an ihre Mitarbeiter 3200 Wohnungen. Die Jahresmiete war günstig; sie betrug für eine Zwei-Zimmer-Wohnung 110 Mark im Jahr. Ein Arbeiter verdiente im Durchschnitt 3,50 Mark am Tag. Hörte ein Arbeiter auf, bei der Firma Krupp zu arbeiten, musste er ausziehen.

**M5** *Mehrfamilienhäuser der Firma Krupp. Zu jedem Haus gehörte ein Vorgarten; jede Wohnung hatte einen eigenen Wasseranschluss*

## Aufgaben

**2** Inwiefern waren die Wohnverhältnisse der Krupp'schen Arbeiter besser als die der anderen Arbeiter?

**3** Stell dir vor, du wärst ein Arbeiterkind im 19. Jahrhundert und gehst durch die Villa Hügel (M4, M6). Was würdest du denken?

> **Merke**
> In den Städten war um 1850 die Wohnungsnot groß. Viele Arbeiter und ihre Familien lebten in armen Verhältnissen. Unternehmer konnten sich prachtvolle Wohnungen leisten.

# Die Industrielle Revolution

## Info

**Die soziale Frage**
Im 19. Jahrhundert waren die Arbeits- und Lebensbedingungen der Arbeitnehmer schlecht. Die sozialen Probleme (z.B. unzumutbare Arbeitsbedingungen, Massenarmut) blieben lange Zeit ungelöst. Sie werden als soziale Frage bezeichnet.

## Gesellschaft im Wandel

Mit der Industrialisierung veränderte sich nicht nur die Arbeitswelt, sondern auch die Gesellschaft. Es entstanden zwei neue gesellschaftliche Gruppen (Klassen): zum einen die Unternehmer (Fabrikanten), zum anderen die Fabrikarbeiterinnen und Fabrikarbeiter.

Die Arbeiterinnen und Arbeiter nannte man **Proletarier**. Sie besaßen fast nichts und hatten in der Regel viele Kinder. Auch waren sie den Fabrikanten schutzlos ausgeliefert. Kein Gesetz regelte ihre Arbeitszeit. Wer krank wurde oder sich in der Fabrik an einer Maschine verletzte und deshalb nicht arbeiten konnte, bekam keinen Lohn. Auch erhielten die Arbeiter im Alter keine Rente und waren deshalb auf die Unterstützung von Familienangehörigen angewiesen.

## Aufgaben

**1** a) Wodurch könnte der Streik (M1) ausgelöst worden sein?
b) Schreibe auf, was der Arbeiter mit ausgestrecktem Arm zu dem Unternehmer mit Zylinder gesagt haben könnte (Text, Quelle 1).

**2** Was erhofften sich die Arbeiter von der Arbeiterbewegung?

## Quelle 1

**Fleißige Arbeit wird nicht belohnt**
Der eigentliche Beschwerdepunkt des Arbeiters ist die Unsicherheit darüber, was mit ihm passiert. Der Unternehmer kann dem Arbeiter jederzeit kündigen, ohne dass der etwas dagegen tun kann. Verfällt der Arbeiter dadurch in Armut, so ist er völlig hilflos. Und das, obwohl er die ganze Zeit vorher treu und fleißig gearbeitet hat.
(Nach Otto von Bismarck: Gesammelte Werke, Bd. 12. Berlin 1924, S. 319f)

**M1** *„Der Streik": Arbeitnehmer vor dem Haus eines Unternehmers (Gemälde von R. Koehler, 1886)*

## Revolutionen verändern die Welt

## Quelle 2

**Einigkeit macht stark**
Der einzelne Arbeiter ist gegenüber dem Unternehmer machtlos. Die einzige Möglichkeit, seine Lebensbedingungen auf Dauer zu verbessern, ist die Vereinigung mit seinesgleichen. Der Beitritt zu einer **Gewerkschaft** ist lebensnotwendig. Sie stärkt das Gefühl der Zusammengehörigkeit, ohne das kein großes Ziel erreicht werden kann.

(Nach August Bebel: Gewerkschaftsbewegung und politische Parteien. Stuttgart 1900)

### Aufgaben

**3** Welchen Vorschlag machten Marx und Engels zur Lösung der sozialen Frage (M2, Quelle 3)?

**4** Wie ist deine Familie heute sozial abgesichert?

**5** Erstelle ein Lernplakat zur Industriellen Revolution.

## Bessere Arbeits- und Lebensbedingungen

Die Arbeitnehmer spürten, dass sie ihre Forderungen (z.B. höhere Löhne, kürzere Arbeitszeiten, bessere Arbeitsbedingungen) nur gemeinsam durchsetzen konnten. Im Jahr 1848 gründeten sie die ersten Gewerkschaften. Sie schlossen sich in Arbeitervereinen zusammen.

Auch die Sozialdemokratische Arbeiterpartei (SDAP) setzte sich für die Interessen der Arbeiter ein. Großen Einfluss auf die **Arbeiterbewegung** hatten Karl Marx und Friedrich Engels.

Die soziale Lage der Arbeiter verbesserte sich erst Ende des 19. Jahrhunderts entscheidend. Otto von Bismarck, Kanzler des 1871 gegründeten Deutschen Reiches, sorgte für eine Sozialgesetzgebung: Er führte 1883 die Krankenversicherung für Arbeiter ein, 1884 die Unfallversicherung und 1889 die Invaliditäts- und Altersversicherung. Diese **Sozialgesetze** wurden zum Schutz der Arbeitnehmer gemacht.

### Info

**Kommunismus**
Die Idee des Kommunismus entstand Mitte des 19. Jahrhunderts. Anhänger dieser Idee fordern die politische Herrschaft der Arbeiterklasse. Die Produktionsmittel, wie Fabriken, Maschinen, Ackerland, sollen nicht einzelnen Personen gehören, sondern dem ganzen Volk. Auch die Gewinne aus der Produktion müssen der gesamten Gesellschaft zugutekommen.

**M2** *Karl Marx (1818 – 1883) war ein Philosoph und Politiker. Er war davon überzeugt, dass die Proletarier durch die Fabrikanten ausgebeutet werden.*
*Er und Friedrich Engels (1820 – 1895) beschrieben, wie die soziale Frage gelöst werden kann (siehe Quelle 3).*

## Quelle 3

**Proletarier aller Länder vereinigt euch!**
Die Kommunisten erklären es offen, dass ihre Zwecke nur erreicht werden können durch den gewaltsamen Umsturz der bisherigen Gesellschaftsordnung. Mögen die herrschenden Klassen vor einer Revolution zittern. Die Proletarier haben nichts zu verlieren als ihre Ketten.

(Nach Karl Marx: Das Manifest der Kommunistischen Partei (1848).
In: Marx-Engels-Werke, Bd. 4. Berlin 1964, S. 461 – 493)

### Merke
Die soziale Frage blieb bis in die zweite Hälfte des 19. Jahrhunderts ungelöst. Sie verbesserte sich entscheidend im Zuge der Arbeiterbewegung und mit der Gründung von Gewerkschaften. Es wurden Sozialgesetze geschaffen.

**Grundbegriffe**
- Proletarier
- Gewerkschaft
- Arbeiterbewegung
- Sozialgesetz

# Alles klar? Revolutionen verändern die Welt

## 1. Nicht leicht zu knacken!

Übertrage das Rätsel auf ein Rechenblatt oder lege Transparentpapier auf das Rätsel.
Im dunklen Rahmen findest du das Lösungswort.

1. Name einer Firma in Essen, die für ihre Arbeiter eigene Wohnungen baute.
2. Anlass für die Boston Tea-Party.
3. Die ... wurde 1787 in den USA verabschiedet.
4. Richterliche Gewalt in den USA: ... Gerichtshof
5. Gesetzgebende Gewalt in den USA.
6. Krieg von 1775 bis 1781 zur Erlangung der ... .
7. Name für Arbeiterinnen und Arbeiter zur Zeit der Industriellen Revolution.
8. Erfindung, die die Industrielle Revolution einleitete.
9. Gebiete in Übersee unter der Verwaltung europäischer Länder.
10. Ausführende Gewalt in den USA.

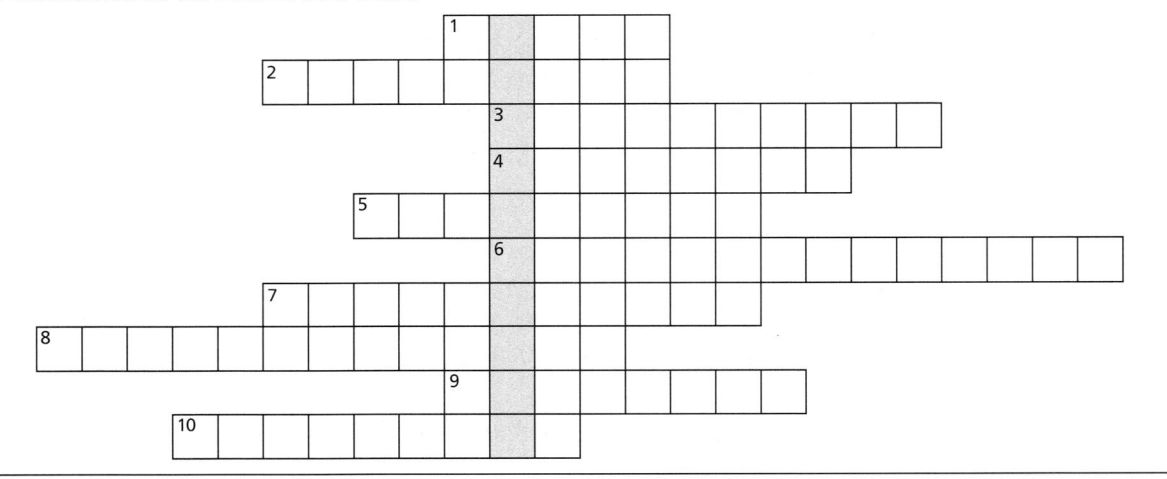

## 2. Wortreihen

a) Welcher Begriff passt nicht in die Reihen A bis D? Begründe deine Wahl.

**A** Ruhrgebiet – Dampfmaschine – Hinrichtung des Königs – soziale Frage

**B** Bastille – Villa Hügel – Armut – Ballhausschwur – Ständegesellschaft

**C** Nationalstaat – Schloss Hambach – Grundrechte – Kinderarbeit

**D** Sozialgesetz – Kinderarbeit – Wohnungsnot – lange Arbeitszeiten

## 3. Hier fehlt etwas

Schreibe die folgenden Sätze in dein Heft und ergänze:

- Die Macht von König Ludwig XVI. wurde durch die Verfassung von 1791 eingeschränkt. Er war nicht mehr ...
- König Ludwig XVI. wurde hingerichtet, weil ...
- In Frankreich übernahm Napoleon Bonaparte im Jahr 1799 die Macht. Er ...
- 27. Mai 1832: 30 000 Menschen marschierten zum Schloss Hambach bei Neustadt in der Pfalz. Sie ...
- Mit der Erfindung der Dampfmaschine ...
- Zur Industriellen Revolution fällt mir zuerst ein, dass ...
- Mit der Arbeiterbewegung verbinde ich die Namen ...
- Die soziale Frage verbesserte sich entscheidend ...
- Die Bastille wurde gestürmt, weil ...
- Nach dem Sturm auf die Bastille begannen im Land ...

# Das Wichtigste

## Verschiedene Arten von Revolutionen

Der Begriff Revolution wird in verschiedenen Bereichen, vor allem in der Politik und in der Technik, verwendet. Durch eine Revolution verändern sich die Lebensverhältnisse der Menschen grundlegend.

## Die Französische Revolution

Gegen Ende des 18. Jahrhunderts wollte der König die Steuern erhöhen. Er berief die Generalstände ein. Es kam zu einem Streit um das Abstimmungsrecht. Die Abgeordneten des dritten Standes erklärten sich zur Nationalversammlung. Diese tagte im Ballhaus und forderte eine neue Verfassung für Frankreich.

König Ludwig XVI. wollte seine Macht sichern. Aufgebrachte Bürger stürmten daraufhin am 14. Juli 1789 in Paris das Gefängnis Bastille. Das war der Beginn der Französischen Revolution. Frankreich bekam 1791 eine neue Gesellschaftsordnung. Grundlage waren die Menschen- und Bürgerrechte. 1792 wurde der König abgesetzt und Frankreich Republik. 1799 übernahm Napoleon die Macht.

## Menschenrechte heute

1948 haben die Vereinten Nationen (UN) die „Allgemeine Erklärung der Menschenrechte" verabschiedet. Obwohl sie inzwischen in fast allen Staaten der Erde gilt, wird sie immer wieder verletzt.

## Die Revolution von 1848, Amerika – Vorbild für Europa

Im Jahr 1848 kam es in Deutschland zu einer Revolution. Die Menschen waren mit der Politik der Fürsten sehr unzufrieden. Sie wollten einen Nationalstaat. Dieses Ziel versuchten sie mit Gewalt durchzusetzen. Abgeordnete der Nationalversammlung erarbeiteten eine gemeinsame Verfassung für alle deutschen Länder. Die Grundrechte waren Teil der Verfassung. Der König von Preußen sollte Kaiser werden und das vereinte Deutschland regieren. Er lehnte jedoch ab. Damit war die Revolution von 1848 gescheitert.

Die Verfassung der USA enthält einen Katalog von Menschenrechten. Sie gilt bis heute und ist Vorbild für viele Staaten in Europa.

## Die Industrielle Revolution

Mit der Erfindung der Dampfmaschine im Jahr 1769 begann die Industrielle Revolution. Trotz schlechter Arbeitsbedingungen kamen immer mehr Menschen in die Städte. Die Arbeitnehmer lebten in armen Verhältnissen. Ihre sozialen Bedingungen besserten sich erst entscheidend mit der Verabschiedung von Sozialgesetzen.

**Grundbegriffe**
- Revolution
- Generalstände
- Nationalversammlung
- Gesellschaftsordnung
- Verfassung
- Aufklärung
- Menschenrechte
- Nationalstaat
- Selbstverwaltung
- Unabhängigkeitskrieg
- Industrielle Revolution
- Industrialisierung
- Proletarier
- Gewerkschaft
- Arbeiterbewegung
- Sozialgesetz

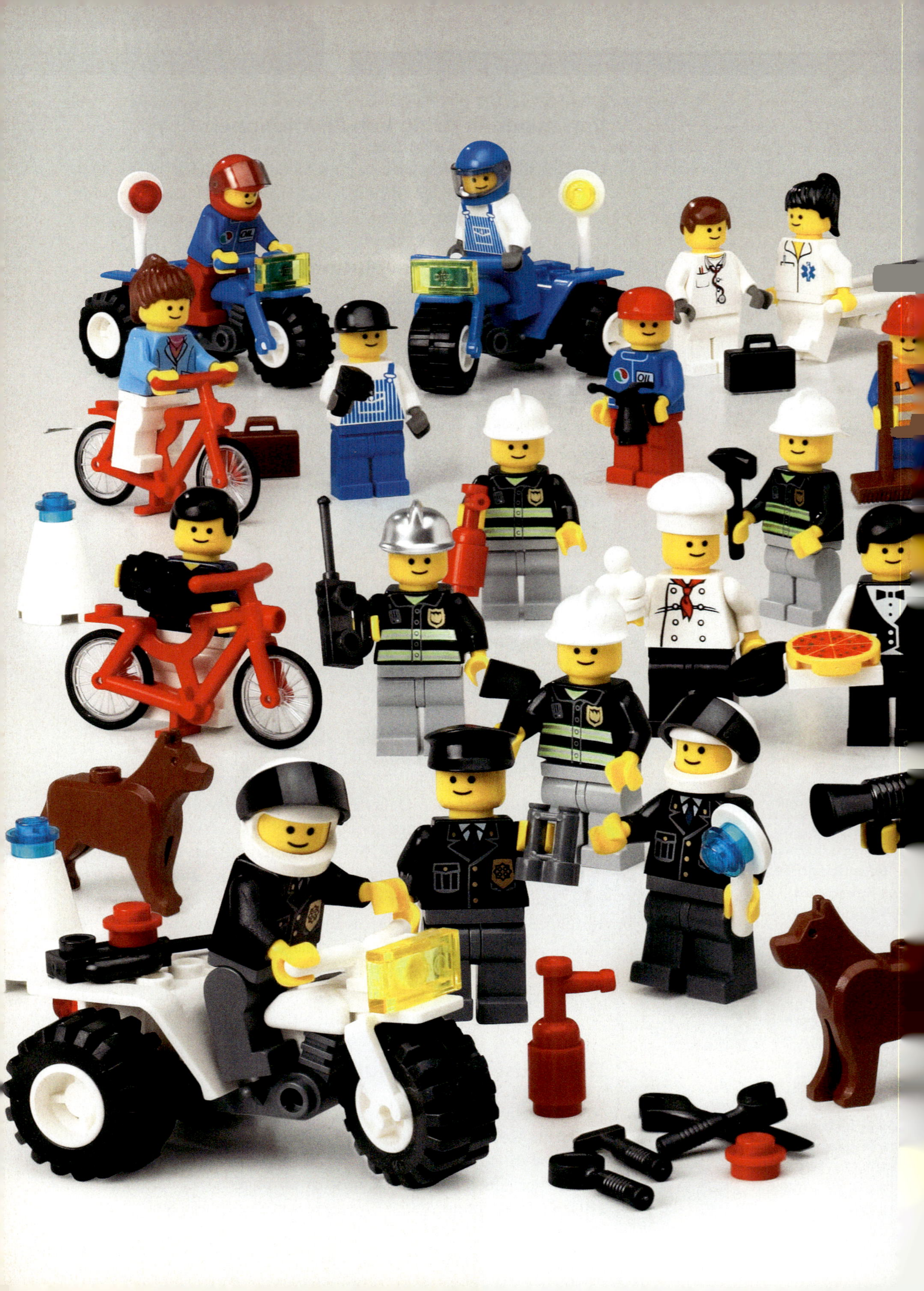

# Berufsplanung als Lebensplanung

Meine Ziele, Interessen und Fähigkeiten

Berufe kennen und präsentieren

Berufswelt heute

Girls' Day

**M1** *Viele Interessen – viele Berufe*

# Meine Ziele, Interessen und Fähigkeiten

## Aufgaben

**1** Welchen Traumberuf hattest du als Kind? Begründe.

**2** Was ist dir bei einem Beruf wichtig? M2 kann dir helfen.

## Traumberuf

Fast jeder Mensch hat einen Traumberuf. Jungen wollen oft „Profifußballer" und Mädchen „Tierärztin" werden. Diese Wünsche haben jedoch nur selten etwas mit der Wirklichkeit zu tun. Wer in Sport nicht richtig gut ist, hat kaum Chancen, mit Fußballspielen Geld zu verdienen. Wer in den Naturwissenschaften Schwächen hat, kann schwerlich ein Studium der Tiermedizin bewältigen. Bei der Entscheidung für einen Beruf sollte man sich zunächst über die eigenen beruflichen Interessen und Fähigkeiten klar werden.

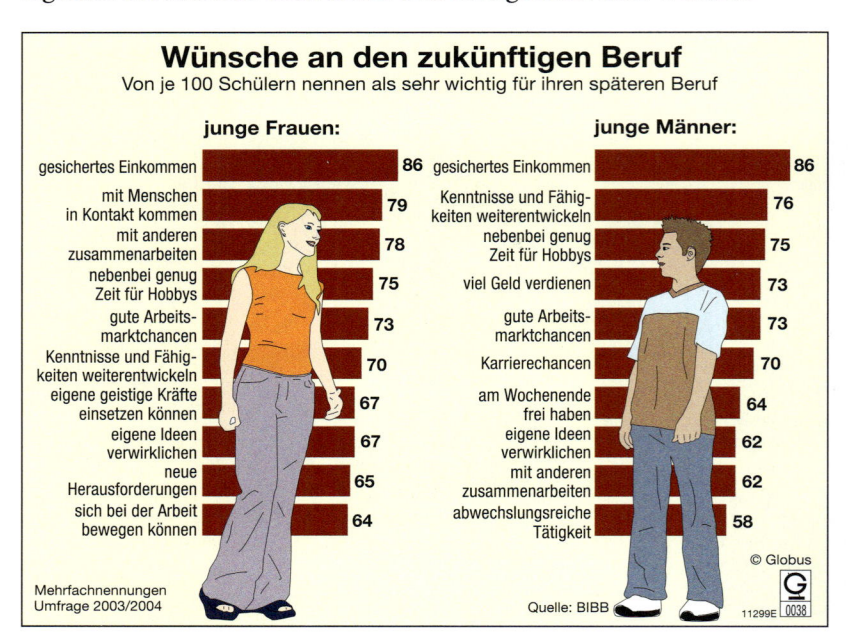

**Wünsche an den zukünftigen Beruf**
Von je 100 Schülern nennen als sehr wichtig für ihren späteren Beruf

**junge Frauen:**
- gesichertes Einkommen: 86
- mit Menschen in Kontakt kommen: 79
- mit anderen zusammenarbeiten: 78
- nebenbei genug Zeit für Hobbys: 75
- gute Arbeitsmarktchancen: 73
- Kenntnisse und Fähigkeiten weiterentwickeln: 70
- eigene geistige Kräfte einsetzen können: 67
- eigene Ideen verwirklichen: 67
- neue Herausforderungen: 65
- sich bei der Arbeit bewegen können: 64

**junge Männer:**
- gesichertes Einkommen: 86
- Kenntnisse und Fähigkeiten weiterentwickeln: 76
- nebenbei genug Zeit für Hobbys: 75
- viel Geld verdienen: 73
- gute Arbeitsmarktchancen: 73
- Karrierechancen: 70
- am Wochenende frei haben: 64
- eigene Ideen verwirklichen: 62
- mit anderen zusammenarbeiten: 62
- abwechslungsreiche Tätigkeit: 58

Mehrfachnennungen
Umfrage 2003/2004
Quelle: BIBB

**M2** *Wunschzettel*

## Info

### Berufliche Interessen

In der Schule hat man oft in dem Fach, das einen besonders interessiert, bessere Noten, als in den anderen Fächern. Das liegt unter anderem daran, dass man für ein „interessantes" Fach sehr viel leichter lernt und mehr behält, da es Spaß macht. Das Gleiche gilt für einen Beruf. Um in seinem Beruf zufrieden zu sein, ist es wichtig, dass dieser Beruf möglichst den eigenen Interessen für bestimmte Tätigkeiten und Aufgaben entspricht. Ein Beruf, der nur aufgrund der Verdienstmöglichkeit gewählt wird, birgt die Gefahr, dass er schnell langweilig und nicht mehr gerne und gut ausgeführt wird. Bei allem, was einen selbst interessiert, ist man engagierter und gewissenhafter bei der Sache. Die eigenen Neigungen spielen deshalb eine entscheidende Rolle. Jemand, der handwerklich sehr begabt ist, wird sich bei einer reinen Bürotätigkeit auf Dauer sicherlich unwohl fühlen. Bei ganz besonderen Berufen wie z.B. Musiker oder Schauspieler muss der lange und schwierige Ausbildungsweg berücksichtigt werden.

**M1** *Wünsche verändern sich*

# Berufsplanung als Lebensplanung

## Die eigenen Fähigkeiten entdecken und darstellen

Der Weltkundelehrer Herr Klinga führt mit seiner Klasse die Berufsorientierung durch. Alle Schülerinnen und Schüler sollen sich selbst sowie ihre beruflichen Interessen und Fähigkeiten vorstellen. Petra weiß sofort, was sie werden will. Sie weiß auch, was sie kann und was sie nicht kann. Tobias jedoch fällt es schwer, sich über seine eigenen Fähigkeiten bewusst zu werden. Um der Klasse zu verdeutlichen, welche Fähigkeiten in einzelnen Berufen benötigt werden, hat Herr Klinga drei Stellenangebote mitgebracht.

**Hilfe! Unsere Schule muss renoviert werden!**
Wir brauchen jemanden, ...
- der beim Abreißen, Betonieren, Mauern und Verputzen mit Hand anlegt,
- selbstständiges Arbeiten nach Bauplänen gewohnt ist,
- auch vor Renovierungen unserer alten Stuckdecken nicht kapituliert,
- auch mal einen Sack Zement heben kann.

Trauen Sie sich das zu? Dann melden Sie sich bitte bei uns.

**Wir suchen Sie!**
Wenn Sie ...
- perfekt Briefe schreiben,
- bei Rechnungen keinen Fehler durchgehen lassen,
- auf pünktliche Überweisungen achten,
- gerne am Schreibtisch arbeiten, aber auch bereit sind, gelegentlich Besorgungen zu erledigen,
- und nicht zuletzt: mit unseren Lehrern, Schülern und Eltern freundlich und zuvorkommend umgehen, dann passen Sie zu unserem Team!

**Sie arbeiten, während andere ihre Freizeit verbringen**
Sie können ...
- Kontakte zu Jugendlichen unterschiedlichen Alters und mit unterschiedlichen Interessen aufbauen,
- eigene Ideen umsetzen und Jugendliche begeistern,
- zuhören, wenn Sie um Rat gefragt werden,
- Konzepte für die Jugendarbeit entwickeln und in den Gremien unserer Stadt vertreten?

Bewerben Sie sich direkt im Jugendfreizeitheim!

**M3** *Stellenangebote*

**M6** *Kopfprofil*

---

**Tipp: Eine Broschüre/ein Faltblatt herstellen**
Um dich, deine Interessen und Fähigkeiten vorzustellen, kannst du eine kleine Broschüre über dich gestalten. Du kannst entweder mehrere Blätter zusammenbinden oder ein DIN-A4-Blatt falten. In die Broschüre kannst du Folgendes schreiben: Angaben zu deiner Person, berufliche Interessen und Fähigkeiten, sonstige Interessen, Schullaufbahn, Tätigkeiten in der Kirche oder in Vereinen, Freizeitaktivitäten (z.B. Sport), ... Sei bei der Gestaltung kreativ.

**M4** *Eine Broschüre über sich gestalten*

---

**Tipp: Mehr über berufliche Interessen und Fähigkeiten erfährst du unter:**
- www.ausbildungberufchancen.de
- www.machs-richtig.de

**M5** *Links zum Thema*

## Aufgaben

**3** Was unterscheiden berufliche Interessen von privaten Interessen?

**4** Bearbeite ein Stellenangebot deiner Wahl (M3). Ordne in einer Tabelle den beschriebenen Tätigkeiten die dafür notwendigen Fähigkeiten zu.

**5** Erstelle eine Broschüre über dich (M4).

**6** Zeichne das Profil deines Kopfes auf ein DIN-A-3-Zeichenblatt (M6). Fülle den Kopf mit Wörtern aus, die deutlich machen, was dir besonders wichtig für deinen Beruf ist. Benutze unterschiedliche Farben, Schriftgrößen und Schriftstärken.

---

**Merke**
Bei der Entscheidung für einen Beruf soll man sich über die eigenen beruflichen Interessen und Fähigkeiten klar werden.

# Berufe kennen und präsentieren

## Berufe kennen

Stefan Rösch ist Kraftfahrzeug(Kfz)-Mechaniker. Er arbeitet seit 15 Jahren bei einem Autohändler in der Werkstatt. Da er den Meisterbrief hat, darf er Lehrlinge ausbilden. Den Beruf des Kfz-Mechanikers gibt es nicht mehr. Da in den modernen Kraftfahrzeugen die Mechanik und die Elektronik gleichermaßen zusammenwirken, heißt der neue Beruf „Kfz-Mechatroniker". Die genaue Bezeichnung eines Berufes zu wissen, ist äußerst wichtig, denn bei Bewerbungen muss man die genaue Berufsbezeichnung angeben. Viele Berufe haben ihren Namen geändert, da sich auch das Berufsbild geändert hat. Die genauen Bezeichnungen und eine Kurzbeschreibung der Berufe findest du in der Broschüre „Beruf Aktuell" (M1), die es kostenlos bei der Bundesagentur für Arbeit gibt. Ausführlichere Beschreibungen eines Berufes findest du in den Berufsinformationszentren (BIZ) sowie auf der Homepage der Bundesagentur für Arbeit (www.arbeitsagentur.de) unter dem dort ausgewiesenen Link „BERUFENET".

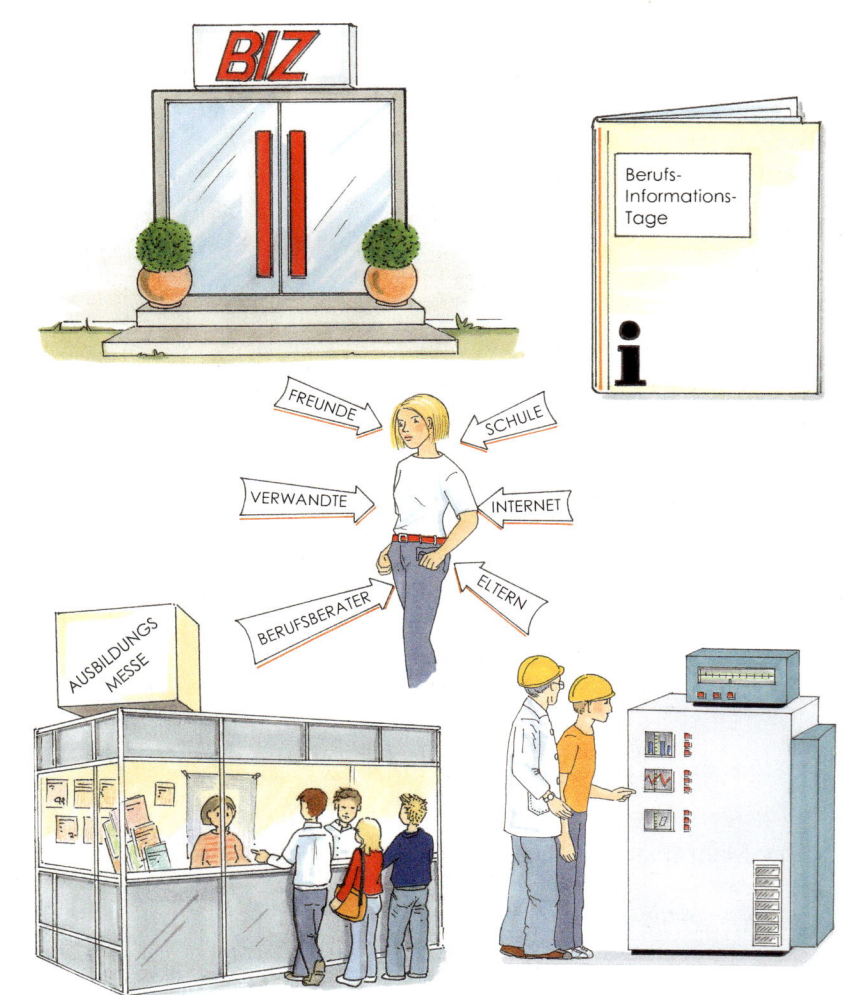

**M1** *„Beruf Aktuell" erscheint jedes Jahr neu*

## Aufgaben

**1** Wo könnt ihr euch über Berufe informieren? Betrachtet M2.

**2** Führt einen Berufsinformationstag durch. Beachtet dabei den Text auf Seite 211.

**M2** *Sich über Berufe informieren*

# Berufsplanung als Lebensplanung

**M3** *Informieren über Berufe im Rahmen eines Berufsinformationstages*

**Einladung**

**Berufsinformationstag**
an unserer Gemeinschaftsschule

**am 08. April
von 10–16 Uhr**

Programm:

Über folgende Berufe bieten wir Informationen an:

…

**M5** *Auszug aus einer Einladung*

## Einen Berufsinformationstag vorbereiten

Der 8. Jahrgang einer Gemeinschaftsschule in Neumünster soll in diesem Schuljahr zum ersten Mal ein **Betriebspraktikum** durchführen. Darauf sind alle schon sehr gespannt. Viele Schülerinnen und Schüler haben zwar schon eine ungefähre Vorstellung, wo sie ihr Praktikum machen möchten, genaue Ideen haben sie jedoch noch nicht. Deshalb überlegen sie, Betriebe aus der Stadt und den umliegenden Gemeinden zu bitten, für einen Tag Auszubildende und Ausbilder in die Schule zu schicken. Der Jahrgang möchte einen **Berufsinformationstag** veranstalten.

### Fragen für die Planung

1. Welche Betriebe gibt es in unserer näheren Umgebung?
2. Welche Betriebe sind Handwerks-, Dienstleistungs- und Produktionsbetriebe?
3. Was möchten wir von den Azubis und den Ausbildern wissen?
4. In welchem zeitlichen Rahmen soll der Berufsinformationstag stattfinden?
5. Wie soll der Tag dokumentiert und ausgewertet werden?
6. Wer nimmt Kontakt zu den Betrieben auf und in welcher Form?

### Merke
Viele Berufe und ihre Bezeichnungen haben sich in den letzten Jahren verändert. Deshalb ist es sinnvoll, sich vor dem ersten Praktikum gut zu informieren. Ein Berufsinformationstag kann helfen.

### Grundbegriffe
- Betriebspraktikum
- Berufsinformationstag

**Berufsinformationstag in Zusammenarbeit mit**

| weiterführenden Schulen | dem Handwerk | der Industrie | dem Handel | der Stadt | dem Landkreis |
|---|---|---|---|---|---|

**M4** *Diese Einrichtungen gehören bei einem Berufsinformationstag dazu.*

# Berufswelt heute

## Aufgaben

**1** Erkläre die Begriffe primärer, sekundärer und tertiärer Sektor.

**2** Suche für jeden Sektor drei Berufe aus. Tipp: Benutze die Broschüre „Beruf Aktuell".

**3** Schreibe einen Zeitungstext mit der Überschrift „Wirtschaft und Arbeit im Wandel". Begründe den Wandlungsprozess.

## Wandel in der Berufswelt

Die Berufswelt wandelt sich ständig. Man kann dies an der Anzahl der Beschäftigten in den unterschiedlichen Wirtschaftssektoren sehen (M1). Zum primären Sektor gehören alle Berufe, die zur Gewinnung von Rohstoffen dienen, sowie Berufe in der Land- und Forstwirtschaft sowie der Fischerei. Zum sekundären Sektor zählen alle Berufe aus dem produzierenden Gewerbe (Industrie, Handwerk, Energie und Bau). Der tertiäre Sektor umfasst alle Dienstleistungsberufe. Auch die Anforderungen in der Berufswelt haben sich gewandelt. Das für den Beruf notwendige Wissen wächst ständig. Unternehmen fordern von ihren Mitarbeitern eine lebenslange Lernbereitschaft. Sie müssen bereit sein, weit entfernte Arbeitsplätze anzunehmen (Mobilität) und Schlüsselqualifikationen (z. B. Teamfähigkeit) nachweisen.

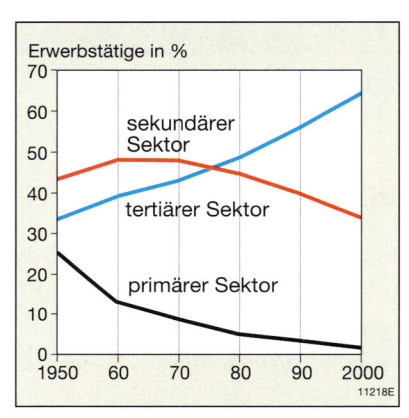

**M1** *Erwerbstätige nach Wirtschaftssektoren*

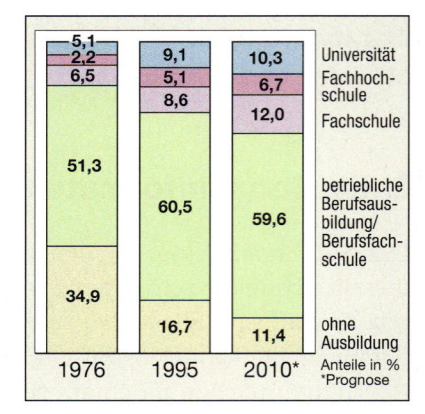

**M2** *Arbeitskräftebedarf nach Qualifikation*

**M3** *Tätigkeit in der Papierherstellung früher*

## Info

**Computer-Einsatz am Arbeitsplatz**

Heutzutage setzen etwa zwei Drittel der Erwerbstätigen an ihrem Arbeitsplatz den Computer ein. Im Jahr 1992 waren es noch ca. ein Drittel.

## Berufsplanung als Lebensplanung

**ich liebe ... meine Zukunft zu gestalten!**

**McDonald's** ist Marktführer in der Systemgastronomie. Unsere Erfolgsgeschichte wird von unseren hoch qualifizierten Mitarbeitern geschrieben. Vielleicht auch bald von Ihnen! Kommen Sie zu uns ins Management! In unseren Restaurants im **Großraum Augsburg und München** suchen wir Sie als

### Mitarbeiter/in im Restaurantmanagement

**Sie lieben es**
- selbst mit anzupacken
- Verantwortung zu übernehmen
- für den Gast da zu sein
- Abläufe zu organisieren
- Mitarbeiter zu führen
- Perspektiven zu haben

**Sie erkennen sich wieder?**
Am besten passen Sie zu uns, wenn Sie zwischen 22 und 35 Jahre alt sind, eine abgeschlossene kaufmännische oder gastronomische Ausbildung haben und idealerweise Erfahrungen aus dem Dienstleistungsbereich mitbringen. Das Einstiegsgehalt wird durch ein leistungsorientiertes Bonusprogramm ergänzt. Umfangreiche Sozialleistungen, wie Urlaubsgeld und Jahressonderzuwendungen, kommen selbstverständlich hinzu.

McDonald's Deutschland Inc.
Job & Karriere Center, Fürstenrieder Straße 279, 81377 München
Telefon: 089/748086-0
E-Mail: jobcenter.muenchen@de.mcd.com

**M4** *Stellenanzeige*

**M5** *Tätigkeit in der Papierherstellung heute*

**Situation:**
Eine Firma hat einen Auftrag ausgeschrieben. Sie sucht ein kreatives und erfolgreiches Team. Mehrere Teams bewerben sich. Sie erhalten eine Aufgabe. Wer diese Aufgabe löst, kann mit hohen Einnahmen rechnen.

**Aufgabe:**
Bauen Sie ein Fluggerät, dass ein rohes Ei aus sechs Metern Höhe im freien Fall zu Boden transportiert. Das Fluggerät soll originell sein und einen niedrigen Materialverbrauch (Papier) aufweisen.

**Bedingungen:**
Ein rohes Ei wird von der Firma gestellt. Rückfragen sind erlaubt. Zeitvorgabe: 60 Minuten plus 3 Minuten Präsentation pro Team.

**M6** *Schulung der Teamfähigkeit*

## Aufgaben

**4** Erstelle eine Übersicht, was Unternehmen heutzutage von ihren Mitarbeiterinnen und Mitarbeitern erwarten.

**5** Versucht gemeinsam, eure Teamfähigkeit zu trainieren (M6).

**6** Erkundigt euch in der Bibliothek und im Internet nach Übungen zu weiteren Schlüsselqualifikationen. Führt diese Übungen gemeinsam durch.

---

**Merke**
Die Berufswelt wandelt sich ständig. Dies wird deutlich an der Entwicklung der Beschäftigten in den drei Wirtschaftssektoren.

# Berufswelt heute

## Aufgaben

**1** Werte die Karikatur (M2) aus.

**2** Formuliere elf treffende Aussagen zur Aufgabenverteilung in Haushalt und Kindererziehung.

**3** Sind Männer und Frauen im Beruf und in der Familie gleichberechtigt? Begründe.

**4** Würdest du für eine Familie deinen Beruf aufgeben? Begründe deine Meinung.

**5** Bildet reine Mädchen- und reine Jungengruppen mit maximal je drei Personen. Alle Gruppen setzen folgende Erzählung fort: Vanessa, 20, und Jan, 22, beide attraktiv und beliebt, haben gerade ihre Ausbildung mit 1,0 bestanden. Beschreibt die Karrieren der jungen Frau und des jungen Mannes. Vergleicht die Ergebnisse.

**Tipp**
Führt eine Umfrage in der Klasse durch: „Wer macht den Haushalt?
Wer hilft im Haushalt?"
Was fällt bei euren Ergebnissen auf?

**M1** *Umfrage*

**M2** *Rollenverteilung*

## Rollenverteilung in Familie und Beruf

Vor dem Gesetz sind Frauen und Männer gleich (Art. 3 GG). Die Wirklichkeit sieht jedoch anders aus (M1 – M6). Noch immer arbeiten mehr Männer in Führungspositionen und mehr Frauen in Pflegeberufen. Immer noch nehmen Frauen häufiger Erziehungsurlaub und übernehmen im Haushalt mehr Aufgaben als der Mann. Allerdings findet hier ein gesellschaftlicher Umbruch statt. Die heutige Generation von Frauen ist immer weniger bereit, dies einfach hinzunehmen. Beruf und Karriere bedeuten nicht nur ein höheres Einkommen, sondern auch mehr Anerkennung, mehr Sicherheit, mehr Selbstständigkeit und häufigere soziale Kontakte.

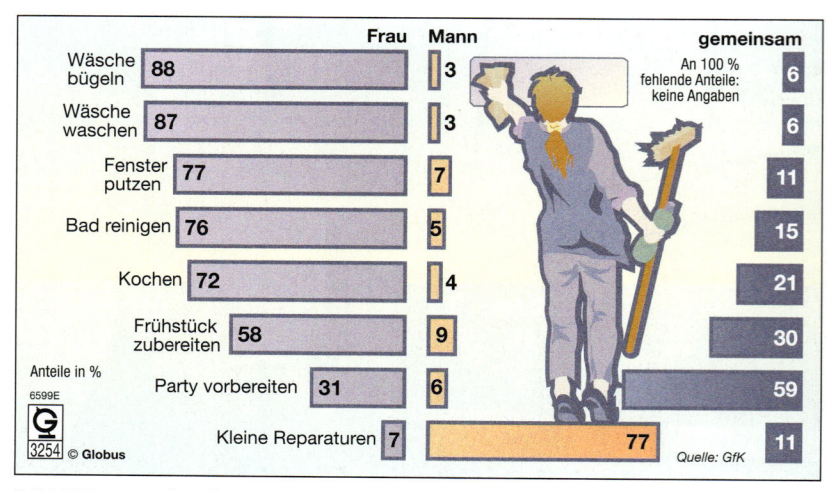

| | Frau | Mann | gemeinsam |
|---|---|---|---|
| Wäsche bügeln | 88 | 3 | 6 |
| Wäsche waschen | 87 | 3 | 6 |
| Fenster putzen | 77 | 7 | 11 |
| Bad reinigen | 76 | 5 | 15 |
| Kochen | 72 | 4 | 21 |
| Frühstück zubereiten | 58 | 9 | 30 |
| Party vorbereiten | 31 | 6 | 59 |
| Kleine Reparaturen | 7 | 77 | 11 |

Anteile in %
An 100 % fehlende Anteile: keine Angaben
Quelle: GfK

**M3** *Wer macht die Hausarbeit?*

## Berufsplanung als Lebensplanung

## Familie Müller im Jahre 2020?

Mittwochmorgen, 7 Uhr: Familie Müller frühstückt. Frau Müller liest den Börsenteil der Zeitung. Herr Müller schenkt ihr Kaffee nach und richtet das Pausenbrot für die beiden Kinder. Er fragt seine Frau, wann sie heute Abend nach Hause kommt. Frau Müller greift geistesabwesend nach ihrer Tasse und murmelt: „Das weiß ich noch nicht. Es kann sehr spät werden." Der Hund springt an Herrn Müller hoch und möchte Gassi geführt werden. Tochter Susi findet ihren Turnbeutel nicht. Es wird hektisch. Frau Müller nimmt ihre Aktentasche, gibt ihrem Mann einen flüchtigen Kuss und rennt aus dem Haus. Nachdem auch die Kinder zur Schule gegangen sind und der Hund gefüttert ist, findet Herr Müller endlich Zeit für eine Tasse Kaffee. Dabei überlegt er sich, was heute zu tun ist: Die Fenster haben es mal wieder nötig, der Wäschekorb quillt über, der Hund muss zum Tierarzt, der große Hausputz steht an. Er beschließt, erst einkaufen zu gehen. Vielleicht trifft er Herrn Maier, dem er ein Rezept versprochen hat. Er seufzt: „Das wird eine Schlepperei, meine Frau hat ja das Auto."

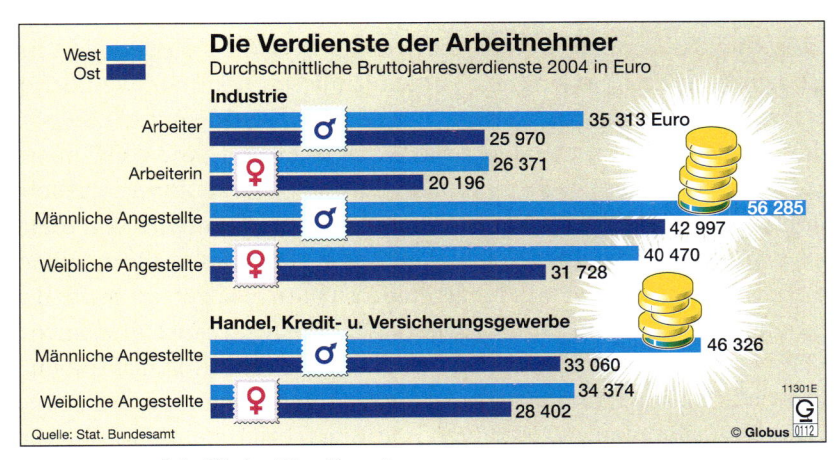

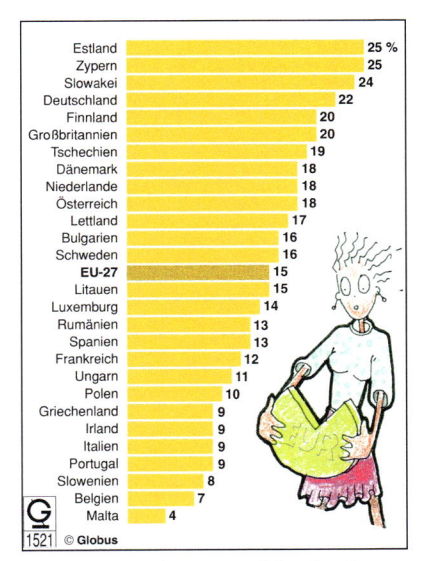

**M6** *Wenn das Geschlecht das Gehalt bestimmt. Um so viel Prozent lagen die Bruttogehälter der Frauen unter denen ihrer männlichen Kollegen (2005).*

**M4** *Unterschiedliche Verdienste*

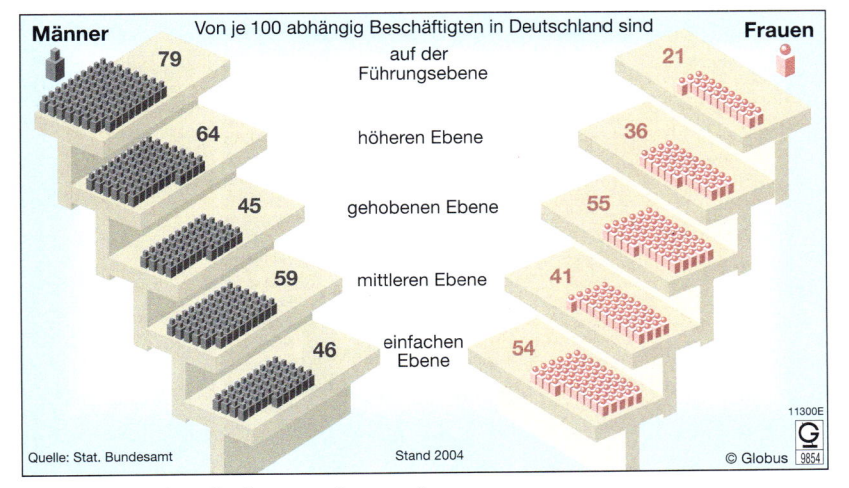

**M5** *Unterschiedliche Karrierestufen*

### Merke
Vor dem Gesetz sind Frauen und Männer gleich. Doch die Wirklichkeit sieht oft anders aus. Zunehmend jedoch versuchen viele Frauen, Familie und Karriere miteinander zu verbinden.

# Girls' Day

## Quelle 1

**Tausche Klassenzimmer gegen Arbeitsplatz**

Gestern waren im Kreis Pinneberg wieder Hunderte von Mädchen ab Klassenstufe fünf nach diesem Motto unterwegs. Am „Girls' Day" schnupperten sie in Bereiche herein, die immer noch als Männerdomäne gelten. Denn in Sachen Berufswahl gibt es nach wie vor geschlechtsspezifische Unterschiede. Mädchen zieht es weiterhin in bestimmte Berufsfelder, die oft schlechter bezahlt sind als andere. Es scheint nach wie vor Vorbehalte der Frauen gegen technische Berufe zu geben. Und das, obwohl junge Frauen im Schnitt bessere Vorbildungen haben als Männer.

(Nach: Hamburger Abendblatt vom 25. April 2008)

**M1** *Karikatur*

## Girls' Day – Mädchen gestalten ihre Zukunft

Seit mehreren Jahren schon findet bundesweit im April der Girls' Day – Mädchen-Zukunftstag statt. An diesem Tag haben Mädchen die Gelegenheit, Berufe kennenzulernen, die sie nur selten in Betracht ziehen. Das sind vor allem technische und handwerkliche Berufe. Viele Schulabgängerinnen verfügen über eine gute Schulbildung. Trotzdem entscheiden sich die meisten von ihnen für einen „typisch weiblichen" Beruf, wie zum Beispiel Bürokauffrau, Arzthelferin oder Erzieherin in einem Kindergarten. Vielen Betrieben fehlt aber in technischen oder mit Technik nahe verwandten Berufen der Nachwuchs. Mädchen und junge Frauen hätten also gerade in diesen Bereichen gute Chancen auf eine qualifizierte Berufsausbildung. Am Girls' Day – Mädchen-Zukunftstag bieten viele technische Unternehmen, Hochschulen und Forschungszentren Veranstaltungen für Mädchen an. In Laboren, Werkstätten und Büros erfahren die Mädchen, wie spannend und interessant ein technischer Beruf sein kann.

## Aufgaben

**1** Werte M2 aus. In welchen Bereichen lassen sich junge Frauen vor allem ausbilden? Für welche Bereiche entscheiden sich junge Männer?

**2** Erläutere den Sinn des Girls' Day (Quelle 1, Text).

**3** Erkläre die Karikatur (M1).

**M2** *Die Top Ten der Ausbildungsberufe (2006)*

| Junge Frauen | | Junge Männer | |
|---|---|---|---|
| Bürokauffrau | 43 252 | 74 547 | Kfz-Mechatroniker |
| Arzthelferin | 42 218 | 49 883 | Industriemechaniker |
| Kauffrau im Einzelhandel | 39 155 | 33 529 | Anlagenmechaniker (Sanitär-, Heizungs- u. Klimatechnik) |
| Friseurin | 35 716 | 33 046 | Elektroniker (Energie- u. Gebäudetechnik) |
| Zahnmedizin. Fachangestellte | 35 437 | 32 755 | Kaufmann im Einzelhandel |
| Industriekauffrau | 31 112 | 31 949 | Koch |
| Fachverkäuferin im Nahrungsmittelhandwerk | 28 938 | 25 836 | Metallbauer |
| Kauffrau für Bürokommunikation | 27 926 | 23 380 | Maler und Lackierer |
| Hotelfachfrau | 22 794 | 22 614 | Kaufmann im Groß- u. Außenhandel |
| Verkäuferin | 22 294 | 21 795 | Tischler |

**Berufsplanung als Lebensplanung**

**M3** *Martina (25) ist Gesellin im Dachdeckerhandwerk*

## Quelle 2

**Nicht nur für Mädchen**

Eltern erhalten mit dem Girls' Day eine gute Gelegenheit, den Prozess der Berufsfindung ihrer Töchter zu begleiten. Der Girls' Day ist häufig ein Anlass, das Thema Berufswahl in der Familie zu thematisieren. Dabei sollten insbesondere aktuelle Erfahrungen zu Berufsbildern einbezogen werden, die nicht bereits zum typischen Berufswahlspektrum von Mädchen gehören.

Auch Jungen können diesen Aktionstag nutzen: Sowohl schulische als auch außerschulische Aktivitäten zu den Themen Berufswahlmöglichkeiten, Lebensplanung und Sozialkompetenz richten sich gezielt an Jungen, denn auch sie orientieren sich häufig einseitig. Weitere Informationen bietet das Servicebüro »Neue Wege für Jungs« unter www.neuewege-fuer-jungs.de.

(Nach: Schulbroschüre Girls' Day)

### Aufgabe

**4** Macht eine Umfrage in eurer Klasse:
a) Welche Mädchen interessieren sich für einen technischen Beruf und warum?
b) Welche Jungen interessieren sich für einen sozialen Beruf und warum?

## Quelle 3

**Meinungen zum Girls' Day**

Mir hat der Girls' Day gut gefallen, weil ich selbst etwas machen durfte und nicht nur alles erklärt bekam. Ich will nächstes Jahr unbedingt wieder beim Girls' Day mitmachen. (Anett, 14 Jahre)

Wir fanden den Girls' Day echt super! Er war informativ und hat uns die Augen für die Berufswelt geöffnet. Wir freuen uns auf den nächsten Girls' Day. (Manuela, Laura und Nadine, 14 Jahre)

Bei meiner Firma hat es mir am Girls' Day so gut gefallen, dass ich mir sehr gut vorstellen könnte, da zu arbeiten. Ich habe beschlossen, dort ein Praktikum zu machen und vielleicht bekomme ich dann auch eine Stelle da. (Jessica, 13 Jahre)

(Nach: Schulbroschüre Girls' Day)

### Merke

Jedes Jahr im April findet bundesweit der Girls' Day statt. Auch Jungen können teilnehmen. Mädchen können sich mit technischen Berufen vertraut machen, Jungen lernen soziale Berufe kennen.

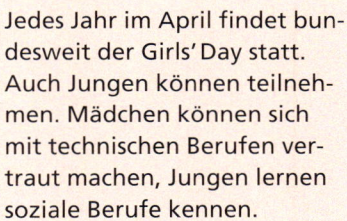

### Grundbegriff
- Girls' Day

# Alles klar? Berufsplanung als Lebensplanung

## 1. Information – erster Schritt bei der Berufsplanung

a) Übertrage das Schema in dein Heft und trage in die Pfeile ein, wo man sich über Berufe informieren kann.

b) Begründe, warum ein Berufsinformationstag vor dem Beginn eines Betriebspraktikums sinnvoll ist.

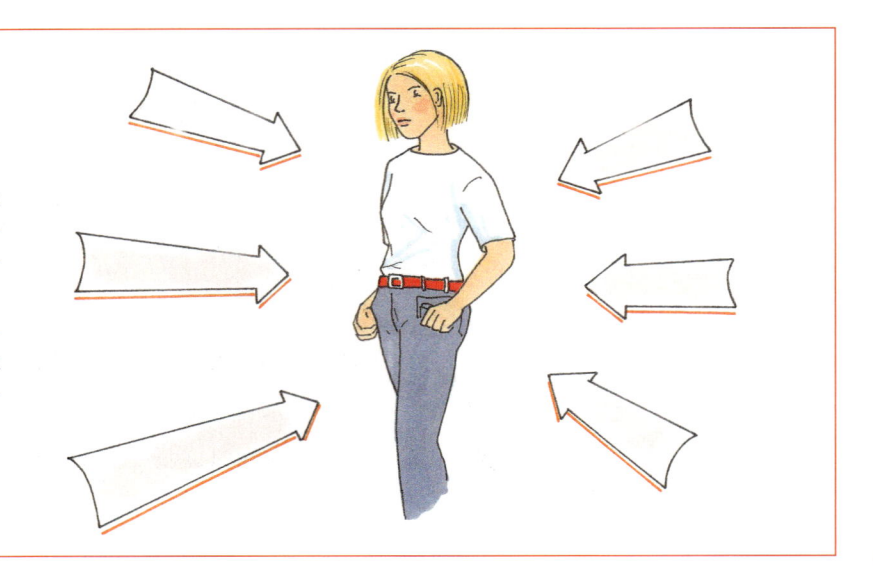

## 2. Berufswelt heute

a) Lege eine Tabelle an wie im Beispiel und trage Beispiele von Berufen des entsprechenden Wirtschaftssektors ein.

| primärer Sektor | sekundärer Sektor | tertiärer Sektor |
|---|---|---|
|  |  |  |

b) Unternehmen fordern heute:
• lebenslange Lernbereitschaft,
• Mobilität,
• Schlüsselqualifikationen.
Begründe diese Forderungen aus der Sicht eines Unternehmers.

c) Notiere, wie du deine Qualifizierung bei einem Bewerbungsgespräch belegen kannst.

## 3. Karikatur

a) Werte die Karikatur aus.

b) Zeichne selbst eine Karikatur zum Thema „gleiche Berufschancen". Überlege, was du übertrieben zeichnen möchtest und worauf deine Karikatur hinweisen soll.

# Das Wichtigste

## Meine Ziele, Interessen und Fähigkeiten

Fast jeder Mensch hat einen Traumberuf. Diese Wünsche haben jedoch nur selten etwas mit der Wirklichkeit zu tun. Um in seinem späteren Beruf zufrieden zu sein, ist es wichtig, dass dieser den eigenen Interessen für bestimmte Tätigkeiten und Aufgaben entspricht. Bei der Entscheidung für einen Beruf soll man sich daher über die eigenen beruflichen Interessen und Fähigkeiten klar werden.

## Berufe kennen und präsentieren

Die genaue Bezeichnung eines Berufes zu wissen, ist äußerst wichtig, denn bei Bewerbungen muss man sie angeben. Viele Berufe und ihre Bezeichnungen haben sich in den letzten Jahren verändert. Deshalb ist es sinnvoll, sich vor dem ersten Praktikum gut zu informieren. Ein Berufsinformationstag kann helfen. Die Broschüre „Beruf Aktuell" enthält die Bezeichnung der Berufe und eine Kurzbeschreibung.

## Berufswelt heute

Die Berufswelt wandelt sich ständig. Dies wird deutlich an der Entwicklung der Beschäftigten in den drei Wirtschaftsbereichen. Zum primären Sektor gehören die Land- und Forstwirtschaft. Der sekundäre Sektor umfasst die Industrie und zum tertiären Sektor gehören alle Dienstleistungen.
Vor dem Gesetz sind Frauen und Männer gleich. Doch die Wirklichkeit sieht oft anders aus. Noch immer arbeiten mehr Männer in Führungspositionen und mehr Frauen in Pflegeberufen. Frauen arbeiten zudem mehr im Haushalt als die Männer. Allerdings gibt es einen gesellschaftlichen Umbruch. Viele Frauen sind heute nicht mehr bereit, diese Situation hinzunehmen. Viele Frauen versuchen, Familie und Karriere miteinander zu verbinden. Hierbei wird die Hausarbeit zunehmend auf beide Partner verteilt.

## Girls' Day

Jedes Jahr im April findet bundesweit der Girls' Day statt. An diesem Tag haben Mädchen Gelegenheit, Berufe kennenzulernen, die sie bei ihrer Berufswahl nur selten in Betracht ziehen. Das sind vor allem technische und handwerkliche Berufe. Am Girls' Day bieten viele technische Unternehmen und Abteilungen sowie Hochschulen und Forschungszentren Veranstaltungen für Mädchen an. Auch Jungen können am Girls' Day teilnehmen. Sie lernen soziale Berufe kennen und können Angebote zu Berufswahlmöglichkeiten, Lebensplanung und Sozialkompetenz nutzen.

**Grundbegriffe**

- Betriebspraktikum
- Berufsinformationstag
- Girls' Day

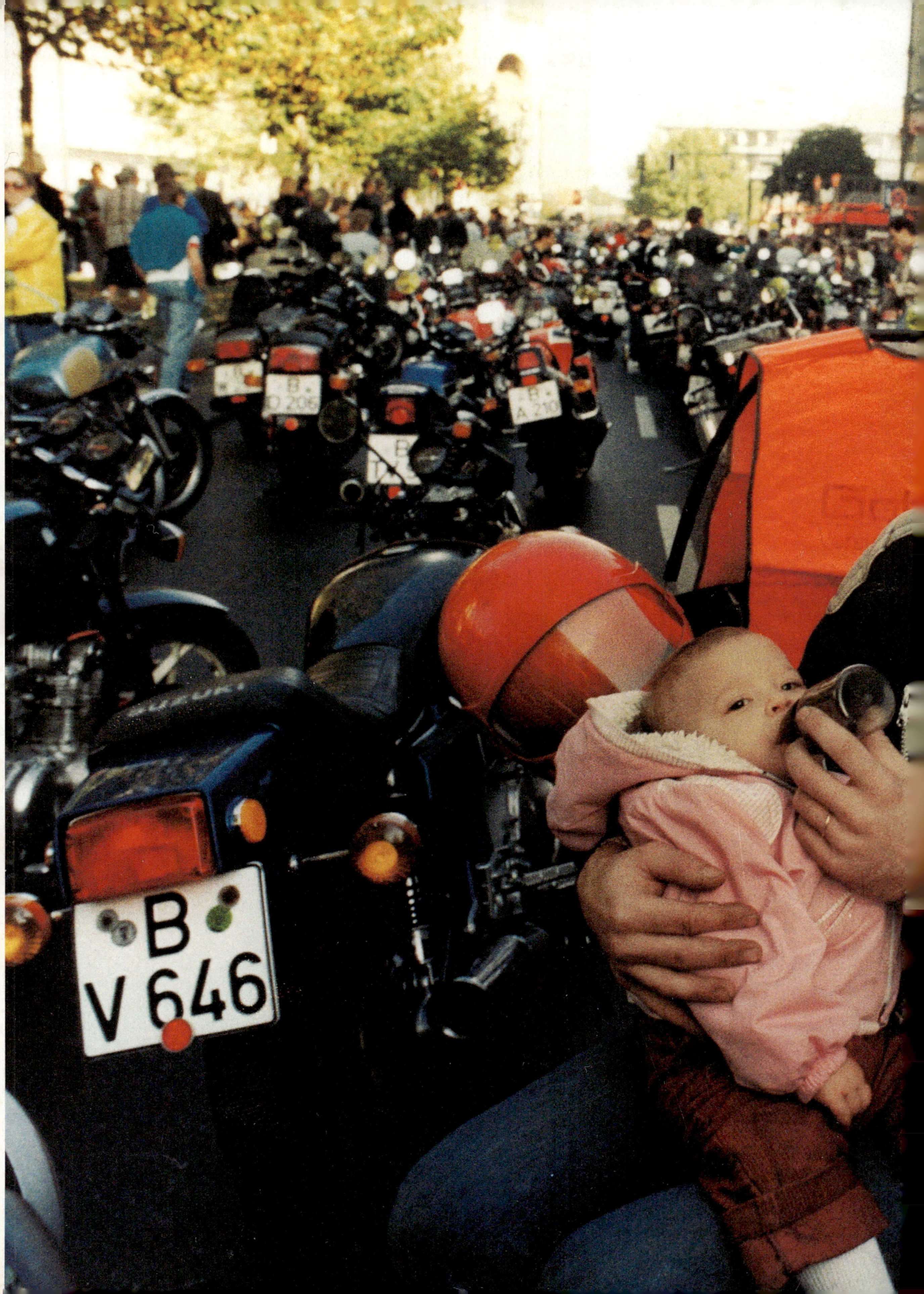
B
V646

# Superfrau und Traummann

**Typisch männlich – typisch weiblich**

**Die Sprache der Mädchen – die Sprache der Jungen**

**Kinder, Küche, Karriere**

**Frauen kämpfen und bewegen**

M1 *Auf einem Motorradtreffen in Berlin*

# Typisch männlich – typisch weiblich

**M1/M2**

## Der kleine Unterschied

„Man wird nicht als Frau geboren, man wird dazu gemacht." Mit diesem Satz vertritt die Französin Simone de Beauvoir in ihrem Buch „Das andere Geschlecht" (1949) die Meinung, dass typisch männliche und typisch weibliche Verhaltensweisen weitgehend auf die Erziehung zurückzuführen sind. Sie stellt fest, dass der Durchschnittsmann in Europa und Nordamerika im **Patriarchat** verhaftet ist; das heißt, er wünscht sich eine Frau, die mit ihm zwar diskutiert, sich letztlich aber seinen Argumenten beugt und sich ihm unterordnet.

Alice Schwarzer hat diese Gedanken 1975 in ihrem Buch „Der kleine Unterschied und seine großen Folgen – Beginn einer Befreiung" aufgegriffen. Das Buch war ein großer Erfolg und wurde über 200 000-mal verkauft. Sie bezweifelt darin, dass Klatsch, Mode, Kosmetik, Partnerschaft und Kochen wirklich typisch weibliche Themen sind, so wie sie in zahlreichen Frauenzeitschriften angeboten werden. Sie gründete 1977 die Zeitschrift „Emma", in der aus der Sicht von Frauen politische und kulturelle Themen behandelt werden.

## Aufgaben

**1** Was sagen die Texte darüber aus, wie Männer und Frauen sein sollen?

**2** Finde Unterschriften zu M1 und M2.

**3** Welches Männerbild wird in den Quellen 1 – 4 gezeichnet?

**4** Erläutere die Aussage: „Man wird nicht als Frau geboren, man wird dazu gemacht."

**5** Nenne typische „Frauenberufe" und typische „Männerberufe". Finde Begründungen, warum das so ist.

**6** Was will uns die Quelle 4 bewusst machen? Nimm dazu Stellung (siehe auch M1 auf Seite 221).

## Quelle 1

### Zeitungsartikel

Die Gesellschaft verbindet heute mit „Männlichkeit" Worte wie Macht, Kontrolle, Stärke, Führung, Erfolg, Ehrgeiz und Konkurrenz. Männer, die in dieser **Rolle** leben, dürfen nicht schwach, krank, gefühlvoll, fürsorglich, häuslich, nachgiebig oder rücksichtsvoll sein.
Jungen werden daher nach dem Grundsatz erzogen: „Ein echter Indianer kennt keinen Schmerz." Jungen müssen ihre Probleme früher allein lösen als Mädchen.
Je weniger Schlaf ich benötige,
je mehr Schmerzen ich ertragen kann,
je mehr Alkohol ich vertrage,
je weniger ich mich darum kümmere, was ich esse,
je weniger ich jemanden um Hilfe bitte,
je weniger ich von jemandem abhängig bin,
je mehr ich meine Gefühle kontrolliere und unterdrücke,
je weniger ich auf meinen Körper achte, ... *desto männlicher bin ich?*
(Nach: W. Hollstein. In Basler Zeitung vom 5.11.1999.)

# Superfrau und Traummann

**M3** *Frauenberufe – Männerberufe? Herr Brandes ist Erzieher und betreut eine Gruppe von zwei- bis fünfjährigen Kindern. Frau Fehrke ist Pilotin bei der Lufthansa.*

## Quelle 2

**Aus dem Grundgesetz**
„Alle Menschen sind vor dem Gesetz gleich. Männer und Frauen sind gleichberechtigt. ... Niemand darf wegen seines Geschlechtes benachteiligt oder bevorzugt werden. ..." (Grundgesetz der Bundesrepublik Deutschland, Art. 3)

## Quelle 3

**Jäger der Urzeit**
„Der Mann bleibt Jäger der Urzeit. Er durfte keine Angst zeigen, weil Tiere Angst spüren und dann angreifen. Er musste furchtlos erscheinen, weil seine Gefährten ihn sonst ausgeschlossen hätten. Er musste angstlos erscheinen, damit eine Frau ihn als Beschützer auswählte. Das steckt bis heute in den Erbanlagen des Mannes."
(Stanley Cohen; zitiert nach M. L. Moeller: Worte der Liebe. Hamburg 1996)

## Quelle 4

**Das Patriarchat verliert an Bedeutung**
Wenn wir sagen, das Patriarchat ist zu Ende, dann sind wir uns darüber im Klaren, dass die kulturelle, soziale und rechtliche Realität noch anders aussieht. Die Lebenssituationen von Frauen sind sehr unterschiedlich, und vor allem in bestimmten Ländern ist das Ende des Patriarchats bisher nur ein Versprechen. Wir wissen, dass Frauen mehr arbeiten und weniger verdienen als Männer und dass es in den Parlamenten weniger Frauen gibt. Wenn vom Ende des Patriarchats die Rede ist, geht es darum, eine Entwicklung zur Kenntnis zu nehmen, die im Denken und im Bewusstsein der Frauen stattfindet.
Die männliche Überlegenheit, die Vorrangstellung des Mannes, die in meiner Jugend noch ganz selbstverständlich war, die gibt es heute so nicht mehr. Das Patriarchat verliert seine Bedeutung, weil immer mehr Frauen nicht mehr daran glauben. Das spürt man an der Art und Weise, wie Frauen sprechen, wie sie Entscheidungen treffen."
(Nach: Luisa Muraro, von der Universität Verona)

„Es ist nicht gut, dass der Mensch allein sei, ich will ihm eine Gehilfin machen, die um ihn sei ... Und er nahm eine seiner Rippen und schloss die Stelle mit Fleisch. Und Gott baute ein Weib aus der Rippe, die er von dem Menschen nahm, und brachte sie zu ihm. Da sprach der Mensch: Das ist doch Bein von meinem Bein und Fleisch von meinem Fleisch; man wird sie Männin nennen, weil sie vom Manne genommen ist. Darum wird ein Mann seinen Vater und seine Mutter verlassen und seinem Weibe anhangen und sie werden sein ein Fleisch."
(Altes Testament, 1. Mose 2, 18–25)

**M4**

**Merke**
Männer und Frauen haben unterschiedliche Verhaltensweisen, die zum Teil auf die Erziehung zurückgeführt werden.

**Grundbegriffe**
- Patriarchat
- Rolle

# Die Sprache der Mädchen – die Sprache der Jungen

Felix und Lucia sind seit zwei Monaten zusammen. Sie haben viel Zeit miteinander verbracht. Sie sind verliebt und verstehen sich gut. Heute allerdings ist es nicht so einfach wie sonst.

*Klasse! Sascha und Rick machen eine Riesenparty. Sie haben einen Raum im Bürgerzentrum in Kiel gemietet.*

*Sascha, Rick ... kenn ich nicht.*

*Sascha kenn ich noch aus der Grundschule. Mensch, das wird lustig! Meine alten Freunde werden auch alle da sein.*

*Mit den Kielern habe ich ja überhaupt nichts am Hut.*

*Ich habe extra für heute Abend einen schönen Film ausgeliehen.*

*Du dachtest, du könntest wieder einmal bestimmen, was wir am Wochenende machen. Jetzt schlage ich einmal etwas vor und du willst nicht mitkommen.*

*Nur weil du jetzt mal einen Vorschlag machst, soll ich plötzlich springen. Geh du doch zu deiner Party und ich seh mir den Film auf DVD an.*

*Ach, die sind total nett. Du wirst sie dort alle kennen lernen.*

*Wenn du meinst. Tschüss!*

**M1** *Ein misslungener Abend*

# Superfrau und Traummann

## Nachfragen, Helfenlassen – sind das Zeichen von Schwäche?

Verhaltensforscherinnen und -forscher haben ermittelt, dass weibliche und männliche Personen ganz andere Einstellungen haben, wenn es darum geht, sich helfen zu lassen.

Ein Beispiel: Miriam und Ivan sollen ein Referat ausarbeiten. Es fällt ihnen auf, dass ihnen noch einige Informationen fehlen. Miriam schlägt vor, die Lehrerin nach Internet-Adressen zu fragen. Ivan ist entrüstet über den Vorschlag: „Na hör mal. Das können wir doch selbst herausfinden."

Miriam und Ivan verbringen einen ganzen Nachmittag damit, im Internet zu surfen, ohne aber auf die gewünschten Seiten zu kommen. Die Lehrerin hätte ihnen mit ein paar Tipps schneller geholfen.

---

Frauen halten die Arme in Körpernähe, machen sparsame, ruhige und fließende Bewegungen, verwenden Gesten unterstreichend, verschränken oft die Arme. Auffallend sind häufige Selbstberührungen (Hand zu Hals, Mund, Nase, Haar …).

Männer gestikulieren sehr weit ausgreifend, rasch und demonstrativ, wobei Arme, Hände und Finger mitspielen; typisch sind die vielen „Fingerzeige" und offene Hände.

typisch männliche **Körpersprache** — typisch weibliche Körpersprache

(Nach: Informationen zur Deutschdidaktik 1/1990, Seite 106.)

**M2** *Unterschiedliche Körpersprache von Männern und Frauen*

**M3**    **M4**

---

## Aufgaben

**1** a) Welche verschiedenen Körperhaltungen entdeckst du in der Bildergeschichte (M1)?
b) Überlege, was sie bei Lucia und was sie bei Felix bedeuten.
c) Welche Körperhaltung passt zum Gesagten und welche nicht.

**2** a) An welcher Körperhaltung hätte Felix Lucias Unsicherheit erkennen können (M1)?
b) Wie wirkt die Abwendung wohl auf Felix?

**3** Wie hätte das Gespräch zwischen Felix und Lucia positiv verlaufen können? Spielt die Szene mit unterschiedlichen Lösungen.

**4** a) Ihr könnt in Partnerarbeit einige Positionen als Standbilder nachstellen und verändern. Tauscht die Rollen und lasst die Mädchen die Jungen spielen und umgekehrt.
b) Vergleicht eure Beobachtungen mit M2.

**5** Entwickelt eine eigene Fotostory. Achtet beim Fotografieren auf die Körperhaltung (siehe auch M3 und M4).

**6** Miriam und Ivan verhalten sich „rollenkonform".
a) Erläutere weshalb.
b) Entspricht dieses Beispiel auch deinen Erfahrungen? Berichte darüber.

---

**Merke**
Männer und Frauen haben eine unterschiedliche Körpersprache.

**Grundbegriff**
• Körpersprache

# Kinder, Küche, Karriere

## Claudia und Lisa

Claudia (28 Jahre alt) und Lisa (30 Jahre alt) sind seit der Schulzeit befreundet und haben sich nach Monaten wieder einmal verabredet.

Claudia: „Na, da bist du ja endlich!"

Lisa: „Es tut mit Leid, die Besprechung in der Firma hat sich hingezogen. Aber ich denke, dass es sich gelohnt hat."

Claudia: „Hast du wieder einen dicken Fisch an der Angel?"

Lisa: „Hochinteressante Geschichte. Zwei Riesenfirmen sollen zusammengeführt werden und ich werde die rechtliche Seite dieses Projektes übernehmen. Das bedeutet wochenlange interessante Dienstreisen: Ankara, Paris, Los Angeles und ich verdiene dabei sehr gut."

Claudia: „Ach, ich weiß nicht, das wäre nichts für mich. In der Zeit hast du doch gar nichts von deiner Familie. Ich dagegen bin immer für meine Kinder da. Lorena ist sechs. Sie hat jetzt mit Ballett angefangen, Moritz ist neun und in einem Fußballverein."

Lisa: „Und wie geht es Ingo, deinem Mann?"

Claudia: „Ingo ist kaum zu Hause. Er arbeitet viel. Oft kommt er nicht vor zehn Uhr abends nach Hause."

Lisa: „Das geht mir genauso. Gut, dass Frank alles zu Hause regelt. Unser Au-pair-Mädchen macht sich gut. Sie fährt die Kinder in die Schule, spielt mit ihnen, hilft ihnen bei den Hausaufgaben, kocht und kümmert sich auch um die anderen Dinge im Haushalt."

Claudia: „Tja, ich könnte mir nie vorstellen, meine Kinder von einer fremden Frau erziehen zu lassen und den Haushalt aus der Hand zu geben. Allerdings habe ich viel weniger Freizeit, als du vielleicht denkst."

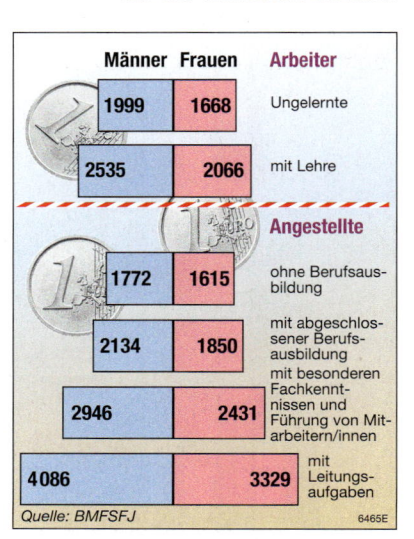

## Aufgaben

**1** Welche Vor- und Nachteile hat das Leben von Lisa, welche hat das Leben von Claudia?

**2** Das Au-pair-Mädchen von Lisa wird krank. Lisa bespricht das Problem mit ihrem Mann. Welche Lösung könnten die beiden finden?

**3** Wenn Moritz die sechste Klasse besucht, möchte Claudia wieder in ihrem Beruf arbeiten. Sie bespricht ihren Plan mit der Familie. Gestaltet ein Rollenspiel (Claudia, Ehemann, Lorena, Moritz).

**4** Tim und Eric treffen sich wieder. Schreibe einen Dialog (M6).

**5** Die Freundin von Eric eröffnet ihm, dass sie ein Kind haben möchte. Eric fragt sie, wie sie sich die Zukunft mit Kind vorstellt.
a) Findet unterschiedliche Antworten und diskutiert sie.
b) Was wird sich im Leben der beiden auf jeden Fall ändern?

**6** Tims Chefin bittet ihn, für drei Tage zur Sportartikelmesse nach München zu fahren. Der Auftrag reizt ihn.
a) Welche familiären Voraussetzungen müssen von ihm geschaffen werden, damit er fahren kann?
b) Tim lehnt den Auftrag ab. Welche beruflichen Folgen könnte das für ihn haben? Welche Konsequenzen wird seine Chefin aus dieser Entscheidung ziehen?

**M1** *Verdienste von Männern und Frauen in Euro*

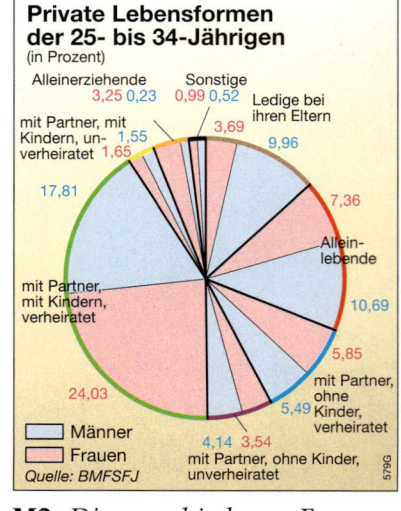

| | Männer | Frauen | |
|---|---|---|---|
| **Arbeiter** | | | |
| Ungelernte | 1999 | 1668 | |
| mit Lehre | 2535 | 2066 | |
| **Angestellte** | | | |
| ohne Berufsausbildung | 1772 | 1615 | |
| mit abgeschlossener Berufsausbildung | 2134 | 1850 | |
| mit besonderen Fachkenntnissen und Führung von Mitarbeitern/innen | 2946 | 2431 | |
| mit Leitungsaufgaben | 4086 | 3329 | |

Quelle: BMFSFJ

**M2** *Die verschiedenen Formen des Zusammenlebens*

Private Lebensformen der 25- bis 34-Jährigen (in Prozent)

- Alleinerziehende: 3,25 (Männer) / 0,23 (Frauen)
- Sonstige: 0,99 / 0,52
- Ledige bei ihren Eltern: 17,81 / 3,69 – 9,96
- mit Partner, mit Kindern, unverheiratet: 1,55 / 1,65
- Alleinlebende: 7,36 / 10,69
- mit Partner, mit Kindern, verheiratet: 24,03
- mit Partner, ohne Kinder, verheiratet: 5,85 / 5,49
- mit Partner, ohne Kinder, unverheiratet: 4,14 / 3,54

Quelle: BMFSFJ

# Superfrau und Traummann

**M3**

## Beruf oder Kind – oder beides?

17,4 Mio. Frauen in Deutschland üben einen Beruf außerhalb der Familie aus. Die meisten von ihnen haben eine Ausbildung gemacht und wollen beruflich vorankommen. Wenn in der Partnerschaft der Wunsch nach einem Kind entsteht, stellt sich für Frauen und Männer die Frage der Arbeitsverteilung. Männer sehen häufig ihren Beruf als Vollzeitarbeit für ihr ganzes Arbeitsleben an. Viele Frauen hingegen fühlen sich stärker für die Kindererziehung verantwortlich und sind eher als Männer bereit, für einige Jahre nicht zu arbeiten oder nur eine Teilzeitarbeit zu übernehmen. Dies entspricht den Erwartungen der Gesellschaft. In unserer Zeit hat sich diese Rollenverteilung aufgelockert. Vereinzelt sind auch Männer bereit, die Familienarbeit zu übernehmen, zum Beispiel wenn die Partnerin mehr verdient.

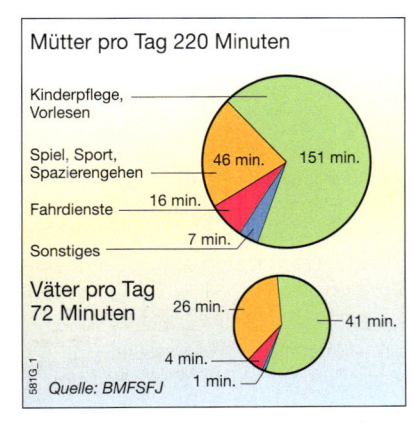

**M4** Wer kümmert sich um die Kinder?

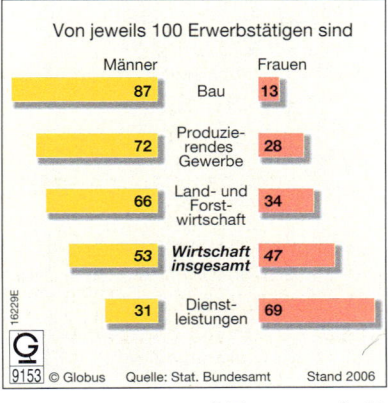

**M5** Männer- und Frauenarbeit in Deutschland

Tim (32 Jahre)
Er ist geschieden und hat einen achtjährigen Sohn. Er ist berufstätig und alleinerziehend.

Eric (33 Jahre)
Er lebt mit seiner Freundin Gisela zusammen. Er hat keine Kinder. Er und seine Freundin sind berufstätig.

**M6** Tim und Eric

## Aufgaben

**7** Tim, Eric (M6), Lisa und Claudia bewerben sich um eine Stelle als Assistentin oder Assistent der Geschäftsführung. Wie wird die Firma entscheiden? Stellt in einem Rollenspiel dar:
a) die Bewerbungsgespräche,
b) das Auswahlgespräch der Geschäftsleitung.

**8** Erläutere den unterschiedlichen Verdienst von Frauen und Männern in M1.

**9** Berichtet über eure Erfahrungen, wie sich die Hausarbeit zwischen Frauen und Männern verteilt. Überlegt, wie eine gleichberechtigte Arbeitsteilung in der Partnerschaft aussehen könnte (M4).

**10** Nimm Stellung zur Aussage von M3 und schreibe eine Bildunterschrift.

### Merke
Wenn in der Partnerschaft der Wunsch nach einem Kind entsteht, sind zunehmend auch Männer bereit, die Familienarbeit zu übernehmen.

# Frauen kämpfen und bewegen

**M1** *Olympe de Gouges*

Die Rechte der Frau
Mann, bist du fähig, gerecht zu sein? Eine Frau stellt dir diese Frage. Dieses Recht wirst du ihr zumindest nicht nehmen können. Sag mir, wer hat dir die selbstherrliche Macht verliehen, mein Geschlecht zu unterdrücken? Deine Kraft? Deine Talente? Durchlaufe die Natur in all ihrer Majestät und leite daraus, wenn du es wagst, ein Beispiel für diese tyrannische Herrschaft ab. Suche, untersuche und unterscheide, wenn du es kannst, die Geschlechter in der Ordnung der Natur.
**Artikel I:** Die Frau ist frei geboren und bleibt dem Manne gleich in allen Rechten.

**M2** *Auszug aus der „Alternativen Menschenrechtserklärung" von Olympe de Gouges*

**M3** *Anita Augspurg*

Olympe de Gouges wurde 1748 in Südfrankreich geboren. In ihren Mädchenjahren wurde ihre Intelligenz nicht gefördert, wie sie selbst sagte. Sie konnte schlecht lesen und schreiben. Sie beklagte sich sehr häufig über ihre mangelhafte Bildung, stellte aber entschlossen und selbstbewusst fest, dass dies kein Grund zum Stillschweigen sei. Sie diktierte ihre Gedanken Sekretären, was in der damaligen Zeit keine ungewöhnliche Praxis war.
Mit 14 Jahren wurde sie verheiratet. „Ich wurde mit einem Mann verheiratet, den ich nicht liebte und der weder reich noch wohlgeboren war. Ich wurde geopfert ohne jeden Grund." Als sie 20 Jahre alt war, starb ihr Mann und sie wurde Witwe. Die Französische Revolution weckte in ihr Hoffnungen, dass der Ruf nach Freiheit und Gleichheit auch Freiheit und Gleichberechtigung für Frauen beinhalten würde. Doch es erwies sich, dass die Rechte der Frauen unberücksichtigt blieben. Deshalb schrieb sie 1791 die „Alternative Menschenrechtserklärung". Olympe wurde 1793 zum Tode verurteilt.

**M4**

## Gleiche Rechte für alle

Frauen waren in der Vergangenheit auf sehr vielen Gebieten benachteiligt. In den letzten 100 Jahren haben sie sich viele Rechte erkämpft. Nach dem Ersten Weltkrieg (1914–1918) erhielten Frauen das Wahlrecht und den Zugang zu den Universitäten. Im Parlament der Weimarer Republik saßen zeitweise bereits mehr Frauen als heute im Deutschen Bundestag. Der Nationalsozialismus verdrängte die Frauen wieder aus dem öffentlichen Leben und legte sie auf die Rolle als Hausfrau und Mutter fest. Sie durften nicht gewählt werden und nicht mehr Professorin sowie Richterin werden.

Mit Gründung der Bundesrepublik Deutschland (1949) verankerten die 65 Verfasserinnen und Verfasser des Grundgesetzes (vier Frauen, 61 Männer) die Gleichberechtigung von Frau und Mann im Grundgesetz.

Anita Augspurg wurde 1857 als jüngstes Kind von fünf Geschwistern in Norddeutschland geboren.
Die Familie war seit Generationen eine Familie aus Medizinern und Juristen. Anita ging nach Berlin und besuchte dort Lehrerinnenkurse. Dies war damals die einzig erlaubte Ausbildung für bürgerliche Töchter.
Nach ihrem Examen arbeitete sie jedoch nicht als Lehrerin, sondern nahm Schauspielunterricht und erhielt kleinere Rollen. Mit 30 Jahren eröffnete sie in München ein Fotoatelier und hatte Erfolg.
Durch die Zusammenarbeit mit anderen Frauen wusste sie, dass Frauen über ihre Rechte sehr wenig informiert waren.
Sie entschloss sich, Jura zu studieren. Das war in Deutschland zu dieser Zeit für Frauen nicht möglich. So studierte sie in der Schweiz und schloss ihr Studium nach vier Jahren 1898 erfolgreich ab.
Ihre Meinung über die ungerechte Rechtsprechung zwischen Frauen und Männern veröffentlichte sie in Zeitschriften und leitete den „Deutschen Verband für Frauenwahlrecht". In ihren Schriften forderte sie die Gleichheit der Frauen vor dem Gesetz.

**M5**

## Superfrau und Traummann

## Quelle 1

**Frauen und Studium 1891**

Die Forderung nach Zulassung von Frauen zum Studium an deutschen Universitäten löste 1891 „ungeheure Heiterkeit" aus. Das berichtete die erste deutsche Ärztin Franziska Tiburtius in ihren Lebenserinnerungen.
In Zürich war sie Ärztin geworden, in Deutschland durfte sie jedoch nur als Heilpraktikerin arbeiten. „Gelehrte Weiber waren vielen so unerträglich, dass man hoffte, baldmöglichst das ganze Gezücht auszurotten." Gerade Ärzte sprachen sich gegen das Frauenstudium aus. Frauen seien in ihren physischen Kräften und geistigen Begabungen geringer als Männer, denn „Noch niemals hat sich eine Frau einer großen wissenschaftlichen Aufgabe gestellt; niemals ist ihr die Lösung einer selbst leichten Aufgabe in origineller Weise geglückt." (Nach: Franziska Tibertius: Erinnerungen einer Achtzigjährigen. Hamburg 1923.)

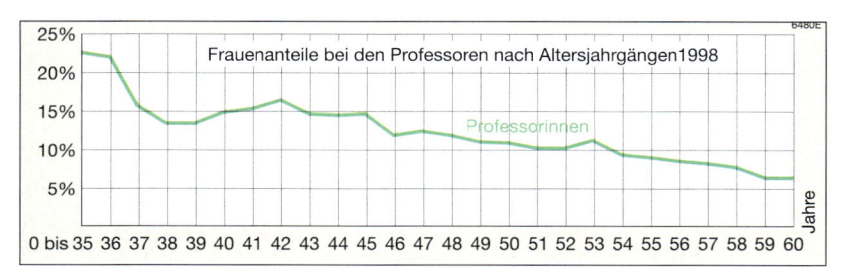

**M6** *Anteil der Professorinnen nach Alter*

## Quelle 2

**Frauen und Studium heute**

Obwohl der Anteil der Studentinnen heute bei 50 % liegt, hat sich bei den Professorinnen wenig verändert. Welche Barrieren behindern ihren Aufstieg? Mutter-Werden und Mutter-Sein sind nach wie vor mit „Verhinderungen" verknüpft. Sobald aus einem Paar eine Familie geworden ist, spielen sich zwangsläufig die überkommenen Verhaltensweisen ein.
Nach wie vor planen Frauen Lücken und Verzichte in ihren Berufsweg ein. Familienarbeit und Hausarbeit liegen eindeutig in ihrer Verantwortung. Zudem haben Frauen oft Angst vor dem Erfolg. Sie rechnen mit negativen Reaktionen der Männer – und vor allem des geliebten Mannes – wenn sie erfolgreich sind. So geben sie im Falle der Geburt eines Kindes oft diskussionslos der Karriere des Mannes den Vorrang, auch ohne von diesem einen entsprechenden Druck erfahren zu haben.
(Nach einer Rede der ersten Präsidentin des Bundesverfassungsgerichts Prof. Dr. Jutta Limbach, am ersten Universitätsfrauentag der Freien Universität Berlin am 1. November 1994, aktualisiert)

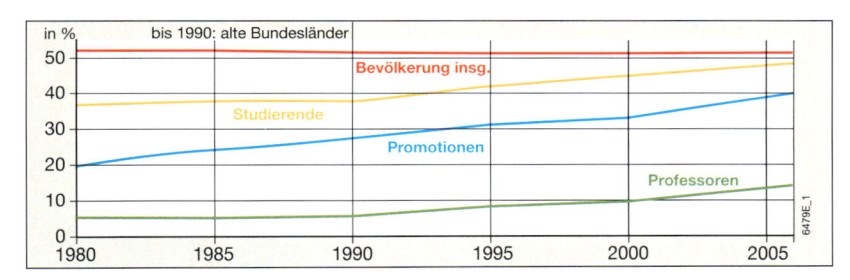

**M7** *Frauenanteile in verschiedenen Gruppen der Bevölkerung*

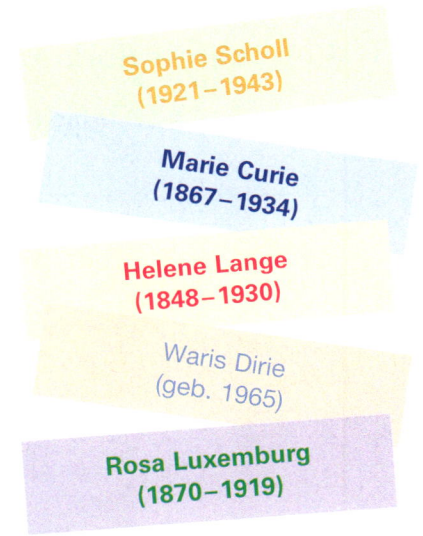

---

Sophie Scholl (1921–1943)

Marie Curie (1867–1934)

Helene Lange (1848–1930)

Waris Dirie (geb. 1965)

Rosa Luxemburg (1870–1919)

**M8** *Was haben diese Frauen bewirkt (Lexikon, Internet)?*

## Aufgaben

**1** Welche Rechte waren den Frauen im 19. Jahrhundert vorenthalten?

**2** Welche Forderungen stellten Olympe de Gouges (M1, M2, M4) und Anita Augspurg (M3, M5) und wie werden sie begründet?

**3** a) Was versteht Prof. Dr. Jutta Limbach unter „Verhinderungen" (Quelle 2)?
b) Was rät sie jungen Frauen, die Karriere machen wollen?

**4** Erläutere in M7 die Veränderungen von 1980 bis 2000.

**5** Beantworte die Frage in M8.

---

**Merke**
Frauen haben sich in der Vergangenheit viele Rechte erkämpft. Heute ist im Grundgesetz die Gleichberechtigung von Frauen und Männern verankert.

# Alles klar? Superfrau und Traummann

## 1. Gleichberechtigung?

a) Beschreibe und deute die Karikatur. b) Nimm Stellung zu folgenden Aussagen:

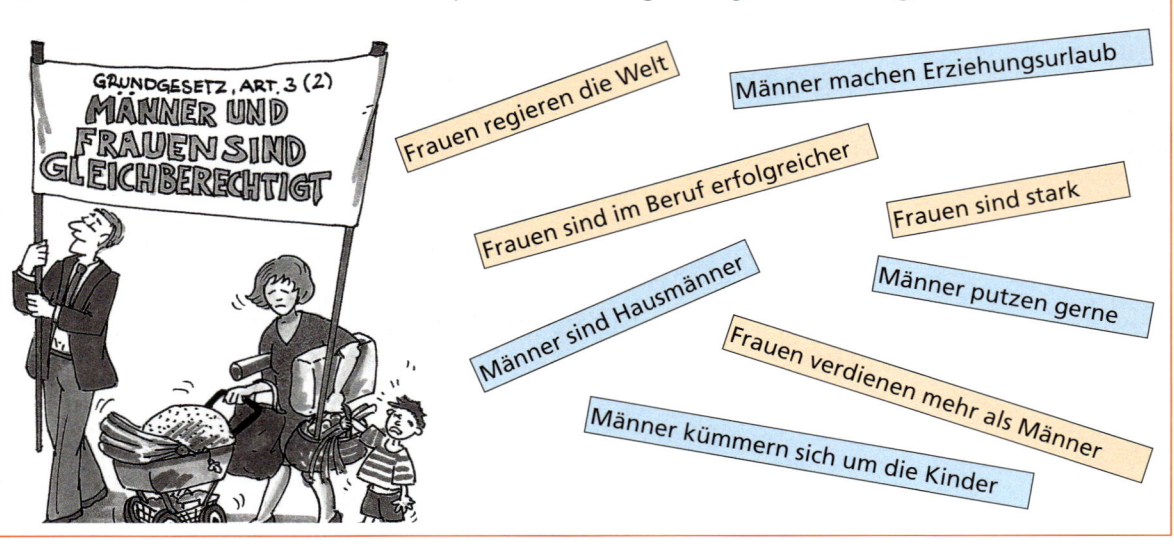

- Frauen regieren die Welt
- Männer machen Erziehungsurlaub
- Frauen sind im Beruf erfolgreicher
- Frauen sind stark
- Männer sind Hausmänner
- Männer putzen gerne
- Frauen verdienen mehr als Männer
- Männer kümmern sich um die Kinder

## 2. Starke Frauen

a) Entwirf ein Schaubild, das die Rolle der Frau in Deutschland und ihre beruflichen Möglichkeiten seit dem 19. Jahrhundert veranschaulicht.

b) In Grundschulen gibt es fast ausschließlich Lehrerinnen. Nimm Stellung zu dieser Situation.

c) Vergleiche deine Stellungnahme mit der einer Klassenkameradin oder eines Klassenkameraden.

## 3. Superfrau und Traummann

a) Die Karikatur zeigt eine Superfrau. Nimm begründet Stellung zu dieser Aussage.

b) Wie müsste deiner Meinung nach ein Traummann aussehen? Zeichne.

c) Was denkst du? Schreibe deine Gedanken zu den Begriffen auf. Vergleiche anschließend mit deiner Banknachbarin oder deinem Banknachbarn.

- Gleichberechtigung
- Rolle
- Patriarchat

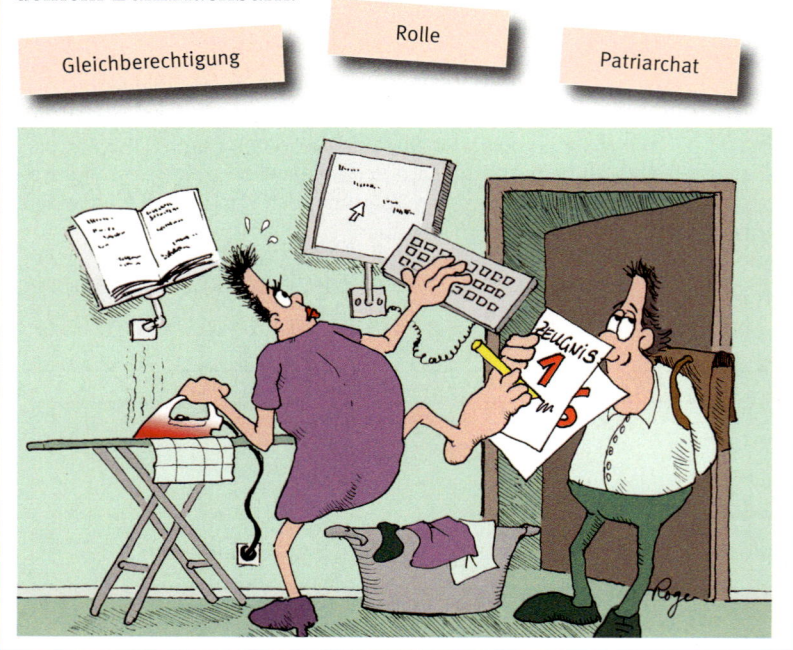

# Das Wichtigste

## Typisch männlich – typisch weiblich

Die Geschlechterrolle bestimmt das Verhalten von Jungen und Mädchen. Jungen wurden früher auf den Beruf und die Absicherung der Familie vorbereitet, Mädchen auf die Haushaltsführung und Kindererziehung. Dies ändert sich. Männer gelten als das starke Geschlecht und Frauen als das schwache Geschlecht. Dieses Klischee ist falsch. Männer sind häufiger krank und haben eine geringere Lebenserwartung. Es gibt unterschiedliche Meinungen darüber, ob typische männliche und weibliche Verhaltensweisen auf die Erziehung zurückzuführen oder angeboren sind.

## Die Sprache der Mädchen – die Sprache der Jungen

Die Körpersprache von Männern und Frauen ist unterschiedlich. Frauen halten die Arme in Körpernähe und machen sparsame, ruhige und fließende Bewegungen. Männer bewegen häufig die Arme, Hände und Finger. Sie unterstreichen damit ihre Aussagen. Auch die Bereitschaft, sich helfen zu lassen, ist bei Männern und Frauen unterschiedlich. Männer wollen ein Problem selbst lösen. Frauen bitten um Hilfe.

## Kinder, Küche, Karriere

17,4 Mio. Frauen arbeiten in Deutschland außerhalb der Familie. Die meisten haben eine Ausbildung gemacht und wollen beruflich vorankommen. Wenn in einer Partnerschaft der Wunsch nach einem Kind entsteht, stellt sich die Frage, wer das Kind versorgt. Frauen sind eher bereit, für Jahre nicht oder nur in Teilzeit zu arbeiten. Dies entspricht der traditionellen Rollenerwartung. Heute sind auch Männer bereit, die Familienarbeit zu übernehmen.

## Frauen kämpfen und bewegen

Frauen waren in der Vergangenheit auf vielen Gebieten benachteiligt. In den letzten 100 Jahren haben sie sich viele Rechte erkämpft. Mit Gründung der Bundesrepublik (1949) verankerten die 65 Verfasserrinnen und Verfasser die Gleichberechtigung von Frau und Mann im Grundgesetz.

**Grundbegriffe:**
- Rollen
- Patriarchat
- Körpersprache

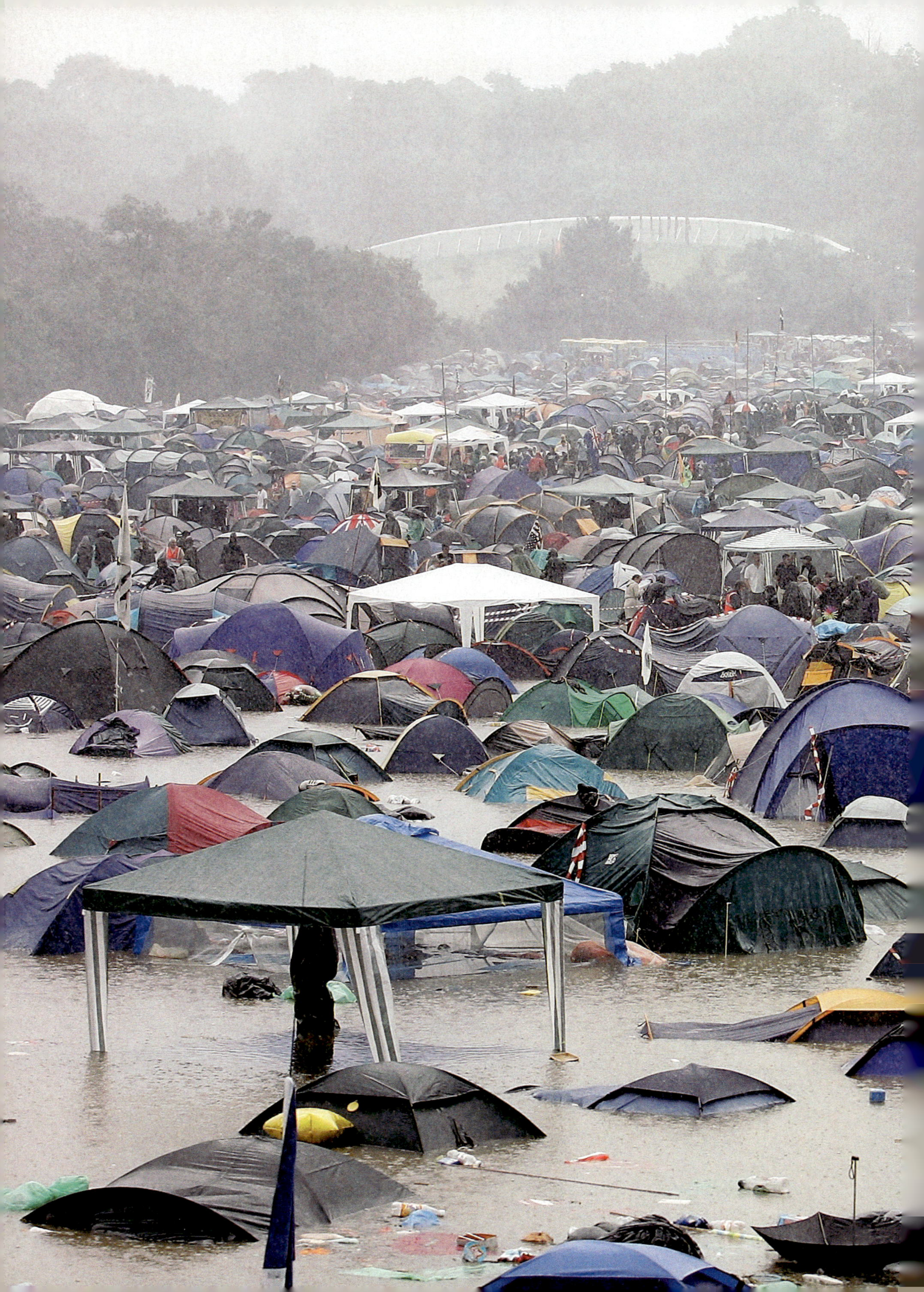

# Projekt:
# Wetter und Klima

Alle reden vom Wetter

Wolken und Niederschlag

Luftdruck und Wind

Besuch einer Wetterstation

Wetter- und Klimarekorde der Erde

**M1** *Das Wetter bestimmt unser Leben*

# Projekt

## Alle reden vom Wetter

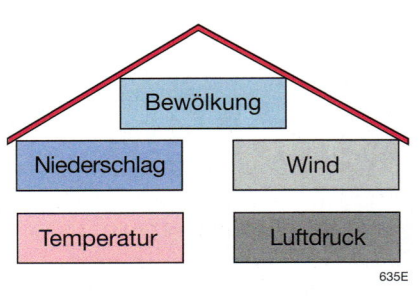

**M1** *Die Bausteine des Wetters nennt man „Wetterelemente".*

(Bausteine: Bewölkung, Niederschlag, Wind, Temperatur, Luftdruck)

### Info

**Wetter**
So bezeichnet man das Zusammenwirken der Wetterelemente zu einem bestimmten Zeitpunkt an einem Ort.

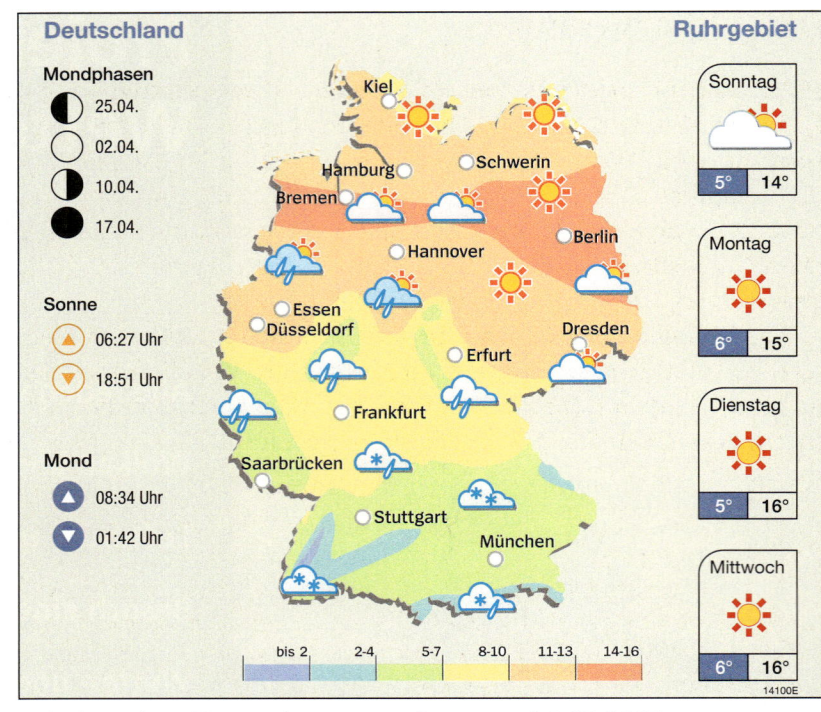

**M2** *Aus einer Tageszeitung vom Samstag, 24.03.2007*

### „Heiter bis wolkig, kein Regen!"

Täglich informieren sich Millionen von Menschen über das **Wetter** im Fernsehen, in der Zeitung (M2) oder im Internet. Das Wetter ist ein ganz wichtiger Gesprächsstoff, weil es unser Leben stark beeinflusst. Bei Regenwetter werden zum Beispiel Klassenausflüge oder Geburtstagspartys verschoben und Fußballspiele abgesagt, bei Eis und Schnee kann der Zugverkehr „lahmgelegt" werden.

Das Wetter kann mehrere Tage hintereinander gleich bleiben. Es kann sich aber auch innerhalb weniger Minuten ändern. Dafür sind die **Wetterelemente** verantwortlich.

## Aufgaben

**1** a) Ordne folgende Aussagen je einem der Wetterelemente zu (M1):
– „Alles grau in grau heute!"
– „Meine Ohren sind zu!"
b) Schreibe je zwei Sätze auf, die zu den anderen Wetterelementen passen.

**2** Was sagt die Karte M2 zum Wetter in Kiel aus?

**3** Nicht alle Menschen sind vom warmen, sonnigen Wetter begeistert. Erkläre (M3).

**4** a) Nehmt eine Wettervorhersage im Fernsehen auf (Video). Über welche Wetterelemente wurde berichtet? Was wurde dazu gesagt?
b) Hat die Wettervorhersage gestimmt? Berichtet.

**M3** *Wetter – Was ist schön, was schlecht?*

234

# Projekt: Wetter und Klima

## Die Lufttemperatur

„Guten Abend meine Damen und Herren. Morgen dringt warme Luft vom Mittelmeer bis nach Norddeutschland vor. Die **Temperaturen** steigen." Wenn in der Wettervorhersage im Fernsehen über die Temperatur berichtet wird, ist damit die Lufttemperatur im Schatten in einer Höhe von zwei Metern über dem Boden gemeint. Das Messinstrument für die Temperatur ist das Thermometer. Es gibt in °C an, wie warm oder wie kalt die Luft ist.

Das Röhrchen eines Thermometers ist mit einer gefärbten Flüssigkeit gefüllt. Wenn es wärmer wird, dehnt sich die Flüssigkeit aus und steigt in dem Röhrchen an. Wird es kälter, zieht sich die Flüssigkeit zusammen und fällt in dem Röhrchen ab.

### Info

**Grad Celsius (°C)**
Bei uns in Deutschland wird die Temperatur in Grad Celsius (°C) gemessen. Anders Celsius (1701–1744) war ein schwedischer Wissenschaftler. Er hat das Thermometer in 100 Grad eingeteilt. Bei null Grad gefriert Wasser zu Eis; bei 100 Grad kocht es und wird zu Wasserdampf.

## Aufgaben

**5** Testet, ob ihr die Lufttemperatur gut einschätzen könnt. Geht mit der Klasse auf den Schulhof. Jeder schreibt seinen Namen und die geschätzte Temperatur auf einen Zettel. Benutzt danach ein Thermometer.

**6** Lege einen Beobachtungsbogen für eine Woche an (wie in M4). Notiere die Temperatur und die Bewölkung immer zur gleichen Zeit. Schreibe am Ende einen Text über den Verlauf.

**7** a) Beschreibe in M5, wie sich die Lufttemperatur im Laufe des Tages verändert hat.
b) Zu welcher Uhrzeit war es am wärmsten, wann war es am kältesten? Gib die Temperaturen an.

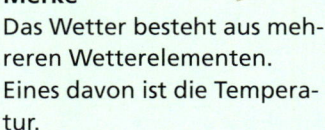

### Merke
Das Wetter besteht aus mehreren Wetterelementen. Eines davon ist die Temperatur.

### Grundbegriffe
- Wetter
- Wetterelement
- Temperatur

|  | Mo | Di | Mi | Do | Fr | Sa | So |
|---|---|---|---|---|---|---|---|
| Temperatur in °C | 16 | 17 | 20 | 21 | 21 | 19 | 17 |
| Bewölkung | ☁ | ☀ | ☀ | ☀ | ☀ | ⛅ | ☁ |

**M4** Max hat die Temperatur jeden Tag um 14 Uhr aufgeschrieben. Er hat auch beobachtet, ob es wolkig war oder nicht.

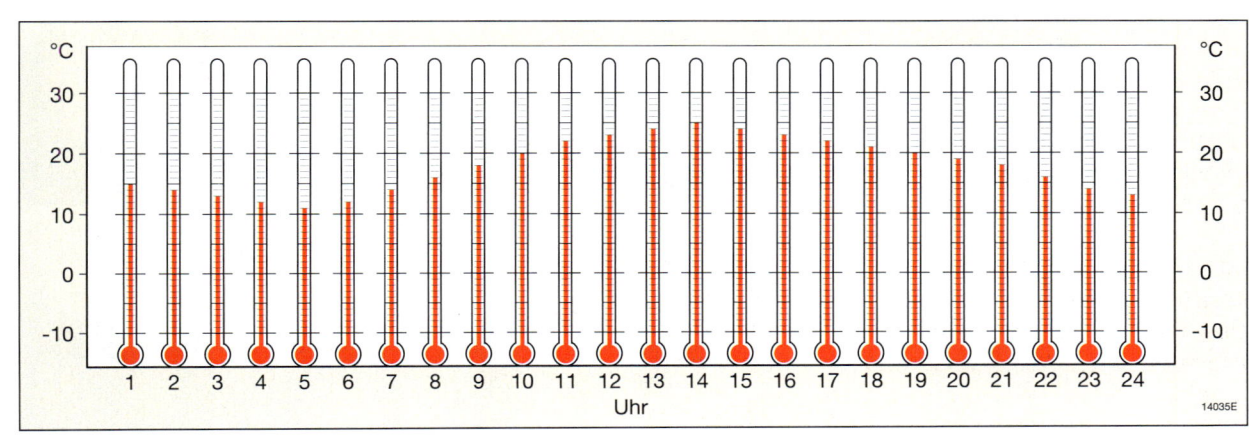

**M5** Lufttemperatur an einem sonnigen Tag

# Projekt: Wolken und Niederschlag

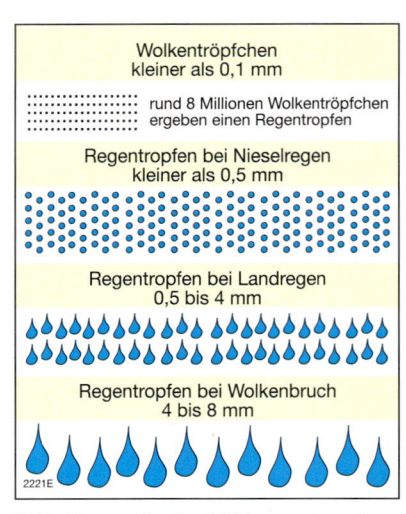

**M1** *So groß sind Wassertropfen in der Luft.*

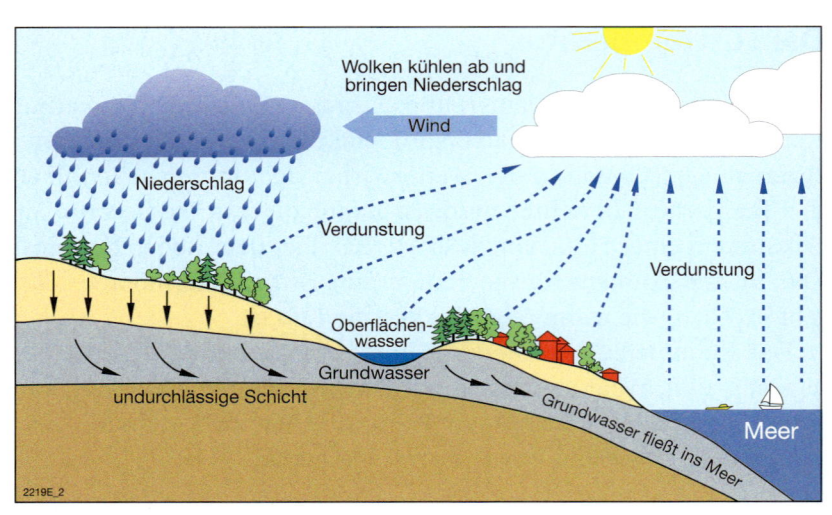

**M2** *Der Kreislauf des Wassers*

## Aus Wasserdampf wird Regen

Typisches „Aprilwetter": Nadine ist pitschnass geworden, weil sie keinen Schirm dabei hatte. Auf der Straße stehen große Pfützen. Doch dann hört es auf zu regnen und die Sonne scheint wieder. Nach wenigen Stunden ist keine Pfütze mehr zu sehen. Das Wasser ist verdunstet.

Wenn Wasser verdunstet, entsteht Wasserdampf. Er steigt mit warmer Luft nach oben.

Auf dem Weg in die höheren Luftschichten kühlt die Luft ab, denn in der Höhe ist es kälter als am Boden. Aus dem Wasserdampf bilden sich nun kleine Wassertröpfchen. Diesen Vorgang nennt man **Kondensation**.

Durch Kondensation entstehen Wolken. In einer Wolke vergrößern sich die Wassertropfen. Sie werden immer schwerer. Schließlich fallen sie zur Erde: Es regnet! Es fällt **Niederschlag**.

## Aufgaben

**1** Erkläre den Wasserkreislauf (M2).

**2** Übertrage das folgende Schaubild in dein Heft und benenne die Niederschlagsarten A bis F mithilfe von M3.

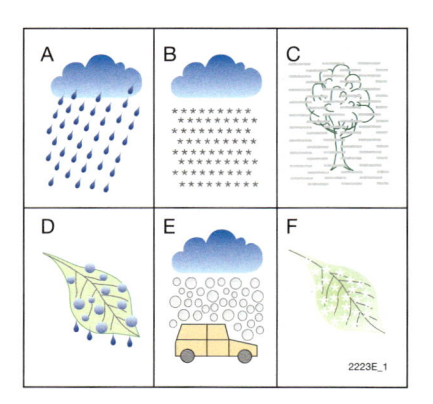

**M3** *Es gibt verschiedene Arten von Niederschlag.*

## Projekt: Wetter und Klima

*Hallo, mein Name ist Cloud. Ich will euch sagen, dass die Wolken verschiedene Formen und Farben haben. Es gibt weiße, graue und fast schwarze Wolken. Sie bedecken oft nur einen Teil des Himmels, manchmal auch den ganzen Himmel.*

Federwolken (Cirrus)

Gewitterwolke (Cumulonimbus)

Schichtwolken (Stratus)

**M4** *Wolken verraten viel über das Wetter.*

Wenn die Sonne scheint sehr bleich, ist die Luft an Regen reich.

Wenn der Himmel gezupfter Wolle gleicht, das schöne Wetter bald dem Regen weicht.

Wenn Schäfchenwolken am Himmel stehen, kann man ohne Schirm spazieren gehen.

**M6** *Bauernregeln; sie wurden nach langjährigen Wetterbeobachtungen aufgestellt.*

## Aufgaben

**3** a) Beschreibe die Form und Farbe der Wolken in M4.
b) Welche Bauernregeln (M6) passen zu welchen Wolkenformen? Erkläre.

**4** Fotografiere Wolken am Himmel und beobachte, wie sich das Wetter entwickelt. Schreibe deine Beobachtungen auf und klebe die Fotos dazu.

**5** Messt die Niederschläge mindestens eine Woche lang. Legt einen Beobachtungsbogen an (ähnlich M4 Seite 235).

**Material:** leere Flasche, Trichter (Durchmesser: 16 cm), Sprudelkiste, Knete, Messglas.
**Durchführung:** Flasche in die Kiste stellen, Trichter bis zum Hals in die Flasche stecken und in Höhe der Flaschenöffnung mit Knete gut verschließen. Kiste auf dem Schulhof aufstellen.
**Hinweise:** Niederschläge jeden Tag zur gleichen Zeit messen (z.B. in der großen Pause): Dafür Niederschläge in das Messglas füllen und Menge in Millimeter notieren.

**M5** *So könnt ihr die Niederschläge messen.*

### Merke
Wolken entstehen durch Kondensation. Sie bestehen aus Wassertröpfchen. Niederschlag fällt, wenn die Tröpfchen zu schwer sind.
Es gibt verschiedene Wolkenformen.

**Grundbegriffe**
- Kondensation
- Niederschlag

# Projekt

# Luftdruck und Wind

## Luft – so leicht wie eine Feder?

Unsere Erde ist von einer rund 1000 km mächtigen Lufthülle umgeben. Diese wird **Atmosphäre** genannt. Die Luft ist ein unsichtbares Gas. Sie besteht aus winzig kleinen Teilchen, den Luftmolekülen. Eine Billion (eine 1 mit zwölf Nullen) Luftmoleküle hätten in einem Stecknadelkopf Platz.

Jedes Luftmolekül hat ein Gewicht. Alle Luftmoleküle, das heißt die Luft, drücken mit ihrem Gewicht auf die Erdoberfläche. Den **Luftdruck** spüren wir Menschen normalerweise nicht.

### Info

**Luftdruck**
Der Luftdruck ist das Gewicht der Luft. Es wird der Druck der Luftsäule auf 1 cm$^2$ der Erdoberfläche gemessen. Als Messinstrument nutzt man das Barometer. Die Maßeinheit ist Hektopascal (hPa). „h" steht für „hundert", „Pa" ist die Abkürzung für „Pascal", den Familiennamen des französischen Wissenschaftlers Blaise Pascal (1623–1662).
Auf Höhe des Meeresspiegels beträgt der mittlere Luftdruck 1013 Gramm oder 1013 hPa.

**M1** *Das Barometer (Luftdruckmesser)*

**M3** *Wetter bei hohem Luftdruck (Hochdruckwetter)*

## Aufgaben

**1** a) Lege dir einen Beobachtungsbogen zum Eintragen des Luftdrucks an.
Lies eine Woche lang jeden Tag zur gleichen Zeit den Luftdruck auf einem Barometer ab (M1). Notiere auch jedes Mal, wie das Wetter ist (z. B. schön, trüb, regnerisch).
b) Werte den Beobachtungsbogen aus. Wie war das Wetter bei hohem Luftdruck, wie bei niedrigem Luftdruck?

**2** Welche Stärke hatte der Wind in Duisburg (M6)? Erläutere mithilfe von M4.

**3** Bei uns in Deutschland herrschen Westwinde vor. Überprüfe diese Aussage (M5).

**Material:** dünner Stab, zwei Luftballons, Schnur, breiter Klebestreifen, Nadel, Schere.

**Durchführung:** Schnur in der Mitte des Stabes festbinden.
Luftballons aufblasen; beide sollen gleich groß sein. Je einen Ballon an einem Ende des Stabes festkleben. Auf einen Luftballon ein drei Zentimeter langes Stück Klebestreifen aufkleben. An der Schnur den Stab hochheben.
Der Stab mit den Luftballons soll waagerecht hängen.

Mit der Nadel vorsichtig durch den Klebestreifen stechen. Der Klebestreifen verhindert, dass der Ballon platzt.
**Hinweise zur Auswertung:** Beobachtet die Luftballons, während die Luft aus einem Ballon entweicht. Erklärt eure Beobachtungen.

**M2** *Versuch zum Thema „Luft"*

**Projekt: Wetter und Klima**

# Projekt

## Manchmal mehr als bloß ein Lüftchen

Der Luftdruck auf der Erde ändert sich laufend. Es gibt hohen Luftdruck (Hoch: H) und niedrigen Luftdruck (Tief: T). Luftdruckunterschiede in der Atmosphäre machen sich als **Wind** bemerkbar.

Stürme und Orkane sind besonders starke Winde. Einzelne Orkane fegen mit Geschwindigkeiten von über 200 km/h über das Land und richten oft große Schäden an. 2007 kamen in Nordrhein-Westfalen bei einem Orkan vier Menschen ums Leben. Sie wurden von Baugerüsten und entwurzelten Bäumen erschlagen.

## Woher weht der Wind?

Ein Wind wird nach der Himmelsrichtung benannt, aus der er weht. Weht ein Wind aus dem Westen, nennt man ihn Westwind. Ein Ostwind kommt aus dem Osten.

Mit einer Windfahne und einem Kompass kannst du feststellen, aus welcher Himmelsrichtung der Wind weht. Probiere die Windfahne (M5) auf einem freien Platz aus. Denn Häuser, Mauern und Bäume verändern die Windrichtung.

**M6** *In Duisburg 2007*

| Windstärke | Bezeichnung | Windgeschwindigkeit in Kilometer pro Stunde (km/h) | Auswirkungen |
|---|---|---|---|
| 0 | Windstille | 0 bis 0,7 | Rauch steigt senkrecht auf. |
| 1 | Zug | 0,8 bis 5,4 | Rauch wird leicht getrieben. |
| 2–5 | Brise | 5,5 bis 38,5 | Größere Zweige bewegen sich, Staub und Papier wird aufgewirbelt, kleine Laubbäume schwanken. |
| 6–8 | Wind | 38,6 bis 74,5 | Äste oder Bäume bewegen sich, Zweige werden abgerissen, Regenschirm ist schwierig zu benutzen. |
| 9–11 | Sturm | 74,6 bis 117,4 | Schäden an Häusern, Bäume werden entwurzelt. |
| 12–17 | Orkan | 117,5 und mehr | Verwüstungen |

**M4** *Übersicht zur Windstärke*

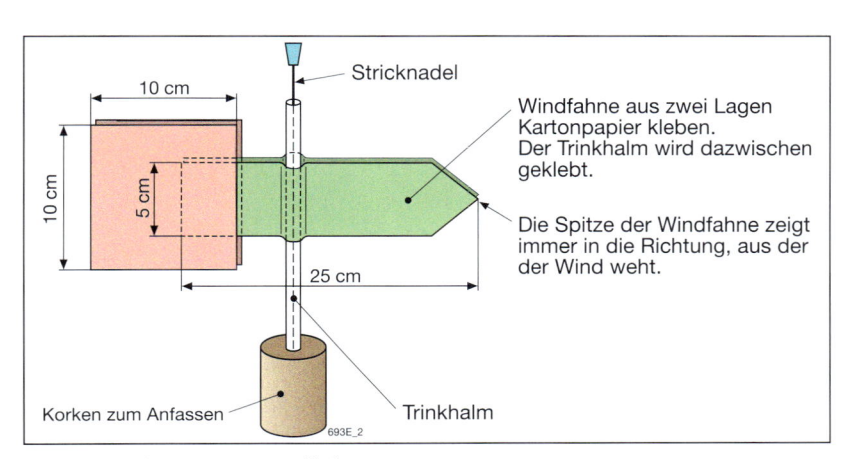

**M5** *Basteln einer Windfahne*

## Aufgabe

**4** Blase einen Luftballon auf und halte die Öffnung des Ballons zu. Im Ballon sind nun viele Luftmoleküle. Der Luftdruck im Luftballon ist hoch. Im Ballon herrscht ein Hoch. Um den Ballon herum ist der Luftdruck niedriger. Es herrscht ein Tief.
Lass die Luft aus dem Ballon langsam heraus.
Ergänze nun folgenden Merksatz: „Der Wind weht vom … zum …"

### Merke
Luftdruck und Wind sind zwei wichtige Wetterelemente. Der Wind wird nach der Himmelsrichtung benannt, aus der er weht. Den Luftdruck misst man in hPa.

### Grundbegriffe
- Atmosphäre
- Luftdruck
- Wind

# Projekt: Besuch einer Wetterstation

**M1** *Expertenbefragung*

Sprechblasen:
- Was kann ich mit einer Wetterkarte anfangen?
- Was bedeutet das Wort Kondensation?
- Mit welchem Instrument misst man den Luftdruck?
- Wie wird das Wetter, wenn der Himmel voller Federwolken ist?
- Wie groß ist ein Wassertröpfchen?

## Meteorologen wissen (fast) alles über's Wetter

Wetterhütte, Temperaturschreiber, Sonnenscheinmesser, Windhose, Schäfchenwolken, Wetterballon … Die Schülerinnen und Schüler der 7a der Gemeinschaftsschule „Am Sand" hätten nicht gedacht, dass ein Besuch auf einer Wetterstation (Wetterwarte) so interessant sein kann. Ein Meteorologe – so wird ein Wetter- und Klimakundler genannt – hat ihnen verschiedene Messinstrumente gezeigt und erklärt. Bei einem Rundgang durch die Wetterstation haben die Schülerinnen und Schüler erfahren, warum die Meteorologen heute nicht mehr ohne Computer auskommen.

Themen (M2):
- Tägliche Arbeit eines Meteorologen
- Ausbildung eines Meteorologen
- Messinstrumente für die einzelnen Wetterelemente
- Wetterrekorde der Station (z. B. heißester und kältester Tag)
- Auswertung von Wetterdaten
- Wetterkarte und Wettervorhersage
- Tipps für den Bau einer eigenen Wetterstation

**M2** *Themen für den Besuch einer Wetterstation (Auswahl)*

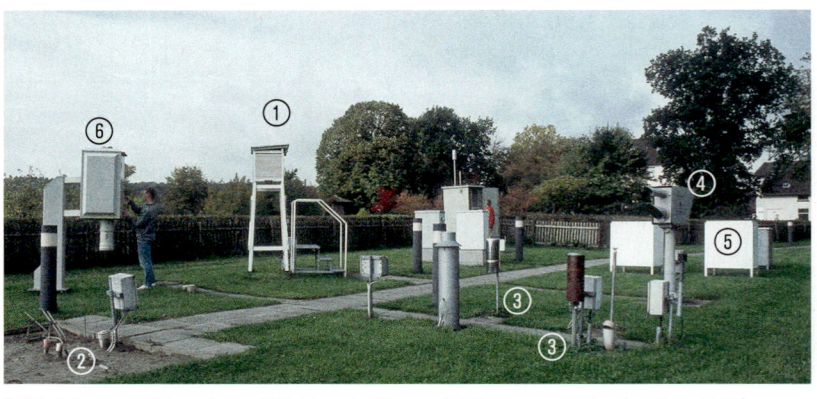

**M3** *Messgeräte einer Wetterstation: 1 Thermometerhütte, 2 Thermometer für Erdtemperatur, 3 Niederschlagsmesser, 4 Sichtweitenmessgerät, 5 Auffangbecken, 6 Messeinrichtung zur Bestimmung der Radioaktivität*

# Projekt

## Projekt: Wetter und Klima

### So geht ihr vor:

1. Wählt eine Wetterwarte aus, die nahe eurer Schule liegt (M4, Atlas, Autoatlas).

2. Fragt dort nach, ob und wann ihr mit der Klasse kommen könnt. Vereinbart einen Termin (Tag, Uhrzeit, Dauer des Besuches). Legt den Weg fest (z. B. Eisenbahn, Bus, Fußweg).

3. Schreibt Fragen auf, die euch zur Wetterwarte, zum Wetter und Klima interessieren. Schreibt jeweils nur eine Frage auf einen Zettel. Hängt die Zettel an die Tafel. Ordnet die Fragen nach einzelnen Themen. Ähnliche Fragen könnt ihr zusammenfassen. Erstellt dann einen Fragebogen. Achtet darauf, dass sich keine Fragen überschneiden. Legt eine sinnvolle Reihenfolge fest.

4. Erstellt einen Merkzettel mit den Dingen, die ihr außer dem Fragebogen noch mitnehmen müsst, zum Beispiel:
   – Schreibzeug und einen Block, damit ihr euch Notizen machen könnt,
   – Fotoapparat zum Fotografieren in und außerhalb der Wetterstation,
   – Kassettenrekorder zum Aufzeichnen eines Gesprächs.

   Vergesst nicht, ein kleines Geschenk mitzunehmen!

◀ **Vorbereitung**

5. Bildet Arbeitsgruppen.
   Erstellt zu jedem Thema (siehe Text) ein Plakat mit Fotos und Texten. Präsentiert eure Arbeitsergebnisse.
   (Hinweis: In vielen Wetterwarten liegen Prospekte zum Thema Wetter und Klima aus. Nehmt aber nur die Prospekte mit, die ihr auch wirklich braucht.)

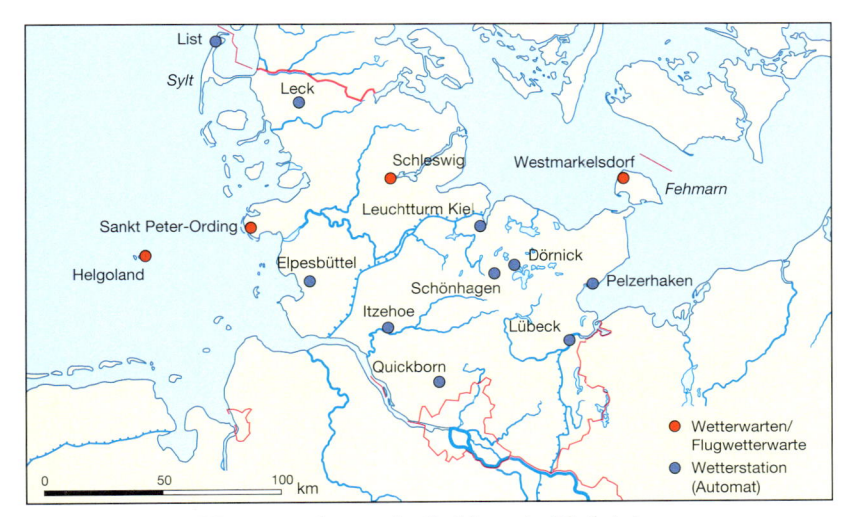

◀ **Auswertung und Präsentation**

**M4** *Lage von Wetterstationen in Schleswig-Holstein*

**Wetterwarten in Schleswig-Holstein**
In Schleswig-Holstein gibt es vier bemannte Wetterwarten (Stand 2009), die Ihr besuchen könnt:

**Helgoland**
Südhafen, 27498 Helgoland,
Tel. 04725-811007

**St. Peter-Ording**
Strandweg 28a, 25826 St. Peter-Ording,
Tel. 04863-955071

**Schleswig**
Regenpfeiferweg 9, 24837 Schleswig,
Tel. 04621-951144

**Fehmarn**
Westermarkelsdorf, 23769 Fehmarn
Tel. 04372-991385

# Projekt: Wetter und Klimarekorde der Erde

- Stärkster Anstieg der Temperatur in kurzer Zeit: Von −20 °C auf 7 °C in zwei Minuten (Spearfish)
- Größte Menge Neuschnee in einem Winter: 26 m (Mt. Rainier)
- Stärkster Rückgang der Temperatur in kurzer Zeit: Von 13 °C auf −13 °C in 15 Minuten (Rapid City)
- Höchster gemessener Niederschlag in einer Stunde: 305 mm (Holt)
- Höchste gemessene Temperatur Amerikas: 57 °C (Tal des Todes)
- Höchste gemessene Temperatur Europas: 50 °C (Sevilla)
- Höchster mittlerer Jahresniederschlag der Erde: 11 684 mm (Kauai)
- Höchster gemessener Niederschlag in einer Minute: 38 mm (Guadeloupe)
- Niedrigster mittlerer Jahresniederschlag der Erde: 0,5 mm (Quillagua)
- Höchste gemessene Temperatur der Antarktis: 15 °C (Hope Bay/Esperanza)

● Stelle, an der der Rekord gemessen wurde: z.B. Insel, Berg, See, Ort, Forschungsstation

## Aufgabe

1 Ordne je einen Rekord den einzelnen Bausteinen des Wetters beziehungsweise Klimas zu (Seite 234 M1).

# Projekt: Wetter und Klima

**Höchste gemessene Temperatur in Deutschland:** 40 °C

**Höchster gemessener Jahresniederschlag in Deutschland:** 3 503 mm — Baldersschwang (Bayern)

**Höchster gemessener Jahresniederschlag Europas:** 4 648 mm

**Höchste gemessene Temperatur der Erde:** 58 °C

**Höchste Jahresmitteltemperatur der Erde:** 35 °C — Dallol

**Höchster gemessener Jahresniederschlag Afrikas:** 10 287 mm

**Höchster Niederschlag an einem Tag:** 1 870 mm

**Höchster gemessener Luftdruck der Erde:** 1 084 hPa — Agata-See

**Größter Unterschied zwischen der höchsten (37 °C) und niedrigsten Temperatur (−70 °C) innerhalb eines Jahres:** 107 °C — Werchojansk

**Höchster gemessener Niederschlag in einem Monat:** 9 300 mm — Cherrapunji

**Höchster gemessener Niederschlag in einem Jahr (1.8.1860 bis 31.7.1861):** 26 461 mm

**Niedrigster gemessener Luftdruck der Erde:** 870 hPa

**Höchste weltweit gemessene Windgeschwindigkeit:** 396 km/h — Casiguran

**Höchste gemessene Temperatur in Australien:** 55 °C

**Ort mit den meisten Regentagen im Jahr:** 325 Tage — Campbell-Insel

**Niedrigste gemessene Temperatur der Erde:** −92 °C

**Niedrigste Jahresmitteltemperatur der Erde:** −65 °C — Sowjetskaja

**Höchste gemessene Temperatur am Südpol:** (nicht lesbar)

## Aufgabe

**2** Nenne zwei Wetterrekorde und zwei Klimarekorde, die dich am meisten erstaunt haben. Begründe deine Meinung.

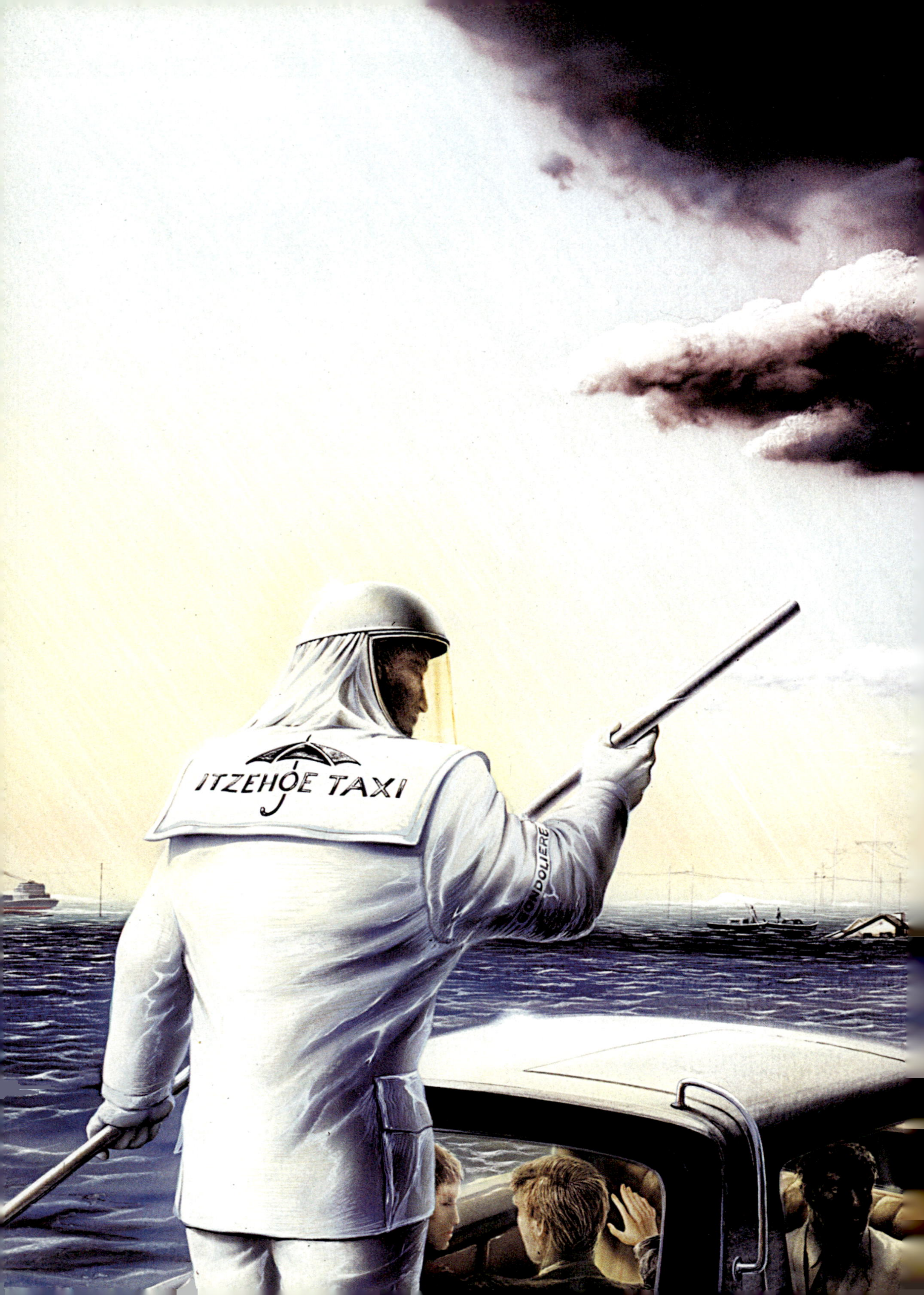
ITZEHOE TAXI
GONDOLIERE

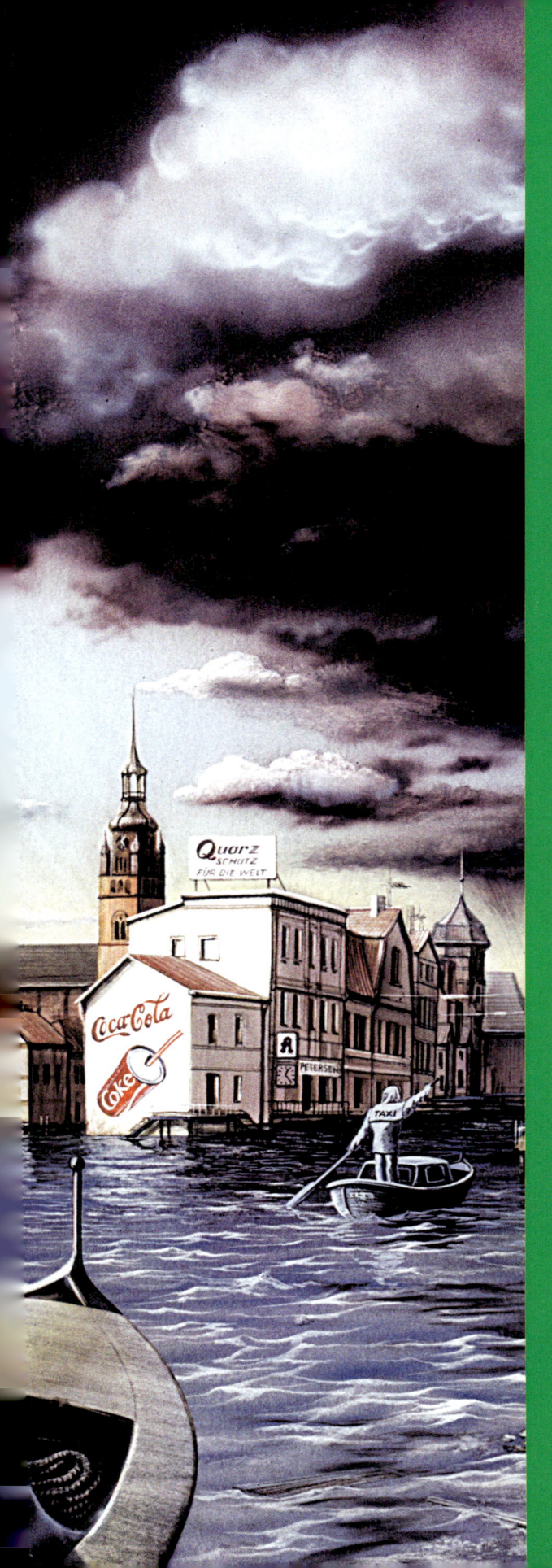

# Versinkt Schleswig-Holstein im Meer

Dem Klimawandel auf der Spur

Küstenschutz früher und heute

Küstenschutz anderswo: Das Beispiel Bangladesch

Der Treibhauseffekt

Die Ozonschicht – ein lebenswichtiger Filter

Die Entstehung von Treibhausgasen

Eine Conceptmap erstellen

Mögliche Folgen des Klimawandels

Angeklagt: Die „Treibhaustäter" – Ein Rollenspiel durchführen I

Klimaschutz – eine Aufgabe für alle

**M1** *Itzehoe anno 2037? Zeichnung von Carl-W. Röhrig*

# Dem Klimawandel auf der Spur

**Das Klima verändert sich**

**Temperaturrekord**
2000 war wärmstes Jahrhundertjahr.

**Karlsruhe erlebt mildesten Herbst seit 1876**
Temperaturen mit durchschnittlichen 12,0 °C viel zu warm.

**Wissenschaftler warnen vor dramatischem Klimawandel**
Erwärmung der Erdatmosphäre wird in den nächsten 100 Jahren voraussichtlich stärker ausfallen als erwartet.

**Das Eis schrumpft**
Abschmelzen des Nordpols durch Klimaerwärmung gilt nun als erwiesen.

**Klimaforscher schlagen Alarm**
Das letzte Jahrzehnt war das wärmste seit 1000 Jahren.

**Wetter-Rekord 2007 wärmstes Jahr**
Im vergangenen Jahr war es durchschnittlich 9,89 Grad Celsius warm. Damit war 2007 nach ersten Hochrechnungen des Deutschen Wetterdienstes das heißeste Jahr seit Beginn der flächendeckenden Messungen – zusammen mit dem Jahr 2000.
(Nach: Focus online vom 2.1.2008)

**Zweieinhalb Wochen weniger Winter**
Während der vergangenen 150 Jahre ist der Winter auf der Nordhalbkugel der Erde um 18 Tage kürzer geworden. In Europa, Asien und Nordamerika frieren die Flüsse und Seen heute zehn Tage später zu, und sie tauen im Frühjahr neun Tage eher auf als um 1850.

**Wetterstation Karlsruhe – Jahresmitteltemperaturen 1876–2003**

2000: höchste Jahresmitteltemperatur 12,2 °C
1879: niedrigste Jahresmitteltemperatur 8,2 °C

— Temperaturkurve
-- langjähriges Mittel 10,3 °C

246

# Versinkt Schleswig-Holstein im Meer?

Die Schülerinnen und Schüler der Klasse 7a haben sich im Weltkunde-Unterricht mit dem Klima der Erde beschäftigt. Sie fanden heraus, dass sich das Klima verändert. In Tageszeitungen, Zeitschriften und Büchern haben sie dafür eine Reihe von Hinweisen gefunden.

**Der Mann aus dem Eis**
Im September 1991 wurde „Ötzi", die Leiche eines Mannes, in einem Gletscher im Ötztal (Österreich) entdeckt. Sie lag 5 000 Jahre lang ohne Unterbrechung im Eis, bis das Abschmelzen des Gletschers sie an die Oberfläche brachte.
(Nach: W. Hauser, Hrsg.: Klima. Das Experiment mit dem Planeten Erde. München 2002, S. 187.)

## Klimawandel in Deutschland

Durch den Klimawandel wird auch der Meeresspiegel steigen. Die eigentliche Gefahr dabei sind die entstehenden Sturmfluten. Durch die größeren Temperaturunterschiede werden immer stärkere Winde und Stürme entstehen. Diese Stürme führen zu höherem Wellengang. So können leichter Sturmfluten entstehen. Die Deiche an der Nord- und Ostsee müssen vergrößert und verstärkt werden.
(Nach: klimainfo.net)

Die ursprünglich im Mittelmeerraum verbreitete Feuerlibelle hat sich in den letzten zwanzig Jahren bis nach Deutschland und in andere mitteleuropäische Länder ausgebreitet. Die Libellen sind wechselwarme Tiere, das heißt, sie sind direkt von ihrer Umgebungstemperatur abhängig. Damit dürfte ihre Ausbreitung mit der Erwärmung der Erde in engem Zusammenhang stehen.

## Info

**Globale Erwärmung und Klimawandel**
Klimawandel bezeichnet die natürliche Veränderung des Klimas auf der Erde über einen längeren Zeitraum.
Als globale Erwärmung bezeichnet man den während der vergangenen Jahrzehnte beobachteten allmählichen Anstieg der Durchschnittstemperatur der Atmosphäre, der durch die Einwirkungen des Menschen verursacht ist.

## Aufgaben

**1** a) Beschreibe den Klimawandel mit Beispielen von der Pinnwand.
b) Weitere Hinweise deuten darauf hin, dass sich das Klima verändert. Erläutere.

**2** Klimatologen sagen voraus, dass die Jahresmitteltemperatur bis zum Jahr 2050 um bis zu 6,0 °C ansteigt. Welche Auswirkungen könnten sich für die Natur (Tiere, Pflanzen) ergeben?

# Küstenschutz früher und heute

## Aufgaben

**1** Beschreibe die Veränderungen der Westküstenlinie von 1300 bis heute (M3).

**2** Ermittle, welche Orte heute besonders vom Wasser bedroht sind (M2).

**3** Erkläre, wie sich die Menschen vor dem Wasser schützen.

**4** Erörtere, wie sich Schleswig-Holstein ohne Küstenschutzmaßnahmen in der Zukunft verändern würde und welche Probleme daraus entstehen könnten.

### WWW
www.schleswig-holstein.de/ALR/DE/Kuestenschutz/Kuestenschutz__node.html__nnn=true

## Küste im Wandel

„Schleswig-Holstein meerumschlungen" heißt es in der Hymne Schleswig-Holsteins. Diese einmalige Lage zwischen Nord- und Ostsee bringt den Menschen hier viele Arbeitsplätze in den Bereichen Fremdenverkehr, Fischerei oder Hafenwirtschaft. Dennoch sind ihre Häuser, Arbeitsplätze, Straßen, Eisenbahnlinien, Äcker und Fabriken sowie die touristischen Einrichtungen dauernd vom Wasser bedroht. Denn vor allem die Westküste verändert sich ständig auf natürliche Weise durch Wind, Gezeiten und **Sturmfluten**. Zusätzlich vermuten Wissenschaftler, dass der Meeresspiegel bis zum Jahr 2100 aufgrund des Treibhauseffektes um bis zu 90 cm ansteigen könnte. Von den rund 2,8 Mio. Einwohnern Schleswig-Holsteins leben etwa 345 000 in den Küstenniederungen an der Nord- und Ostsee, also in den Bereichen, die dauernd von Überflutungen bedroht sind und deswegen besonders geschützt werden müssen: Das „Planungsgebiet Küstenschutz".

*M2 Planungsgebiet Küstenschutz*

**17.02.1164: Julianenflut** Einbruch des Jadebusens, 20 000 Tote.
**16.01.1362: Große Mannsdränke** Schwerste Sturmflut aller Zeiten, Einbruch des Dollart, 100 000 Tote, 30 Dörfer versanken im Meer.
**16.10.1634: Zweite große Mannsdränke** 9 000 Tote, Zerstörung der Insel Nordstrand.
**24.12.1717: Weihnachtsflut** 20 000 Tote, Verwüstungen an der ganzen Küste, 5 000 Häuser weggerissen.
**01.02.1953: Ignatiusflut** 2100 Tote in den Niederlanden, Belgien und Ostengland.
**16./17.02.1962: Hamburger Sturmflut** Zahlreiche Deichbrüche, 315 Tote.
**03.01.1976 und 25.11.1981: Hamburger Sturmflut** Sturmflut mit wenigen Deichbrüchen, keine Toten.

*M1 Einige besonders schwere Sturmfluten an der Nordseeküste*

## Versinkt Schleswig-Holstein im Meer?

### Maßnahmen des Küstenschutzes

Zum Schutz ihrer Häuser vor dem Wasser bauten die Menschen schon vor rund 2000 Jahren an der Nordseeküste die ersten Warften. Seit dem 11. Jahrhundert wurden auch **Deiche** gebaut. Bis heute gibt es etwa 527 Deichkilometer, davon eine 408 km lange und fast ununterbrochene Deichlinie an der Westküste. Im Jahr 1972 begann man auf Sylt mit den ersten Sandvorspülungen. Große Schwimmbagger haben weit vor der Küste Sand vom Meeresboden über lange Rohre ans Festland gepumpt, wo dieser mit Spülrohren verteilt wurde. Man ersetzt damit die Sandmengen, die jedes Jahr von den Winterstürmen ins Meer gespült werden. Seit einigen Jahren werden auch Geotextilien eingesetzt. Große Stoffbahnen werden in die sandigen Steilküsten oder Dünenränder eingebaggert und sollen diese vor Erosion schützen. Seit dem Jahr 1963 wurden etwa 1,5 Mrd. Euro für den Küstenschutz ausgegeben. Der mögliche Schaden durch Überflutungen läge bei etwa 47 Mrd. Euro.

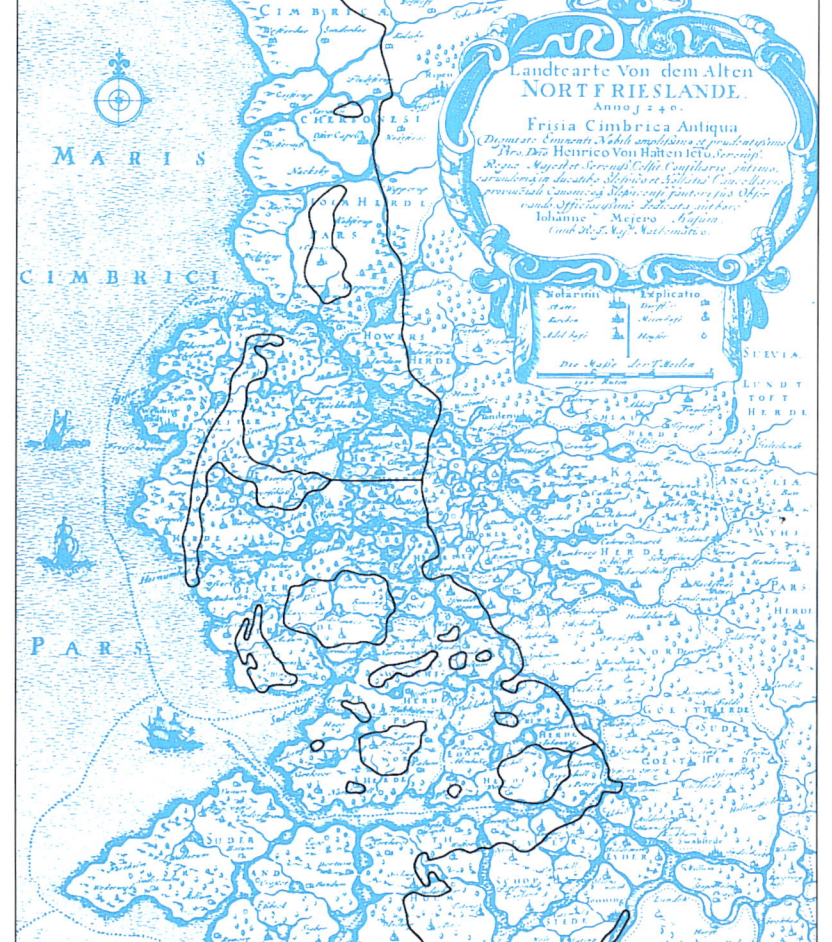

**M4** *Geotextilien 2007, Sylt*

**M3** *Nordseeküste um 1300 und heute*

### Merke
Schleswig-Holsteins Küsten sind von Überflutungen bedroht. Mit Deichen, Sandvorspülungen und Geotextilien versuchen die Menschen, die Küsten zu schützen.

### Grundbegriffe
- Sturmflut
- Deich

# Küstenschutz anderswo: Das Beispiel Bangladesch

**M1** *Lage von Bangladesch*

**M3** *Flutwelle – von einem Wirbelsturm verursacht*

## Bangladesch: Leben mit der Katastrophe

Bangladesch ist eines der ärmsten Länder der Welt. Mehr als die Hälfte der Menschen können weder lesen noch schreiben. Das Land wird häufig von Überschwemmungen und Wirbelstürmen heimgesucht. Besonders die Küstenregion ist stark besiedelt. Das Gebiet liegt nur wenige Meter über dem Meeresspiegel und ist daher von Sturmfluten besonders bedroht. Seit Jahrhunderten leben die Menschen mit diesen Bedrohungen. In den letzten 50 Jahren ist die Bevölkerung von 50 auf 150 Millionen gestiegen. Daher sind immer mehr Menschen betroffen.

1970 forderte ein Wirbelsturm mit verheerenden Überschwemmungen 225 000 Tote. Daraufhin hat die Regierung beschlossen, ein Programm zum Schutz der Bevölkerung zu entwickeln. Es wurden 1850 Schutzbauten erstellt, die den Menschen bei einer Katastrophe Unterschlupf bieten.

**Waiting For The Hurricane**
(1981)
Standing in the foyer of the Grand Hotel, suitcase in his hand looking for a bill, there's a hurricane coming and everyone's trying to get away;
Time of the season, time of the year, the weather reporter from Miami is clear, „Find a save place to hide," there's no place here;
And then the lights go down, in that Caribbean town, and the fishing boats that go out from the coast, are tied up and dry, yeah yeah yeah,
There is nowhere here to hide, waiting for the hurricane, oh there is nowhere you can hide, waiting for the hurricane, no no no no...

**M2** *Lied von Chris de Burgh*

**M4** *Schutzbau aus Beton – Zuflucht für 3000 Menschen*

# Versinkt Schleswig-Holstein im Meer?

**M5** *Schutzbau in einem Dorf an der Küste von Bangladesch (Modell)*

## Hilfe durch Schutzbauten und Frühwarnsystem

Bei Windgeschwindigkeiten von 280 km pro Stunde und sieben Meter hohen Flutwellen sind Schutzbauten aus Beton der einzig sichere Ort für die Menschen. In einem solchen Bau haben im Ernstfall bis zu 3000 Menschen Platz. Die Regierung entwickelte ein **Frühwarnsystem**. Eine Leitzentrale sammelt Informationen von Radarstationen, Wettersatelliten und Schiffen. Bei einem anrückenden Wirbelsturm warnt sie die Bevölkerung über Radio und Fernsehen.

In vielen Dörfern gibt es jedoch weder Radio noch Fernsehen. Dort fahren freiwillige Helfer mit dem Fahrrad durch die Straßen und fordern die Menschen per Megafon auf, die Schutzbauten aufzusuchen und sich in Sicherheit zu bringen. Diese Maßnahmen haben bereits vielen Menschen das Leben gerettet. 1991 forderte ein Wirbelsturm zwar 140 000 Todesopfer. Durch die frühzeitige Warnung konnten sich aber 350 000 Menschen in Sicherheit bringen.

| Jahr | Ort, Gebiet | Todesopfer |
|---|---|---|
| 1737 | Kalkutta/Indien | 300 000 |
| 1789 | Golf von Bengalen | 20 000 |
| 1864 | Golf von Bengalen | 50 000 |
| 1881 | Hanoi/Vietnam | 300 000 |
| 1900 | Houston/USA | 6 000 |
| 1906 | Hongkong | 50 000 |
| 1930 | Florida/USA | 8 000 |
| 1963 | Haiti | 7 200 |
| 1979 | Florida, Dominikanische Republik | 4 000 |
| 1994 | Bangladesch, Golf von Bengalen | 50 000 |
| 1998 | Karibik, Honduras, Nicaragua | 20 000 |
| 1999 | Indien, Golf von Bengalen | 10 000 |
| 2005 | USA | 1 000 |
| 2005 | Mittelamerika | 1 500 |
| 2007 | Nicaragua, Honduras | 133 |

**M6** *Tropische Wirbelstürme (Auswahl)*

**M7** *Aufklärungsposter in der Bangla-Sprache*

## Aufgaben

**1** Die Küste von Bangladesch ist besonders durch Überflutungen gefährdet. Begründe.

**2** Mehr als die Hälfte der Menschen in Bangladesch können weder lesen noch schreiben. Was bedeutet dies für die Katastrophenvorsorge?

**3** Welche Länder und Gebiete sind vor allem von Wirbelstürmen und Überschwemmungen bedroht (M6)?

---

**Merke**
Große Gebiete von Bangladesch liegen nur wenige Meter über dem Meeresspiegel und sind von Sturmfluten bedroht. Die Regierung hat ein Schutzprogramm und ein Frühwarnsystem entwickelt.

**Grundbegriff**
- Frühwarnsystem

# Der Treibhauseffekt

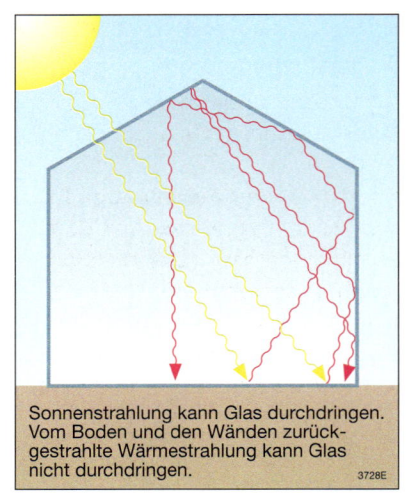

**M1** *Erwärmung in einem Treibhaus*

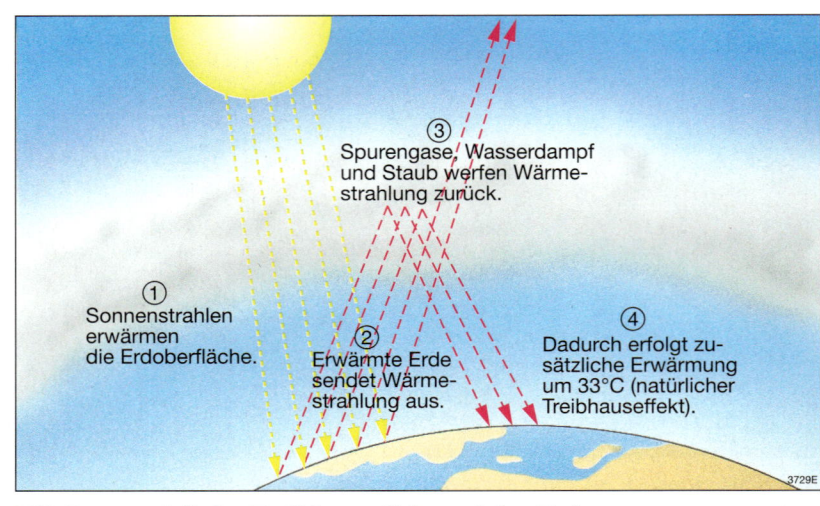

Sonnenstrahlung kann Glas durchdringen. Vom Boden und den Wänden zurückgestrahlte Wärmestrahlung kann Glas nicht durchdringen.

**M2** *Der natürliche Treibhauseffekt auf der Erde*

① Sonnenstrahlen erwärmen die Erdoberfläche.
② Erwärmte Erde sendet Wärmestrahlung aus.
③ Spurengase, Wasserdampf und Staub werfen Wärmestrahlung zurück.
④ Dadurch erfolgt zusätzliche Erwärmung um 33°C (natürlicher Treibhauseffekt).

## Treibhaus Erde

Stellt euch das mal vor: Es ist Hochsommer in Deutschland. Die Menschen tragen Wollmützen, Schals, dicke Mäntel und Handschuhe. Draußen ist es bitterkalt, wie immer zu dieser Jahreszeit.

Wenn es in der Atmosphäre keine Gase gäbe und damit auch nicht den **natürlichen Treibhauseffekt**, dann wäre es auf der Erde -18°C kalt. Die Gase, wie Kohlenstoffdioxid ($CO_2$) oder Wasserdampf, wirken wie ein Treibhaus. Sie werden deshalb auch **Treibhausgase** genannt. Diese lassen die Sonnenstrahlung weitgehend ungehindert bis zur Erdoberfläche durch. Sie verhindern aber, dass die von der Erde ausgehende Wärmestrahlung (Infrarot-Strahlung) vollkommen ins Weltall entweicht. Dadurch werden die unteren Luftschichten der Erdatmosphäre erwärmt. Die Durchschnittstemperatur der Luft beträgt in Bodennähe rund 15°C. Erst durch diesen sogenannten natürlichen Treibhauseffekt ist Leben auf unserem Planeten möglich.

## Aufgaben

**1** a) Beschreibe die Wirkung eines Treibhauses (M1).
b) Viele Familien pflanzen bereits im Frühjahr in einem Treibhaus Salat an. Erkläre.

**2** Erläutere den Begriff „natürlicher Treibhauseffekt" mithilfe von M2.

### Das brauchst du dazu:
zwei Einmachgläser, drei Thermometer, drei feste Unterlagen (z.B. Karton), ein Holzklötzchen, drei Stück weißes Papier

### So führst du den Versuch durch:
1. Stelle ein Einmachglas mit der Öffnung nach oben und das andere mit der Öffnung nach unten auf eine Unterlage in die Sonne (siehe Abbildung).
2. Stelle je ein Thermometer in die Gläser hinein. Lehne das dritte Thermometer an das Holzklötzchen an.
3. Decke die Thermometerfühler mit je einem Stück weißem Papier ab.
4. Lies die Temperatur auf den drei Thermometern nach zehn Minuten ab. Vergleiche die Temperaturen.
5. Übertrage deine Ergebnisse auf das „Treibhaus Erde".

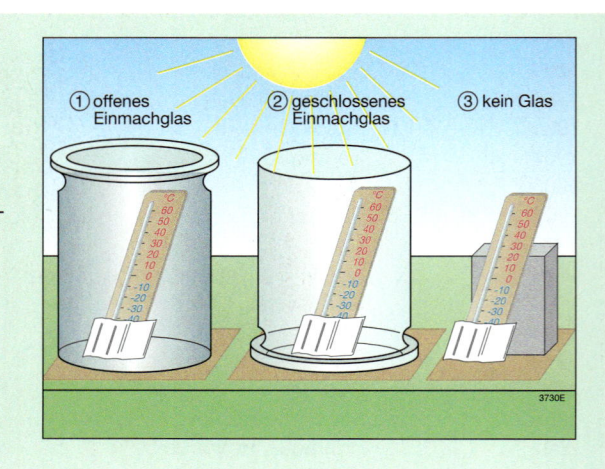

① offenes Einmachglas  ② geschlossenes Einmachglas  ③ kein Glas

**M3** *Versuch zum Treibhauseffekt*

# Versinkt Schleswig-Holstein im Meer?

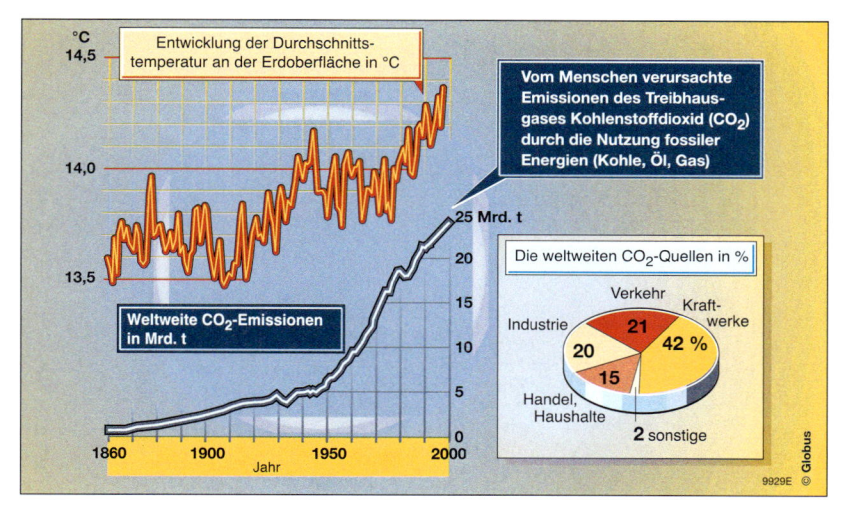

**M4** *Durchschnittstemperaturen der Erde und $CO_2$-Ausstoß*

## Aufgaben

**3** Wie kommt es zum zusätzlichen Treibhauseffekt (M5)?

**4** Welche der Abbildungen M1 bis M3 ist vergleichbar mit dem natürlichen bzw. zusätzlichen Treibhauseffekt?

**5** Klimatologen sagen, dass es einen Zusammenhang zwischen dem Energieverbrauch und der Temperaturentwicklung auf der Erde gibt (M4). Berichte.

## Wird die Erde zum „Schwitzkasten"?

Klimaforscher haben festgestellt, dass die Durchschnittstemperatur auf der Erde ansteigt. Sie führen den Temperaturanstieg auch auf die zunehmende Luftverschmutzung durch den Menschen zurück. Seit Beginn der Industrialisierung im 19. Jahrhundert ist der Verbrauch von Kohle, Erdöl und Erdgas stark angestiegen. Diese Energierohstoffe werden verbrannt, um zum Beispiel Energie zu gewinnen. Dabei entstehen Treibhausgase wie Kohlenstoffdioxid ($CO_2$). Sie gelangen in die Luft (Emission) und verstärken den natürlichen Treibhauseffekt. Steigt die Temperatur auf der Erde weiter an, verändern sich die Lebensbedingungen. Eine Erhöhung von nur 0,2 °C führt dazu, dass die Wüste Sahara um 100 km weiter vordringt. Wie stark der durch den Menschen verursachte **zusätzliche Treibhauseffekt** zur Erwärmung der Erdatmosphäre beiträgt, ist jedoch umstritten.

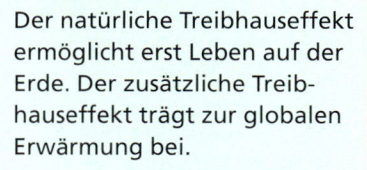

### Merke
Der natürliche Treibhauseffekt ermöglicht erst Leben auf der Erde. Der zusätzliche Treibhauseffekt trägt zur globalen Erwärmung bei.

### Grundbegriffe
- natürlicher Treibhauseffekt
- Treibhausgase
- zusätzlicher Treibhauseffekt

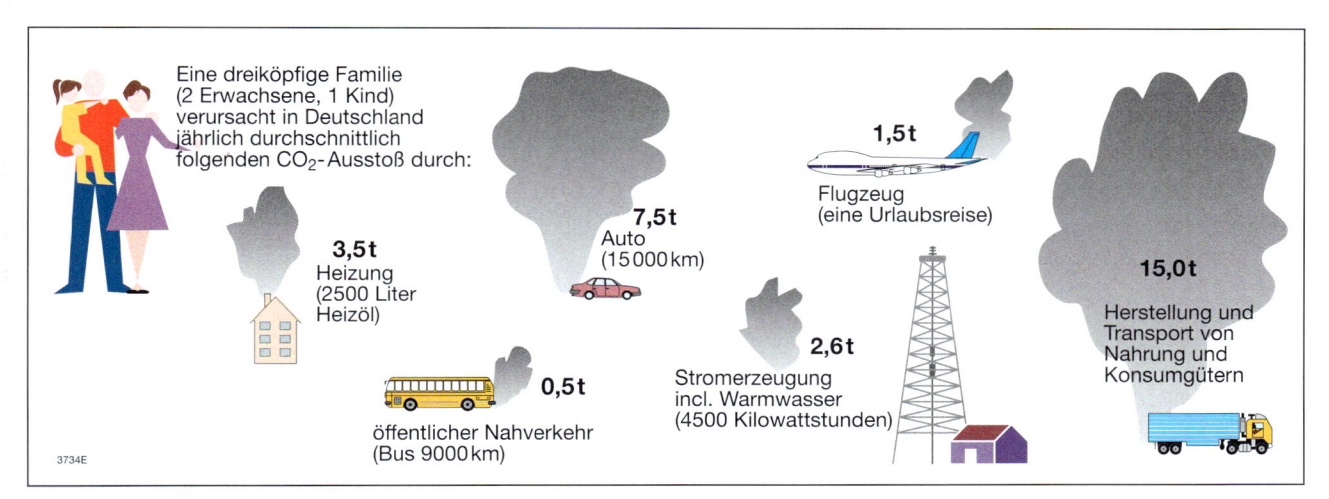

**M5** *Durchschnittlicher $CO_2$-Ausstoß einer dreiköpfigen Familie in Deutschland*

# Die Ozonschicht – ein lebenswichtiger Filter

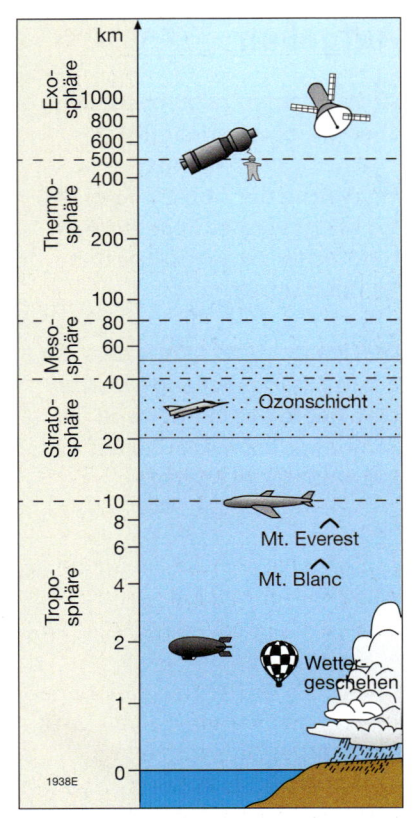

**M1** *Aufbau der Atmosphäre*

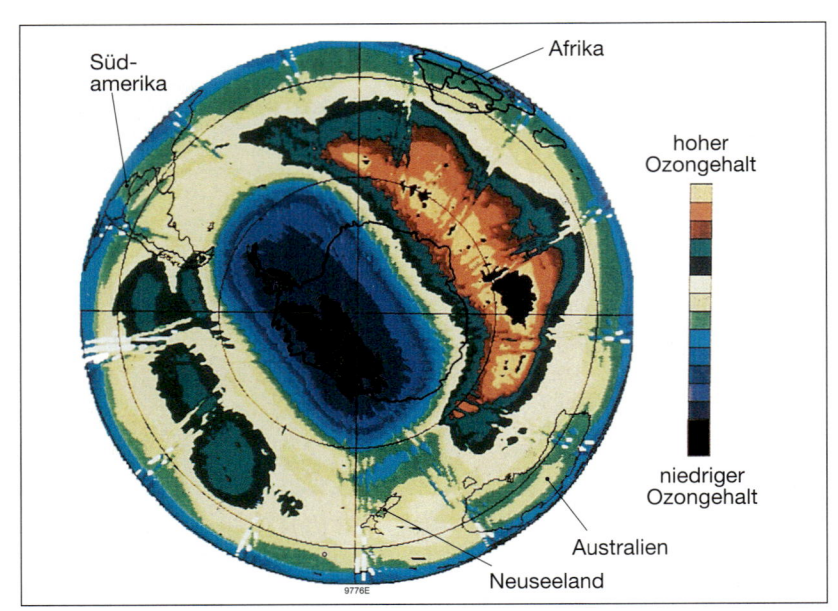

**M3** *Satellitenbild von der Südhalbkugel der Erde: Über der Antarktis ist die Ozonschicht von September bis November sehr dünn (schwarzer und blauer Bereich). Dieses sogenannte Ozonloch war im Jahr 2000 rund 30 000 000 km² groß (zum Vergleich Deutschland: 357 000 km²).*

## „Ozonschicht dünner als je zuvor – Gefahr für die Menschheit"

Diese Schlagzeile konnte man im Oktober 1985 in vielen Tageszeitungen lesen. Forscher einer britischen Antarktis-Station hatten Unglaubliches entdeckt: Über der Antarktis war die **Ozonschicht** an manchen Stellen nur noch wenige Kilometer dick. Die Schlagzeile sorgte weltweit für Aufsehen. Warum? Die Ozonschicht umspannt in 20 bis 50 km Höhe die Erde. Sie ist eine Schutzhülle. Sie „schluckt" den größten Teil der ultravioletten Sonnenstrahlung (UV-Strahlung), die für die Menschen, Tiere und Pflanzen schädlich sein kann. Dünnt die Ozonschicht aus, verliert sie an Wirkung. Je dünner sie ist, umso mehr UV-Strahlen gelangen bis zur Erdoberfläche.

Melbourne, 30. September 2004: Fast alle Australier schauen sich jetzt jeden Tag den Wetterbericht im Fernsehen an. Darin wird bis Ende November gezeigt, wie stark die Sonneneinstrahlung am nächsten Tag ist. Dann weiß jeder, wie stark er sich vor der Sonne schützen muss. Sonnencremes mit dem Lichtschutzfaktor 20 gehören schon lange zum Gepäck der Schulkinder. Cremes mit dem Schutzfaktor 45 gibt es auf Rezept. Viele Menschen befolgen den Rat der Meteorologen und Ärzte: „Between eleven and three slip under a tree."

**M2** *Wenn die Sonne zum Feind wird*

**M4** *Plakat in Melbourne (Australien): „Ich lasse mich nicht braten."*

# Versinkt Schleswig-Holstein im Meer?

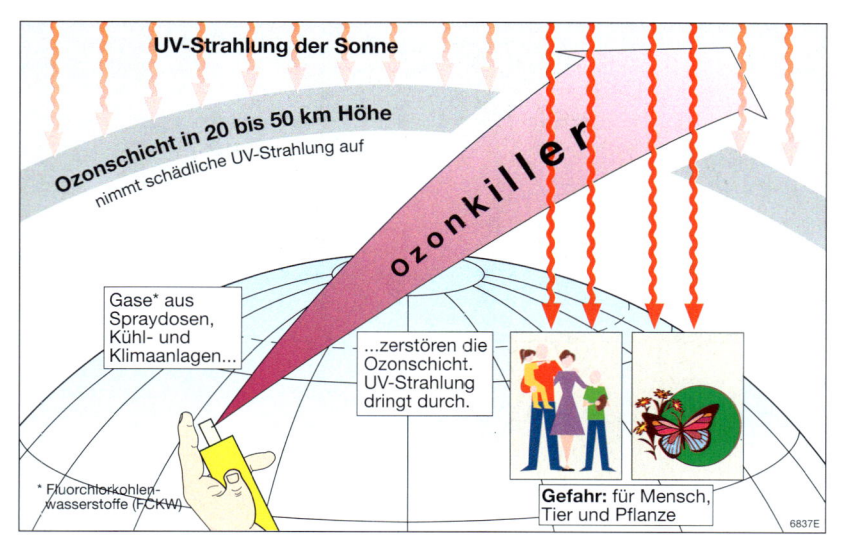

**M5** *Zerstörung der Ozonschicht*

| Jahr   | FCKW-Menge  |
|--------|-------------|
| 1968   | 1,3 Mio. t  |
| 1978   | 5,2 Mio. t  |
| 1988   | 13,3 Mio. t |
| 1998   | 19,1 Mio. t |
| 2008*  | 16,9 Mio. t |
| 2038*  | 12,8 Mio. t |
| 2298*  | 1,1 Mio. t  |

**M7** *FCKW-Menge in der Atmosphäre (\*Schätzung)*

## Die Ozonschicht – Schutzschild in Gefahr

Hauptverursacher des **Ozonlochs** sind die vom Menschen freigesetzten Fluor-Chlor-Kohlenwasserstoffe (FCKW). Das sind Gase, die zum Beispiel als Treibmittel in Spraydosen oder als Reinigungsmittel für Textilien verwendet werden.

Gelangen FCKW in die Atmosphäre, steigen sie langsam bis zur Ozonschicht auf. Dazu brauchen sie mindestens 10 bis 20 Jahre. Sind die FCKW in der Ozonschicht angelangt, zerstören sie das Ozon. Ihre zerstörerische Wirkung ist bei niedrigen Temperaturen größer als bei höheren Temperaturen.

Klimatologen haben festgestellt, dass ein Anstieg der Temperatur in der Troposphäre (Treibhauseffekt) zu einer Abkühlung der Ozonschicht führt. Sie fordern deshalb, dass der Ausstoß von Treibhausgasen so schnell wie möglich verringert wird.

**M6** *Gefahren der UV-Strahlung für Menschen, Tiere und Pflanzen*

## Aufgaben

**1** Die Ozonschicht ist ein Schutzschild. Erkläre (M1, M5).

**2** Erläutere, warum die Sonne in Australien für einige Monate im Jahr zum „Feind" wird (M2–M4).

**3** Auch über der Nordhalbkugel der Erde wurde ein Ozonloch entdeckt. Über Deutschland ist der Ozongehalt um 15 % niedriger als noch vor Jahren. Entwirf ein Plakat mit Hinweisen auf mögliche Gefahren und Schäden der UV-Strahlung sowie mit Verhaltensregeln im Freien (M6).

**4** Ab dem Jahr 2005 wollen alle Länder der Erde keine Produkte mehr herstellen, in denen FCKW enthalten ist. Trotzdem bleibt die UV-Strahlung für lange Zeit eine Gefahr. Erläutere (M7).

### Merke
Die Ozonschicht umspannt die Erde in 20 – 50 km Höhe. Sie hält die für Menschen und Tiere schädliche UV-Strahlung der Sonne zurück. Forscher haben ein Ozonloch festgestellt. Ursache sind FCKW.

### Grundbegriffe
- Ozonschicht
- Ozonloch

# Die Entstehung von Treibhausgasen

Die Entstehung von Treibhausgasen:
Energie, Verkehr  50 %
chemische Industrie  20 %
Landwirtschaft  15 %
Holzwirtschaft, Brandrodung  15 %

**M1** *Anteil der „Treibhaustäter" am zusätzlichen Treibhauseffekt*

### Erstaunlich
In Dänemark werden zwei Millionen Kühe gehalten. Diese geben durch Rülpsen und Pupsen jedes Jahr 140 000 t Methangas in die Atmosphäre ab und verstärken dadurch den Treibhauseffekt. Die dänischen Bauern sollen deshalb die Kühe mit einem neu entwickelten Futtermittel füttern, das sie dem üblichen Futter beigeben. Der Futterzusatz besteht aus Zucker und Bakterien. Er vermindert den Drang der Kühe, Methangas abzusondern. Der Futterzusatz soll auch die Milchproduktion erhöhen.
(Nach: Badische Neueste Nachrichten vom 12. März 2003.)

| Das sind einige „Treibhaustäter": | Das sind ihre Taten: | So tragen sie zum Treibhauseffekt bei: |
|---|---|---|
| Energieerzeuger und Stromverbraucher | Verbrennung von Energie-Rohstoffen wie Kohle, Öl und Gas zur Wärme- und Stromerzeugung | Durch Verbrennung entsteht Kohlenstoffdioxid ($CO_2$). |
| Verkehrsteilnehmer | Fahrten mit Kraftfahrzeugen, Flugreisen | Aus Auspuffrohren und Flugzeugdüsen entweicht Kohlenstoffdioxid ($CO_2$). |
| Landwirte | Düngung der Felder, Haltung von Rindern | Bakterien wandeln zu große Düngermengen, die von Pflanzen nicht mehr aufgenommen werden, in Distickstoffoxid ($N_2O$) um. Rindermägen produzieren Methan ($CH_4$). |
| Viehzüchter | Zucht großer Rinderherden | Rindermägen produzieren Methan ($CH_4$) |
| Reisbauern | Reisanbau | Im Wasser von Reisfeldern setzen Bakterien beim Abbau von Pflanzenabfällen Methan ($CH_4$) frei. |
| chemische Industrie | Produktion von Kühlmitteln, Treibmitteln für Spraydosen, Schaumstoffen usw. | Fluor-Chlor-Kohlenwasserstoff (FCKW) entweicht in die Atmosphäre. |
| Holzindustrie | Fällen von Bäumen, Abholzungen | Bäume binden Kohlenstoff. Besonders viel Kohlenstoff ist im tropischen Regenwald gebunden. |
| Menschen, die Brandrodung betreiben | Rodungsfeuer im tropischen Regenwald zur Landgewinnung | Durch Verbrennung wird $CO_2$ freigesetzt. |

**M2** *Die „Treibhaustäter"*

## Aufgaben

**1** a) Erläutere, wodurch die „Treibhaustäter" zum zusätzlichen Treibhauseffekt beitragen (M2)
b) Inwiefern trägst auch du zur Erwärmung der Atmosphäre bei? Erkläre anhand von Beispielen.

**2** Zeichne die Angaben in M1 in ein Säulendiagramm um (zehn Prozent = zwei Zentimeter oder vier Rechenkästchen). Vergiss nicht die Überschrift.

**3** Vergleiche den $CO_2$-Ausstoß von Deutschland mit dem anderer Länder (M3).

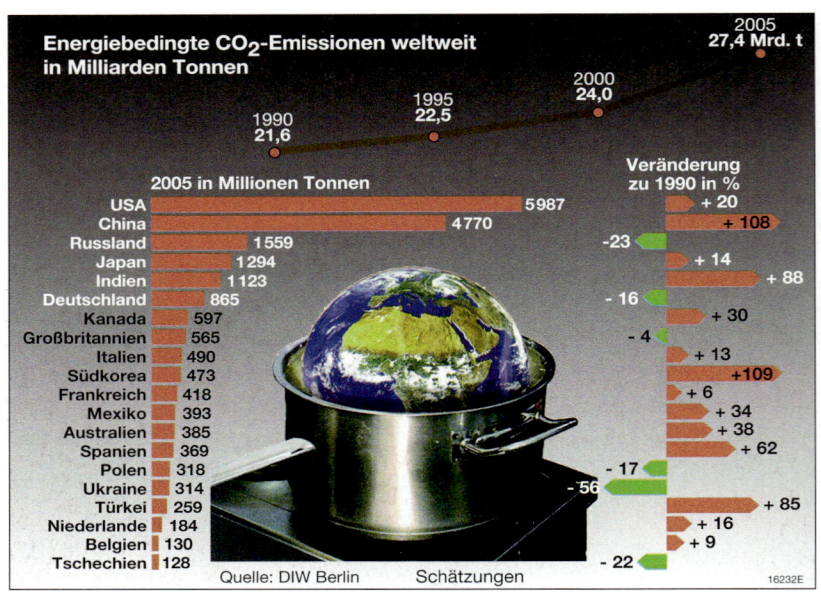

**Energiebedingte $CO_2$-Emissionen weltweit in Milliarden Tonnen**

1990: 21,6
1995: 22,5
2000: 24,0
2005: 27,4 Mrd. t

**2005 in Millionen Tonnen** — **Veränderung zu 1990 in %**

| Land | Mio. t | Veränderung % |
|---|---|---|
| USA | 5987 | +20 |
| China | 4770 | +108 |
| Russland | 1559 | −23 |
| Japan | 1294 | +14 |
| Indien | 1123 | +88 |
| Deutschland | 865 | −16 |
| Kanada | 597 | +30 |
| Großbritannien | 565 | −4 |
| Italien | 490 | +13 |
| Südkorea | 473 | +109 |
| Frankreich | 418 | +6 |
| Mexiko | 393 | +34 |
| Australien | 385 | +38 |
| Spanien | 369 | +62 |
| Polen | 318 | −17 |
| Ukraine | 314 | −56 |
| Türkei | 259 | +85 |
| Niederlande | 184 | +16 |
| Belgien | 130 | +9 |
| Tschechien | 128 | −22 |

Quelle: DIW Berlin   Schätzungen

**M3** *Ausstoß von $CO_2$ durch Verbrennung von Energie-Rohstoffen*

# Eine Conceptmap erstellen

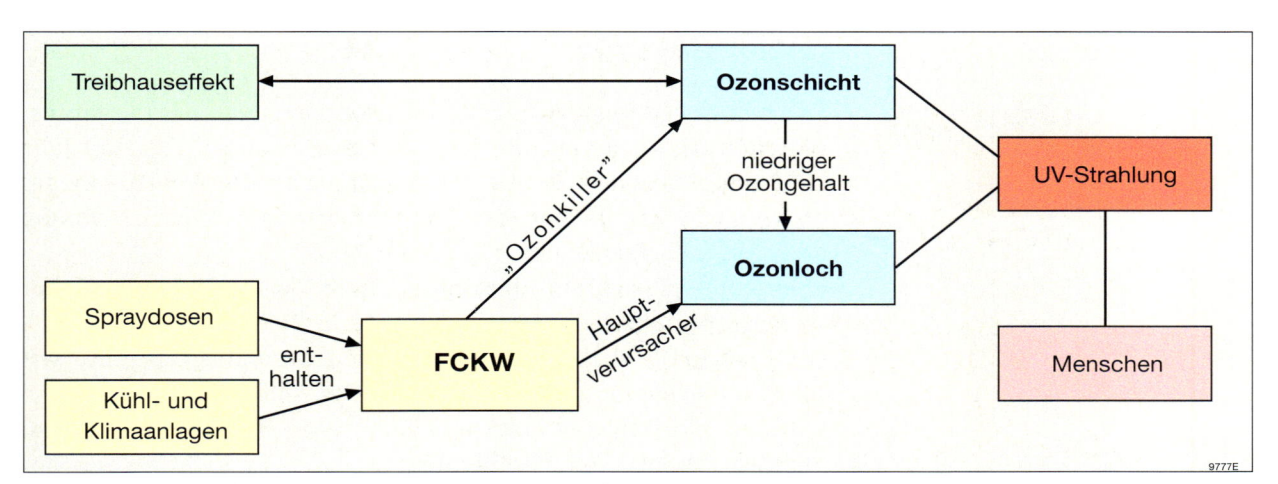

**Gewusst wie**

**M4** *Thema Ozonloch – eine Conceptmap entsteht*

## Info

**Conceptmap**
Mithilfe einer Conceptmap kannst du zeigen, dass du ein Thema verstanden hast. Sie ist eine Art „Begriffs-Landkarte". Eine Conceptmap besteht aus Begriffen, die durch Linien miteinander verbunden werden. Die Beschriftung der Linien und die Richtung der Pfeilspitzen machen deutlich, welche Zusammenhänge zwischen den einzelnen Begriffen bestehen.

### Begriffe sammeln und ordnen, Zusammenhänge verdeutlichen

Wenn du eine Conceptmap zu einem Thema wie zur Entstehung des Ozonlochs erstellen willst, gehst du am besten in den fünf folgenden Schritten vor:

1. Schreibe einzelne Begriffe auf Kärtchen, die du in Zusammenhang mit dem Thema für wichtig hältst (Beispiel: FCKW, Spraydosen, UV-Strahlung, Ozonschicht, ...).

2. Denke darüber nach, welche Zusammenhänge zwischen den einzelnen Begriffen bestehen. Lege die Begriffe nebeneinander, zwischen denen deiner Meinung nach ein enger Zusammenhang besteht (Beispiel: FCKW, Ozonloch).

3. Wenn du mit der Anordnung aller Begriffe zufrieden bist, klebe die Kärtchen genau so auf ein Blatt Papier, wie sie vor dir liegen.

4. Verbinde nur die Begriffe mit einer Linie, zwischen denen ein Zusammenhang besteht (Beispiel: Spraydose–FCKW, Treibhauseffekt–Ozonschicht). Ergänze die Linien mit Pfeilspitzen. Achte darauf, dass sie in die richtige Richtung zeigen.

5. Schreibe an jede Linie eine kurze Erklärung, damit auch andere wissen, was die Linie zu bedeuten hat.

## Aufgaben

**4** a) Zeichne M4 ab.
b) Überlege, welcher Zusammenhang zwischen dem Treibhauseffekt und der Ozonschicht besteht. Beschrifte die Linie, die beide Begriffe miteinander verbindet.
c) An drei Linien fehlen noch die Pfeilspitzen. Ergänze diese und beschrifte die Linien.
d) Ergänze die Conceptmap durch weitere Begriffe (höchstens drei), Linien mit Pfeilspitzen und Erläuterungen.

**5** Erstelle eine Conceptmap zum Thema „Die Entstehung von Treibhausgasen".

**Merke**
Als „Treibhaustäter" gelten Energieerzeuger, Verkehrsteilnehmer, die chemische Industrie, Holzindustrie u. a.

# Mögliche Folgen des Klimawandels

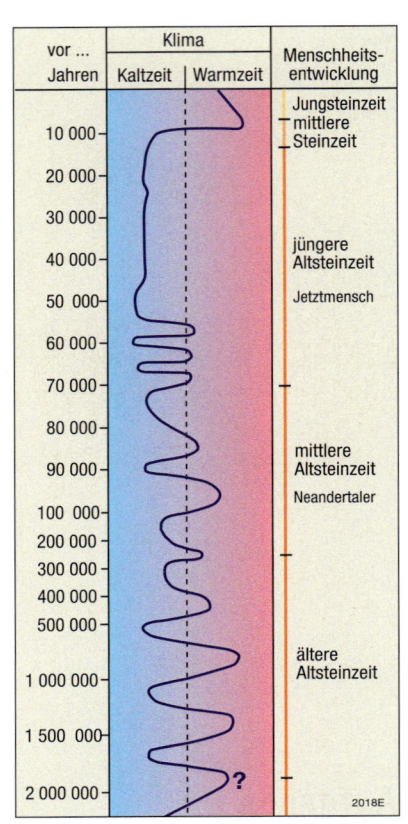

**M1** *Zeittafel der Kalt- und Warmzeiten in der Erdgeschichte*

## „Heiße Zukunft!?"

Die meisten Klimatologen sind davon überzeugt, dass die Jahresmitteltemperaturen auf der Erde weiter ansteigen. Bis zum Jahr 2050 sagen sie eine zusätzliche Erwärmung der Erdatmosphäre um bis zu 6,0 °C voraus. Für diese Annahme sprechen ihrer Meinung nach folgende Tatsachen:

- Seit 1860 hat sich die Atmosphäre um 0,7 °C erwärmt. Die bisher höchste Durchschnittstemperatur im Jahr 2000 betrug 14,4 °C.
- Die Jahre 1994, 1998 und 2007 waren die wärmsten Jahre seit Beginn der Wetteraufzeichnungen in Deutschland.
- Orkane, Dürren und Überschwemmungen treten heute viermal häufiger auf als noch vor 50 Jahren.
- Seit 1930 ist der Meeresspiegel um zehn Zentimeter angestiegen. Er steigt schneller an als vor 30 Jahren. Der Anstieg beträgt heute zwei Millimeter pro Jahr.
- Gletscher in den Alpen und am Südpol schmelzen weiter ab.

Es gibt aber auch Klimaforscher, die eine andere Entwicklung voraussehen. Sie nennen zum Beispiel folgende Argumente:

- Erwärmt sich die Atmosphäre weiter, so verdunstet auch mehr Wasser. Es kommt zu einer verstärkten Wolkenbildung. Dadurch gelangen weniger Sonnenstrahlen zur Erde und die Durchschnittstemperaturen gehen weltweit zurück.
- Die Durchschnittstemperaturen auf der Erde stiegen auch früher schon an. Warm- und Kaltzeiten wechseln sich immer wieder ab.

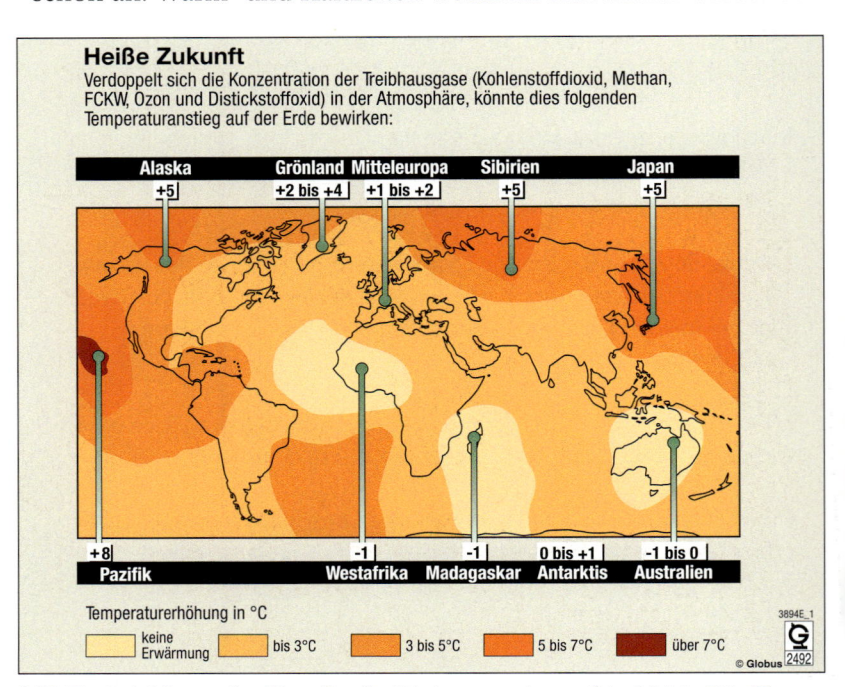

**M2** *Entwicklung der Durchschnittstemperaturen bis 2050. Die Temperaturveränderungen wurden mithilfe von Computern berechnet.*

## Aufgaben

**1** Wo auf der Erde verändert sich die Temperatur am stärksten (M2)?

**2** Wie verändert sich deiner Meinung nach das Weltklima? Nimm zu den Aussagen der Klimaforscher Stellung (M1, Text).

---

**Merke**
Die meisten Klimaforscher gehen von einer weiteren Zunahme der globalen Erwärmung aus. Die Folgen sind in den verschiedenen Gebieten der Welt unterschiedlich.

## Versinkt Schleswig-Holstein im Meer?

① Das Inlandeis auf Grönland und in der Antarktis schmilzt ab. Der Meeresspiegel steigt bis zum Jahr 2050 um 30 bis 50 cm an. Es kommt zu Überschwemmungen. Küstenstädte wie Hamburg, London oder New York sind bedroht. Ein Viertel der Fläche von Bangladesch (Asien) wird überflutet.

② Extreme Witterungsbedingungen treten häufiger auf. Lang anhaltende sintflutartige Regenfälle wechseln sich mit monatelangen Dürreperioden ab. Wüsten wie die Sahara werden größer. In zahlreichen Ländern kommt es zu Missernten und Hungerkatastrophen. Millionen von Menschen flüchten aus ihrer Heimat.

③ Die Luft über dem Land erwärmt sich noch stärker als über dem Meer. Die Temperaturunterschiede zwischen Land und Meer werden größer. Es kommt deshalb häufiger zu orkanartigen Stürmen und Wirbelstürmen.

④ Die weitere Erwärmung der Atmosphäre wirkt sich auch auf die Meeresströmungen aus. Der warme Golfstrom zum Beispiel erreicht nicht mehr die Küsten von Großbritannien, Norwegen und Russland. Dort gibt es dann längere und kältere Winter. Das hat Auswirkungen auf die Land- und Forstwirtschaft sowie auf den Schiffsverkehr.

**M3** *Mögliche Auswirkungen des Treibhauseffektes*

# Gewusst wie

## Angeklagt: Die „Treibhaustäter" –

### Richterinnen und Richter

Ihr leitet die Gerichtsverhandlung. Ihr achtet darauf, dass der vorgeschriebene Spielablauf eingehalten wird. Ihr könnt bei allen Beteiligten nachfragen und einzelne Aussagen näher erklären lassen.
Ihr versucht, die Schuld der Menschen aus den Industrie- und den Entwicklungsländern am zusätzlichen Treibhauseffekt zu ermitteln. Am Ende der Gerichtsverhandlung müsst ihr einen Urteilsspruch fällen, der dazu beitragen soll, den zusätzlichen Treibhauseffekt zu verringern. Berücksichtigt dabei sowohl die Schuld der Angeklagten als auch deren Möglichkeiten.
Begründet euer Urteil.

**M1** *Rollenkarte*

### So gestaltet ihr dieses Rollenspiel:

**1. Spielidee:**
In diesem Rollenspiel soll als Beispiel eine Gerichtsverhandlung gegen Menschen aus den Industrieländern und Menschen aus den Entwicklungsländern gespielt werden.

**2. Anklagevorwurf:**
Veränderung der Temperaturen auf der Erde

**3. Teilnehmergruppen:**
- Richterinnen und Richter
- Anklägerinnen und Ankläger aus den Industrieländern
- Anklägerinnen und Ankläger aus den Entwicklungsländern
- angeklagte Menschen aus den Industrieländern
- angeklagte Menschen aus den Entwicklungsländern

**4. Spielvorbereitung:**
a) Gestaltet euren Klassenraum für das Rollenspiel zum Gerichtssaal um.
b) Bildet fünf Gruppen. Jede Gruppe erhält eine Rollenkarte (M1, M2, M5).
c) Gruppenarbeit
- Versucht, mithilfe eurer Rollenkarte die Interessen und Ziele eurer Gruppe festzulegen.
- Überlegt, mit welchen Handlungen und Argumenten ihr in die Gerichtsverhandlung geht.

### Anklägerinnen und Ankläger aus den Industrieländern

### Anklägerinnen und Ankläger aus den Entwicklungsländern

Ihr habt die Aufgabe, den zusätzlichen Treibhauseffekt zu erläutern. Ihr sollt die Schuld der von euch Angeklagten daran deutlich benennen. Führt dazu Beispiele an. Stellt Forderungen auf, wie die Angeklagten die Atmosphäre von Treibhausgasen entlasten können.

**M2** *Rollenkarte*

### Vorwürfe:

Die Industrienationen des Nordens erzeugen 75 Prozent des weltweiten Kohlenstoffdioxid-Ausstoßes. Ein Deutscher verbraucht 7-mal so viel Energie wie ein Ägypter. Selbst wenn die Menschen aus den Industrieländern nachts schlafen, verbraucht jeder von ihnen durchschnittlich mehr Energie als ein Mensch in den Entwicklungsländern tagsüber.
Jedes europäische Kleinkind ist ein größerer Energieverbraucher als mehrere asiatische Großfamilien zusammen.
Ein Deutscher verbraucht täglich durchschnittlich 15 Liter Erdöl, ein Bewohner der Entwicklungsländer 0,75 Liter.
Bei heutigem Kohlenstoffdioxid-Ausstoß dürften nur 2 Liter Erdöl pro Erdbewohner am Tag verbraucht werden.
In den entwickelten Industrieländern fahren 92 Prozent aller Autos, deren Verbrennungsmotoren $CO_2$ produzieren.
Und andere …

**M3** *„Treibhaustäter": Menschen in den Industrieländern*

# Ein Rollenspiel durchführen I

## Gewusst wie

### 5. Spielablauf:
Die Richterinnen und Richter leiten die Verhandlung. Sie achten auf folgenden Ablauf:
- Die Anklägerinnen und Ankläger aus den Industrieländern erläutern den zusätzlichen Treibhauseffekt.
- Die Anklägerinnen und Ankläger aus den Entwicklungsländern werfen den Industrieländern vor, „Treibhaustäter" zu sein. Sie begründen ihre Vorwürfe.
- Die Angeklagten aus den Industrieländern nehmen zu den Vorwürfen Stellung.
- Die Anklägerinnen und Ankläger aus den Industrieländern werfen den Entwicklungsländern vor, auch „Treibhaustäter" zu sein. Sie begründen ihre Vorwürfe.
- Die Angeklagten aus den Entwicklungsländern nehmen zu den Vorwürfen Stellung.
- Die Angeklagten werfen sich in einem Schlusswort gegenseitig die größere Schuld am zusätzlichen Treibhauseffekt vor.
- Die Richterinnen und Richter sprechen ein Urteil, in dem beiden angeklagten Gruppen verschiedene Maßnahmen vorgeschrieben werden.

### 6. Spielkritik:
Bewertet den Ablauf des Rollenspiels und betrachtet das Ergebnis kritisch.

**Angeklagte aus den Industrieländern**
**Angeklagte aus den Entwicklungsländern**

Ihr werdet angeklagt, Schuld am zusätzlichen Treibhauseffekt zu haben und die Temperaturen auf der Erde zu verändern. Überlegt, was man euch vorwerfen könnte. Versucht, euch Argumente zurechtzulegen, die die einzelnen Vorwürfe entkräften. Weist auf eure Probleme hin. Macht deutlich, dass die jeweils anderen Angeklagten eine größere Schuld am zusätzlichen Treibhauseffekt haben.

**M5** *Rollenkarte*

**Tipp**
Grundsätzliche Hinweise zur Durchführung eines Rollenspiels findet Ihr auf Seite 291.

### Vorwürfe:
Die Bewohnerinnen und Bewohner der Entwicklungsländer vernichten tropischen Regenwald, weil sie für die wachsende Bevölkerung zusätzliche Flächen für die Landwirtschaft benötigen. Sie exportieren Plantagenfrüchte und Sojabohnen als Viehfutter in die reichen Industrieländer, um für die Einnahmen andere Produkte kaufen zu können. Das Hauptnahrungsmittel in den Entwicklungsländern Asiens ist Reis. Die Ausweitung der Reisplantagen verwandelt immer größere Landflächen in Sumpfgebiete, aus denen große Mengen des Treibhausgases Methan entweichen.

Ehemalige Regenwaldgebiete, zum Beispiel in Mittel- und Südamerika, werden zu Weideland, auf dem man riesige Rinderherden hält. Diese dienen dazu, den großen Fleischbedarf in den Industrieländern zu befriedigen. Ein Rind produziert beim Verdauen täglich im Magen etwa 100 Liter des Treibhausgases Methan. Viele Entwicklungsländer streben eine Entwicklung nach dem Vorbild der Industriestaaten an. Das hat einen höheren Energieverbrauch als bisher und mehr Treibhausgase in der Atmosphäre zur Folge.
Und andere …

**M4** *„Treibhaustäter": Menschen in den Entwicklungsländern*

| | |
|---|---:|
| tropische Regenwälder | 20 |
| Nadel- und Laubwälder | 14 |
| Feuchtsavannen | 2–16 |
| nördliche Nadelwälder | 9 |
| immergrüne Hartlaubgehölze (Subtropen) | 2–3 |

**M6** *In Wäldern gebundener Kohlenstoff (in $kg/m^2$)*

# Projekt

## Klimaschutz – eine Aufgabe für alle

**1** Ich fahre, wann immer es geht, mit dem Fahrrad zur Schule. Unser Klassenlehrer kommt mit der Straßenbahn.

**2** Im Treppenhaus brennt häufig das Licht, obwohl die Sonne scheint.

**3** Manchmal ist es in unserem Klassenzimmer viel zu warm. Dann ist die ganze Stunde das Fenster einen Spalt geöffnet.

**4** Gestern stand in der großen Pause immerzu die Eingangstür offen. Die Heizung im Treppenhaus lief auf vollen Touren.

**5** Meine Mutter hat gefragt, ob unsere Schule auch gedämmt ist. Sie meint, wir sollten dem Gebäude eine „Pudelmütze" verpassen.

**6** Ich möchte mal den Stromverbrauch über drei Wochen messen. Dann sehen wir ja, ob es uns gelingt, weniger zu verbrauchen.

**7** Ich habe im Internet gelesen, dass Schulen, die weniger Energie verbrauchen, einen Teil des eingesparten Geldes für Anschaffungen zurückerhalten.

**8** Ich wette, dass wir beim Stromverbrauch eine Menge einsparen können. Ich denke nur an unseren Computerraum und den Kühlschrank im Keller.

**M1** *Aussagen von Schülerinnen und Schülern*

### Klimadetektive unterwegs

Die meisten Treibhausgase, vor allem das Kohlenstoffdioxid, stammen aus eurem direkten Lebensumfeld: Energie, Verkehr, Haushaltsartikel und -geräte. Einen großen Teil eurer Zeit verbringt ihr in der Schule. Auch dort wird unter anderem für Heizung, Beleuchtung und elektrische Geräte Energie verbraucht: In einem Projekt könnt ihr als Detektive untersuchen, wie ihr in der Schule durch Senkung des Energieverbrauchs zum Klimaschutz beitragen könnt. Die Ergebnisse können in einer „Energiespar-Hausordnung" zusammengefasst werden. Diese Untersuchung könnt ihr auch zu Hause durchführen.

Unterrichtsräume sollten 20 °C warm sein, Flure, Toiletten und Nebenräume 15 °C; Treppenhäuser 10 °C. Schon für 1 °C höhere Temperaturen müssen 5–6 % mehr Heizkosten angesetzt werden.

**M2** *Raumtemperaturen*

### Ablauf des Projekts

*1 Vorbereitung*
Gliedert zunächst das Thema Energiesparen in verschiedene Unterthemen wie zum Beispiel Heizung und Strom und bildet Gruppen (M1).

*2 Durchführung*
Jede Gruppe stellt einen Arbeitsplan (M4) auf. Nach der Informationsbeschaffung werden Vorschläge ausgearbeitet, wo und wie die Schule Energie sparen kann.

*3 Auswertung*
Jede Gruppe stellt ihre Ergebnisse in der Klasse vor. Überlegt im Klassengespräch, welche Vorschläge besonders sinnvoll sind und sich für eine Umsetzung eigenen.

# Projekt

## Versinkt Schleswig-Holstein im Meer?

| Tatbestand / Täter | Wo entdeckt? | Besondere Vorkommnisse (Beispiele) |
|---|---|---|
| Sinnlos brennendes Licht | ... | Raum ist leer, Tageslicht wäre hell genug. |
| Verhinderte Lichtausbreitung | ... | Lampen sind verschmutzt, Abdeckungen halten Licht zurück, Reflektoren fehlen. |
| Lichtschaltung ist nicht sinnvoll | ... | Lampen können nicht einzeln (z.B. Fensterseite – Wandseite – Tafel) geschaltet werden. |
| Beleuchtung zu hell / zu dunkel | ... | Genau notieren! Defekte Lampen notieren! |
| Elektroboiler zu heiß eingestellt | ... | Spurensicherung: Temperaturen messen! |
| Elektroboiler sinnlos in Betrieb | ... | Wer nutzt wann die Boiler? |
| Elektrische Heizgeräte | ... | Radiatoren, Heißlüfter usw. Achtung: Wann sind diese Geräte in Betrieb? Leistung bestimmen (Typenschild bzw. messen)! |
| Geräte im Stand-by-Zustand | ... | Welche Geräte (z.B. TV, Video)? Spurensicherung: Leistung messen! Wann und wie lange werden die Geräte genutzt? |
| Geräte sinnlos in Betrieb | ... | Welche Geräte (z.B. Kopierer, Computer, Drucker) sind angeschaltet, ohne dass sie genutzt werden? Leistung messen! |
| Herde, Warmhaltegeräte | ... | Sind die Geräte länger eingeschaltet als notwendig? |
| Kühl-/Gefrierschrank | ... | Was steht in dem Gerät? Sinnlos in Betrieb? |
| Spülmaschine | ... | Läuft sie bei halber Auslastung? |

**M3** *Arbeitsbogen: Dem Stromverbrauch auf der Spur*

| was ? | wie ? | wo ? | wer ? | wann ? |
|---|---|---|---|---|
| Heizung:<br>• Art der Heizung<br>• Verbrauch<br>• Heizkosten<br>• Heizperiode<br>• Raumtemperatur<br>• Isolierung der Wände/Fenster<br>• Lüftung | Erkundungs- und Fragebogen | Hausmeisterin oder Hausmeister<br><br>Schulträger<br><br>Bauamt<br><br>Schulleiterin oder Schulleiter | Namen der Gruppenmitglieder | Zeiteinteilung der Arbeit:<br>• Planen<br>• Erkunden/Befragen<br>• Ergebnisdarstellung |

**M4** *Arbeitsplan der Gruppe „Heizung"*

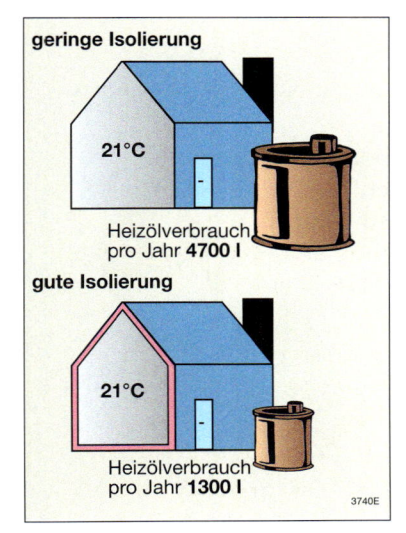

**M5** *So kann man Energie sparen*

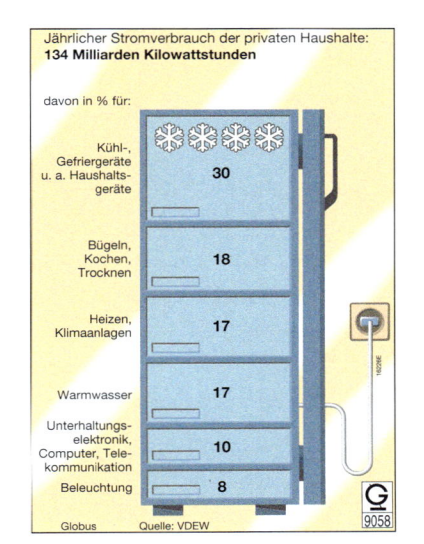

**M6** *Stromverbrauch im Haushalt*

## Info

### $CO_2$-Verursacher

Jede Kilowattstunde elektrischer Leistung, die in deutschen Kraftwerken erzeugt wird, setzt 682 g $CO_2$ in die Atmosphäre frei. Beim Autofahren ist diese Menge bei einem modernen Mittelklassewagen nach ca. 4,5 Kilometern Fahrt erreicht.

# Alles klar?

## Versinkt Schleswig-Holstein im Meer

### Quiz: Globaler Klimawandel

Zu jeder Frage findest du mehrere Antworten. Finde die richtigen heraus. Es kann mehr als eine richtig sein.

1. In Schleswig-Holstein ...
a) bauten die Menschen vor rund 2000 Jahren Hügel als Schutz vor einer Überflutung ihrer Häuser.
b) wurden seit dem 11. Jahrhundert Deiche gebaut.
c) gibt es heute 327 Deichkilometer.

2. Schutzmaßnahmen in Sylt sind ...
a) Sandvorspülungen, die seit 1992 durchgeführt werden.
b) Geotextilien, die in die sandigen Steilküsten oder Dünenränder eingebaggert werden.

3. In Bangladesch schützen sich die Menschen vor Sturmfluten
a) durch den Bau von Schutzbauten aus Beton.
b) durch ein Frühwarnsystem.
c) durch höhere Deiche.

4. Ohne natürlichen Treibhauseffekt ...
a) wäre ein Leben auf der Erde nicht möglich.
b) wäre es auf der Erde -18°C kalt.

5. Treibhausgase entstehen durch ...
a) Verbrennung von Kohle.
b) Verbrennung von Erdöl.
c) Fotosynthese der Pflanzen.
d) Verbrennung von Erdgas.

6. Welches ist die richtige Reihenfolge? Der natürliche Treibhauseffekt:
a) Erwärmte Erde sendet Wärmestrahlung aus.
b) Zusätzliche Erwärmung um 32°C.
c) Sonnenstrahlen erwärmen die Erdoberfläche.
d) Spurengase, Wasserdampf und Staub werfen Wärmestrahlung zurück.

7. Die Ozonschicht ...
a) „schluckt" den größten Teil der UV-Strahlung.
b) befindet sich nur über der Antarktis.
c) umspannt die ganze Erde.
d) ist eine Schutzhülle.
e) ist gefährdet.

8. Das Ozonloch ...
a) entsteht durch Freisetzung von FCKW.
b) ist eine natürliche Erscheinung in der Ozonschicht.

9. FCKW ...
a) zerstört die Ozonschicht.
b) verursacht das Ozonloch.
c) löst sich nach 10 bis 20 Jahren auf.

10. Zu den „Treibhaustätern" zählen ...
a) Verkehrsteilnehmer.
b) Reisbauern.
c) Stromverbraucher.
d) Energieerzeuger.

11. Die meisten Klimatologen sind davon überzeugt, dass ...
a) die Durchschnittstemperaturen weltweit zurückgehen.
b) die Jahresmitteltemperatur auf der Erde weiter ansteigt.

# Das Wichtigste

## Dem Klimawandel auf der Spur

Die Durchschnittstemperaturen auf der Erde steigen langsam aber stetig. Die Winter auf der Nordhalbkugel der Erde sind heute deutlich kürzer als vor 150 Jahren, Gletscher schmelzen immer weiter ab und Tiere, die ursprünglich nur im Mittelmeerraum beheimatet waren, kommen heute auch in Deutschland vor.

## Küstenschutz früher, heute und anderswo

Schleswig-Holsteins Küsten sind von Überflutungen bedroht. Mit Deichen, Sandvorspülungen und Geotextilien versuchen die Menschen, die Küsten zu schützen.
Große Gebiete von Bangladesch liegen nur wenige Meter über dem Meeresspiegel und sind daher von Sturmfluten bedroht. 1970 sind bei einer verheerenden Überschwemmung 225 000 Menschen gestorben. Daraufhin wurden ein Schutzprogramm und ein Frühwarnsystem entwickelt.

## Treibhauseffekt, Ozonschicht und Treibhausgase

Der natürliche Treibhauseffekt sorgt auf der Erde für ein lebensfreundliches Klima. Er ist dafür verantwortlich, dass die Erdatmosphäre nicht zu stark auskühlt. Der zusätzliche Treibhauseffekt entsteht vor allem durch die Verbrennung von Energie-Rohstoffen in Industrie und Haushalten sowie durch den Auto- und Flugverkehr. Er verstärkt den natürlichen Treibhauseffekt.
Die Ozonschicht in der Atmosphäre wird durch Gase wie FCKW zerstört. An manchen Stellen ist sie nur noch wenige Kilometer dick. Ein solches Ozonloch wurde z.B. über der Antarktis entdeckt. Dünnt die Ozonschicht aus, gelangt mehr ultraviolette Strahlung bis zur Erdoberfläche. Diese Strahlung gefährdet Menschen, Tiere und Pflanzen.
Treibhausgase entstehen durch Verbrennung von Energie-Rohstoffen, in Industrie, in Landwirtschaft und durch Brandrodung. Kohlenstoffdioxid und FCKW sind nicht die einzigen Treibhausgase. Durch Anbau von Reis, die Zucht und Haltung von Rindern wird z. B. das Treibhausgas Methan „produziert".

## Mögliche Folgen eines Klimawandels

Die Auswirkungen des Treibhauseffekts werden unterschiedlich beurteilt. Die meisten Klimatologen sind der Meinung, dass sich die Erdatmosphäre weiter erwärmt. Andere wiederum betrachten die Erwärmung der Erdatmosphäre als eine natürliche Klimaveränderung.

**Grundbegriffe:**
- Sturmflut
- Deich
- Frühwarnsystem
- natürlicher Treibhauseffekt
- Treibhausgas
- zusätzlicher Treibhauseffekt
- Ozonschicht
- Ozonloch

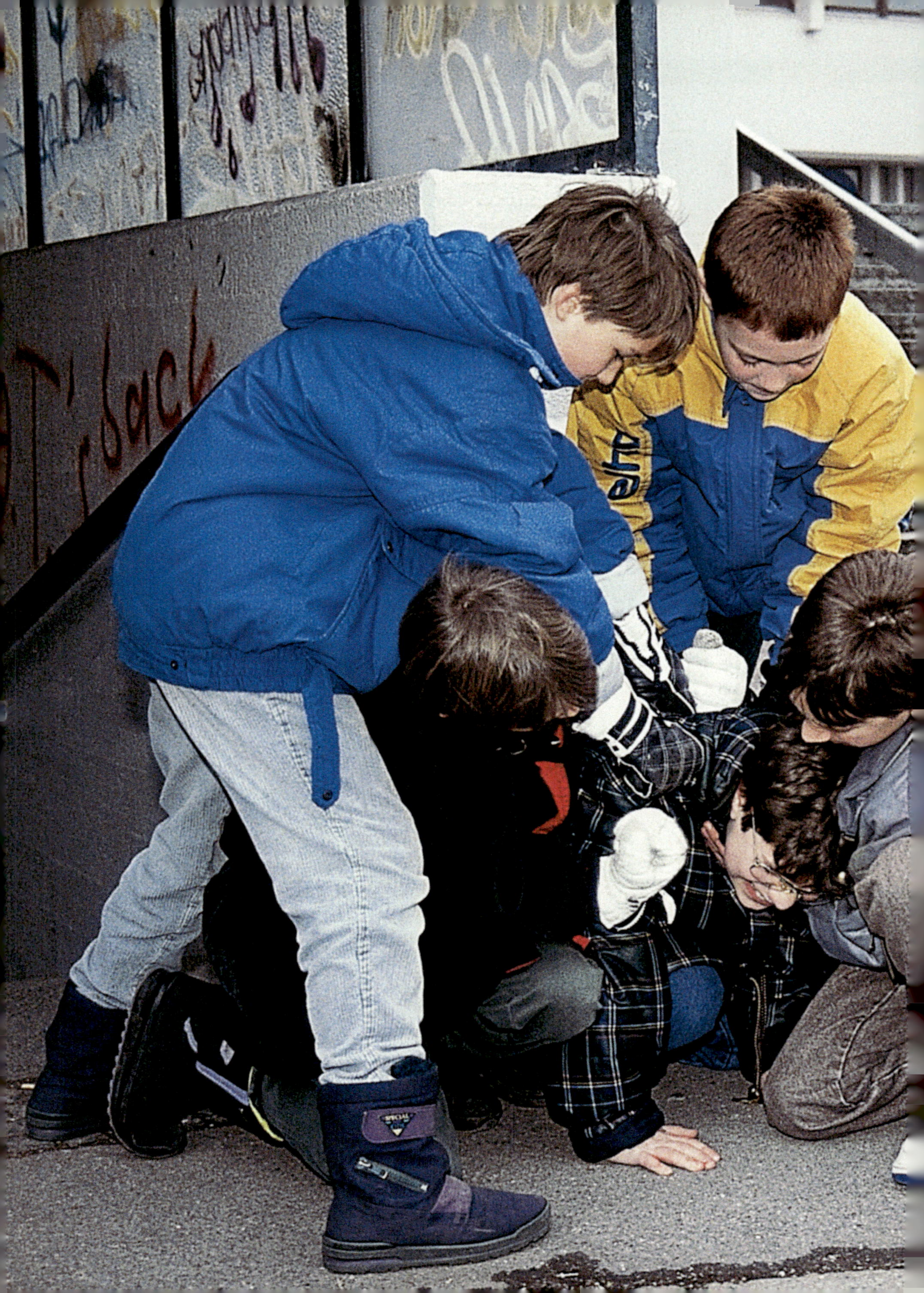

# Mit aller Gewalt – heiligt der Zweck die Mittel?

Gewalt in der Schule

Konflikte und ihre Bewältigung

Training zur Streitschlichtung

Gewalt in den Medien

Fernsehsendungen untersuchen

**M1** *Eine alltägliche Szene auf dem Schulhof?*

# Gewalt in der Schule

**M1** *Anlass für eine Schlägerei?*

## „Den machen wir fertig!"

In der großen Pause wird der Wasserhahn am Waschbecken im Klassenzimmer der 7a abgeknickt. Herr Maierle, der Klassenlehrer, versucht, die Täter zu ermitteln. Auf seine Frage meldet sich niemand. Herr Maierle ist verärgert. Mirko hält es nicht mehr aus. Er muss es einfach sagen. Er hat genau gesehen, dass Alexander und Michael den Wasserhahn verbogen haben.

Herr Maierle geht mit den dreien zum Schulleiter. Noch auf dem Gang vereinbaren Michael und Alexander, dass sie es dem blöden Mirko nach der Schule schon zeigen werden. Später werden auch Andreas und Lars zur Rauferei „eingeladen". Sie sind stark und bei Auseinandersetzungen immer gern dabei.

Es klingelt. Alle stürmen hinaus. Andreas, Lars, Michael und Alexander warten schon auf Mirko. Zu viert fallen sie über ihn her: Michael würgt Mirko. Zusammen mit Andreas nimmt er ihn in die Zange. Mirko wehrt sich. Alexander wartet auf eine Gelegenheit ...

**Brutalität in bisher nie erlebtem Ausmaß**
**Welle jugendlicher Gewalt**
**An Schulen wird geprügelt, erpresst und gestohlen**
**Die rasten einfach aus**
**Das hier ist brutaler Krieg**
**Erpressung in der Schule**

**M2** *Schlagzeilen zum Thema „Gewalt in der Schule"*

## Aufgaben

**1** Das Foto auf den Seiten 266/267 steht im Zusammenhang mit dem Text oben.
a) Beschreibe das Bild. Benutze dabei die Begriffe Konflikt, Aggression, Gewalt.
b) Aus welchen Gründen machen die einzelnen Jungen bei der Schlägerei mit?
c) Wie könnte der Konflikt ausgehen?

**2** Die Schlagzeilen in M2 berichten von Gewalt an Schulen. Vergleiche mit deiner Schule.

**3** Welche Schlagzeile hätte ein Zeitungsreporter zum Vorfall mit Mirko geschrieben? Begründe.

**4** M4 gibt Auskunft über die Häufigkeit von aggressivem Verhalten an Schulen.
a) Welche drei Verhaltensweisen kommen am häufigsten vor, welche drei am seltensten?
b) Welche kennst du von deiner Schule?

**5** Führt eine Befragung über aggressives Verhalten an eurer Schule durch. M4 dient als Grundlage.

## Info

**Konflikt**
Das Wort **Konflikt** kommt aus dem Lateinischen (conflictus) und bedeutet Streit, Unstimmigkeit, Zusammenstoß. Ein Konflikt entsteht, wenn zwei oder mehrere Personen aufeinandertreffen, die unterschiedliche Bedürfnisse oder Verhaltensweisen haben. Dann kann ein Konflikt darüber entstehen, wer sich durchsetzt.

**Aggression**
**Aggression** (Angriff) ist eine feindselige, gegen andere gerichtete Haltung oder Handlung. Sie zeigt sich in Worten oder auch in Taten (z.B. durch Schlagen, Prügeln). Es ist erwiesen, dass die Bereitschaft zu aggressivem Verhalten durch Enttäuschung oder Minderwertigkeitsgefühle gefördert wird.

**Gewalt**
Der Begriff **Gewalt** ist umfassender als Aggression. Er beinhaltet jegliche Anwendung von Zwang gegenüber Menschen mit dem Ziel, den eigenen Willen durchzusetzen und den anderen Schaden zuzufügen.

## Mit aller Gewalt – heiligt der Zweck die Mittel?

**M3** „Eine Schule nach unseren Wünschen" – eine Maßnahme gegen Gewalt

## Quelle

**Fragen, die mit dem Ausmaß an Zerstörungen in Schulen zusammenhängen:**
a) Hat jede Klasse ihren eigenen Klassenraum?
b) Können die Schülerinnen und Schüler ihre Klassen- und Aufenthaltsräume selbst gestalten?
c) Macht der Unterricht Spaß?
d) Werden die Schülerinnen und Schüler an der Unterrichtsplanung beteiligt?
e) Wie werden Konflikte ausgetragen: Im Elternhaus? Unter den Schülerinnen und Schülern selbst? Zwischen Schülern und Lehrern? Zu Hause?
f) Sind die verwendeten Baumaterialien und Möbel stabil und schulgemäß?
g) Werden Zerstörungen und Schmiereien von den Lehrern verfolgt und die Verursacher zur Verantwortung gezogen?

(Nach: Erfahrungen mit Sachbeschädigungen. München 1997)

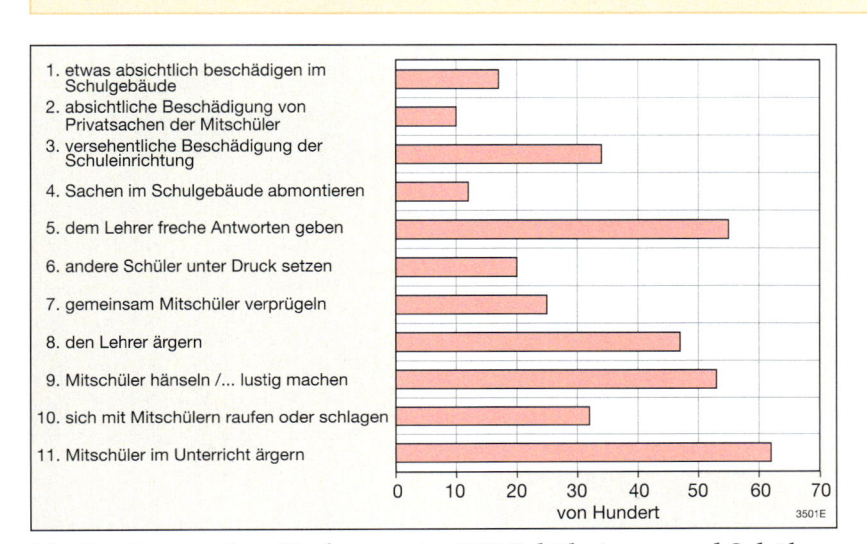

### Merke
Gewalt an Schulen äußert sich in unterschiedlicher Form. Ein Konflikt kann sich verschärfen und zu gewalttätigem Handeln führen.

### Grundbegriffe
- Konflikt
- Aggression
- Gewalt

**M4** Ergebnisse einer Umfrage unter 100 Schülerinnen und Schülern der Klassen 5–9 auf die Frage, ob sie in den letzten vier Wochen eine oder mehrere dieser Handlungen selbst ausgeführt haben.

# Konflikte und ihre Bewältigung

## Info

**Eskalation, Gewaltspirale**
Der Begriff **Eskalation** kommt aus dem Französischen (Treppe/Leiter). Er bedeutet „stufenweise Steigerung, Verschärfung". Im Verlauf eines Konflikts kann es zu einer „Eskalation der Gewalt" oder zu einem „Hochschrauben" der Gewalt kommen. Deshalb spricht man außer von einer Eskalation der Gewalt auch von einer **Gewaltspirale**. Sie ist ab einem bestimmten Punkt nicht mehr kontrollierbar.

*Gib mir mein Lineal zurück!*

**M1** *Ein Konflikt entsteht: Streit um eine Sache …*

## Gewalt kann Gegengewalt erzeugen

Wenn Menschen in einen Konflikt verwickelt sind, reagieren sie häufig nach dem gleichen Muster.
***1. Stufe:*** Zunächst geht es um eine Sache oder eine Meinung.
***2. Stufe:*** Dann kommen persönliche Angriffe hinzu.
***3. Stufe:*** Es wird Gewalt angewandt.
***Gegebenenfalls 4. Stufe:*** Die Demütigung sitzt tief. Es kommt zu Gegengewalt.

Diese Eskalation kann überall passieren: in der Klasse, in der Familie, zwischen Kindern, zwischen Erwachsenen und zwischen Staaten. Im Lauf der Auseinandersetzung wird der andere nicht mehr als (empfindlicher) Mensch wahrgenommen. Das Gegenüber hat keine Seele, keine Gefühle. Es ist nur noch Zielscheibe der Gewalt bzw. der Gegengewalt. Der Konflikt endet oft so, dass alle Beteiligten großen Schaden haben.

## Aufgaben

**1** Schreibe eine Geschichte zum Thema: „Streit um ein Lineal". Nutze M1 und M2. Verwende die Begriffe Wut, Eskalation bzw. Gewaltspirale.

**2** Zeichne zwei Treppen mit je drei Stufen in dein Heft. Ordne den Stufen die Aussagen in M2 zu. Schreibe die Aussagen so auf die Stufen, dass jeweils die Eskalation der Gewalt deutlich wird.

**3** Erläutere die Begriffe Eskalation und Deeskalation.

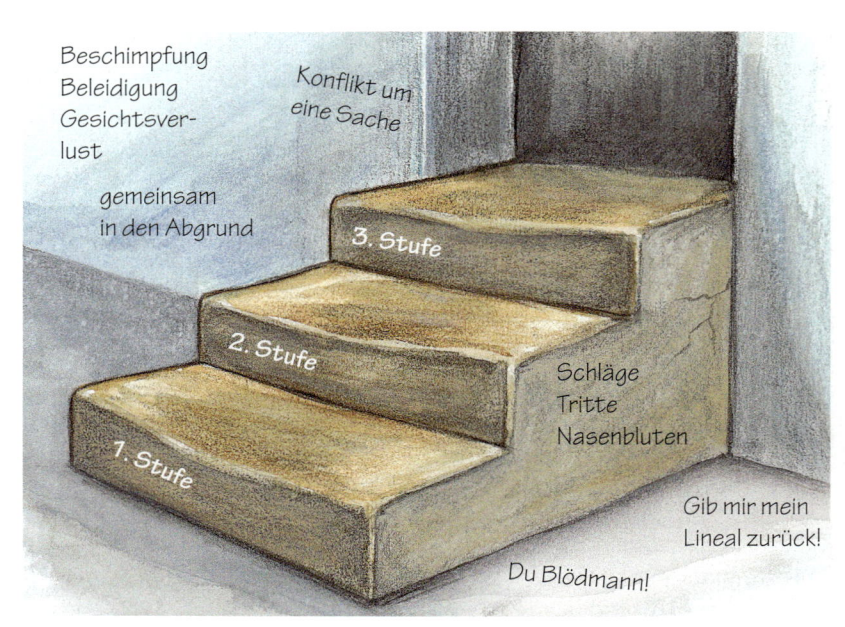

**M2** *Eskalation der Gewalt*

(Abbildung: Treppe mit Beschriftungen)
- Konflikt um eine Sache
- Beschimpfung, Beleidigung, Gesichtsverlust
- gemeinsam in den Abgrund
- 1. Stufe
- 2. Stufe
- 3. Stufe
- Schläge, Tritte, Nasenbluten
- Gib mir mein Lineal zurück!
- Du Blödmann!

## Mit aller Gewalt – heiligt der Zweck die Mittel?

### Quelle 1

**Wie entsteht Wut?**

Wut baut sich auf. Sie ist wie ein Wirbelwind, der sich immer schneller dreht. Zuerst sind oft Kränkung, Enttäuschung, Angst oder Hilflosigkeit da, dann entsteht Wut, die sich nach und nach steigert. Man muss sich bei einem Konflikt selbst beobachten. Dann ist es möglich, in einem frühen Stadium aus der Gewaltspirale auszusteigen, bevor man der Wut freien Lauf lässt. So können Verletzungen aller Beteiligter vermieden werden.

(Nach O. Hagedorn: Konfliktlotsen. Stuttgart 1996, S. 75)

### Quelle 2

**Deeskalation**

Die Auflösung von Spannungs- oder Gewaltsituationen nennt man **Deeskalation**. Man erreicht sie zum Beispiel durch Zurückweichen, ruhiges Sprechen oder Trennen der Streithähne. Für Deeskalation gibt es Trainingsprogramme, die von Fachleuten wie Pädagogen, Polizisten oder Psychologen durchgeführt werden. Wenn man Deeskalationsverhalten geübt hat, kann man es im Ernstfall anwenden.

(Nach: Arbeitsgemeinschaft Jugend & Bildung e.V.(Hrsg.): Basta – Nein zur Gewalt. Wiesbaden 1999, S. 7)

### Der Schwerterkampf

Zwei aus eurer Klasse „kämpfen" mit Schwertern aus Zeitungspapier, ohne sich gegenseitig weh zu tun. Die anderen bilden einen Kreis. Eine Runde dauert zwei Minuten (Stoppuhr, Kampfrichter).

**1. Runde:** Die Klasse beobachtet den Kampf. Sie gibt keine Kommentare.
**2. Runde:** Die Klasse feuert einen der beiden Kämpfer an.
**3. Runde:** Die Klasse feuert den anderen Kämpfer an.
**4. Runde:** Die Klasse ruft: „Aufhören", „Schluss".

Nach jeder Runde beantworten die Kämpfer folgende Fragen:
Wie habt ihr euch gefühlt?
Wie hat sich das Verhalten der Klasse auf euch ausgewirkt?

### Aufgaben

**4** Erinnere dich an einen Streit, den du gehabt hast.
a) Schreibe auf, was du gesagt und getan hast. An welcher Stelle hättest du noch aussteigen können? Ab wann gab es kein Zurück mehr?
b) Zeichne die drei (bzw. vier) Stufen der Gewalt (und Gegengewalt).

**5** Führt einen „Schwerterkampf" in der Klasse durch.
Wann bewirkte das Verhalten der Klasse eine Eskalation, wann eine Deeskalation?

> **Merke**
> Ein Konflikt verläuft in Form einer Eskalation bzw. Gewaltspirale. Aus ihr kann man am Anfang noch aussteigen. Auch wenn andere streiten, kann man sich für eine Deeskalation einsetzen.
>
> **Grundbegriffe**
> • Eskalation
> • Gewaltspirale
> • Deeskalation

**M3** *Schwerterkampf in der Klasse*

# Konflikte und ihre Bewältigung

Wk Rel

## Aufgaben

**1** Märchenschule? Auf welchen der genannten Vorschläge trifft dies am meisten zu? Begründe deine Entscheidung!

**2** Welche der Vorschläge aus den Bildunterschriften sind deiner Meinung nach geeignet, eine möglichst aggressionsarme schulische Atmosphäre zu finden?

**3** „Eine gewaltfreie Schule ist für mich wie...". Ergänze den Satz. Sammelt die ergänzten Sätze der gesamten Klasse.

**4** Warst du schon einmal in einer Situation, wo du gerne stärker gewesen wärst? Erzähle.

## Eine Schule wie im Märchenbuch – der beste Schutz vor Gewalt?

In der Klasse 8c einer großen Gemeinschaftsschule in G. kam es immer wieder zu Gewalttätigkeiten. Schüler, Eltern und Lehrer litten unter dieser Situation. Franz: „Die Schule macht einfach keinen Spaß mehr." Im Schulforum wurde diskutiert und die Aktion „Schule wie im Märchenbuch" beschlossen. „Was können wir tun, um das „Klima" an der Schule zu verbessern?" Jeder Schüler durfte Vorschläge an eine große Pinnwand heften, die beim Eingang aufgestellt war. Viele Mitschüler beteiligten sich. Eine Jury wählte sechs Vorschläge aus. Inzwischen versuchen Schüler und Lehrer der Schule diese Vorschläge umzusetzen. Das ist nicht immer leicht, macht aber riesig Spaß. Und die Gewalt an der Schule hat tatsächlich abgenommen.

Unsere Schule ist wohnlich. Kalten Beton und nüchterne Flure und ungepflegte Klassenzimmer haben wir mit unserer Kunstlehrerin abgeschafft....

„Dumme Säue" und ähnliche Tiere gibt es in unserer Klasse nicht. Auf Schimpfwörter und Beleidigungen verzichten wir.

Das allgemeine Schulklima ist uns wichtig. Neben dem Unterricht haben wir noch Zeit für Schulfeste, für Schülerzeitung, für sportliche Veranstaltungen, für Schullandheimaufenthalte...

Unsere Lehrer bemühen sich um Gerechtigkeit und um Verständnis. Sie berücksichtigen auch die Wünsche und Interessen von uns Schülern.

Unsere Klassensprecher sind immer voll mit dabei, wenn die Schule gestaltet werden soll oder wenn Schwierigkeiten gelöst werden müssen.

Wir schließen Patenschaften zwischen älteren und jüngeren Schülern. Die Älteren kümmern sich um die Jüngeren und helfen bei Problemen.

## Mit aller Gewalt – heiligt der Zweck die Mittel?

**M1** *Mädchen trainieren Wen-Do*

### Selbstverteidigung kann man lernen

Wer sich stark fühlt, der ist auch stark. Wer stark ist, hat keine Angst. Wer keine Angst hat, wird nicht so leicht zum Gewaltopfer. Denn Panik und Stress verhindern schnelle Reaktionen. Damit sich Mädchen nicht unterlegen fühlen, werden in vielen Städten Selbstverteidigungskurse angeboten.

Sicher wäre es gut, wenn es diese Kurse auch für Jungen gäbe. Die sind oft auch nicht so mutig, wie man glaubt.

Christiane (13): „Ich traue mir jetzt viel mehr zu! Nie hätte ich geglaubt, dass ich mit bloßer Hand ein so dickes Brett durchschlagen kann."

Miriam (14): „Jetzt habe ich viel weniger Angst als vorher! Ich sage 'Schluss', wenn mir etwas nicht passt. Und wenn es sein muss, wehre ich mich."

**M2** *Christiane und Miriam*

Wenn du nicht mehr weiter weißt, kannst du Hilfe finden bei
- einer vertrauten Person (Eltern, Geschwister, Freund, Verwandte)
- Lehrerin/Lehrer
- Pfarrer/Kaplan/Pastorin/Pastor
- Polizei
- Jugendamt
- Amtsgericht (Rechtshilfestelle)
- Kinderschutzbund
- Notruf für Frauen und Mädchen

### Info

**Selbstverteidigung**

Wen Do: Selbstverteidigung für Frauen (Wen als Abkürzung für women = Frauen). Ziel: schlagfertige Mädchen und Frauen – erfolgreich gegen die alltägliche Gewalt.

Aikido: Selbstverteidigungsart, bei der das Mädchen lernt, die Kraft eines Angreifers so umzulenken, dass sie sich gegen ihn selbst richtet.

### Aufgaben

**5** „Mädchen müssen immer lieb und nett sein." Was hältst du davon?

**6** Wo gibt es in deiner Umgebung Vereine oder Gruppen, die Selbstverteidigungskurse anbieten? Informiere dich.

*Dieses Brett habe ich selbst mit der bloßen Hand durchgeschlagen. Es soll mich daran erinnern, wie stark ich sein kann.*

DRAUFHAUEN, ABHAUEN ODER WAS?

01308/ 11103
Die Nummer gegen Kummer
Das Kinder- und Jugendtelefon:
Wir hören zu - solange ihr wollt.
Montags bis freitags 15 - 19 Uhr
BundesArbeitsGemeinschaft Kinder- und Jugendtelefon im Deutschen Kinderschutzbund e.V.

# Projekt: Training zur Streitschlichtung

## Training: Gewaltfreie Konfliktlösungen

Ein Leben ohne Konflikte wird es nicht geben. Deshalb ist es wichtig, das eigene Verhalten zu trainieren, um die Konflikte möglichst gewaltfrei zu lösen. Dazu sollen dir die folgenden Seiten eine Hilfe sein. Wenn du dieses Training mit der Klasse durchgearbeitet hast, wirst du mit Konflikten besser umgehen können.

Übrigens: Ihr könnt diese Übungen auch dann noch durchspielen, wenn ihr schon längst bei einem anderen Kapitel seid. Natürlich kannst du auch zu Hause trainieren.

### Training 1: Wir entspannen uns

Wir schließen unsere Augen, atmen tief ein und aus, wir konzentrieren uns auf die Entspannung unserer Muskeln.

1. Wir ballen unsere rechte Hand zur Faust, winkeln den rechten Arm an und spannen alle Armmuskeln so stark wie möglich an (Stufe 10). Jetzt die Spannung langsam nachlassen: 8, 6, 4, 2, 0. Arm und Hand fallen jetzt schwer auf den Schoß und sind ganz angenehm entspannt.
   Dasselbe mit dem linken Arm. Dasselbe mit beiden Armen. Noch einmal.
2. Jetzt spannen wir Nacken-, Schulter- und Rückenmuskeln an, ziehen die Schultern hoch, die Schulterblätter zusammen, den Kopf nach hinten (Stufe 10). Jetzt die Spannung langsam nachlassen: 8, 6, 4, 2, 0. Angenehm entspannt. Noch einmal.
3. Nun kommen die Gesichtsmuskeln dran. Wir runzeln die Stirn, rümpfen die Nase, beißen die Zähne zusammen, kneifen fest die Augen zu (Stufe 10). Jetzt die Spannung langsam nachlassen: 8, 6, 4, 2, 0. Angenehm entspannt. Noch einmal.
4. Beine, Füße, Gesäßmuskeln … (Stufe 10). Jetzt die Spannung langsam nachlassen 8, 6, 4, 2, 0. Angenehm entspannt. Noch einmal.

### Training 2: Wir schauen genau

**M1** *Schlägerei*

1. **Worte:**
   Mit welchen Worten gehen Andreas, Michael, Lars und Alexander auf Mirko los (Seite 268)? Mit welchen Worten versucht Mirko, sie zum Aufhören zu bewegen?
2. **Gedanken:**
   Welche Gedanken gehen den einzelnen Jungen in diesem Augenblick der Rauferei wohl durch den Kopf?
3. **Beobachtungen:**
   Beobachte einen Konflikt in der Schule.
   Worum ging es? Meinungsverschiedenheiten
       körperlicher Angriff
       Beleidigung
       Verletzen einer Regel
   Wie ging es aus? Kampf
       Übereinkunft
       Anschreien
       durch Erwachsene geregelt
       Strafe
   Welche Lösung wurde gewählt?
       Gewinner – Gewinner
       Gewinner – Verlierer
       Verlierer – Verlierer

**Mit aller Gewalt – heiligt der Zweck die Mittel?**

# Projekt

## Training 3: Wir Menschen sind verschieden

Wenn alle Menschen gleich wären, würden wir uns nie streiten. Vielleicht wäre das Leben aber auch sehr langweilig.

1. Worin unterscheiden sich Menschen? Diskutiert in der Klasse!
2. Sammelt Fingerabdrücke: Der rechte Daumen wird in ein Stempelkissen gedrückt, anschließend auf ein Blatt Papier. Vergleicht eure Abdrücke untereinander und mit den Beispielen auf dieser Seite. Welche Muster sehen sich ähnlich?
3. Sehen wir wirklich das gleiche, wenn wir das gleiche betrachten? Schau das Bild (M3) länger an. Sprecht über das, was ihr seht!

**M2** *Fingerabdrücke*

**M3** *Was siehst du?*

## Training 4: Wir empfinden die Gefühle anderer nach

1. Versuche den Gesichtsausdruck von Andreas, Lars, Michael, Alexander und Mirko nachzuahmen (Seiten 268). Betrachte dich dabei im Spiegel. Was empfindest du?
2. Schau in den Spiegel und beobachte deinen Gesichtsausdruck (lustig, traurig, ...).
   - Mit welchem Gesichtsausdruck gefällst du dir am besten?
   - Welcher Gesichtsausdruck löst vielleicht Aggressionen aus?
3. Ordne die Gesichter der Abbildungen 1–8 den entsprechenden Gefühlen zu:
   a) fröhlich, b) nachdenklich, c) trotzig, d) traurig e) wütend, f) überrascht, g) neugierig, h) ängstlich
4. Viele Menschen haben Schwierigkeiten, ihre Gefühle zu zeigen. Welche Gefühle könnten hinter diesen Sätzen stecken?
   a) „Ein wirklich starkes T-Shirt!"
   b) „Die Jungen dürfen immer alles."
   c) „Verdammte Milch, schon wieder angebrannt!"
5. Lies den Satz „Das habe ich dir bisher überhaupt nicht zugetraut" laut vor. Vertone nacheinander die Gefühle: Überraschung, Bewunderung, Enttäuschung, Vorwurf ...
   Können deine Klassenkameraden die richtigen Gefühle „heraushören"?
6. a) Versucht, die Gefühle Ärger, Trauer, Freude, Wut, Angst ... auszudrücken. Fotografiert euch dabei.
   b) Wenn kein Fotoapparat vorhanden ist: Schneidet Gesichter aus Illustrierten aus, sortiert sie nach den genannten Gefühlen und erstellt eine Collage daraus.

# Projekt

# Training zur Streitschlichtung

## Training 5: Sich angemessen mitteilen und sich trotzdem selbst behaupten

**Selbstbehauptung im Rollenspiel**

Es ist nicht leicht, sich selbst zu behaupten. Wenn du glaubst, es ist unmöglich, dann ist es auch unmöglich. Wenn du selbst davon überzeugt bist, dass du es kannst, dann schaffst du es auch.
Spielt vor der Klasse verschiedene Situationen, in denen es auf Selbstbehauptung ankommt!
Beispiele:
- ein Treffen mit Freunden ablehnen
- ein Geschenk annehmen
- eine Frage stellen, die als „dumm" aufgefasst werden könnte
- einer gängigen Meinung widersprechen
- einen guten Freund, eine gute Freundin kritisieren
- dich von einem Älteren nicht einschüchtern lassen
- einer Aufforderung nicht nachkommen (z. B. mit jemandem mitzugehen)

Achte auf deine Sprache und deinen Körper.

**Selbstbehauptung durch Sprache**

Was du sagst, ist sehr wichtig!
- Sprich dein Gegenüber mit Namen an.
- Sage in einem Satz, was du willst.
- Gib den Grund für dein Anliegen an.
- Wiederhole deinen Standpunkt mehrmals.

**Auch Dein Körper teilt sich mit**

Stimme: kräftig und sicher
Sprechtempo: mäßig, nicht zu schnell, nicht zögerlich
Blickkontakt: in die Augen schauen!
Gesichtsausdruck: muss zu dem passen, was du sagst und fühlst (z.B. nicht lächeln, wenn du sauer bist)
Körperhaltung: aufrecht, möglichst entspannt, zugewandt
Abstand: etwa eine Armlänge (zu dichtes Aufrücken kann bedrohlich wirken).

## Training 6: Wir hören zu und versetzen uns in andere hinein

**1. Zeichnen nach Anweisung**

Immer zwei Schüler setzen sich gegenüber. Der Lehrer gibt dem Schüler A eine Zeichnung, die der Schüler B nicht sehen darf. Jetzt beschreibt A die Zeichnung so genau wie möglich. B zeichnet nach der Beschreibung.
Sammelt die fertigen Zeichnungen ein. Stimmen sie mit der Vorlage überein? Stimmen auch Einzelheiten (Anzahl der Beine …)?

**2. Das Experiment des Professors**

Ein Professor zeigt seinen Studenten ein Glas mit einer ekligen Flüssigkeit. Er beschreibt den Inhalt, steckt seinen Finger in das Glas und leckt ihn ab. Er reicht das Glas weiter und fordert zum Nachmachen auf. Alle Studenten überwinden sich und probieren die eklige Flüssigkeit.
Dann sagt der Professor: „Meine Damen und Herren! Mut hatten Sie alle, aber Ihre Beobachtungsgabe war schlecht. Wenn Sie genau hingeschaut hätten, wäre Ihnen aufgefallen, dass ich meinen Zeigefinger in die Flüssigkeit, aber meinen kleinen Finger in den Mund gesteckt habe."
Was sollten die Studenten lernen?

# Projekt

## Mit aller Gewalt – heiligt der Zweck die Mittel?

### Training 7: Wir arbeiten zusammen und helfen uns gegenseitig

**Glückliche Familie**
(Rollenspiel: Junge, Mädchen, Mutter, Vater)

**1. Teil:**
In einer Familie gibt es am Samstag oft dicke Luft. Die Mutter hat einen Beruf, darum holt sie am Wochenende alle Hausarbeiten nach, die in der Woche liegen bleiben mussten. Aber gern tut sie das nicht. Der Vater und die Kinder helfen ihr.
Jeder stellt sich sein Wochenende anders vor. Für den Vater gibt es nichts Schöneres als einen Tag im Wald. Das Schönste für den Jungen ist ein gemütlicher Tag zu Hause, wenn alle nur herumsitzen und lesen oder fernsehen. Das Mädchen spielt am liebsten im Hof mit den Kindern Federball oder Handball. Ein Stadtbummel mit der Freundin am Nachmittag und abends mit ihrem Mann ins Theater gehen, wäre für die Mutter das Schönste. Aber dazu hat sie nie Zeit. Sie will doch den Haushalt nicht verkommen lassen. Die anderen meinen, das würde so schnell nicht geschehen. So sagt die Mutter: „Alles muss ich allein tun." Dann helfen die anderen mit, aber sie sind schlecht gelaunt. Die Mutter merkt das natürlich. Es tut ihr leid, dass sie ihrer Familie das Wochenende verdirbt. Deshalb hat auch sie schlechte Laune.
Heute ist ein besonders schlimmer Samstag. Die Mutter will die Fenster putzen, weil man bei dem schönen Wetter den Schmutz so deutlich sieht. Weil schönes Wetter ist, will der Vater ins Grüne hinaus. Aber er hat schon den Staubsauger auseinandergenommen, um den Motor zu reinigen. Jetzt kann er ihn nicht wieder zusammenbauen. Die Mutter stichelt, dass er eben von technischen Dingen nichts versteht.
Als die Kinder vom Einkauf nach Hause kommen, reden die Eltern kein Wort mehr miteinander. Das Mädchen hat sich aber im Supermarkt halbfaule Tomaten einpacken lassen und der Junge hat die Fleischwurst für die Linsensuppe vergessen. Obendrein erzählt das Mädchen, dass der Bruder unterwegs mit einem anderen Jungen gerauft hat und sich unterkriegen ließ, der Schwächling! Schon haben sie ihren Familienstreit.

**2. Teil:**
Plötzlich fragt der Junge, weshalb es eigentlich bei ihnen so anders zugeht als bei den Familien in Büchern. Da sind die Väter gütig und die Mütter liebevoll und die Schwestern sind auch viel netter. Vor allem giften sich da die Eltern nicht gegenseitig an, gerade wenn man sich auf ein schönes Wochenende freut.
Erst sagt keiner etwas dazu. Dann beschließt die Familie, heute einmal zu spielen, als wären sie eine glückliche Familie.
Das versuchen sie nun. Alle sind nur noch freundlich, verständnisvoll, nachgiebig, hilfsbereit und in allem einig. Sogar fleißig sind sie alle. Im Nu wird die Wohnung fertig, weil die Mutter nun auch nicht mehr allzu gründlich sein will.
(Nach U. Wölfel: Du wärst der Pienek. Weinheim 1985)

## Aufgaben

**1** Lest den ersten Teil des Textes.

**2** Verteilt die vier Rollen und spielt die Geschichte vor der Klasse.
Die Beobachter notieren, wie sich die einzelnen Personen verhalten.

**3** a) Wie hast du dich in der Rolle als Sohn oder Tochter, als Mutter oder Vater gefühlt?
b) Was kam dir bekannt vor?
c) Was sollte anders laufen?
d) Wie könnte die Geschichte weitergehen?

**4** Spielt die Szene noch einmal und tauscht dabei die Rollen.

**5** a) Lest jetzt den zweiten Teil der Geschichte und spielt ihn vor.
b) Beantwortet noch einmal die Fragen zu Aufgabe 3.

# Gewalt in den Medien

## Aufgaben

**1** Wodurch unterscheiden sich das Erzählen von Märchen und das Anschauen von Gewaltvideos?

**2** Betrachte die Filmtitel (M1).
a) Welche Filme möchtest du sehen?
b) Wie wirken diese Titel auf dich?

## Märchenstunde – Flimmerstunde

Schon früh kommen Kinder mit Grausamkeiten in Märchen in Berührung. Trotzdem lassen sie sich diese Geschichten gern von Erwachsenen vorlesen oder erzählen. In Märchen siegt stets das Gute. Wichtig ist, dass die Kinder Fragen stellen und sich Dinge erklären lassen. Dann können Märchen dabei helfen, dass Kinder ihre Ängste leichter bewältigen.

Etwas anderes ist es, wenn Kinder Gewaltdarstellungen im Film oder im Fernsehen sehen. Denn wer ständig vor Augen hat, wie Konflikte mit Gewalt gelöst werden, ist leichter versucht, selbst Gewalt anzuwenden.

- Eight Seconds – Tödlicher Ehrgeiz
- Natural born killers
- Hellzone – Im Vorhof zur Hölle
- Bullitt – Abrechnung mit den Killern des Kronzeugen
- Agenten sterben einsam – Kriegsfilm
- Todesstille – Psychothriller
- 5 Stunden Angst – Geiselnahme im Kindergarten
- Im Banne der Schlange – Professor und junger Forscher kämpfen um eine Frau
- Brubaker – Brutale Zustände in einer Strafanstalt

**M1** *Filmtitel*

**3** Lies Quelle 1. Ist es nötig, viel stärker als bisher Gewaltdarstellungen im Fernsehen und im Video zu verbieten oder nützen solche Maßnahmen letztlich überhaupt nichts?

### Quelle 1

**Bluttat nach Horrorvideo**
Ein 15-jähriger Junge hat nach dem Anschauen eines Horrorvideos zwei Menschen mit einer Axt schwer verletzt. Er ist zu einer zweijährigen Haftstrafe auf Bewährung verurteilt worden. Das Gericht in Stuttgart bewertete den Einfluss der Gewaltszenen in den Medien ebenso strafmildernd wie die Tatsache, dass die Eltern den Jungen nicht von der „Videosucht" abgehalten hätten.
(Nach: dpa 2002)

### Quelle 2

**Uneingeschränkter Fernsehkonsum fördert Gewalt!**
Das Fernsehen erregt Ängste, Alpträume und Spannungszustände beim Kind. Es fühlt sich unwohl und reagiert aggressiv. Ärger mit Familienmitgliedern, Freunden und Schulkameraden ist die Folge.
(Nach: Umfrage einer Schülererkundung. Karlsruhe 2004)

### Quelle 3

**Andere Ursachen der Gewalt**
Nicht die Medien sind schuld an der steigenden Gewalt in unserer Gesellschaft. Die eigentlichen Ursachen sind schlechte Schulbildung, fehlende Ausbildungsplätze, Arbeitslosigkeit oder auch Erziehungsweisen, die wenig Orientierung bieten.
(Nach: Umfrage einer Schülererkundung. Karlsruhe 2004)

---

Zwei Kinder werden im Wald von einer Hexe gefangen und eingesperrt. Die Hexe will sie braten und essen. Damit die Kinder gut schmecken, müssen sie Fett ansetzen. Sie werden gemästet. Täglich befühlt die Hexe den Finger des Jungen, den er durch ein Gitter halten muss.

**M2** *Eine Horrorgeschichte?*

# Fernsehsendungen untersuchen

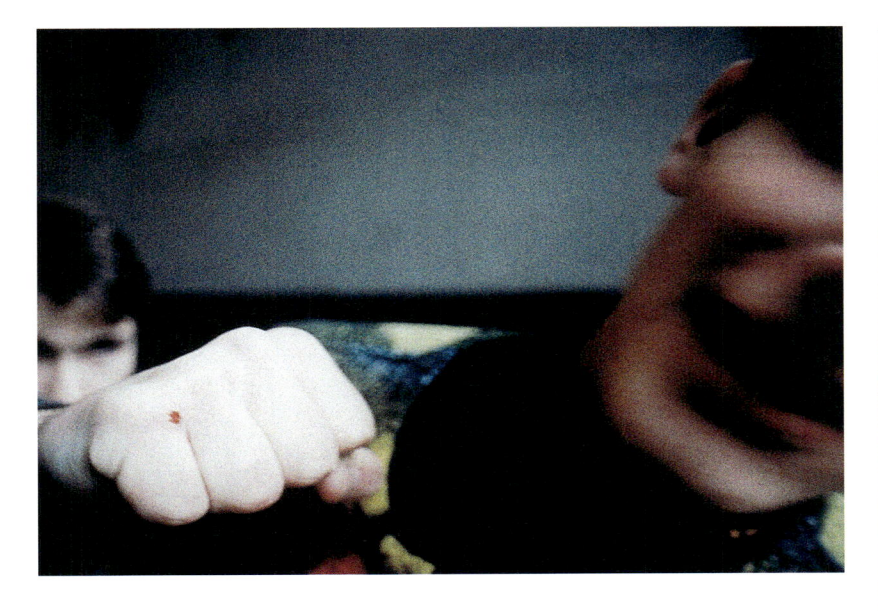

**Projekt**

## Wir untersuchen Gewalt im Fernsehen

„Die Kinder bekommen täglich so viel Gewalt im Fernsehen mit, dass es kein Wunder ist, wenn sie selbst gewalttätig werden", sagt Frau Hümmer, besorgte Mutter der 13-jährigen Cornelia. Wie viele Gewaltdarstellungen es tatsächlich im Fernsehen gibt, könnt ihr in einer Untersuchung feststellen. Überprüft das Vorabendprogramm von 18.00–20.00 Uhr!

**So geht ihr vor:**

**1.** Teilt die verschiedenen Fernsehsender (z.B. ARD, ZDF, NDR, RTL, VIVA) auf die Klasse auf. Mindestens zwei Schüler sind für einen Sender zuständig. Jeder untersucht eine Stunde.

**2.** Bevor ihr fernseht, legt eine Tabelle an. Oben steht das Datum, die Uhrzeit, der Fernsehsender. Darunter tragt ihr verschiedene Gewalthandlungen ein, z.B. Verletzen einer Person, Anschreien, Mord, Kaputtmachen von Sachen, …

**3.** Zur vereinbarten Zeit schaltet ihr den Fernseher an und verfolgt das Programm. Wenn eine Gewalthandlung stattfindet, tragt in der betreffenden Zeile einen Strich ein. Am Ende addiert ihr die Zahl der Striche in jeder Zeile.

**4.** In der Schule könnt ihr nun die Programme der verschiedenen Sender vergleichen. Manche Sender bringen mehr gewalttätige Filme, in anderen gibt es vielleicht gar keine Gewaltdarstellungen.

*Tipp 1:* Es macht viel mehr Spaß, wenn zwei Schüler ein Programm gemeinsam untersuchen.

*Tipp 2:* Stellt eure Ergebnisse in einer Wandzeitung dar.

**Merke**
Menschen, die häufig Gewaltdarstellungen im Fernsehen anschauen, können dazu neigen, auch eigene Konflikte mit Gewalt zu lösen.

# Alles klar?

# Mit aller Gewalt ...

## 1. „Akrostichon" zum Thema Gewalt

a) Bei einem Akrostichon schreibt man einen Begriff senkrecht auf und sucht für jeden Buchstaben einen Begriff oder Ausdruck. Hier siehst du ein Beispiel, das folgende Frage beantworten soll: Wie äußert sich Gewalt in der Schule? Schreibe das Akrostichon ab und fülle die Zeilen aus.

b) Erstelle ein Akrostichon zum Begriff Konflikt.

**G** _ _ _ _ _ s _ _  Mitschüler  v _ _ p _ _ _ _ _ _

**E** _ _ en Mitschüler  _ ä _ _ _ _ _

**W** _ _ _ _  bekritzeln

**A** _ _ i _ _ t _ i _ _  etwas  b _ _ _ _ ä _ _ gen

**L** _ h _ _ _  ä _ g _ _ _

**T**oiletten  b _ _ _ _ ä _ _ _ e _

## 2. Was hältst du davon?

Schreibe ein Gespräch oder zeichne ein Comic, in das du die folgende Aussage bzw. die Abbildung einbindest.

„Draufhauen, abhauen oder was?"

## 3. Die Gewaltspirale: Rätsel

a) In diesem Rätsel sind Begriffe „versteckt", die alle etwas mit der Gewaltspirale zu tun haben. Kannst du sie finden? *Tipp:* Du musst die Vokale A, E, I, O, U und den Umlaut Ä an der richtigen Stelle einsetzen. Der Begriff auf der Treppe bezeichnet die stufenweise Verringerung von Spannungen, die bei der Gewaltspirale entstehen. Wie heißt er?

b) Verfasse einen kurzen Text, in dem die Begriffe aus dem Rätsel vorkommen.

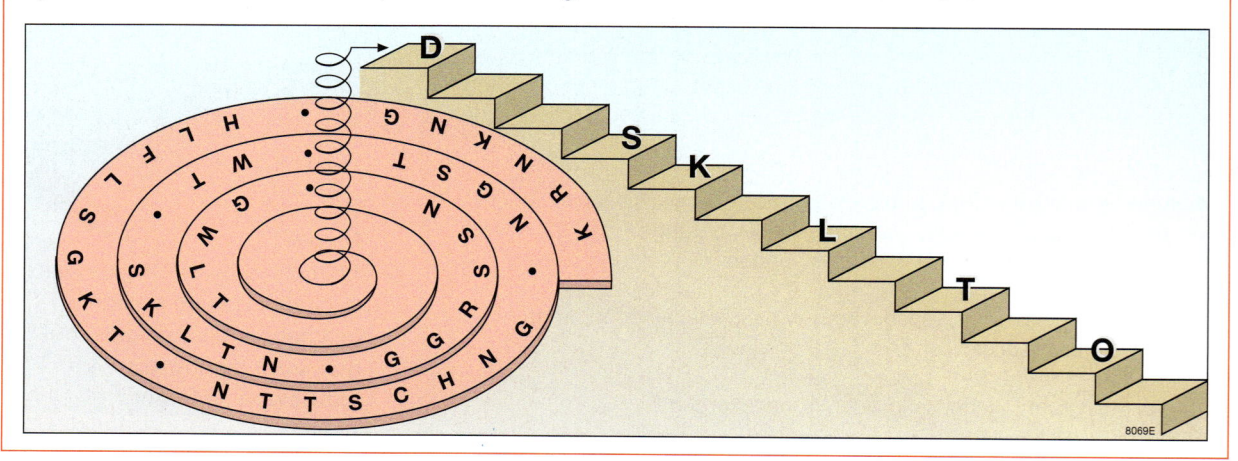

# Das Wichtigste

## Gewalt in der Schule

In der Schule kommen immer wieder Beschädigungen oder Zerstörungen von Einrichtungsgegenständen und Gewalt gegen Mitschüler vor. Wenn zwei oder mehrere Personen aufeinandertreffen, die unterschiedliche Bedürfnisse oder Verhaltensweisen haben, kann ein Streit darüber entstehen, wer sich durchsetzt. Häufig wird dann Gewalt ausgeübt. Es ist erwiesen, dass die Bereitschaft zu aggressivem Verhalten durch Enttäuschung oder Minderwertigkeitsgefühle gefördert wird.

Das Ausmaß von Zerstörungen hängt unter anderem davon ab, ob Klassen ihren eigenen Klassenraum haben, ob die Schülerinnen und Schüler ihre Klassen- und Aufenthaltsräume selbst gestalten können und ob sie an der Unterrichtsplanung beteiligt werden.

## Konflikte und ihre Bewältigung

Wenn Menschen in einen Konflikt verwickelt sind, reagieren sie häufig nach dem gleichen Schema: Zunächst geht es um eine Sache oder eine Meinung. Dann kommen persönliche Angriffe hinzu. Am Ende wird Gewalt angewandt. Der Konflikt eskaliert; eine Gewaltspirale entsteht, aus der man sich selbst nur in den Anfängen befreien kann. Die Ausübung von Gewalt gibt es fast überall: in der Klasse, in der Familie, zwischen Kindern, Erwachsenen und Staaten. Im Lauf der Auseinandersetzung wird der andere nicht mehr als Mensch wahrgenommen.

Es gibt eine Reihe von Handlungsmöglichkeiten, um in einem Konflikt dem Gegner nicht hilflos ausgeliefert zu sein. Man kann zum Beispiel durch Zurückweichen oder ruhiges Sprechen eine Deeskalation bewirken. In einem Selbstverteidigungskurs kann man lernen, nicht zum Gewaltopfer zu werden.

## Gewalt in den Medien

**Grundbegriffe**
- Konflikt
- Aggression
- Gewalt
- Eskalation
- Gewaltspirale
- Deeskalation

Wenn Kinder häufig Gewaltdarstellungen im Film oder im Fernsehen betrachten, können sie den Eindruck gewinnen, dass es normal ist, Konflikte mit Gewalt zu lösen. Eine gefühlsmäßige Abstumpfung kann die Folge sein. Allerdings darf man das Auftreten von gewaltsamen Handlungen in der Gesellschaft nicht allein auf einen einseitigen Fernsehkonsum zurückführen.

**Grundgesetz, Artikel 2:**

(1) Jeder hat das Recht auf die freie Entfaltung seiner Persönlichkeit, soweit er nicht die Rechte anderer verletzt und nicht gegen die verfassungsmäßige Ordnung und das Sittengesetz verstößt.

# Habe ich Recht oder auch Rechte?

**Alles was Recht ist**

**Das Recht – dein ständiger Begleiter**

**Das Jugendschutzgesetz**

**Der Fall Mascha G. – Ein Rollenspiel durchführen II**

**Eine Gerichtsverhandlung besuchen**

M1 *Kunst oder Sachbeschädigung?*

# Alles was Recht ist

## Info 1

**Recht und Gesetz**

Als Recht bezeichnet man die Regeln, die in einem Gemeinwesen (zum Beispiel Staat, Bundesland) gelten, um das Zusammenleben der Menschen zu organisieren. Wer sie nicht einhält, kann bestraft werden. Das Recht besteht aus Gesetzen und anderen Vorschriften. Auch Verträge, wie zum Beispiel Kaufverträge, sind ein Teil des Rechts. Das Recht schützt den Einzelnen vor Übergriffen durch andere und bietet ihm Sicherheit.

## Der Mensch und das Recht

Weil im Zusammenleben der Menschen sehr oft verschiedene Interessen aufeinandertreffen, helfen **Recht** und **Gesetze** dabei, unser Leben zu regeln.

Man unterscheidet **Zivilrecht** und **Öffentliches Recht**. Das Zivilrecht regelt das Zusammenleben der Bürgerinnen und Bürger. Es ist festgelegt im Bürgerlichen Gesetzbuch (BGB). Das Öffentliche Recht regelt Fragen zwischen den Bürgern und dem Staat. Zum Öffentlichen Recht gehören das **Verwaltungsrecht** und das **Strafrecht**. Im Strafgesetzbuch (StGB) ist festgelegt, welche Handlungen strafbar sind, wie sie bestraft werden und wie hoch die Strafe sein kann.

Für Kinder und Jugendliche gilt das **Jugendschutzgesetz** (siehe Seiten 288/289). Bei Straftaten können Jugendliche ab 14 Jahren nach dem **Jugendstrafrecht** zur Verantwortung gezogen werden. Die Aufgabe des **Jugendarbeitsschutzgesetzes** besteht darin, Kinder und Jugendliche vor Überforderung und Gefahren am Ausbildungs- und Arbeitsplatz zu schützen (Info 2).

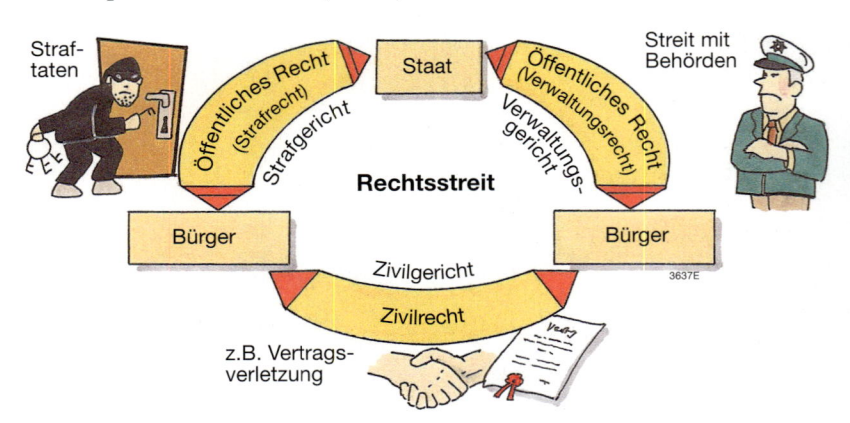

**M1** *Öffentliches Recht und Zivilrecht*

## Aufgaben

**1** In einer Kleinstadt haben zwei 13-jährige Kinder eine 83-jährige Frau ermordet. Können sie bestraft werden (M2)?

**2** Was bedeuten die folgenden Sprichwörter?
a) „Torheit schützt vor Strafe nicht."
b) „Niemand kann in Frieden leben, wenn es dem Nachbarn nicht gefällt."

**3** Erläutere den Zusammenhang zwischen dem Foto und dem Artikel 2 des GG auf den Seiten 282/283.

**4** a) Nenne die Aufgaben des Jugendarbeitsschutzgesetzes (Info).
b) Es betrifft auch dich. Begründe.

| Alter | Strafverantwortung |
|---|---|
| bis 14 Jahre Kinder | Nicht strafrechtlich verantwortlich, aber Bestrafung der Eltern wegen Vernachlässigung der Aufsichtspflicht möglich. |
| 14–18 Jahre Jugendliche | Strafrechtlich verantwortlich, wenn eine dem Alter entsprechende geistige Einsicht vorliegt. Jugendliche werden nach dem Jugendstrafrecht zur Verantwortung gezogen. |
| 18–21 Jahre Heranwachsende | Voll strafrechtlich verantwortlich. Nur dann Anwendung des Jugendstrafrechtes, wenn die sittliche und geistige Entwicklung der eines Jugendlichen entspricht. |
| ab 21 Jahre Erwachsene | Voll strafrechtlich verantwortlich. |

**M2** *Alter und Strafverantwortung*

## Habe ich Recht oder auch Rechte?

**Zivilrecht (Privatrecht)**
Es regelt rechtliche Fragen zwischen den Bürgerinnen und Bürgern untereinander.

Beispiel
Bürgerliches Gesetzbuch (BGB)

**§ 823**
Wer vorsätzlich oder fahrlässig das Leben, den Körper, die Gesundheit, die Freiheit, das Eigentum oder ein sonstiges Recht eines anderen widerrechtlich verletzt, ist dem anderen zum Ersatz des daraus entstehenden Schadens verpflichtet.

**Öffentliches Recht**
Es regelt rechtliche Fragen zwischen den Bürgerinnen und Bürgern und dem Staat.

Beispiel
Strafgesetzbuch (StGB)

**§ 223**
Körperverletzung.
Wer eine Person körperlich misshandelt oder an der Gesundheit beschädigt, wird mit Freiheitsstrafe bis zu fünf Jahren oder mit Geldstrafe bestraft.

**M3** *Zwei Hauptgebiete des Rechts*

### Info 3

**Grundgesetz**
Das **Grundgesetz** für die Bundesrepublik Deutschland beinhaltet die Grundlagen der politischen und rechtlichen Ordnung in Deutschland. Es wurde am 24. Mai 1949 in Kraft gesetzt und enthält 146 Artikel. Artikel 1 bis 19 sind die Grundrechte, die für alle Menschen gelten.

### Info 2

**Jugendarbeitsschutzgesetz (JArbSchG)**
Das Gesetz gilt für die Beschäftigung von Kindern (unter 15 Jahren) und Jugendlichen (unter 18 Jahren) in der Berufsausbildung und als Arbeitnehmer.
Die Beschäftigung von Kindern und vollzeitschulpflichtigen Jugendlichen ist verboten. Ausgenommen sind Tätigkeiten im Rahmen des schulischen Betriebspraktikums. Das Verbot gilt auch nicht für leichte und gesellschaftlich anerkannte Tätigkeiten von jungen Menschen zwischen 13 und 16 Jahren wie zum Beispiel Zeitungen austragen. Allerdings ist dafür die Zustimmung der Erziehungsberechtigten erforderlich. Das Mindestalter für eine reguläre Beschäftigung im Betrieb beträgt grundsätzlich 15 Jahre.

**M4** *Justitia (lateinisch: Gerechtigkeit) ist die römische Göttin der Gerechtigkeit. Sie trägt eine Binde um die Augen. Damit soll ausgedrückt werden, dass vor dem Gesetz alle Menschen gleich sind. Die Waage in der Hand dient dazu, Schuld und Unschuld abzuwägen. Das Schwert stellt das Zeichen ihrer Macht dar. Diese Macht üben in Deutschland nur die Gerichte durch Rechtsprechung aus.*

### Merke
Als Recht bezeichnet man die Regeln, die in einem Staat gelten, um das Zusammenleben der Menschen zu organisieren. Man unterscheidet das Zivilrecht und das Öffentliche Recht.

### Grundbegriffe
- Recht
- Gesetz
- Zivilrecht
- Öffentliches Recht
- Verwaltungsrecht
- Strafrecht
- Jugendschutzgesetz
- Jugendstrafrecht
- Jugendarbeitsschutzgesetz
- Grundgesetz

# Das Recht – dein ständiger Begleiter

### § 1
**Beginn der Rechtsfähigkeit**
Die Rechtsfähigkeit des Menschen beginnt mit der Vollendung der Geburt.

### § 2
**Eintritt der Volljährigkeit**
Die Volljährigkeit tritt mit der Vollendung des achtzehnten Lebensjahres ein.

### § 106
**Beschränkte Geschäftsfähigkeit Minderjähriger**
Ein Minderjähriger, der das siebente Lebensjahr vollendet hat, ist in der Geschäftsfähigkeit beschränkt.

**M1** *Aus dem Bürgerlichen Gesetzbuch (BGB)*

## Wenn ich erst 18 bin …

Diskos besuchen, Moped fahren, Auto fahren: Diese und andere Tätigkeiten sind erst ab einem bestimmten Alter erlaubt. Jeder Mensch ist jedoch bereits von Geburt an rechtsfähig. Er hat bestimmte Rechte, aber auch Pflichten.

Das gerade auf die Welt gekommene Baby kann klagen, verklagt werden oder erben. Natürlich tut dies das Baby nicht selbst. An seiner Stelle handeln die Eltern. Mit zunehmendem Alter wachsen die Rechte, aber auch die Pflichten des Menschen. Jedes Kind hat zum Beispiel ein Recht auf Bildung, aber andererseits auch die Pflicht mindestens neun Jahre zur Schule zu gehen. Ab dem 7. Lebensjahr ist das Kind beschränkt geschäftsfähig. Es darf frei über sein Taschengeld verfügen. Alle anderen Käufe sind nur mit Zustimmung der Eltern rechtsgültig. Erst mit Vollendung des 18. Lebensjahres ist der Mensch voll geschäftsfähig. Ab diesem Alter kann er frei über sein Geld verfügen. Einkäufe sind jetzt nicht mehr von der Zustimmung der Eltern abhängig. Er kann nun ganz allei-

**M2**

## Aufgaben

**1** Lies M3. Wer hat Recht? Begründe deine Meinung mithilfe von M1 und M6

**2** Betrachte M2. Beurteile die Aussage von Snoopy.

**3** a) Welche Rechte und Pflichten sind den Altersgrenzen 6, 7, 14, 16 und 18 Jahre zugeordnet (M4)?
b) Welche Gründe haben wohl zur Festlegung der Altersgrenzen geführt?

**4** Beurteile das Verhalten von Agnieszkas Eltern (M5) mithilfe von M6.

Jenny ist 15 Jahre alt. Von ihrem Taschengeld hat sie Lotto gespielt. Sie ist felsenfest davon überzeugt, dass sie am Wochenende mindestens 5000 Euro gewinnt. Ihr kleiner Bruder Tim (11 Jahre alt) fragt sie, ob sie ihm dann ein neues Fahrrad schenkt. Jenny antwortet: „Vielleicht! Aber nur, wenn du aufhörst zu nerven. Ich kaufe mir jedenfalls als Erstes einen Computer und wenn ich den Führerschein habe, ein Moped, außerdem eine neue Stereoanlage und einen eigenen Fernseher." Da mischt sich ihr Vater ein und sagt: „Das kommt gar nicht in Frage bei deinem Zeugnis. Pass du mal auf, dass du in die nächste Klasse versetzt wirst."
Da springt Jenny auf und erwidert empört: „Das gibt es ja wohl nicht. Das wäre schließlich mein Geld und damit kann ich machen, was ich will." –
„Das meinst aber nur du!", entgegnet der Vater. Da mischt sich die Mutter ein: „Das ist typisch. Ihr streitet euch mal wieder um des Kaisers Bart."

**M3** *Familienstreit*

## Habe ich Recht oder auch Rechte?

| Alter | Rechte und Pflichten |
|---|---|
| 25 Jahre | Du kannst ein Kind adoptieren. Du kannst als Schöffin oder Schöffe (Laienrichter) berufen werden. |
| 21 Jahre | Du darfst den Bus-Führerschein machen (Klasse D). Du bist als Erwachsener für begangene Straftaten voll verantwortlich (volle Strafmündigkeit). |
| 18 Jahre | Du bist volljährig. Du darfst den Führerschein der Klassen B (Pkw), A (Motorräder) und C (Lkw) machen. Du darfst wählen und kannst dich in den Bundestag wählen lassen (aktives und passives Wahlrecht). Du darfst ohne Erlaubnis heiraten (Ehemündigkeit). Für Männer beginnt die Wehrpflicht (Bundeswehr). |
| 16 Jahre | Du musst einen Personalausweis oder einen Reisepass besitzen. Du darfst den Führerschein der Klassen A1 und M machen. Du darfst mit Einwilligung der Eltern heiraten, wenn die Ehepartnerin/der Ehepartner volljährig ist. Du darfst ein Testament machen. |
| 15 Jahre | Du darfst den Mofa-Führerschein machen. Du darfst ein Arbeitsverhältnis eingehen. |
| 14 Jahre | Du bist strafmündig. Du darfst deine Religion frei wählen. Du darfst bei der Scheidung dem Gericht Vorschläge zum Sorgerecht der Eltern machen. Du darfst eine Adoption ablehnen. |
| 7 Jahre | Du bist für einen schuldhaft angerichteten Schaden verantwortlich, das heißt du musst ihn eventuell später, wenn du Geld verdienst, wieder gutmachen. Du darfst nicht mehr auf dem Fahrrad oder dem Mofa mitgenommen werden. |
| 6 Jahre | Du bist schulpflichtig. |
| Geburt | Du kannst erben. |

**M4** *Rechte und Pflichten regeln das Leben.*

Agnieszka ist 14 Jahre alt. Sie spielt in ihrer Freizeit gern Hockey und ist Mitglied in einem Sportverein. Schon lange wünscht sie sich einen neuen Hockeyschläger. Sie erhält von ihrer Tante mit Wissen der Eltern zum Geburtstag 100 Euro geschenkt und kauft sich von dem Geld den Schläger. Die Eltern sind empört und wollen den Kauf rückgängig machen. Sie meinen, dass Agnieszka das Geld sparen soll.

**M5** *Agnieszkas Kauf*

### § 110 Bürgerliches Gesetzbuch (BGB)

Ein von einem Minderjährigen [unter 18 Jahren] ohne Zustimmung des gesetzlichen Vertreters [Eltern, Vormund] geschlossener Vertrag gilt als von Anfang an wirksam, wenn der Minderjährige die vertragsmäßige Leistung mit Mitteln bewirkte, die ihm zu diesem Zweck oder zur freien Verfügung von dem Vertreter oder mit dessen Zustimmung von einem Dritten überlassen worden sind.

**M6** *Taschengeld-Paragraph des BGB*

### Aufgabe

**5** Beantworte folgende Fragen (M4 und Seite 289, M2):
a) Maike (14) möchte samstags im Supermarkt arbeiten und Waren in die Regale einräumen. Darf die Filialleiterin sie einstellen?
b) Frau Özkan muss mit ihrer Tochter Deria (8) in die Stadt fahren. Deria will, dass sie das Mofa nehmen, weil die Fahrt so kurz ist. Ist das erlaubt?
c) Jens (16) wird in der Disko kurz nach Mitternacht von einem Kellner aufgefordert, seinen Ausweis zu zeigen. Ist er dazu verpflichtet?

### Merke

Jeder Mensch ist von Geburt an rechtsfähig. Mit zunehmendem Alter hat er mehr Rechte und Pflichten. Volljährig und voll geschäftsfähig ist er mit Vollendung des 18. Lebensjahres.

# Das Jugendschutzgesetz

## Aufgaben

**1** Lies die Bildergeschichte (M1). Beurteile die Argumente.

**2** Das Jugendschutzgesetz wendet sich an Erwachsene. Begründe.

**3** Beantworte die Frage in der Überschrift: Das Jugendschutzgesetz – Fessel oder Schutz?

**4** Warum wurde das Jugendschutzgesetz im Jahr 2003 erneuert?

## Das Jugendschutzgesetz – Fessel oder Schutz?

Das neue Jugendschutzgesetz (JuSchG) ist am 1. April 2003 in Kraft getreten. Es löst frühere Gesetze ab. Mit dem neuen Gesetz soll vor allem den Gefährdungen begegnet werden, welche die neuen Computerspiele und Internet-Angebote für Kinder und Jugendliche bringen. Das Gesetz soll weiterhin verhindern, dass Kinder und Jugendliche gesundheitliche Schäden erleiden oder ausgenutzt werden. Das Gesetz wendet sich hauptsächlich an Erwachsene. Sie sind für die Jugendlichen verantwortlich.

### Quelle

**Das neue Jugendschutzgesetz**

„Durch das neue Jugendschutzgesetz können Kinder und Jugendliche wirksam vor negativen Einflüssen geschützt werden. Staatlicher Jugendschutz ist wichtig, reicht aber allein nicht aus. Vor allem die Familien, aber auch Schulen, Jugendeinrichtungen, Medien und Wirtschaft sind gefordert, Kinder beim Aufwachsen zu begleiten. Wir wollen die Familien unterstützen, ihre Kinder zu bewusstem Medienkonsum anzuleiten."
(Pressemitteilung des Bundesfamilienministeriums vom 31.03.2003)

**Unit (15):** „Also, das gibt's ja nicht. Alles, was Spaß macht, ist verboten: Cola/Whisky verboten! Disko verboten! Spielhalle verboten! Rauchen verboten! So ein Schutz – darauf kann ich verzichten!"

**Micha (15):** „Altersgrenzen sind o.k. Soll vielleicht jeder jährlich eine ‚Reifeprüfung' machen?"

**Ria (16):** „Wenn 9 von 10 Rauchern an Lungenkrebs sterben, finde ich es schon richtig, dass der Staat versucht wenigstens die Kinder zu schützen."

**Olga (16):** „Du bist eben zu jung. Komm du erst mal in mein Alter. Dann siehst du die Welt mit anderen Augen."

**Sandra (15):** „Ich find das sowieso blöd. Es geht immer nur danach, wie alt einer ist. Mancher ist doch mit 20 noch ein Kind und andere müssen mit 14 schon alles Mögliche zu Hause machen."

**Mustafa (15):** „Also, das mit dem Rauchen ist richtig Quatsch. Meine Eltern rauchen beide. Wenn ich mir dann auch eine anstecke, sagen die natürlich nichts. Verlass ich das Haus, dann darf ich plötzlich nicht mehr. Der Staat muss sich doch nicht in alles einmischen."

**M1** *In der Tullaschule*

# Habe ich Recht oder auch Rechte?

## Das Jugendschutzgesetz

☐ erlaubt  ☐ nicht erlaubt  (Dieses Gesetz gilt nicht für verheiratete Jugendliche.)

Die Erziehungsberechtigten sind nicht verpflichtet, alles zu erlauben, was das Gesetz gestattet. Sie tragen bis zur Volljährigkeit die Verantwortung.

| § | | Kinder unter 14 Jahre | Jugendliche unter 16 Jahre | Jugendliche unter 18 Jahre |
|---|---|---|---|---|
| § 4 | Aufenthalt in Gaststätten | ✗ | ✗ | bis 24 Uhr ✗ |
| § 4 | Aufenthalt in Nachtbars, Nachtclubs oder vergleichbaren Vergnügungsbetrieben | | | |
| § 5 | Anwesenheit bei öffentlichen Tanzveranstaltungen, u.a. Disko (Ausnahmegenehmigung möglich.) | ✗ | ✗ | bis 24 Uhr |
| § 5 | Anwesenheit bei Tanzveranstaltungen von anerkannten Trägern der Jugendhilfe, bei künstlerischer Betätigung und zur Brauchtumspflege | bis 22 Uhr | bis 24 Uhr | bis 24 Uhr |
| § 6 | Anwesenheit in öffentlichen Spielhallen. Teilnahme an Spielen mit Gewinnmöglichkeit | | | |
| § 6 | Benutzung von Bildschirm-Unterhaltungsgeräten ohne Gewinnmöglichkeiten | ✗ | ✗ | |
| § 8 | Aufenthalt an jugendgefährdenden Orten | | | |
| § 9 | Abgabe/Verzehr von Branntwein, branntweinhaltigen Getränken u. Lebensmitteln | | | |
| § 9 | Abgabe/Verzehr anderer alkoholischer Getränke z.B. Wein, Bier o.ä. | | ✳ | |
| § 10 | Rauchen in der Öffentlichkeit | | | |
| § 11 | Besuch öffentlicher Filmveranstaltungen nur bei Freigabe des Films und Vorspanns: ohne Altersbeschränkung/ab 6/12/16 Jahren (Kinder unter 6 Jahren nur mit Erziehungsberechtigten.) | bis 20 Uhr ✗ | bis 22 Uhr ✗ | bis 24 Uhr ✗ |
| § 12 | Abgabe von Videokassetten u. Bildträgern nur entsprechend der Freigabekennzeichen: ohne Altersbeschränkung/ab 6/12/16 Jahren | | | |

✗ = Mit diesem Zeichen gekennzeichnete Verbote und zeitliche Begrenzungen werden durch die Begleitung eines Erziehungsberechtigten aufgehoben.
✳ = Erlaubt in Begleitung eines Personensorgeberechtigten (Eltern/Vormund).

**M2** *Auszug aus dem Jugendschutzgesetz*

Teresa (16):
„Aber die ganze Sache hat doch einen Haken. Alles, was für uns verboten ist, weil es uns angeblich schadet, machen uns die Erwachsenen jeden Tag vor. Hier wird doch eindeutig mit zweierlei Maß gemessen. Wahrscheinlich, weil der Staat so gut daran verdient!"

## Info

**Kernpunkte des neuen Jugendschutzgesetzes**

- Ebenso wie bisher Kino- und Videofilme müssen jetzt auch Computerspiele mit einer Altersfreigabe-Kennzeichnung versehen werden. Sie dürfen nur an Kinder und Jugendliche abgegeben werden, die das gekennzeichnete Alter haben.
- Die Beschränkungen für Medien mit Gewaltdarstellungen werden erweitert und verschärft. So sind auch ohne Verbot durch die Bundesprüfstelle bestimmte Bücher, Videos, CDs und DVDs mit einem weitreichenden Abgabeverbot belegt: zum Beispiel solche, die den Krieg verherrlichen und Menschen in einer unwürdigen, verletzenden Weise darstellen.

## Aufgabe

**5** Beurteile mithilfe von M2:
a) Erkan (16) tanzt um 2 Uhr morgens in der Disko.
b) Sonja (17) spielt in einer Band auf einer Tanzveranstaltung. Die Veranstaltung geht bis 3 Uhr morgens.

**Merke**
Das Jugendschutzgesetz soll verhindern, dass Kinder und Jugendliche gesundheitliche Schäden erleiden oder ausgenutzt werden. Es soll sie vor den Gefährdungen der neuen Computerspiele und Internetangebote schützen.

# Gewusst wie

# Der Fall Mascha G. – Ein Rollen-

## Mascha klaut

Die zwölfjährige Mascha G. wird von einer Verkäuferin beim Ladendiebstahl in einem Kaufhaus beobachtet. Mascha hat eine CD unter ihrem Sweatshirt verschwinden lassen. Am Ausgang stellt die Verkäuferin Mascha zur Rede und führt sie in das Büro der Geschäftsführerin. Doch Mascha sagt kein Wort. Die Geschäftsführerin zeigt auf ein Schild: Jeder Diebstahl wird zur Anzeige gebracht. Dann ruft sie die Polizei an.

Nach einer Viertelstunde treffen zwei Polizistinnen ein. Mascha muss alles, was sie bei sich hat, auf den Tisch legen. Dabei kommt nicht nur die CD zum Vorschein, sondern es finden sich noch eine Flasche teures Parfüm und eine Packung Zigaretten. Für alle drei Artikel hat Mascha keinen Kassenbeleg. Erst als die Polizistinnen drohen, Mascha mit auf das Revier zu nehmen, nennt sie ihren Namen, ihre Adresse und ihre Telefonnummer. Mascha gibt den Diebstahl schließlich zu. Sie schwört, dass sie nie wieder etwas stehlen werde, und bittet darum, ihre Eltern aus dem Spiel zu lassen. Darauf gehen die Polizistinnen nicht ein und rufen Maschas Mutter an.

Diese kommt nach wenigen Minuten völlig entsetzt im Kaufhaus an. Die Beamtinnen erklären ihr, dass sie den Fall an die Staatsanwaltschaft weitergeben. Es werde zwar kein Verfahren vor dem Jugendgericht stattfinden, weil Mascha jünger als 14 Jahre ist (also nicht strafmündig), aber die Staatsanwaltschaft kann das Jugendamt benachrichtigen. Das Jugendamt bietet in der Regel Hilfen an, um zu verhindern, dass Mascha in die Kriminalität abrutscht.

## Klauen bringt's nicht!

Auf der Heimfahrt sprechen Mascha und ihre Mutter nicht miteinander. Erst am Abend kommt es zu einem Gespräch. Mascha erzählt, dass sie die Sachen im Kaufhaus nicht für sich, sondern für die Caps gestohlen hat. Dies ist eine Bande von Jugendlichen an Maschas Schule. Die Bande besteht aus 14- bis 16-jährigen Mädchen und Jungen, die jüngere Kinder zum Stehlen schicken. Diese werden beauftragt, Zigaretten, Parfüms, CDs, aber auch andere Sachen in Kaufhäusern und großen Geschäften zu entwenden. Manchmal werden sogar die Marke und die Menge vorgeschrieben, die sie zu bringen haben. „Euch kann nichts passieren, wenn sie euch erwischen," haben die Mitglieder der Bande gesagt, „ihr seid ja noch nicht 14." Wer sich weigert, für die Caps zu arbeiten oder etwas verrät, muss mit Prügel rechnen.

Das geht schon seit einem halben Jahr so und niemand traut sich, etwas dagegen zu unternehmen. Maschas Mutter informiert am nächsten Tag die Schulleitung. Auf deren Rat hin gehen Mascha und ihr Vater sofort zur Polizei und erstatten Anzeige gegen die Mitglieder der Caps.

**M1** *Ein Mädchen beim Ladendiebstahl*

### Info

**Jugendgericht**
Das **Jugendgericht** ist eine besondere Art von Gericht für junge Menschen zwischen 14 und 21 Jahren. Hier steht im Gegensatz zum allgemeinen Strafrecht der Gedanke der Erziehung im Vordergrund. Erst wenn **Erziehungsmaßregeln** und **Zuchtmittel** nicht ausreichen, darf das Jugendgericht eine **Jugendstrafe** aussprechen.

### Aufgabe

1 Erzähle die Geschichte im Kaufhaus aus der Sicht verschiedener Personen: von Mascha, der Verkäuferin und der Mutter.

### Merke
Das Jugendgericht ist für junge Menschen zwischen 14 und 21 Jahren zuständig. Es kann Erziehungsmaßregeln, Zuchtmittel und eine Jugendstrafe verhängen.

### Grundbegriffe
- Jugendgericht
- Erziehungsmaßregel
- Zuchtmittel
- Jugendstrafe

# spiel durchführen II

**Wk D**

# Gewusst wie

## So könnt ihr vorgehen

*Ein Rollenspiel gliedert sich in drei Abschnitte.*

### 1. Vorbereitung
Zuerst müsst ihr in der Klasse entscheiden, welches Problem oder welches Thema ihr im Rollenspiel darstellen wollt. Die Klasse 8b hat sich dafür entschieden, das Thema „Zwei Caps sprechen Mascha vor der Schule an" zu spielen. Sie hat die Rollen von Mascha, Sabine, Rocky und Biggi vergeben (M2).
Bildet mehrere Spielgruppen und eine Beobachtungsgruppe. Die Spielgruppen beschäftigen sich mit dem Thema aus der Sicht der verschiedenen beteiligten Personen. Die Beobachtungsgruppe bespricht, worauf sie während der Vorführungen der Spielgruppen besonders achten will, zum Beispiel:
Wie wird gespielt (sachlich, witzig, langweilig, überzeugend)?
Wie ist der Inhalt des Spiels (glaubwürdig, nichtssagend, verworren, klar)?
Wer hat besonders gut gespielt?

### 2. Durchführung
Die einzelnen Gruppen spielen ihre Szene der Klasse vor. Die Beobachtungsgruppe macht sich Notizen.

### 3. Auswertung
Die Klasse erörtert den Verlauf des Rollenspiels. Haben alle Teilnehmer ihre Argumente deutlich dargelegt? Wie überzeugend wurden die verschiedenen Rollen gespielt? Die Spielgruppen und die Beobachtungsgruppe diskutieren ihre Auffassungen.

## Info 2
**Rollenspiel**
Bei einem Rollenspiel spielen die Schülerinnen und Schüler eine andere Person. Sie spielen eine Situation, zum Beispiel einen Konflikt, nach. Hierbei müssen sie die Rollen der beteiligten Personen so gut wie möglich darstellen, selbst wenn sie eine andere Meinung vertreten müssen als die eigene. Die Darstellerinnen und Darsteller versuchen jeweils ihre Rolleninteressen durchzusetzen. Der Verlauf und das Ergebnis des Spiels werden zum Schluss diskutiert.

## Aufgaben

**2** Lies den Text „Klauen bringt's nicht!". Hättest du dich an Maschas Stelle genauso verhalten? Erläutere deine Meinung.

**3** Spielt das Rollenspiel „Zwei Caps sprechen Mascha vor der Schule an".

---

**Mascha (12):**
Schülerin der 7. Klasse, Eltern legen Wert auf gutes Benehmen und gepflegte Kleidung. Wird in der Schule gelegentlich gehänselt, weil sie klein und schüchtern ist. Von den „Caps" weiß Mascha, dass sie angeben, Alkohol trinken, rauchen und Schlägereien auf dem Schulhof anzetteln. Sie will den Erpressungsversuchen der „Caps" nicht nachgeben, hat aber Angst, zusammengeschlagen zu werden.

**Sabine (13):**
Schülerin der 7. Klasse, beste Freundin von Mascha, groß, selbstbewusst, Mitglied im Judoclub. Auf dem Schulweg sieht sie, wie „Caps" auf Mascha zugehen und sie in ein Gespräch verwickeln.
Sabine hat trotz Judoerfahrung Angst vor den „Caps", da diese für ihre Schlägereien berüchtigt sind. Trotzdem mischt sie sich ein. Auf Drohungen geht sie nicht ein. Sie hilft Mascha, sich zu wehren.

**Rocky (15):**
Schüler der 8. Klasse, von sich überzeugt, rüpelhaft, angriffslustig. Hat früher für die „Caps" gestohlen, jetzt ist das zu gefährlich. Zweimal wurde er beim Ladendiebstahl erwischt. Er konnte damals nicht bestraft werden, aber es gab Vernehmungen bei der Polizei und eine Sozialarbeiterin des Jugendamtes schaltete sich ein. Es ist für Rocky selbstverständlich, dass die Jüngeren für die Älteren stehlen. Wer den „Caps" gehorcht, wird beschützt, wer nicht … .

**Biggi (14):**
Schülerin der 8. Klasse, ist die Freundin von Rocky und himmelt ihn an, weil er sich von niemandem etwas gefallen lässt und auch schon mal zuschlägt, wenn ihm etwas nicht passt. Die anderen sind selbst schuld, wenn sie zusammengeschlagen werden, denn sie kennen Rocky ja. Sie müssen nur tun, was er will, dann passiert ihnen nichts. Mascha soll sich nicht so anstellen. Wenn sie zickig wird, muss man ihr etwas auf die Sprünge helfen.

**M2** *Rollenkarten*

## Gewusst wie

# Eine Gerichtsverhandlung besuchen

### Wir besuchen eine Gerichtsverhandlung

Einige Schüler informieren sich am Amtsgericht oder am Landgericht, welche Verhandlungen in nächster Zeit stattfinden. Die Klasse entscheidet sich für eine Verhandlung. Der Lehrer meldet die Klasse an.

In Gruppen bearbeiten die Schülerinnen und Schüler zusammen mit dem Lehrer unterschiedliche Aufgaben, die an einer Pinnwand festgehalten werden.

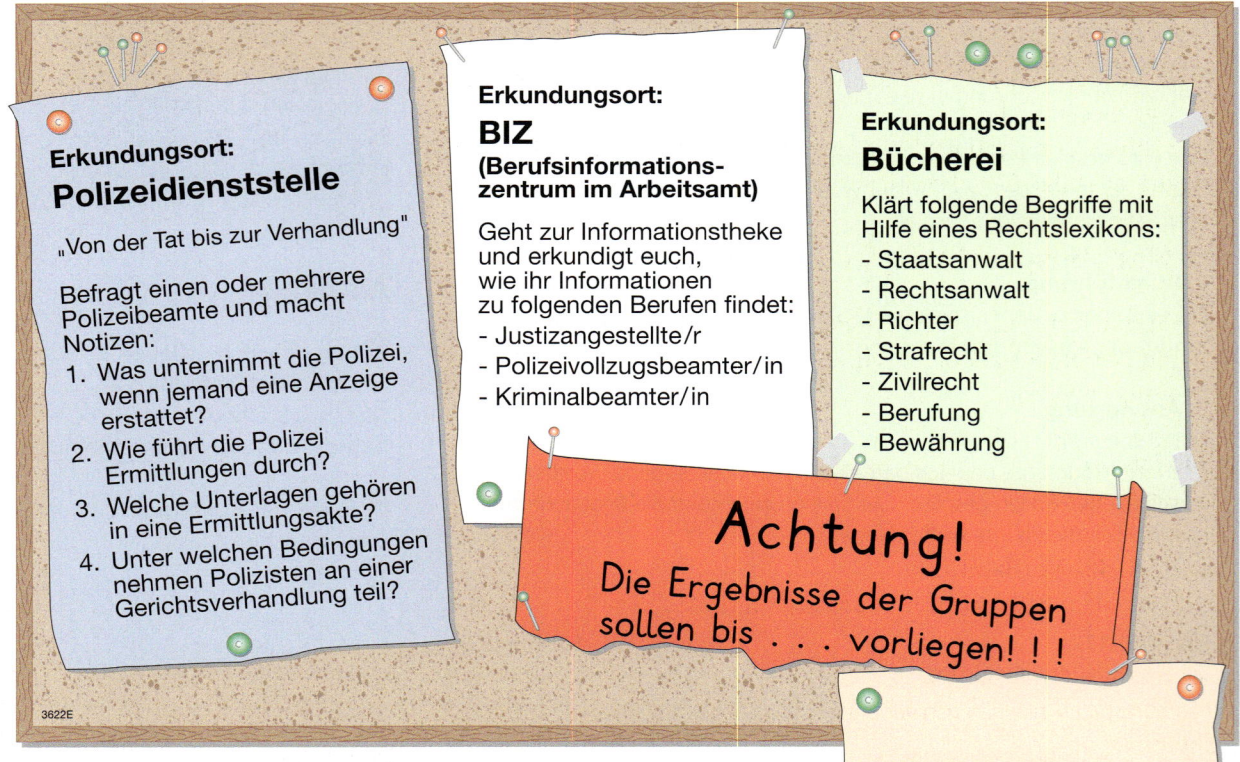

**Erkundungsort: Polizeidienststelle**

„Von der Tat bis zur Verhandlung"

Befragt einen oder mehrere Polizeibeamte und macht Notizen:
1. Was unternimmt die Polizei, wenn jemand eine Anzeige erstattet?
2. Wie führt die Polizei Ermittlungen durch?
3. Welche Unterlagen gehören in eine Ermittlungsakte?
4. Unter welchen Bedingungen nehmen Polizisten an einer Gerichtsverhandlung teil?

**Erkundungsort: BIZ (Berufsinformationszentrum im Arbeitsamt)**

Geht zur Informationstheke und erkundigt euch, wie ihr Informationen zu folgenden Berufen findet:
- Justizangestellte/r
- Polizeivollzugsbeamter/in
- Kriminalbeamter/in

**Erkundungsort: Bücherei**

Klärt folgende Begriffe mit Hilfe eines Rechtslexikons:
- Staatsanwalt
- Rechtsanwalt
- Richter
- Strafrecht
- Zivilrecht
- Berufung
- Bewährung

**Achtung!** Die Ergebnisse der Gruppen sollen bis ... vorliegen!!

**Erkundungsort: Bücherei**

Sucht die Strafprozessordnung (StPO) heraus.
Lest die Paragraphen § 200, 137, 138 und 140.

Beantwortet die Fragen:
1. Welche Punkte müssen in einer Anklageschrift stehen?
2. Muss jeder Angeklagte einen Verteidiger haben?

Mögliche Aufträge für die Gerichtsverhandlung:
- Beschreibe die Kleidung der an der Verhandlung Beteiligten.
- Beschreibe den Verlauf des Verfahrens in Stichpunkten.
- Schreibe auf, welche Argumente der Staatsanwalt vorbringt, welche der Verteidiger.
- Stelle fest, ob der Richter bei seinem Urteilsspruch mehr dem Antrag des Anklägers oder des Verteidigers folgt.
- Notiere, wie der Richter sein Urteil begründet.
- Bevor das Gericht sich zur Beratung zurückzieht, hat der Angeklagte noch einmal das Wort. Was sagt er?
- Wie reagiert der Angeklagte auf das Urteil?
- Beschreibe die Stimmung während der Verhandlung.
- Zeichne den Gerichtssaal mit den wichtigsten Personen.

**Habe ich Recht oder auch Rechte?**

# Gewusst wie

## Der Vormittag im Gericht

Während der Verhandlung hört jeder genau zu, beobachtet und bearbeitet die Aufgaben. Alle Zuhörer müssen sich an bestimmte Regeln halten:

- Wenn der Richter und seine Beisitzer den Saal betreten, stehen alle Anwesenden auf.
- Während der Verhandlung dürfen die Zuhörer nicht reden, nichts essen oder trinken.
- Im Gerichtssaal darf nicht fotografiert werden.

In der Verhandlungspause diskutieren die Jungen und Mädchen über das mögliche Urteil.
Am Schluss der Verhandlung ist mancher überrascht: Wer hätte gedacht, dass das Urteil so ausfällt?

## Die Nachbesprechung in der Schule

Am Tag nach der Gerichtsverhandlung schildern alle ihre Eindrücke und Beobachtungen. Anschließend wird der weitere Ablauf des Vormittags geplant.

### 1. Diskussion
Hättest du genauso wie der Richter entschieden? Begründe.

### 2. Ablauf der Verhandlung
Mit Bildern, in Stichworten oder als Protokoll darstellen.

### 3. Zeichnungen vergleichen
Das Klassenzimmer nach den Zeichnungen als Gerichtssaal herrichten.

### 4. Rollenspiel
Die Gerichtsverhandlung nachspielen. Dabei werden die Ergebnisse des Fragenkatalogs verwendet.

### 5. Berufe rund ums Gericht
Die Gruppen stellen die verschiedenen Berufe vor. In einer Gesprächsrunde nehmen die Schüler zu der Frage Stellung: Wäre das ein Beruf für mich?

### 6. Zeitungsbericht
Steht in der Tageszeitung ein Bericht über die Verhandlung, überprüfen die Schülerinnen und Schüler: Ist der Verlauf richtig und vollständig wiedergegeben?
Wenn nicht, verfassen sie selbst einen Bericht.

## Alles klar? — Habe ich Recht oder auch Rechte?

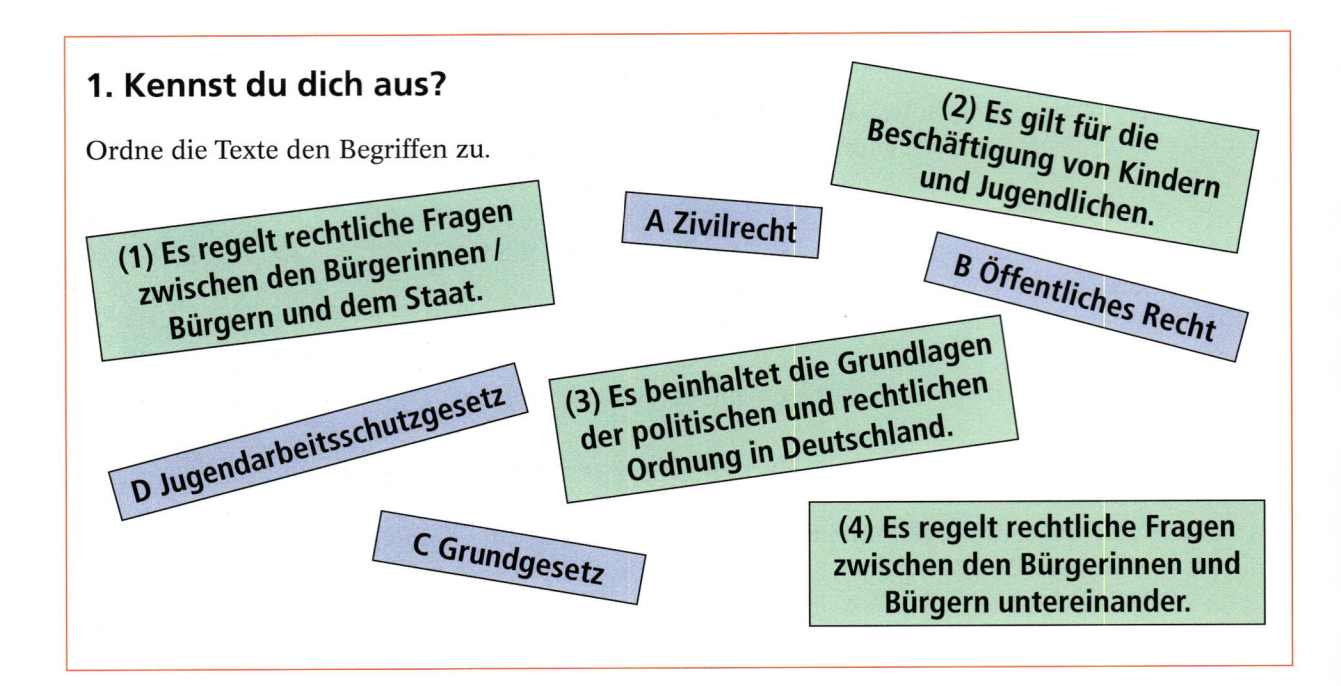

### 1. Kennst du dich aus?

Ordne die Texte den Begriffen zu.

(1) Es regelt rechtliche Fragen zwischen den Bürgerinnen / Bürgern und dem Staat.

(2) Es gilt für die Beschäftigung von Kindern und Jugendlichen.

(3) Es beinhaltet die Grundlagen der politischen und rechtlichen Ordnung in Deutschland.

(4) Es regelt rechtliche Fragen zwischen den Bürgerinnen und Bürgern untereinander.

A Zivilrecht
B Öffentliches Recht
C Grundgesetz
D Jugendarbeitsschutzgesetz

### 2. Recht und Gesetz

a) Erkläre, was man als Recht bezeichnet.
b) Welche Vorteile bietet das Recht für jeden Einzelnen?
c) Erkläre den Begriff „Gesetz".
d) Was bedeuten die folgenden Sprichwörter?
„Das Recht des Stärkeren ist das stärkste Unrecht."
„Die Mehrheit hat nie das Recht auf ihrer Seite."
„Die Vernunft ist die Wurzel des Rechts."
„Lässt Gewalt sich blicken, geht das Recht auf Krücken."
„Recht haben und Recht bekommen sind zwei verschiedene Dinge."
e) Schlage im Duden unter „recht/Recht" nach und notiere Redewendungen mit diesem Begriff.

### 3. Das Bildnis der Justitia

a) Was bedeutet das lateinische Wort „Justitia"?
b) Wer ist Justitia?
c) Welche Zeichen weisen darauf hin, dass die Statue rechts Justitia sein soll? Was bedeuten die Zeichen ① – ③?

### 4. Expertenfragen

a) Welche Rechte und Pflichten sind den Altersgrenzen 6, 7, 14, 16 und 18 Jahre zugeordnet?
b) Was möchte man mit dem neuen Jugendschutzgesetz erreichen?
c) Nenne zwei Kernpunkte des Jugendschutzgesetzes.
d) Was regelt das Jugendarbeitsschutzgesetz?
e) Mit welchen Mitteln können Jugendliche bestraft werden?
f) Was regelt der Berufsausbildungsvertrag?
g) Wo sind die Grundrechte, die für alle Menschen gelten, festgeschrieben?

# Das Wichtigste

### Alles, was Recht ist

Das Zusammenleben der Menschen erfordert die Einhaltung bestimmter Regeln. Alle diese Regeln zusammen bezeichnet man als Recht. Sie sind aufgeschrieben in Gesetzen und anderen Vorschriften. Diese sind von Land zu Land unterschiedlich und ändern sich im Lauf der Zeit. Das Recht in Deutschland unterteilt sich in das Zivilrecht und das Öffentliche Recht. Zum Öffentlichen Recht gehört das Strafrecht. Kinder und Jugendliche stehen unter dem besonderen Schutz des Jugendschutzgesetzes. Bei Straftaten von Jugendlichen findet das Jugendstrafrecht Anwendung.

### Das Recht – dein ständiger Begleiter

Jeder Mensch ist von Geburt an rechtsfähig. Mit zunehmendem Alter wachsen seine Rechte und Pflichten. Ab dem siebenten Lebensjahr ist das Kind beschränkt geschäftsfähig. Erst mit Vollendung des 18. Lebensjahres ist der Mensch voll geschäftsfähig.

### Das Jugendschutzgesetz

Das Jugendschutzgesetz will Jugendliche vor Gefahren bewahren. Es will verhindern, dass Jugendliche gesundheitliche Schäden erleiden oder ausgenutzt werden. Es soll sie vor den Gefährdungen der neuen Computerspiele und Internet-Angebote schützen. Die Gebote und Verbote dieses Gesetzes wenden sich hauptsächlich an Erwachsene, denn diese sind für die Jugendlichen verantwortlich.

### Der Fall Mascha G.

Das Jugendgericht ist eine besondere Art von Gericht für junge Menschen, für die das Jugendstrafrecht Anwendung findet. Das Gericht kann nach dem Jugendgerichtsgesetz Erziehungsmaßregeln, Zuchtmittel oder bei Wiederholungstaten bzw. schwerwiegenden Straftaten eine Jugendstrafe verhängen.

**Grundbegriffe**
- Recht
- Gesetz
- Zivilrecht
- Öffentliches Recht
- Verwaltungsrecht
- Strafrecht
- Jugendschutzgesetz
- Jugendstrafrecht
- Jugendarbeitsschutzgesetz
- Grundgesetz
- Jugendgericht
- Erziehungsmaßregel
- Zuchtmittel
- Jugendstrafe

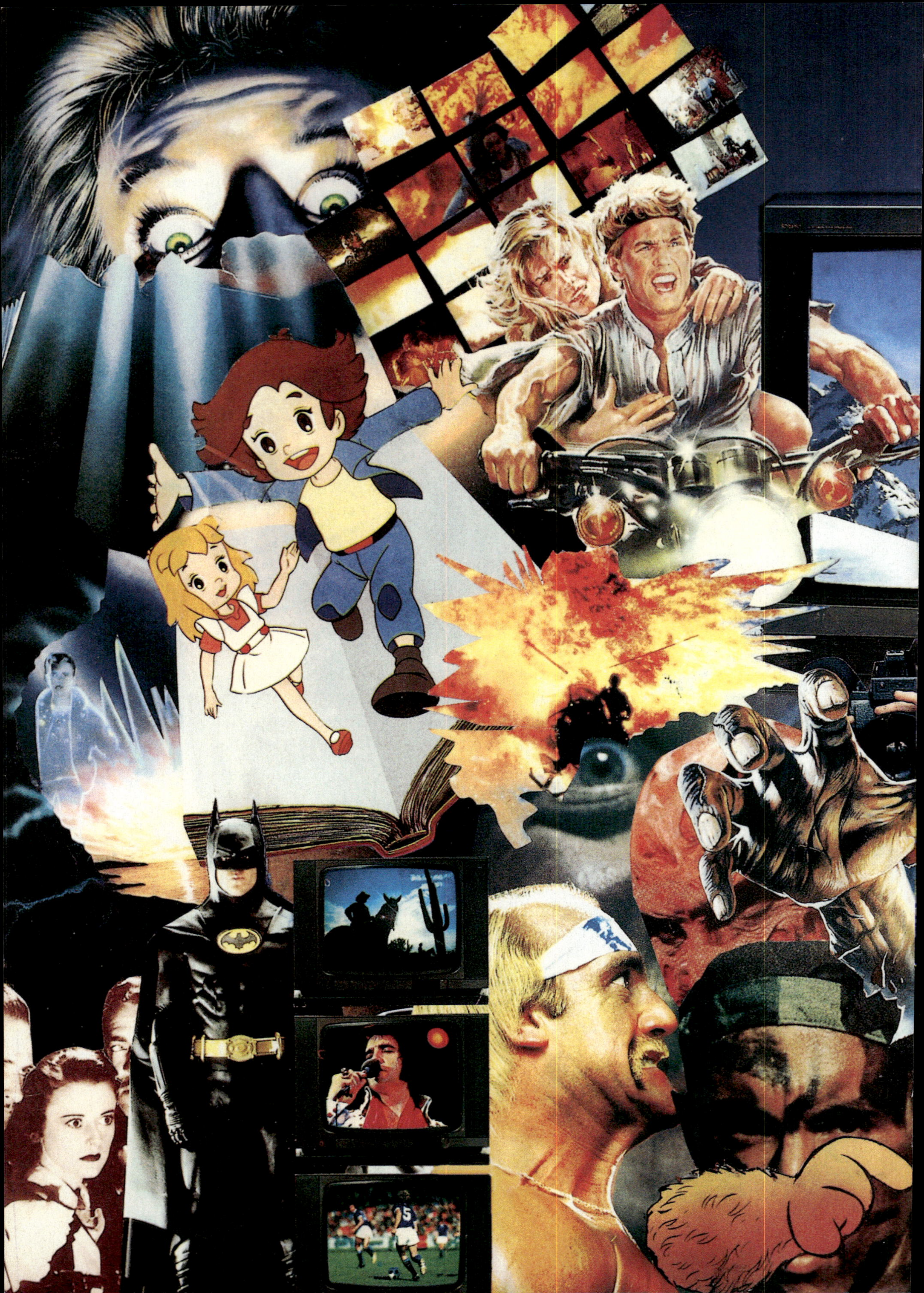

# Medienkonsum – bewusst

Im Zeitalter der Massenmedien

Probleme und Folgen des Medienkonsums

Umfrage zu Medienverhalten

„Programmdirektor Einschaltquote"

Massenmedium Internet – Chancen und Gefahren

**M1** *Collage von Wolfgang Bauer*

# Im Zeitalter der Massenmedien

*Hat meine Mannschaft gewonnen? Wie wird das Wetter morgen? Was hat der Gemeinderat beschlossen? Wann läuft der Krimi im Ersten? Faszinierend, wie schnell man Informationen bekommen kann.*

*Ich weiß oft nicht, was ich von einer Info halten soll. Ist sie gut oder schlecht? Ist sie überhaupt wahr? Eine richtige Informationsflut! Manchmal blicke ich da nicht mehr durch.*

*Medien sind wie meine Lehrerinnen und Lehrer. Sie wollen dauernd informieren. Allerdings: Bei den Medien kannst du wählen. Du kannst sie ausschalten oder einfach beiseite legen.*

**M1** *Die „Mediengeneration"*

## Im Griff der Medien

Es gibt Menschen, die noch ohne Fernsehen aufgewachsen sind. 1953 besaßen nicht einmal 1000 Bundesbürgerinnen und Bundesbürger einen Fernsehapparat. In der Anfangszeit des Fernsehens wurde nur ein einziges Programm angeboten. Die Sendezeit war beschränkt auf die Abendstunden. Zu den übrigen Tageszeiten oder in der Nacht wurden keine Sendungen ausgestrahlt. Wie haben die Menschen damals ihre Freizeit verbracht?

Wir sind es gewohnt, jederzeit, überall und vielfältig informiert und unterhalten zu werden. Über fünf Stunden verbringen wir im Durchschnitt täglich mit **Medien** aller Art. Vor allem das Fernsehen spielt dabei eine wichtige Rolle. In vielen Haushalten gibt es mehrere Fernsehgeräte. Kinder und Jugendliche besitzen schon oft ihren eigenen Fernseher. Das Unterhaltungs- und Informationsangebot ist riesig. Mehr als 30 Programme können rund um die Uhr empfangen werden. Neben dem Fernsehen liefern uns noch eine Reihe anderer Medien ständig riesige Datenmengen zur Information oder Unterhaltung. Es ist zwar kein Problem mehr, immer und überall Nachrichten zu empfangen und selbst erreichbar zu sein.

Aber es wird immer schwieriger, in einem Überangebot an Informationen die Übersicht zu behalten und nach eigenen Bedürfnissen auszuwählen. Das gilt besonders für das **Internet** (siehe Seite 305), das wie kein anderes Medium zuvor mit großer Geschwindigkeit alle Lebensbereiche erfasst.

|  |  |
|---|---|
| 1452 | Buchdruck |
| 1609 | Zeitung |
| 1861 | Telefon |
| 1895 | Film |
| 1906 | Rundfunk |
| 1920 | Fernsehen |
| 1958 | Mobil-Telefon |
| 1964 | FAX |
| 1971 | PC |
| 1983 | CD-Player |
| 1991 | Internet |
| 1992 | CD-ROM |
| 1999 | WAP-Handy (Versenden von E-Mails, Abruf von Informationen aus dem Internet) |
| 2002 | UMTS (Bilder, Grafiken, Videos können von Handy zu Handy geschickt werden.) |
| 2003 | Handy zum Spielen und Musik hören |

**M2** *Erfindungen (Auswahl)*

# Medienkonsum – bewusst

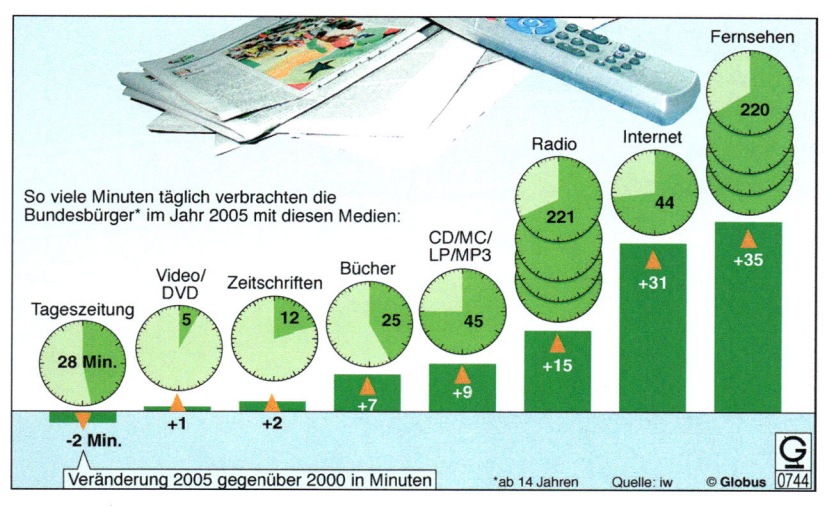

**M3** *Mediennutzung*

So viele Minuten täglich verbrachten die Bundesbürger* im Jahr 2005 mit diesen Medien:
- Tageszeitung: 28 Min. (-2)
- Video/DVD: 5 (+1)
- Zeitschriften: 12 (+2)
- Bücher: 25 (+7)
- CD/MC/LP/MP3: 45 (+9)
- Radio: 221 (+15)
- Internet: 44 (+31)
- Fernsehen: 220 (+35)

Veränderung 2005 gegenüber 2000 in Minuten  *ab 14 Jahren  Quelle: iw  © Globus 0744

## Info

### Massenmedien

**Massenmedien** sind Kommunikationsmittel, über die ein Absender öffentlich Inhalte an eine nicht festgelegte Menge von Empfängern weitergibt. Wesentlicher Aspekt von Massenmedien ist die Inanspruchnahme technischer Hilfsmittel, über die eine große, unpersönliche Verbreitung vereinfacht wird.

Zu den Massenmedien zählen:

- die Printmedien (Druckerzeugnisse: Zeitungen und Zeitschriften, Bücher)
- die elektronischen Medien (Hörfunk, Fernsehen, Film, Schallplatten, Kassetten, Video, CD-Rom, DVD)
- das Internet (siehe Seite 305)

In demokratischen Staaten wird dem Journalismus in den Massenmedien die Aufgabe zugeordnet, zur Meinungsbildung der Bevölkerung beizutragen, sowie Kontrolle und Kritik auszuüben.

## Aufgaben

**1** Betrachte das Bild auf Seite 296/297.
a) Welche Aussagen über die Medien kommen darin zum Ausdruck?
b) Gestalte selbst eine Collage mit Medien deiner Wahl.
c) Welche Medien hat der Gestalter des Bildes nicht berücksichtigt?

**2** a) Erstelle eine Übersicht mit kleinen Bildern zur Entwicklung der Medien seit deiner Geburt (M2).
b) Überlege: Was hat sich durch diese Medien im Einzelnen für das Leben der Menschen verändert?

**3** Jugendliche nennen Vorteile der Medien, äußern sich aber auch kritisch (M1).
a) Notiere Vorteile und Kritik.
b) Ergänze deine eigene Meinung.

**4** a) Erstelle ein Säulendiagramm zum Medienverhalten der Bundesbürger (M3).
b) Werte das Diagramm aus: Beschreibe es und nenne mögliche Gründe für die Zahlen.

**M4** *Verlieren andere Medien an Attraktivität für die Jugendlichen? Der Computer bietet neue Möglichkeiten.*

### Merke

Wir leben im Zeitalter der Massenmedien. Gedruckte und elektronische Medien sorgen für einen weltweiten Austausch von Information, Unterhaltung und Werbung.

### Grundbegriffe
- Medien
- Internet
- Massenmedien

# Probleme und Folgen des Medienkonsums

**M1** *Comic*

Sprechblasen:
- „Also, ich finde die vielen Talkshows im Fernsehen toll! Da erfährt man doch was über das wirkliche Leben, über die wirklichen Probleme unserer Zeit!"
- „Deshalb darf mein Vitter auch alles sehen. Damit er eine Ahnung vom Leben mitkriegt!"
- „Sag mal dem Onkel Karl, was du in letzter Zeit alles Neues gelernt hast."
- „..."

## Aufgaben

**1** Formuliere einen passenden Text für die letzte Sprechblase in M1.

**2** Welche Auswirkungen des Fernsehens werden in den Quellen 1 bis 3 genannt?

**3** a) Führe über das Wochenende ein Medien-Tagebuch. Notiere, wann und wie lange du welches Medium nutzt.
b) Wie groß ist der Zeitaufwand für Medien im Vergleich zu deiner gesamten Freizeit? Berechne anhand deiner Aufzeichnungen.

**4** Gestalte eine Seite zu deinem Medienkonsum: Zeichne dich oder klebe ein Foto von dir auf. Zeichne darum herum Sprechblasen, in die du Aussagen über dein Medienverhalten schreibst.

**5** Entwerft mithilfe der Anregungen auf Seite 301 einen Fragebogen zum Medienverhalten und führt eine Umfrage durch.

## Ist Fernsehen schädlich?

### Quelle 1

Fernsehen verschlechtert einer Studie zufolge die schulischen Leistungen und macht schweigsam. Das hat eine Freiburger Forschergruppe bei einer Untersuchung von 100 Kindern sowie Jugendlichen im Alter von 11 und 15 Jahren herausgefunden. Die besonders häufig fernsehenden Kinder und Jugendlichen zeigten demnach in Deutsch und in den Fremdsprachen schlechtere Leistungen. Gleichzeitig hatten die Vielseher nur etwa halb so viele Kontakte mit Freunden wie weniger oft fernsehende Teilnehmer an der Untersuchung. Auffällig war auch, dass sich Vielseher durch die Schule überdurchschnittlich belastet fühlten.

(Nach: Münchner Merkur vom 12.12.2003)

### Quelle 2

„Es gibt Zuschauer, die jede Distanz vergessen. Wenn in der ‚Lindenstraße' einer stirbt oder auszieht, dann bekommen wir Briefe, ob man in die Wohnung einziehen kann und wie teuer die Miete ist."

(Filmregisseur Hans Geißendörfer. In: PZ Nr. 75/1993, S. 39)

### Quelle 3

In der Psychologie herrscht Übereinstimmung darüber, dass gefilmte Gewalt bei Kindern und Jugendlichen aggressives Verhalten fördern und verstärken kann; dies trifft jedoch nicht für jedes Kind bzw. jeden Jugendlichen und für jedes Lebensalter zu. Wissenschaftliche Studien belegen aber sowohl länger- als auch kurzfristige Einflüsse des Fernsehens auf die Entwicklung aggressiven Verhaltens bei Kindern und Jugendlichen.

(Nach: Wochenschau II, Nr. 1, Januar/Februar 1998, S. 12)

# Umfrage zu Medienverhalten

## Gewusst wie

## Wie gehe ich mit Medien um?

Hast du schon einmal über dein Medienverhalten nachgedacht? Bist du ein Fernsehfan oder sitzt du lieber am Computer? Liest du auch Zeitung? Die Untersuchung der eigenen **Mediengewohnheiten** und der anschließende Vergleich mit denen der Mitschüler machen dir dein Verhalten bewusst.

---

### So erstellt ihr einen Fragebogen

**1. Kopfzeile**
Für die Auswertung sind Alter und Geschlecht der befragten Person wichtig. Auf den Namen kann verzichtet werden, weil ehrliche Antworten dann oft leichter fallen.

**2. Fragenkatalog**
Anregungen für Fragen liefern die Zitate in M2.
Weitere Vorschläge: Fragt nach der Medienausstattung der Haushalte, nach Lieblingssendern und Lieblingssendungen, nach Fernsehzeiten, nach der Dauer des Medienkonsums, nach bestimmten Gewohnheiten, nach der Meinung zu einem fernsehfreien Tag …

**3. Gestaltung der Fragen und Antworten**
- Offene Fragen, z.B.:     Welche Artikel in der Tageszeitung liest du?
  Individuelle Antwort, z.B.:   Ich lese selten Zeitung, höchstens mal die Nachrichten aus aller Welt oder den Sportteil.
- Mehrfach-Auswahl-Antworten:  ☐ oft ☐ manchmal ☐ selten ☐ nie
- Alternativ-Fragen:  JA / NEIN
- Punktbewertung:  5 ------ 4 ------ 3 ------ 2 ------ 1 ------ 0
    sehr interessant                                  total langweilig

**4. Auswertung**
- Auszählen mit Strichliste
- Umrechnen in Prozentsätze
- Grafische Darstellung: Säulendiagramm, Kreisdiagramm
- Zusammenfassender Text

**5. Zusammenfassung**
a) Wie wird das eigene Medienverhalten eingeschätzt: Schwerpunkte, Vorlieben, Gewohnheiten?
b) Vergleich mit anderen: Durchschnitt in der Gruppe, in der Klasse; Gemeinsamkeiten, Abweichungen, Gegensätzliches
c) Frage nach typischem Medienverhalten:
   typisch Mädchen – typisch Junge
   typisch Jugendliche – typisch Erwachsene
   typisch Medienfan – typisch Medienmuffel
d) Ergebnis: Medien spielen in meinem Leben eine … Rolle. Mein Medienverhalten ist typisch für …, unterscheidet sich … . Ich habe dieses Ergebnis erwartet/nicht erwartet. Ich finde mein Medienverhalten …

---

„Nach der Schule bin ich k.o.! Zur Entspannung eine Talkshow, das ist genau das Richtige".

„Wer fernsieht, weiß Bescheid. Ohne Fernsehen kannst du in der Clique nicht mitreden."

„Wenn ich zu Hause bin, läuft die Kiste. Gewohnheitssache. Nebenbei mache ich oft was anderes."

„Mit Musik geht alles besser. Morgens lasse ich mich schon mit coolem Sound wecken."

„Endlich habe ich meinen eigenen PC. Die dauernde Streiterei, wer an den Computer darf, ging mir ganz schön auf die Nerven."

**M2** *Typische Aussagen?*

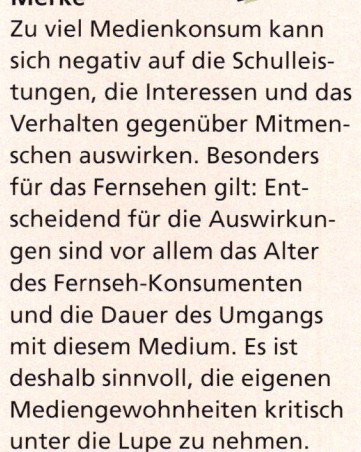

---

### Merke
Zu viel Medienkonsum kann sich negativ auf die Schulleistungen, die Interessen und das Verhalten gegenüber Mitmenschen auswirken. Besonders für das Fernsehen gilt: Entscheidend für die Auswirkungen sind vor allem das Alter des Fernseh-Konsumenten und die Dauer des Umgangs mit diesem Medium. Es ist deshalb sinnvoll, die eigenen Mediengewohnheiten kritisch unter die Lupe zu nehmen.

### Grundbegriff
- Mediengewohnheiten

# „Programmdirektor Einschaltquote"

### Schlechte Stimme, aber schauspielerisches Talent

In den ersten Wochen dümpelte die RTL-Sendung „Deutschland sucht den Superstar" bei einer Zuschauerzahl von rund vier Millionen am Vorabend sanft dahin. Doch dann war die Sendung in aller Munde und wurde für die Veranstalter zu einer „Goldgrube".
Millionen Fans nahmen regen Anteil am Schicksal der Kandidaten Daniel, Juliette, Gracia, Vanessa, Alexander. Die Agenturen schalteten bis zu 64 000 Euro teure Werbeblöcke. Zehn Millionen Zuschauer sahen sich die späteren Folgen an.
(Nach Münchner Merkur vom 21.01.03)

**M1** *Erfolg einer Fernsehsendung*

## Info

**Einschaltquote**
Die **Einschaltquote** gibt Auskunft über die Zahl der Zuschauer und den Marktanteil einer Sendung. Sie wird in 5000 ausgewählten Haushalten ermittelt. Hier zeichnet ein Gerät der GfK (Gesellschaft für Konsumforschung) auf, welche Personen zu welcher Zeit welches Programm schauen. Jede Person des Haushalts soll nicht nur die Senderwahl eingeben, sondern zum Beispiel auch, wann sie während einer Sendung zur Toilette oder zum Kühlschrank geht.
Die in die Rechenzentrale übermittelten Daten werden zur Quote für eine Sendung hochgerechnet. Zuschauerzahl bzw. Marktanteil entscheiden darüber, wie viel ein Sender für einen Werbespot einnehmen kann.

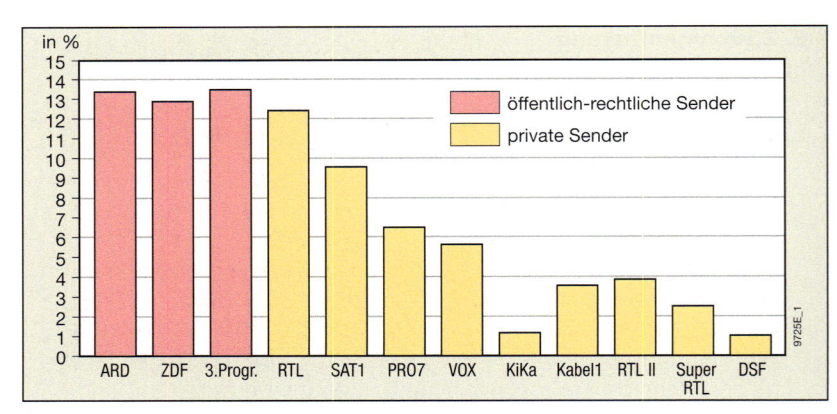

## Aufgaben

**1** Informiere dich über die Einschaltquoten von Samstagabend-Sendungen in der Presse oder auf den Videotext-Seiten der Sender. Zeichne ein Diagramm.

**2** Berechne den Anteil der öffentlich-rechtlichen und der privaten Sender in M2. Vergleiche.

**3** Bei RTL und SAT 1 machen Werbespots über 15 Prozent der Sendezeit aus. Erkläre.

**4** Neue Extrem-Show „Gefesselt": Fünf Kandidaten leben eine Woche lang aneinandergekettet. Führt eine Pro-und-Kontra-Diskussion dazu durch.

**5** Was hältst du von der Kontrolle der Fernsehsender? Begründe deine Meinung.

**M2** *Sender und Einschaltquoten 2007 (Auswahl)*

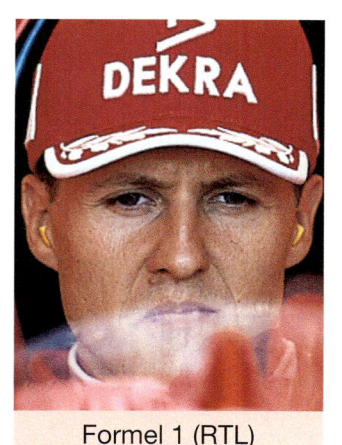

## Medienkonsum – bewusst

Formel 1 (RTL)
**127 000 Euro**

Wer wird Millionär? (RTL)
**67 000 Euro**

ARD (Sportschau)
**37 000 Euro**

**M3** *Werbeeinnahmen (So viel kosteten 30 Werbesekunden in verschiedenen Sendungen.)*

## Konkurrenzkampf

Den Fernsehmarkt müssen sich die **öffentlich-rechtlichen Sender** ARD, ZDF und die dritten Programme sowie die privaten Sender teilen. Besonders die **Privatsender** stehen in einem harten Konkurrenzkampf untereinander, denn ihre Einnahmequelle ist die Werbung. Die Sendung mit dem größten Zuschauerinteresse bringt die höchsten Werbeeinnahmen. Ziel eines jeden Senders ist es deshalb, Programme zu senden, die hohe Einschaltquoten versprechen. Man nimmt an, dass zu den Werbezeiten direkt vor, während und unmittelbar nach diesen Programmen fast genauso viele Zuschauer vor den Fernsehgeräten sitzen.

ARD und ZDF sind nur zu einem geringen Teil auf Werbeeinnahmen angewiesen. Ihre Finanzierung stützt sich vor allem auf staatliche Gelder und die Fernsehgebühren.

Ob sich der **Pay-TV-Sender** Premiere World zu einem ernsthaften Konkurrenten für die kostenlos empfangbaren Sender entwickelt, wird die Zukunft zeigen.

### Merke
Die Fernsehsender kämpfen um Zuschauerzahlen. Beliebte Sendungen bringen hohe Werbeeinnahmen. Darauf sind besonders die privaten Sender angewiesen. Für jede Sendung wird die Sehbeteiligung berechnet.

### Grundbegriffe
- Einschaltquote
- öffentlich-rechtlicher Sender
- Privatsender
- Pay-TV-Sender

### Kontrolle der Fernsehsender

**Rundfunkrat**
Er kontrolliert bei öffentlich-rechtlichen Sendern die Einhaltung der Richtlinien für die Programmgestaltung. Wichtige gesellschaftliche Gruppen sind vertreten: Kirchen, Arbeitnehmer, Arbeitgeber, Parteien und Regierung.

**Landesmedienanstalten**
Sie sind in allen Bundesländern zuständig, sowohl für die Genehmigung und Kontrolle als auch für die Entwicklung und Förderung privater Sender. Sie überwachen auch die Meinungsvielfalt. Die Zusammensetzung ist ähnlich wie beim Rundfunkrat.

**Freiwillige Selbstkontrolle Fernsehen (FSF)**
Dieser Verein der Privatsender hat sich zum Ziel gesetzt, den Jugendschutz im Fernsehen zu verbessern.
Die FSF begutachtet Programme und macht Empfehlungen zu Auswahl sowie zu Sendezeiten.

**M4**

# Massenmedium Internet – Chancen und Gefahren

**Fünf Tipps für sicheres Surfen**
1. Achte auf die Uhr – im Internet vergisst man schnell die Zeit.
2. Schreibe dir vor einer Web-Recherche passende Begriffe auf, nach denen du suchen möchtest.
3. Achte auf das Impressum (Autor und Postanschrift) einer Internetseite.
4. Gib niemals deinen Namen, deine Telefonnummer oder deine (Mail-) Adresse bekannt, wenn du nicht genau weißt, mit wem du Kontakt hast.
5. Sprich mit deinen Eltern oder deinen Lehrern, wenn dir etwas komisch vorkommt.

## Aufgaben

**1** Stelle in einer Tabelle dar, wie Anja, Stefan und Cornelia das Internet nutzen und welche Vorteile oder Gefahren du darin jeweils siehst.

**2** Beschreibe deinen Tagesablauf und deine Internetnutzung in einem zusammenhängenden Text und erörtere dabei auch, was deine Eltern zu deiner Internetnutzung sagen.

**3** Finde weitere Nutzungsmöglichkeiten des Internets: Wie nutzen deine Eltern das Internet und in welchen Berufen begegnet einem das Internet?

**4** Lies dir die Internetseite www.bmbf.de/de/298.php durch und erkläre, warum die Bundesregierung das Internet für „unverzichtbar" hält.

## Internet – Spaß oder Gefahr?

Nach der Schule mal eben chatten, online die neuesten Hits hören oder Videos anschauen: 94,2 Prozent der Jugendlichen in Schleswig-Holstein verfügen zu Hause über einen Zugang in das World Wide Web, auch Internet genannt, und nutzen diesen zum Teil mehr als zehn Stunden in der Woche:

„Ich finde es gut, nach der Schule mal eben meinen Freunden berichten zu können, was heute so war! Danach geht es mir nach einem stressigen Schultag schon viel besser. Nur manchmal vergesse ich während des Chattens meine Hausaufgaben." berichtet Anja (15 Jahre) und beeilt sich, anschließend schnell zum Schwimmtraining zu kommen. Stefan (auch 15 Jahre) interessiert sich im Internet vor allem für Onlinespiele: „Nach der Schule spiele ich erstmal zwei Stunden online ein Rollenspiel. Danach lade ich mir meistens Musikstücke runter und chatte mit meinen Freunden. Meine Mutter sagt immer, ich soll mal meine Hausaufgaben machen oder rausgehen, aber in der virtuellen Welt des Internets gefällt es mir viel besser!" Ganz anders sieht das Cornelia (17 Jahre): „Pro Woche sitze ich bestimmt vier bis sechs Stunden am Computer, um meine Hausaufgaben zu machen. Das sieht dann auch viel ordentlicher aus und ich kann aktuelle Zahlen und Bilder über eine **Suchmaschine** aus dem Internet raussuchen und direkt in meine Hausaufgaben einbauen. Meine Eltern finden das gut und meine Noten sind auch prima. Abends treffe ich mich dann noch mit Freunden oder gehe zum Sport."

**Suchmaschinen**
www.metager.de
www.google.de
www.yahoo.de
www.fireball.de

**M1** *Faszination Internet*

# Medienkonsum – bewusst

## Info

**Internet**

Die weltweite Vernetzung vieler Computer über Kabel und Funk führt zu vielfältigen Möglichkeiten der Kommunikation, Informationsbeschaffung und Unterhaltung per „Datenautobahn". Das Internet ist ein weltumspannendes Netzwerk, in dem jeder von jedem Ort aus beliebige Informationen ins Netz einspeisen oder auch lesen kann. Dadurch ist schwer zu kontrollieren, was alles im Internet steht und ob die Informationen richtig sind. Oft weiß man auch gar nicht, wer für eine Internetseite verantwortlich ist. Dadurch zum Beispiel unterscheidet sich das Internet von einem Buch, denn ein Buch wird immer von einem Verlag kontrolliert, bevor es gedruckt und verkauft wird.

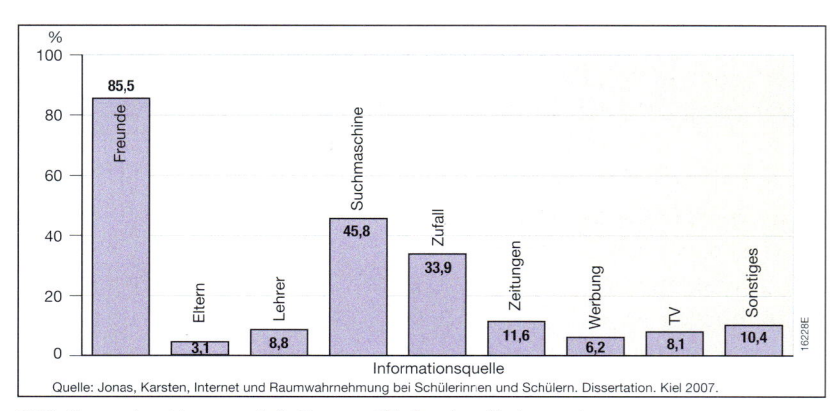

**M2** *So orientieren sich Jugendliche im Internet*

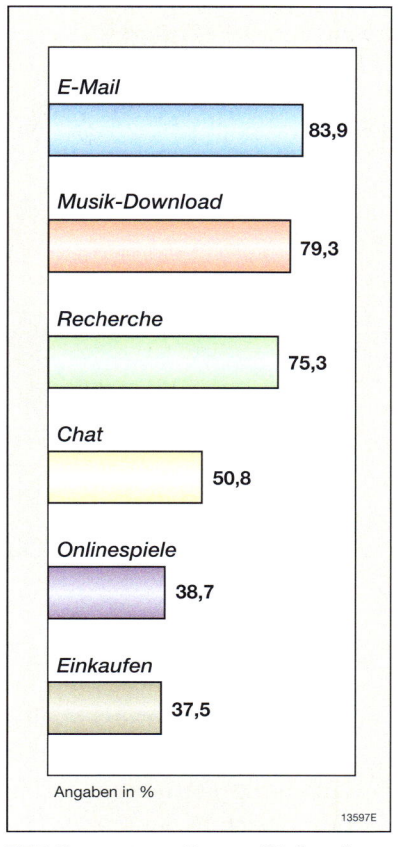

(Freunde 85,5 %; Eltern 3,1 %; Lehrer 8,8 %; Suchmaschine 45,8 %; Zufall 33,9 %; Zeitungen 11,6 %; Werbung 6,2 %; TV 8,1 %; Sonstiges 10,4 %)
Quelle: Jonas, Karsten, Internet und Raumwahrnehmung bei Schülerinnen und Schülern. Dissertation. Kiel 2007.

**M3** *So nutzen Jugendliche das Internet (in Prozent der Befragten)*

- E-Mail: 83,9
- Musik-Download: 79,3
- Recherche: 75,3
- Chat: 50,8
- Onlinespiele: 38,7
- Einkaufen: 37,5

## Quelle 1

**Mobbing im Internet**

Die Täter agieren im Verborgenen, und sie kennen keine Skrupel. Immer häufiger kommt es im Internet zu Verleumdung und Schikane.

(Nach: Fokus Online, 14.06.2008. www.focus.de)

## Quelle 2

**Rechtsextremismus im Internet**

Rechtsextreme Gruppen und Personen nutzen das Internet, um rassistische Hetze und neonazistische Propaganda zu verbreiten.

(Nach: Jugendschutz, www.jugendschutz.net)

## Quelle 3

**Gewaltvideo im Internet**

Polizei sucht Handyfilmer: Ein Gewaltvideo im Internet mit einer Prügelszene beschäftigt die Memminger Polizei. Auf dem etwa einminütigen Video, das den Beamten seit August 2007 vorliegt, wird in Memmingen ein Mann zusammengeschlagen und getreten.

(Nach: Merkur Online, www.merkur-online.de/regionen)

## Aufgaben

**5** a) Lies die Quellen 1–3 und nimm Stellung.
b) Informiere dich über weitere Gefahren im Internet (www.klicksafe.de) und schreibe einen Text.

**6** Erläutere M2 und vergleiche mit deinen eigenen Gewohnheiten.

### Merke
Das Internet bietet viele Informationen. Suchmaschinen helfen, diese zu finden.

**Grundbegriff**
- Suchmaschine

# Alles klar?

## Medienkonsum – bewusst

### 1. Die deutsche Familie?

Beschreibe und deute die Karikatur.

### 2. Kennst du dich aus? – Fragen für Experten

1. Erkläre die Begriffe „Medien" und „Massenmedien".
2. Was versteht man unter der Einschaltquote?
3. Auch das Fernsehen wird kontrolliert! Erkläre.
4. Was versteht man unter Pressefreiheit?
5. Nenne Printmedien und elektronische Medien.
6. Was versteht man unter Pay-TV-Sender?
7. Die Massenmedien üben ein „Wächteramt" aus. Erkläre.

*Immer schön einschalten! Dein „Programmdirektor Einschaltquote"*

### 3. Das Internet

a) Erkläre den Unterschied zwischen einem Buch und dem Internet. Stelle dabei Vor- und Nachteile heraus.

b) Entwirf einen Internet-Führerschein für die Nutzung des Internets zur Recherche zu einem Unterrichtsthema. Notiere dazu Aufgaben zu Dingen, die man beherrschen sollte, wenn man im Internet surft und danach die Informationen auswertet.

### 4. Aus der Medienwelt

Bringe die Buchstaben der Begriffe in die richtige Reihenfolge und erkläre den Zusammenhang.

1. UCHMASNESCHI
2. KAMUNITIONKOM
3. FORINIONSMATBEFUNGSCHAF
4. TUNGTERUNHAL
5. TENBADAHNAUTO
6. ERINTNET
7. WERNEKTZ

# Das Wichtigste

## Im Zeitalter der Massenmedien

Massenmedien sind unter anderem Zeitungen, Zeitschriften, Fernseh- und Radiosendungen, CD- und DVD-Produktionen. Gedruckte und elektronische Medien sorgen für einen weltweiten Austausch von Information, Unterhaltung und Werbung. Über fünf Stunden verbringen die Deutschen im Durchschnitt täglich mit Medien aller Art. Die wichtigste Rolle spielt das Fernsehen. Mehr als 30 Programme können in Deutschland empfangen werden. Auch das Internet ist ein Massenmedium.

## Probleme und Folgen des Medienkonsums

Als Folgen des Medienkonsums, vor allem beim Fernsehen, werden zum Beispiel schlechte schulische Leistungen und eine hohe Gewaltbereitschaft genannt. „Vielseher" bauen weniger Kontakte zu Freunden auf. Entscheidend für die Auswirkungen von Fernsehsendungen sind das Alter der Zuschauer und die Sehdauer.

## „Programmdirektor Einschaltquote"

Hohe Einschaltquoten sind das Ziel der Programmgestaltung beim Fernsehen, denn sie bedeuten hohe Werbeeinnahmen. Privatsender finanzieren sich allein aus der Werbung. Kontrollorgane prüfen die Programme, haben jedoch vorwiegend beratende Funktion.

## Massenmedium Internet – Chancen und Gefahren

Das Internet ist ein weltweiter Zusammenschluss von Computer-Netzwerken (World Wide Web). Heute nutzen bereits über drei Viertel der Jugendlichen in Deutschland das Internet. Suchmaschinen helfen dabei, sich im Netz zurecht zu finden. Das Internet birgt viele Verlockungen und Gefahren. Im Umgang mit ihm muss man deshalb vorsichtig und kritisch sein. Gegen den Missbrauch persönlicher Daten kann man sich schützen.

**Grundbegriffe**
- Medien
- Internet
- Massenmedien
- Mediengewohnheiten
- Einschaltquote
- öffentlich-rechtlicher Sender
- Privatsender
- Pay-TV-Sender
- Suchmaschine

# Arbeitsmethoden – kurz und knapp

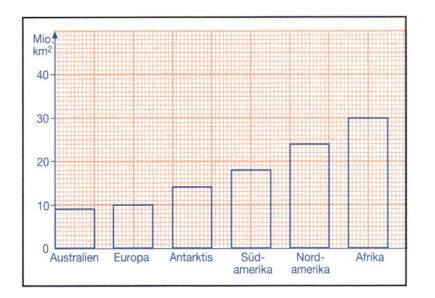

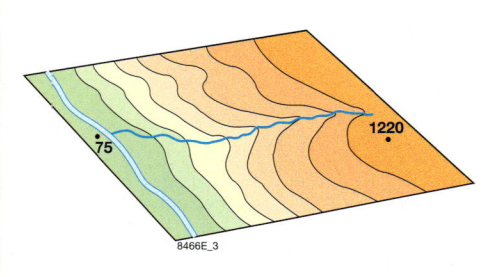

## Eine Weltkundemappe anlegen
Eine Weltkundemappe schafft Ordnung.
1. Verwende eine DIN-A4-Mappe sowie gelochte, karierte Blätter. Schreibe mit Füller, zeichne mit Bleistift, male Farbflächen mit Holzfarbstiften.
2. Lege ein Inhaltsverzeichnis an. Gestalte zu jeder Unterrichtsstunde ein Deckblatt. Füge Arbeitsblätter und Kopien ein.
3. Lass auf jedem Blatt am linken Rand fünf Kästchen frei, am oberen und unteren Rand vier Kästchen. Überschrift unterstreichen, Datum einfügen, sorgfältig schreiben.

## Ein Stabdiagramm zeichnen
Ein Stabdiagramm macht Zahlen, die in einer Tabelle aufgelistet sind, anschaulicher.
1. Zeichne zwei Linien im rechten Winkel. Trage auf der senkrechten Linie die Werte der Tabelle ein.
2. Trage auf der waagerechten Linie die Stäbe in der richtigen Länge ein.
3. Gib dem Diagramm eine Unterschrift.

## Einen Stadtplan lesen
Ein Stadtplan hilft, sich in einer Stadt zurechtzufinden.
1. Er ist in Planquadrate unterteilt und enthält ein Register mit einem Verzeichnis aller Straßen und Plätze.
2. Suche mithilfe des Registers und der Planquadrate deinen Standort und das Ziel (Straße, öffentliches Gebäude), das du erreichen möchtest.
3. Richte den Stadtplan nach den Himmelsrichtungen aus und gehe zu deinem Ziel.

## Den Maßstab nutzen
Ein Maßstab hilft, Entfernungen auf einer Karte abzulesen.
1. Zeichne die Maßstabsleiste einer Karte genau ab und verlängere sie stark.
2. Miss die Strecke, deren Länge du ermitteln willst, mit dem Lineal.
3. Lege das Lineal an die gezeichnete Maßstabsleiste und lies die Entfernung ab.

## Physische Karten lesen
Physische Karten zeigen die Oberflächenformen der Landschaft, die Lage von Städten, den Verlauf von Flüssen und einiges mehr.
1. Die Oberflächenformen werden in den Farben Grün, Gelb, Braun dargestellt.
2. Städte werden mit weißen und roten Punkten sowie mit roten Vierecken dargestellt.
3. Flüsse werden als blaue Linien gezeichnet.
4. Außerdem sind Verkehrseinrichtungen und Grenzen eingetragen.

## Mit dem Atlas arbeiten
Ein Atlas ist eine Sammlung von Karten aus aller Welt.
1. Er enthält physische und thematische Karten sowie ein Inhaltsverzeichnis und ein Register.
2. Thematische Karten behandeln ein bestimmtes Thema.
3. In der Legende werden die verschiedenen Signaturen und Flächenfarben erklärt.
4. Mit dem Register ist jeder Ort im Atlas zu finden.
5. Mit dem Inhaltsverzeichnis sind die thematischen Karten zu finden.

## Klimadiagramme lesen
Ein Klimadiagramm zeigt die Temperaturkurve und die Niederschlagskurve einer Klimastation im Durchschnitt vieler Jahre.
1. Temperaturkurve lesen: Zeigefinger auf den Buchstaben J (Januar) legen, ihn senkrecht nach oben bis an die rote Kurve führen. Zahl für Monatsmittel im Januar waagerecht am linken Rand ablesen. Dasselbe mit den übrigen Monaten tun. Jahresmitteltemperatur ablesen.
2. Niederschlagskurve lesen: Zeigefinger auf den Buchstaben J (Januar) legen, ihn senkrecht nach oben bis an die blaue Kurve führen. Zahl für Monatsniederschlag im Januar waagerecht am rechten Rand ablesen. Dasselbe mit den übrigen Monaten tun. Jahresniederschlag ablesen.

## Einen Text auswerten
Ein Text informiert über einen Sachverhalt. Er ist oft lang und schwer zu verstehen.
1. Text aufmerksam durchlesen, unbekannte Wörter im Lexikon nachschlagen.
2. Text in sinnvolle Abschnitte gliedern und für jeden Abschnitt eine Zwischenüberschrift finden.
3. Aus jedem Abschnitt einige Schlüsselwörter herausschreiben.
4. Den ganzen Text mithilfe der Zwischenüberschriften und der Schlüsselwörter Abschnitt für Abschnitt zu einer Inhaltsangabe zusammenfassen.

## Eine Karikatur auswerten
Eine Karikatur ist eine Zeichnung, in der ein Sachverhalt besonders herausgestellt wird. Personen und Gegenstände werden häufig „überzeichnet" und wirken deshalb komisch. Eine Karikatur wird insbesondere benutzt, um gesellschaftliche Sachverhalte zu bewerten.
1. Die dargestellte Situation beschreiben.
2. Erklären, wen oder was die Personen und Gegenstände darstellen sollen.
3. Zusammenfassen, was die Karikatur aussagen soll.

# Arbeitsmethoden – kurz und knapp

## Eine Geschichtskarte auswerten

Eine Geschichtskarte zeigt Sachverhalte aus der Vergangenheit
Sie enthält folgende Informationen:
1. Der Kartentitel gibt Auskunft über das Thema und Zeitalter.
2. Die Legende erklärt die Bedeutung der Farben und Kartenzeichen.
3. Die Maßstabsleiste gibt die Entfernungen auf der Karte an.
4. Die Beschriftung enthält wichtige Namen.
5. Die Signaturen (Kartenzeichen) können Punkte und Linien sein.
6. Die Flächenfarben zeigen zusammenhängende Gebiete.

## Eine Textquelle auswerten

Eine Textquelle informiert über die Vergangenheit.
1. Die Quelle sorgfältig durchlesen.
2. Alle unbekannten Wörter herausschreiben und nachschlagen.
3. Die Quelle nochmal durchlesen und Stellung nehmen zu:
a) Art der Quelle (Bericht, Rede, Gesetz, Urkunde, …)
b) Zeitpunkt der Erstellung (Zeitzeuge oder spätere Erstellung)
c) Bericht oder Darlegung der eigenen Meinung
d) Absicht des Autors

## Spurensuche in unserer Stadt

Eine Spurensuche gibt Auskunft über die Vergangenheit.
1. Vorbereitung der Erkundung: geeignetes Objekt auswählen.
2. Durchführung: auf sorgfältigen Umgang achten.
3. Auswertung: Ergebnisse nach Teilüberschriften ordnen, sauber und geordnet darstellen, Fotos, Zeichnungen, …ergänzen.
4. Präsentation: Geräte bereitstellen, langsam und deutlich sprechen, Zuhörer anschauen, Pausen für Zwischenfragen einplanen.

## Eine Bildquelle auswerten

Eine Bildquelle ist ein Zeugnis der Geschichte
1. Bild zwei Minuten in Ruhe betrachten.
2. Bild beschreiben: Personen, Handlungen.
3. Welche Personen, Gegenstände, Handlungen sind im Mittelpunkt.
4. Zeitpunkt des dargestellten Ereignisses bestimmen.
5. Zeitpunkt der Entstehung des Bildes bestimmen.
6. Stimmung des Bildes und Absicht des Künstlers benennen

## Ein Interview führen

Ein Interview zeigt die Meinung der Befragten zu einem Thema.
1. Interviewpartner finden: Nachbarn, Mitschüler, Familie, … .
2. Fragen überlegen: wo, wie lange, warum, … ?
3. Interview durchführen: vertrauensvolle Atmosphäre schaffen, Privatsphäre respektieren, Interviewtechniken anwenden.
4. Auswertung: Ergebnisse nach Teilthemen ordnen und in Tabellen, Grafiken darstellen.

## Ein Bild auswerten

Ein Bild veranschaulicht einen Sachverhalt.
1. Orientierung
   Beantworte folgende Fragen: Wo ist das Bild aufgenommen? Was zeigt es? Atlas, Lexikon, Internet können helfen.
2. Beschreibung
   Beschreibe die Einzelheiten auf dem Bild. Ordne nach Vorder-, Mittel- und Hintergrund oder nach Inhalten (Häuser, Landschaft).
3. Erklärung
   Stelle Zusammenhänge zwischen den Einzelheiten her.
4. Zeichnung
   Fertige eine Skizze des Bildes mit den wichtigsten Einzelheiten an.

## Einen Bildbrief schreiben

Ein Bildbrief enthält keinen Text, sondern lauter kleine Bilder, die eine Geschichte ergeben. Er eignet sich zur Verständigung von Menschen, die nicht dieselbe Sprache sprechen.
1. Überlegen und Entscheiden, worüber mit verschiedenen Bildern berichtet werden soll (Familiensituation, Alltag).
2. Bildzeichen so einfach wie möglich gestalten, damit sie leicht für andere zu verstehen sind.
   Bilder nach Themenbereichen zusammenstellen.
   Die eigene Person auf den Bildern verdeutlichen.
   Zahlenangaben machen die Bilder leichter lesbar.
   Es ist wichtig, den Brief sorgfältig und sauber zu zeichnen.

## Ein Lernplakat erstellen

Ein Lernplakat enthält die wichtigsten Inhalte eines Themas. Es eignet sich zur Vorbereitung einer Klassenarbeit.
1. Überblick über das Thema verschaffen: Schulbuch, Weltkundemappe
2. Stichwörter und kurze Sätze auf Papierstreifen schreiben.
3. Thema in Teilthemen untergliedern, passende Papierstreifen danebenlegen.
4. Für jedes Teilthema passende Überschrift suchen.
5. Themen auf Karton übersichtlich und sinnvoll anordnen.
6. Textstreifen aufkleben und mit Bildern ergänzen.
7. Plakat im Klassenzimmer aufhängen.

## Ein Rollenspiel durchführen

Ein Rollenspiel hilft, Alltagssituationen, Probleme oder Konflikte im Spiel zu bearbeiten.
1. Thema bestimmen.
2. Gruppen bilden.
3. Spielvorbereitung: In Gruppenarbeit das Spiel vorbereiten.
4. Das Rollenspiel durchführen.
5. Spielkritik: Ablauf bewerten und Ergebnis kritisch betrachten.

# Minilexikon

**Absolutismus** (Seite 165)
Regierungsform, in der ein Herrscher die alleinige Macht hat.

**Aggression** (Seite 268)
Verhaltensweise, bei der ein Lebewesen ein anderes bedroht oder angreift.

**Aids** (Seite 154)
Das Kunstwort, das aus den Anfangsbuchstaben der englischen Bezeichnung „acquired immune deficiency syndrome" gebildet wurde, bezeichnet eine Virusinfektionskrankheit, die zu einer Störung oder gar zum Zusammenbruch der körpereigenen Abwehrkräfte führt. Völlig gesund aussehende Personen können den tödlichen Virus übertragen, insbesondere beim ungeschützten Geschlechtsverkehr.

**Altstadt** (Seite 32)
Die Altstadt ist der erhalten gebliebene älteste Teil einer Stadt. Er stammt häufig noch aus dem Mittelalter aus der Zeit vor 1500. Kennzeichnend ist eine dichte Bebauung mit engen Straßen. Oft sind noch Teile der mittelalterlichen Stadtmauer erhalten.

**Arbeiterbewegung** (Seite 203)
Organisierte Versuche der Arbeiter zur Verbesserung ihrer Lebensbedingungen. Die Verelendung der Arbeiter durch die Industrialisierung im 19. Jahrhundert führte zu Protestaktionen und zu Zusammenschlüssen der Arbeiter. In Deutschland entwickelten sich ab 1868 die Gewerkschaften.

**Atmosphäre** (Seite 238)
Die etwa 1000 km dicke Lufthülle der Erde. Sie besteht aus einem Gemisch verschiedener Gase. Die wichtigsten Bestandteile der Atmosphäre sind Stickstoff (77%), Sauerstoff (21%), Wasserdampf und Argon. Die unterste Schicht der Atmosphäre heißt Troposphäre. Sie reicht bis in 10 km Höhe. In ihr findet das Wettergeschehen auf der Erde statt.

**Atomkrieg** (Seite 84)
Ein Atomkrieg ist ein Krieg, in dem Atomwaffen eingesetzt werden. Diese haben eine sehr große Zerstörungskraft.

**Aufklärung** (Seite 183)
Eine Bewegung in Europa gegen den Absolutismus. Die Aufklärer hielten alle Menschen von Natur aus für vernunftbegabt. Sie kämpften mit Büchern und Zeitungen gegen Vorurteile und religiöse Vorschriften.

**Ausländer** (Seite 98)
Ein Ausländer ist eine Person, die eine andere Staatsangehörigkeit besitzt als die ihres Aufenthaltslandes.

**Aussiedler** (Seite 96)
Menschen, die nach Deutschland eingewandert sind. Sie besitzen die deutsche Staatsangehörigkeit oder Volkszugehörigkeit. Früher lebten sie (wie ihre Vorfahren) in den Ländern Ostmittel-, Ost- oder Südosteuropas.

**Auswanderer** (Seite 100)
Mensch, der in ein anderes Land reist um dort auf Dauer zu wohnen und zu arbeiten. Im 19. Jahrhundert sind Millionen von Europäern zum Beispiel nach Amerika ausgewandert.

**Behinderung** (Seite 106)
Von Behinderung spricht man, wenn ein Mensch angeborene, durch einen Unfall oder durch eine Krankheit hervorgerufene Schäden hat. Es gibt geistige und körperliche Behinderungen. Eine Behinderung schränkt die Betroffenen in ihrer Teilnahme am öffentlichen Leben ein.

**Berufsinformationstag** (Seite 211)
Bei einem Berufsinformationstag lädt eine Schule verschiedene Unternehmen der Region ein, die dann die Schülerinnen und Schüler über die dort ausgeübten Berufe informiert. Sie haben so die Möglichkeit, sich an einem Tag einen ersten Überblick über die Berufsmöglichkeiten in der Region zu verschaffen.

**Betriebspraktikum** (Seite 211)
Ein Betriebspraktikum ist ein Praktikum bei einem Unternehmen. Es wird in aller Regel in der Schulzeit absolviert, meistens zwischen der 8. und 10. Klassenstufe. Ein Praktikum kann zwischen zwei und vier Wochen dauern.

**Blauhelm-Soldat** (Seite 87)
Der Sicherheitsrat der UNO kann Mitgliedsstaaten bitten, Friedenstruppen in Länder zu entsenden, die miteinander Krieg führen oder wo der Frieden gefährdet ist. Diese Soldaten tragen eine Uniform mit blauen Helmen.

**Bruttoinlandsprodukt (BIP)** (Seite 60)
Es ist die Summe aller volkswirtschaftlichen Leistungen (Produktion und Dienstleistungen), die innerhalb eines Landes in einem Jahr erbracht werden.

**Burg** (Seite 22)
Im Mittelalter wohnten die Ritter auf Burgen. Die Burgen dienten auch zur Verteidigung und zum Schutz der Bewohner. In Kriegszeiten fanden die abhängigen Bauern dort Zuflucht und Sicherheit.

**Bürger** (Seite 25)
Bewohner einer Stadt im Mittelalter, der Stadtrecht genoss. Freie Bürger waren etwa 69 % der Einwohner einer Stadt.

**City** (Seite 32)
In den großen Städten bezeichnet man die Innenstadt mit dem Geschäftsviertel als City. Hier gibt es vorwiegend Geschäfte und Büros. Wohnungen sind kaum vorhanden. Das Bild bestimmen Kaufhäuser, Spezialgeschäfte, Banken und Versicherungen, Gaststätten, Kinos und Behörden.

**Costa** (Seite 62)
Name für die Küstenlandschaft Perus. Sie besteht zum größten Teil aus Wüste und Halbwüste. Landwirtschaft wird hier nur in einigen Flussoasen betrieben. Im intensiven Bewässerungsfeldbau werden u.a. Reis, Zuckerrohr und Baumwolle angebaut.

**Deeskalation** (Seite 271)
Bezeichnung für den stufenweisen Abbau von Gewalt während eines Konflikts.

**Deich** (Seite 249)
Ein Deich ist ein künstlich aufgeschütteter Damm an einer Küste oder einem Flussufer. Er soll das dahinter liegende Land vor Überschwemmungen schützen.

**Dreieckshandel** (Seite 57)
Handel, der sich vom 16. bis 19. Jahrhundert zwischen europäischen Staaten, den Kolonien in Amerika und Gebieten Afrikas entwickelte. Die Europäer bezogen aus ihren amerikanischen Kolonien Nutzpflanzen und Bodenschätze. Als Arbeitssklaven setzten sie in ihren Kolonien Menschen aus Afrika ein. Die Sklaven aus Afrika tauschten die Europäer gegen billige Waren (Stoffe, Waffen und Alkohol) ein.

**Dreifelderwirtschaft** (Seite 20)
Eine im Mittelalter entwickelte Art der Landwirtschaft zur Steigerung der Erträge. Im jährlichen Wechsel wird ein Drittel des Bodens mit Wintergetreide bepflanzt, ein Drittel mit Sommergetreide und das letzte Drittel bleibt unbebaut (brach) bzw. wird als Weide genutzt, damit sich der Boden erholen kann.

**Dritte Welt** (Seite 60)
→ Entwicklungsland.

**Ebbe** (Seite 125)
→ Gezeiten.

**Einschaltquote** (Seite 302)
Zahl der Empfangsgeräte, die für eine bestimmte Sendung eingeschaltet werden, im Verhältnis zur Gesamtzahl der Hörfunk- oder Fernsehteilnehmer. Die Einschaltquote wird ermittelt durch Umfragen sowie durch Geräte, die in ausgewählten Haushalten aufgestellt werden.

**Einwanderer** (Seite 100)
Menschen, die wegen kultureller oder wirtschaftlicher Probleme ihre Heimat verlassen haben und in ein anderes Land eingewandert sind. Ein Land mit sehr vielen Einwanderern sind z.B. die USA. Weiteres Hauptziel der Einwanderung sind heute Länder in Europa.

**Entwicklungsland** (Seite 60)
Land, das im Vergleich zu einem Industrieland weniger entwickelt ist. Entwicklungsländer werden auch „Dritte Welt" genannt. Sie weisen typische Merkmale auf, z. B. ein hohes Bevölkerungswachstum, viele Analphabeten, Slums. Die Grundbedürfnisse der meisten Menschen sind hier nicht befriedigt.

**Entwicklungszusammenarbeit** (Seite 152)
Maßnahmen zur Unterstützung des wirtschaftlichen Wachstums und der sozialen Entwicklung in den Ländern der sogenannten Dritten Welt.

**Erziehungsmaßregel** (Seite 290)
Besondere Strafe, die das Gericht für Jugendliche verhängt, z. B. Arbeitsstunden im Krankenhaus.

**Eskalation** (Seite 270)
Bezeichnung für die stufenweise Steigerung eines Konflikts. Die beiden Konfliktparteien verschärfen dabei die Auseinandersetzung von der sachlichen Auseinandersetzung bis zur Anwendung von Gewalt z. B. durch Beschimpfung oder Bedrohung. Man spricht auch von Gewaltspirale.

**Existenzminimum** (Seite 92)
Existenzminimum zur Deckung der lebensnotwendigen Grundbedürfnisse. Unterhalb dieser Grenze hat ein Mensch zu wenig Mittel, um seinen Lebensunterhalt bestreiten zu können.

**Fachwerkhaus** (Seite 18)
Haus, dessen Grundgerüst aus Holz ist. Die Zwischenräume werden mit lehmverschmiertem Flechtwerk oder Ziegeln ausgefüllt.

**Ferntourismus** (Seite 136)
Tourismus ist der Reiseverkehr zu Zwecken der Erholung und Bildung in Gebiete und Länder, die dafür landschaftlich und kulturell geeignet und mit entsprechenden Einrichtungen ausgestattet sind. Beim Ferntourismus erfolgen die Reisen vor allem mit dem Flugzeug in weit entfernte Gebiete.

**Flut** (Seite 125)
→ Gezeiten.

**Folter** (Seite 108)
Folter ist das gezielte Zufügen von Schmerzen an Menschen durch andere Menschen, um eine Aussage, ein Geständnis oder wichtige Informationen zu einem bestimmten Sachverhalt zu erhalten oder um den Willen der Folteropfer zu brechen.

**Friedensbewegung** (Seite 84)
Als Protest gegen den NATO-Doppelbeschluss von 1979 und die Stationierung amerikanischer Mittelstreckenraketen in der Bundesrepublik Deutschland entstand eine Friedensbewegung. Bei Großdemonstrationen kam es zu gewalttätigen Auseinandersetzungen mit der Polizei. In den Achtzigerjahren arbeitete die Friedensbewegung zunehmend mit der Ökologiebewegung zusammen.

**Frühwarnsystem** (Seite 251)
Ein Frühwarnsystem hat die Aufgabe, die Menschen rechtzeitig vor einer Katastrophe zu warnen. Dazu sammelt eine Leitzentrale Informationen von Radarstationen, Wettersatelliten und Schiffen. Sollte z. B. ein Wirbelsturm aufziehen, kann die Bevölkerung frühzeitig in Sicherheit gebracht werden.

**Generalstände** (Seite 178)
Im Absolutismus die Versammlung der Vertreter des Adels, der Geistlichkeit und des dritten Standes aus allen Gebieten Frankreichs. Wollte der König zum Beispiel neue Steuern erheben, musste er die Generalstände einberufen.

**Gesellschaftsordnung** (Seite 182)
Dieser Begriff bezeichnet ein allgemeingültiges politisches Regelwerk, welches das Zusammenleben der Bevölkerung in einem Staat bestimmt und ordnet. Die Gesellschaftsordnung ist in der Verfassung eines Staates festgeschrieben. Gesellschaftsordnungen sind zum Beispiel freiheitliche Demokratie oder sozialistisch-kommunistische Diktatur.

**Gesetz** (Seite 284)
In einer Demokratie vom Parlament festgelegte Ordnungsregeln für alle Mitglieder einer Gesellschaft. Das Gesetz regelt die Rechte und Pflichten der Bürgerinnen und Bürger.

**Gewalt** (Seite 268)
Gewalt ist die Anwendung von Zwang. Man versteht darunter ein zwangsweises Einwirken auf den Willen des Opfers. Die Gewalteinwirkung kann den Willen des Opfers völlig ausschalten, z. B. wenn der Täter sein Opfer niederschlägt.

**Gewaltspirale** (Seite 270)
Bezeichnung für die Steigerung eines Konflikts von der sachlichen Auseinandersetzung bis zur Anwendung von Gewalt z. B. durch Beschimpfung oder Bedrohung. Man spricht auch von Eskalation der Gewalt.

**Gewerkschaft** (Seite 203)
Zusammenschluss von Arbeitnehmern, um bestimmte wirtschaftliche und soziale Ziele (z. B. höhere Löhne, kürzere Arbeitszeiten, bessere Arbeitsbedingungen) gegenüber den Arbeitgebern durchzusetzen.

**Gezeiten** (Seite 125)
Das regelmäßige Heben und Senken des Meeresspiegels an der Küste nennt man Gezeiten. Das Sinken des Wassers heißt Ebbe. Das Ansteigen des Wassers heißt Flut. Dann werden Teile des Meeresbodens überflutet, die bei Ebbe trockenlagen. Ebbe und Flut dauern zusammen zwölf Stunden und 25 Minuten.

**Girls' Day** (Seite 217)
Der Girls' Day ist ein Aktionstag im Jahr, der speziell Mädchen und Frauen für technische und naturwissenschaftliche Berufe motivieren soll. Er soll dazu beitragen, den Anteil der weiblichen Beschäftigten in den sogenannten „Männerberufen" zu erhöhen und damit den sich abzeichnenden Fachkräftemangel in der Industrie zu verringern. Insgesamt haben bereits etwa 800 000 Mädchen mitgemacht.

**Gotischer Stil** (Seite 8)
Die Gotik dauerte von etwa 1130 bis zum Anfang des 16. Jahrhunderts. Besonders bedeutend sind die Leistungen der Gotik im Bereich des Kirchenbaues. Kennzeichen gotischer Kirchen sind Spitzbögen, hoch aufragende Türme, eine reiche Verzierung der Fassaden und große Buntglasfenster.

**Grundbedürfnis** (Seite 60)
Das, was ein Mensch mindestens zum Leben braucht. Die wichtigsten Grundbedürfnisse sind Nahrung, Trinkwasser, Kleidung, Unterkunft, Bildung, Arbeit, ärztliche Versorgung.

**Grundgesetz** (Seite 285)
Das Grundgesetz der Bundesrepublik Deutschland ist eine Sammlung wichtiger Gesetze. Es enthält z. B. die Grundrechte der Bürgerinnen und Bürger.

**Grundherrschaft** (Seite 19)
Ein Grundherr ist Herrscher über ein landwirtschaftlich genutztes Gebiet und die darauf lebenden und arbeitenden Menschen. Landbesitzer, meist adelige Grundherren, aber auch Klöster, gaben an abhängige Bauern Land zur Bewirtschaftung und forderten von ihnen Abgaben und Arbeitsleistungen.

**Hilfsorganisation** (Seite 78)
In vielen Ländern der Erde gibt es Vereinigungen, die Menschen in Not helfen wollen. Man nennt sie Hilfsorganisationen. Dazu gehört z. B. UNICEF, das Kinderhilfswerk der Vereinten Nationen.

**Hochkultur** (Seite 52)
Eine besonders weit entwickelte Kultur nennt man Hochkultur. Kennzeichen einer Hochkultur sind Arbeitsteilung und in der Regel die Entwicklung einer Schrift. Vor etwa 3000 Jahren entstanden in Amerika die indianischen Hochkulturen.

**Human Development Index (HDI)** (Seite 60)
Methode, nach der die Vereinten Nationen seit Beginn der Neunzigerjahre den Entwicklungsstand der Länder berechnen. Dabei werden die Lebenserwartung, der Anteil der Analphabeten, die durchschnittliche Dauer des Schulbesuchs

# Minilexikon

und die Kaufkraft der Bevölkerung (errechnet aus dem BIP) berücksichtigt. Endresultat ist eine Rangfolge der Länder der Erde.

**Humanist** (Seite 42)
Anhänger des Humanismus (von lateinisch „humanus": menschlich"). Der Humanismus war eine geistige Haltung im 15. und 16. Jahrhundert. Sie forderte die freie Entfaltung der Persönlichkeit durch umfassende Bildung.

**Indianer** (Seite 47)
Der Begriff Indianer wurde von Kolumbus geprägt, der Amerika irrtümlich für einen Teil Indiens hielt. Er bezeichnete mit diesem Wort die Ureinwohner Amerikas.

**Industrialisierung** (Seite 196)
Aufkommen und Ausbreitung der Industrie, besonders durch technische Neuerungen und Erfindungen.

**Industrieland** (Seite 60)
(Industriestaat, Industrienation) Im Vergleich zu einem Entwicklungsland weit entwickeltes Land mit einem hohen Pro-Kopf-Einkommen. Ein hoher Anteil an Beschäftigten in der Industrie und im Dienstleistungssektor sowie eine gut ausgebaute Infrastruktur sind weitere Merkmale eines Industrielandes.

**Industrielle Revolution** (Seite 196)
Einschneidende wirtschaftliche und gesellschaftliche Umwälzung, die Mitte des 18. Jahrhunderts ausgelöst wurde durch die in England einsetzende Industrialisierung. Auslöser war die Erfindung der Dampfmaschine (1769).

**Informeller Sektor** (Seite 150)
für Entwicklungsländer typischer, offiziell nicht erfasster Bereich des Klein- und Dienstleistungsgewerbes (z.B. Straßenhandel, Schuhputzer). Obwohl keine Steuern an den Staat gezahlt werden, wird der i.S. geduldet, da in ihm große Teile der Bevölkerung ein Auskommen finden.

**Integration** (Seite 106)
Unter Integration versteht man unter anderem die Eingliederung von Behinderten in das normale öffentliche Leben. Dazu gehört auch der gemeinsame Unterricht von behinderten und nicht behinderten Kindern.

**Internet** (Seite 298)
Die weltweite Vernetzung vieler Computer über Kabel und Funk führt zu vielfältigen Möglichkeiten der Kommunikation, Informationsbeschaffung und Unterhaltung per „Datenautobahn".

**Jakobsstab** (Seite 50)
Der Jakobsstab ist ein Gerät zur Winkelbestimmung. Seefahrer benutzten ihn früher, um sich auf dem offenen Meer zu orientieren. Sie konnten mit dem Jakobsstab den Breitengrad ermitteln, auf dem sich ihr Schiff gerade befand.

**Jugendarbeitsschutzgesetz** (Seite 284)
Dieses Gesetz enthält die Vorschriften zum Jugendarbeitsschutz. In Deutschland besteht ein Arbeitsverbot für Jugendliche unter 14 Jahren sowie für Heranwachsende, die noch schulpflichtig sind. Ausnahmen von diesem Verbot für Jugendliche ab 14 Jahren betreffen z.B. landwirtschaftliche Arbeiten (bis drei Stunden täglich) und Zeitungen austragen (werktags bis zwei Stunden).

**Jugendgericht** (Seite 290)
Das Jugendgericht ist bei Straftaten von Jugendlichen zwischen 14 und 18 Jahren sowie zum Teil von Heranwachsenden bis 21 Jahren zuständig. Hier wird das Jugendstrafrecht angewendet.

**Jugendschutzgesetz** (Seite 284)
Kinder und Jugendliche stehen unter dem besonderen Schutz des Jugendschutzgesetzes. Sie sollen dadurch vor Gefahren bewahrt werden. Die Gebote und Verbote dieses Gesetzes wenden sich hauptsächlich an Erwachsene, denn sie sind für die Jugendlichen verantwortlich.

**Jugendstrafe** (Seite 290)
Freiheitsentzug in einer Jugendstrafanstalt mit einer Dauer von mindestens sechs Monaten bis höchstens zehn Jahren.

**Jugendstrafrecht** (Seite 284)
Es gilt für Jugendliche zwischen 14 und 18 bzw. 21 Jahren und sieht Erziehungsmaßnahmen und Strafen vor, die im Strafrecht nicht vorgesehen sind.

**Karavelle** (Seite 49)
Die Karavelle war ein schnelles und wendiges Segelschiff der Entdecker, z.B. von Kolumbus. Sie hatte ein Heckruder und zwei bis drei Masten.

**Karl der Große** (Seite 10)
König des Frankenreiches, der im Jahr 800 in Rom zum Kaiser gekrönt wurde. Er herrschte über ein Reich, das viele Länder des heutigen Europas umfasste. Er machte sich sehr um das Christentum verdient. Nachfahren von ihm teilten das Reich auf.

**Kinderarbeit** (Seite 149)
Es ist typisch für viele Entwicklungsländer, dass Kinder unter 14 Jahren arbeiten müssen, um den Lebensunterhalt ihrer Familie zu sichern.

**Kolonie** (Seite 56)
Eine Kolonie ist ein abhängiges Gebiet ohne eigene Gebietshoheit. Es ist im Besitz eines anderen Staates. Im 16. Jahrhundert machten Spanien und Portugal Teile Mittel- und Südamerikas zu Kolonien.

**Kondensation** (Seite 236)
Als Kondensation bezeichnet man den Übergang des Wasserdampfes vom gasförmigen in den flüssigen Zustand. Dabei bilden sich in der Atmosphäre Nebel und Wolken.

**Konquistador (Eroberer)** (Seite 55)
Bezeichnung für die spanischen und portugiesischen Eroberer in Lateinamerika im 16. Jahrhundert.

**Körpersprache** (Seite 225)
Unter Körpersprache versteht man die Ausdrucksmöglichkeiten des Körpers. Das Heben der Augenbraue oder das Nicken mit dem Kopf sind Möglichkeiten, um ohne zu reden z.B. Zweifel oder Zustimmung auszudrücken.

**Kolumbus** (Seite 46)
Christoph Kolumbus (1451 – 1506) war ein genuesischer Seefahrer, der im Auftrag Spaniens einen kürzeren Seeweg nach Indien suchte. Dabei entdeckte er Mittelamerika. Die Menschen dort nannte er Indianer.

**Konflikt** (Seite 268)
Bei einem Konflikt treffen gegensätzliche Interessen aufeinander und es kommt daher oft zum Streit. Sinnvoller ist es aber, Konflikte friedlich zu lösen.

**Kulturepoche** (Seite 43)
Eine Kulturepoche ist ein längerer geschichtlicher Abschnitt mit grundlegenden Gemeinsamkeiten in der Kultur, wie zum Beispiel die Kulturepoche der Renaissance.

**Landflucht** (Seite 64)
Landbewohner ziehen in die Stadt, weil die Grundbedürfnisses auf dem Lande meist nicht befriedigt sind. Die Menschen hoffen darauf, dass die Lebensbedingungen in der Stadt besser sind als auf dem Land.

**Landmine** (Seite 76)
Eine Landmine ist ein Sprengkörper, der meistens ein paar Zentimeter tief in der Erde vergraben ist. Sie explodiert, sobald jemand auf sie tritt. Weil sie sehr klein ist, wird sie leicht übersehen. Die meisten Landminen sind „Anti-Personen-Minen", die gegen Menschen eingesetzt werden. Wer auf sie tritt, wird schwer verletzt und verliert oft ein oder beide Beine.

**Lichtgeschwindigkeit** (Seite 45)
Die unvorstellbar großen Entfernungen im Weltall werden mithilfe der Lichtgeschwindigkeit gemessen. Ein Lichtjahr ist die Strecke, die das Licht in einem Jahr zurücklegt. Eine Lichtsekunde entspricht 300 000 km. Für ein Lichtjahr ergibt sich folgende Berechnung: 300 000 km x 60 x 60 x 24 x 365 = 9,5 Billionen Kilometer.

**Lehen** (Seite 17)
Lehen bildeten die Grundlage der gesellschaftlichen Ordnung des Mittelalters. Der König (Lehnsherr) verlieh seinen Gefolgsmännern Grundbesitz und Ämter als Lehen. Dafür schuldete der Lehnsmann (Vasall) seinem Lehnsherrn lebenslange Treue, Rat und Hilfe sowie Gefolgschaft im Krieg.

**Leibeigener** (Höriger) (Seite 19)
Die meisten Bauern im Mittelalter gehörten einem Grundherrn. Ohne Erlaubnis des Herrn durften sie weder heiraten noch wegziehen. Der Grundherr konnte sein Land verkaufen oder der Kirche schenken. Die Bauern gehörten dann ihrem neuen Herrn. Deshalb nennt man sie Leibeigene oder auch Hörige.

**Luftdruck** (Seite 238)
Luftsäule über jedem Punkt der Erdoberfläche. Die Kraft, mit der die Luftsäule auf die Erdoberfläche drückt, ist der Luftdruck (gemessen in Hektopascal = hPa).

**Magellan** (Seite 49)
Fernando Magellan (um 1480 bis 1521) war ein portugiesischer Seefahrer und Entdecker. Er überquerte als erster Europäer den Pazifischen Ozean und führte die erste europäische Weltumsegelung durch. Er selbst kehrte nicht zurück; er ist unterwegs gestorben.

**Manufaktur** (Seite 169)
Vorläufer der heutigen Fabriken. Trotz Arbeitsteilung wurde noch vieles mit der Hand erledigt.

**Markt** (Seite 29)
Der Markt war im Mittelalter neben der Mauer das besondere Kennzeichen einer Stadt. Das Recht, einen Markt abzuhalten, war die Voraussetzung für einen wirtschaftlichen Aufstieg der Stadt. Auf dem städtischen Markt kauften und verkauften die Menschen Waren der Handwerker der Stadt, landwirtschaftliche Güter aus der Umgebung und Fernhandelsgüter.

**Marktordnung** (Seite 29)
Vorschriften für die Durchführung eines Marktes. Festgelegt waren im Mittelalter oft der Preis und die Qualität der Waren. Es hatte Marktfriede zu herrschen. So war das Tragen von Waffen verboten. Wer dagegen verstieß, musste hohe Geldstrafen bezahlen.

**Massenmedien** (Seite 299)
So nennt man ein technisches Mittel, mit dessen Hilfe Informationen an einen weit verstreuten und großen Personenkreis übermittelt werden.

**Medien** (Seite 298)
Zur Verbreitung und zum Austausch von Informationen benutzt man Medien: Bücher, Zeitungen, Rundfunk- und Fernsehsendungen, Filme, CDs usw. Mithilfe moderner Medien, z. B. des Computers, wird der Austausch von Informationen immer schneller.

**Mediengewohnheiten** (Seite 301)
Welche Sendungen, welche Sender und wie lange pro Tag jemand fernsieht, welche Zeitungen, Zeitschriften jemand liest, ob jemand gelegentlich oder häufig ins Kino geht etc.: All das gehört zu den Mediengewohnheiten.

**Menschenrechte** (Seite 183)
Rechte, die jedem Mensch zustehen, z.B. das Recht auf Leben, Unverletzlichkeit der Person, Freiheit, Eigentum, Religionsausübung.

**Merkantilismus** (Seite 169)
Wirtschaftsform des Absolutismus. Seine Merkmale sind: Einfuhr von billigen Rohstoffen und Ausfuhr von teuren Fertigwaren.

**Milchstraße** (Galaxis) (Seite 45)
So wird eine Anhäufung von Sternen im Weltall (Sternenhaufen) genannt. Es gibt etwa 100 Milliarden Galaxien. Ein anderer Name für Galaxis ist Milchstraße.

**Mittelalter** (Seite 8)
Als Mittelalter bezeichnen wir die europäische Geschichte von 500 bis 1500 nach Christus. Allerdings gibt es auch andere Einteilungen. Die Zeit vor dem Mittelalter nennt man Altertum, die Zeit danach Neuzeit.

**Monokultur** (Seite 56)
So bezeichnet man die langjährige Nutzung einer bestimmten Fläche durch immer die gleiche Kulturpflanze. Monokulturen bestimmen den Anbau auf Plantagen.

**Nationalstaat** (Seite 190)
Staat, dessen Bevölkerung ganz oder überwiegend zur selben Nation gehört.

**Nationalversammlung** (Seite 179)
Eine gewählte Volksvertretung, die zu außergewöhnlichen Zwecken einberufen wird, besonders zur Verfassungsgebung. In Frankreich ging 1789 aus den Generalständen die erste Nationalversammlung hervor. Die erste deutsche Nationalversammlung war die Frankfurter Nationalversammlung (1848/49).

**Natürlicher Treibhauseffekt** (Seite 252)
Der natürliche Treibhauseffekt verhindert, dass sich die Erde zu stark abkühlt. Die Atmosphäre lässt die Strahlung der Sonne zur Erde durch. Die von der Erde zurückgestrahlte Wärme wird von der Atmosphäre jedoch zurückgehalten wie beim Glasdach eines Treibhauses und wiederum zur Erde zurückgeworfen. Der Treibhauseffekt wird vom Menschen dadurch verstärkt, dass zum Beispiel bei Verbrennungsvorgängen Kohlendioxid in die Atmosphäre entweicht (zusätzlicher Treibhauseffekt). Die Folge ist eine weltweite Zunahme der Temperaturen.

**Niederschlag** (Seite 236)
Bezeichnung für das aus der Lufthülle auf die Erdoberfläche gelangende Wasser in flüssigem oder festem Zustand. Man unterscheidet zwischen Regen, Niesel, Schnee, Hagel, Graupel, Tau.

**Nutzungskonflikt** (Seite 127)
Unterschiedliche Nutzungen in einem Gebiet können zu Problemen und Auseinandersetzungen zwischen den Beteiligten führen. Dann spricht man von einem Nutzungskonflikt.

**Obdachloser** (Seite 94)
Person, die ohne jegliche Unterkunft ist.

**Öffentlich-rechtlicher Sender** (Seite 303)
ARD, ZDF, dritte Programme und einige Radiosender sind öffentlich-rechtliche Sender. Sie finanzieren sich aus Gebühreneinnahmen und staatlichen Geldern. Sie unterstehen weder der Aufsicht des Staates noch einem privaten Anbieter. Für das Programm ist der Rundfunkrat verantwortlich. In ihm sind die Bundesländer, Parteien, Verbände, Vereinigungen und Kirchen vertreten.

**Öffentliches Recht** (Seite 284)
Es regelt Fragen zwischen den Bürgern und dem Staat. Zum Öffentlichen Recht gehört auch das Strafrecht.

**Ozonloch** (Seite 255)
Man spricht von einem Ozonloch, wenn die Ozonschicht teilweise zerstört und so dünn geworden ist, dass ein größerer Teil der UV-Strahlung bis zur Erdoberfläche gelangt.

**Ozonschicht** (Seite 254)
Schicht der Atmosphäre in einer Höhe von 20 bis 30 Kilometern. Hier kommt das Gas Ozon ($O_3$) in höchster Konzentration vor. Die Ozonschicht schützt die Erde vor der gefährlichen ultravioletten Strahlung der Sonne. Der Mensch zerstört die Ozonschicht z. B. durch Flugzeugabgase und die Verwendung von Kühlmitteln sowie Treibmitteln in Spraydosen.

**Patriarchat** (Seite 222)
Lateinisch: „Vaterherrschaft". Gesellschaft, in der die Männer Vorrechte gegenüber den Frauen genießen. In einem familiären Patriarchat hat der Vater die oberste Entscheidungsgewalt in der Familie.

**Pay-TV-Sender** (Seite 303)
Fernsehsender, für den Zuschauer eine monatliche Abonnement-Gebühr bezahlen müssen. Live-Übertragungen von Fußballspielen werden teilweise auf diese Weise angeboten.

# Minilexikon

**Pfalz** (Seite 10)
Im Reich Karls des Großen gab es keine Hauptstadt. Der Herrscher reiste mit seinem Hofstaat durch sein Herrschaftsgebiet. In den Pfalzen ließ er sich für einige Wochen nieder. Sie lagen über das ganze Herrschaftsgebiet verstreut. Es waren zumeist gut befestige große Höfe mit Kirche, Wohngebäuden und Ställen.

**Planet** (Seite 45)
Bezeichnung für einen Himmelskörper, der sich auf einer Umlaufbahn um die Sonne bewegt. Er leuchtet nicht selbst, sondern nur im Licht der Sonne. Die Sonne hat acht Planeten.

**Plantagenwirtschaft** (Seite 56)
Wirtschaftsform mit landwirtschaftlichen Großbetrieben in den heißen Gebieten der Erde. Die Plantagen haben sich auf den Anbau von einer Nutzpflanze (Zuckerrohr, Kaffee, Tee, Kautschuk, Bananen) spezialisiert.

**Privatsender** (Seite 303)
Ein Privatsender finanziert sich ausschließlich aus Werbeeinnahmen. Die Privatsender konkurrieren auf dem Fernsehmarkt mit den öffentlich-rechtlichen Sendern.

**Proletarier** (Seite 202)
Zur Zeit der Industriellen Revolution waren die Proletarier die Arbeiter in den Fabriken. Dort wurden sie in einer bis dahin unbekannten Weise ausgebeutet. Die Arbeitszeit betrug bis zu 18 Stunden am Tag ohne Arbeitsruhe an Sonn- und Feiertagen. Diese Missstände führten zur Gründung von Gewerkschaften bzw. zur Entstehung der Arbeiterbewegung.

**Pullfaktor** (Seite 67)
Auslösende Ursachen für die Wanderung von Menschen zwischen Räumen mit unterschiedlicher Attraktivität. Pushfaktoren bewegen die Menschen zum Verlassen einer Region (z.B. Landflucht). Pullfaktoren sind Anziehungskräfte des Zuwanderungsgebiets (z.B. Verstädterung).

**Pushfaktor** (Seite 67)
→ Pullfaktor.

**Rassismus** (Seite 104)
Wenn einer Menschengruppe Eigenschaften unterstellt werden, die sie abwerten, das heißt als minderwertig einstufen, spricht man von Rassismus.

**Recht** (Seite 284)
Regeln, die das Zusammenleben der Menschen organisieren. Sie bestehen vor allem aus Gesetzen.

**Renaissance** (Seite 42)
Französisch: „Wiedergeburt". Unterstützt durch die Geisteshaltung der Humanisten entwickelte sich um 1420 dieser Zeitabschnitt der Kultur. Die Renaissance löste sich von der kirchlich-religiösen Bevormundung des Mittelalters. Der einzelne Mensch rückte in den Mittelpunkt von Malerei, Dichtkunst und wissenschaftlicher Forschung.

**Revolution** (Seite 176)
Gewaltsamer oder friedlicher Umsturz der bestehenden politischen und sozialen Ordnung in einem Staat. Sie wird im allgemeinen von den Teilen der Bevölkerung durchgeführt, die mit der jeweiligen Situation unzufrieden sind.

**Ritter** (Seite 22)
Ritter waren die mittelalterlichen Berufskrieger zu Pferde. Sie gehörten zum Adel.

**Rolle** (Seite 222)
In seinem Leben nimmt jeder Mensch viele verschiedene Rollen ein (z.B. Tochter, Schülerin. Mitglied im Sportverein, Freundin ...). An diese Rollen gibt es von den anderen Menschen viele Verhaltenserwartungen, denen der Rolleninhaber mehr oder weniger stark nachkommt. Die Verhaltensmuster erlernen die Menschen im Laufe ihres Lebens.

**Rüstung** (Seite 82)
Als Rüstung bezeichnet man die militärischen Maßnahmen und Mittel zur Vorbereitung einer kriegerischen Handlung, sei es Angriff oder Verteidigung.

**Safari** (Seite 136)
Unter Safari verstand man ursprünglich eine Jagdreise in Ostafrika. Später wurde der Begriff auf andere Teile Afrikas und der Welt ausgedehnt. Heute sind Safaris Ausflüge, bei der hauptsächlich Tiere fotografiert werden.

**Selbstverwaltung** (Seite 194)
Bei der Selbstverwaltung werden Verwaltungsaufgaben einzelnen Personen oder Gruppen übertragen. Die Gemeindebürger wählen eine Vertretung (Gemeinderat) und oft auch einen Bürgermeister. Die Zuständigkeit umfasst alle Aufgaben, die vor Ort erledigt werden müssen.

**Selva** (Seite 62)
So nennt man das tropische, kaum erschlossene Gebiet im Osten Perus. Indianer haben Teile des tropischen Regenwaldes gerodet und hier u.a. Kaffee-, Kakao- und Bananenpflanzungen angelegt.

**Sierra** (Seite 62)
So nennt man die bis zu 6700 m hohe, stark zerklüftete Andenkette, die sich von Norden nach Süden durch Peru zieht. Die Sierra ist reich an Bodenschätzen, für eine landwirtschaftliche Nutzung aber schlecht geeignet. Nur die Täler sind fruchtbar und dicht besiedelt. Die höheren Gebiete werden als Weideflächen für Schafe, Lamas oder Alpacas genutzt.

**Slum** (Seite 66)
Städtische Wohngebiete mit schlechten baulichen Verhältnissen der Häuser werden Slums genannt (engl.: schmutzige Gasse, Elendsviertel). Sie werden oft von Minderheiten und benachteiligten Gruppen bewohnt. Die meisten Grundbedürfnisse der Menschen können hier nicht befriedigt werden. (Oft wird die Bezeichnung Slum auch für Hüttensiedlungen vor den Toren der Städte benutzt.)

**Sonnenkönig** (Seite 164)
Beiname Ludwigs XIV. von Frankreich.

**Sozialgesetz** (Seite 203)
Die Sozialgesetze wurden gegen Ende des 19. Jh. eingeführt: Krankenversicherung, Unfallversicherung, Invaliditäts- und Altersversicherung. Dadurch verbesserte sich die soziale Lage der Arbeiter. Heute beinhaltet die Sozialversicherung die gesetzliche Krankenversicherung, die Arbeitslosenversicherung, die gesetzliche Rentenversicherung und die gesetzliche Unfallversicherung.

**Stadtgründung** (Seite 24)
Anlage einer Stadt durch einen Landesherrn im Mittelalter.

**Stadtviertel** (Seite 31)
Eine Stadt besteht aus verschiedenen Vierteln oder Gebieten. Sie unterscheiden sich durch ihre Nutzung, das Aussehen der Gebäude, den Verlauf der Straßen. Man unterscheidet die City, Wohngebiete, Erholungsgebiete, Industrie- und Gewerbegebiete.

**Stand** (Seite 171)
Zur Zeit des Absolutismus gab es drei Stände: Adel, Kirche und Bauern/Bürger. Man wurde in einen Stand hineingeboren und konnte ihn nicht wechseln. Rechte und Pflichten der Menschen waren an den Stand gebunden.

**Stehendes Heer** (Seite 168)
Soldaten in einem stehenden Heer sind Berufssoldaten. Sie dienen nicht nur in Kriegszeiten, sondern stehen dem Herrscher auch in Friedenszeiten zur Verfügung.

**Strafrecht** (Seite 284)
Das Strafrecht legt fest, welche Handlungen strafbar sind, wie sie bestraft werden und wie hoch die Strafen sind.

**Sturmflut** (Seite 248)
Eine Sturmflut ist eine Flut, die durch besonders starke Winde (Stürme) höher an der Küste aufläuft als gewöhnlich. Bei Sturmflut können die Halligen überflutet werden. Bei besonders schweren Sturmfluten können Deiche brechen. Dann wird das Hinterland überflutet.

### Suchmaschine (Seite 304)
Eine Suchmaschine (z. B. Yahoo, Altavista) erleichtert das Auffinden von Informationen zu einem bestimmten Thema im World Wide Web (WWW). Auf der Internet-Seite des Suchdienstes kann man einen Suchbegriff eingeben. Auf dem Bildschirm des Computers erscheint dann eine Liste von Internet-Adressen zum gesuchten Begriff bzw. Themenbereich.

### Supermacht (Seite 84)
Eine Supermacht ist ein Staat, der weltweit auf andere Staaten Einfluss ausübt. Einflussmöglichkeiten ergeben sich aus der wirtschaftlichen, industriellen, technologischen, finanziellen und militärischen Stärke dieses Staates.

### Temperatur (Seite 235)
Die Temperatur gibt den Wärmezustand der Luft oder eines anderen Stoffes an. Sie wird in Grad Celsius (°C) gemessen.

### Terms of Trade (Seite 65)
Verhältnis zwischen Exportpreisen und Importpreisen. Das Verhältnis verschlechtert sich z.B. für ein Land, wenn die Exportpreise fallen und die Importpreise steigen oder die Exportpreise langsamer steigen als die Importpreise.

### Tourismus (Seite 132)
Reiseverkehr zu Zwecken der Erholung und Bildung in Gebiete und Länder, die dafür landschaftlich und kulturell geeignet und mit entsprechenden Einrichtungen ausgestattet sind.

### Trauma (Seite 78)
Ein Trauma ist die seelische Verletzung eines Menschen, die durch ein Geschehen von außergewöhnlicher Bedrohung ausgelöst wird. Erlebnisse, die ein Trauma auslösen können sind Gewalt, Krieg, Folter, Misshandlung, Unfälle, Katastrophen oder schwere Krankheiten.

### Treibhausgas (Seite 252)
Ein Gas, das in der Atmosphäre wie die Glasscheibe eines Treibhauses wirkt, heißt Treibhausgas. Es lässt einerseits Sonnenstrahlen zur Erde durch, ist andererseits aber ein fast unüberwindliches Hindernis für die von der Erde ausgehende Wärmestrahlung.

### Unabhängigkeitskrieg (Seite 195)
Der amerikanische Unabhängigkeitskrieg fand von 1775 bis 1783 zwischen den 13 nordamerikanischen Kolonien einerseits und der britischen Kolonialmacht andererseits statt. Er war der Höhepunkt der Amerikanischen Unabhängigkeitsbewegung und führte mit der Unabhängigkeitserklärung 1776 zur Entstehung der Vereinigten Staaten von Amerika.

### UNO (Seite 86)
Die UNO (engl. United Nations Organization = Organisation der Vereinten Nationen) wurde im Jahr 1945 gegründet. Sie hat ihren Hauptsitz in New York. 185 von 193 Staaten der Erde sind Mitglied der UNO. Die UNO setzt sich für den Erhalt des Weltfriedens, die Förderung der Entwicklungszusammenarbeit und die Wahrung der Menschenrechte ein. Sie versucht, weltweite Probleme wie das Flüchtlingsproblem durch Verhandlungen mit den Regierungen friedlich zu lösen.

### Unterernährung (Seite 145)
Unzureichende Versorgung mit Nahrungsmitteln; der tägliche Joule-/Kalorienbedarf kann nicht gedeckt werden. Unterernährung führt auf Dauer zu einer erheblichen Schwächung des Körpers, zu Krankheit oder gar zum Tod.

### Vasall (Seite 17)
Im Mittelalter eine andere Bezeichnung für den Lehnsmann. Er begab sich in den Schutz eines mächtigen Herrn, erhielt von ihm ein Stück Land – ein Lehen – zum Unterhalt und verpflichtete sich dafür zu Rat und Hilfe.

### Verfassung (Seite 183)
Die Verfassung ist die rechtliche Grundordnung eines demokratischen Staates. Sie hat Vorrang vor allen anderen Gesetzen und ist nur schwer zu ändern.

### Verwaltungsrecht (Seite 284)
Das Verwaltungsrecht ist ein Teil des öffentlichen Rechts. Es beinhaltet die für die Verwaltung geltenden Regelungen sowie das Polizei-, Bau-, Gemeinde-, Wehr-, Beamten-, Gewerbe- und Schulrecht.

### Waffenhandel (Seite 82)
Waffenhandel ist das Kaufen und Verkaufen von Waffen aller Art. Durch den Missbrauch von Waffen werden jedes Jahr viele Menschen getötet. Deshalb gibt es in vielen Ländern strenge Regeln für den Handel mit Waffen.

### Weltumsegelung (Seite 49)
Der Portugiese Fernando Magellan brach 1519 zur ersten Weltumseglung auf. Sie dauerte drei Jahre und brachte den Beweis, dass die Erde die Gestalt einer Kugel hat.

### Wetter (Seite 234)
Wetter nennt man das Zusammenwirken von Temperatur, Luftdruck, Wind, Bewölkung und Niederschlag zu einem bestimmten Zeitpunkt an einem bestimmten Ort. Man beobachtet und misst das Wetter in den Wetterstationen.

### Wetterelement (Seite 234)
Bausteine des Wetters: Temperatur, Luftdruck, Niederschlag, Wind, Bewölkung. Durch Zusammenwirken und gegenseitige Beeinflussung entsteht das Wetter.

### Wind (Seite 239)
Luftströmung zwischen einem Gebiet mit Hochdruck und einem Gebiet mit Tiefdruck. Je stärker der Druckunterschied, desto stärker der Wind.

### Wohnungsloser (Seite 94)
Person, die weder ein eigenes Haus noch in der Lage ist, ein Haus oder eine Wohnung zu mieten. Menschen, die wohnungslos sind, werden z.B. in Wohnungen untergebracht, die dem Staat, dem Land oder der Gemeinde gehören. Als wohnungslos gilt auch, wer sich in Heimen, Anstalten, Notübernachtungen, Asylen oder Frauenhäusern aufhält, weil keine Wohnung zur Verfügung steht. Zu den Wohnungslosen zählen auch die Obdachlosen.

### Zivilcourage (Seite 105)
Sich für andere einsetzen, sich engagieren, jemandem helfen, den man gar nicht kennt und den Mund aufmachen, wenn alle anderen schweigen: Das ist Zivilcourage.

### Zivilrecht (Seite 284)
Das Zivilrecht regelt das Zusammenleben der Bürgerinnen und Bürger untereinander. Es enthält z.B. Vorschriften über die Gültigkeit von Kaufverträgen und Ausbildungsverträgen.

### Zuchtmittel (Seite 290)
Besondere Strafe, die das Gericht für Jugendliche verhängt, z.B. Zahlung eines Geldbetrags an eine gemeinnützige Einrichtung.

### Zunft (Seite 28)
In den Städten des Mittelalters schlossen sich die Handwerker des gleichen Berufes zu einer Zunft zusammen. Sie unterstützten sich gegenseitig im Alter und in Notzeiten. Die Zunft regelte die Ausbildung, die Höhe der Löhne und setzte den Preis sowie die Menge der herzustellenden Waren fest.

### Zusätzlicher Treibhauseffekt (Seite 253)
→ Natürlicher Treibhauseffekt

### Zweidrittelgesellschaft (Seite 92)
Gesellschaft, in der zwei Drittel der Bevölkerung über ein regelmäßiges Einkommen verfügen, während das andere Drittel verarmt.

# Zeitleisten

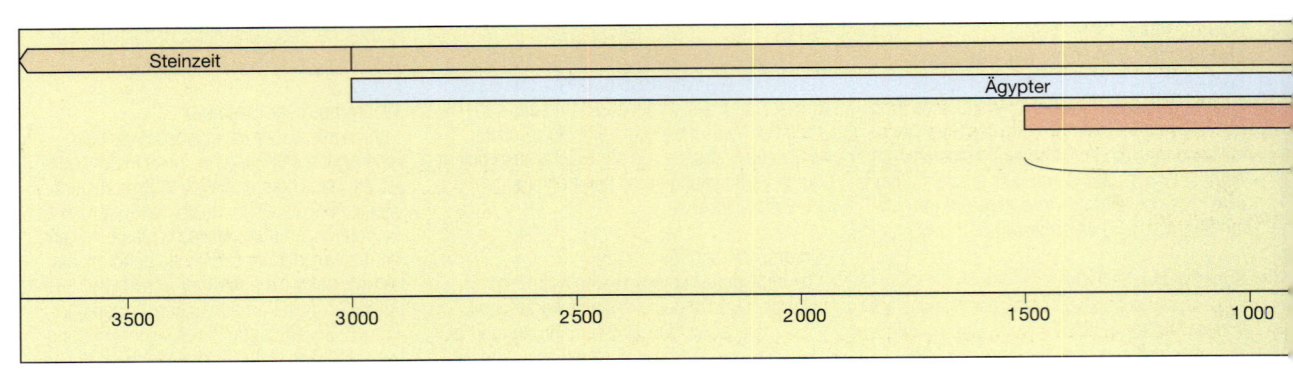

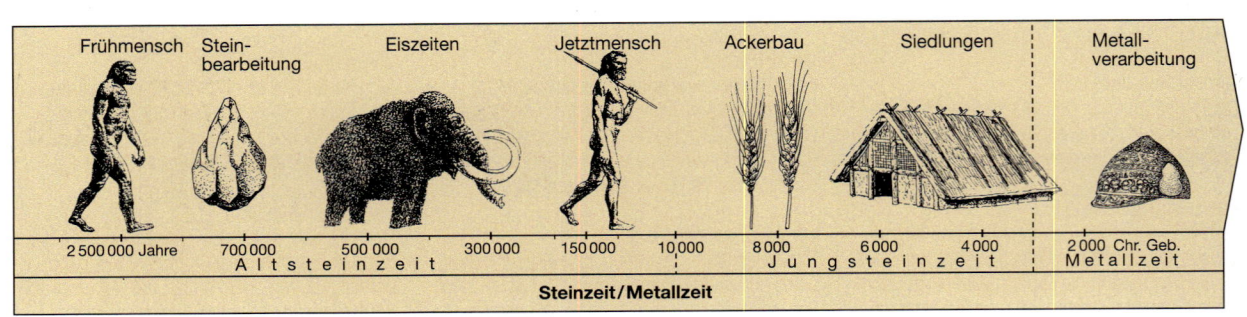

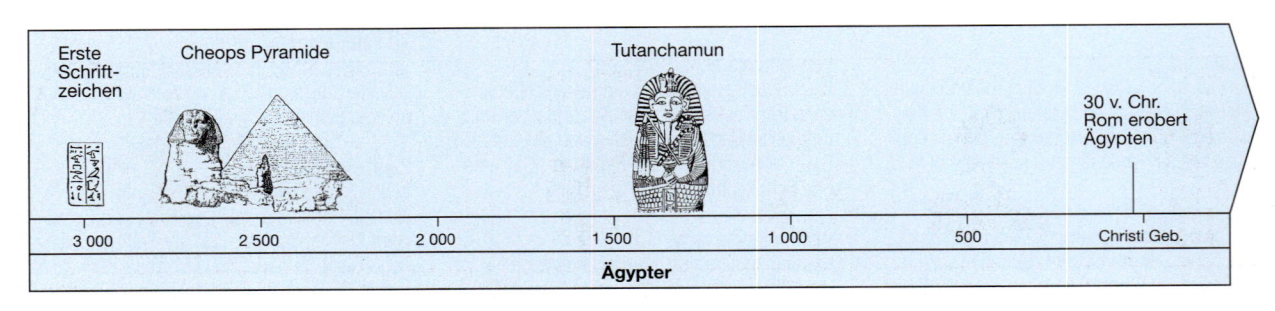

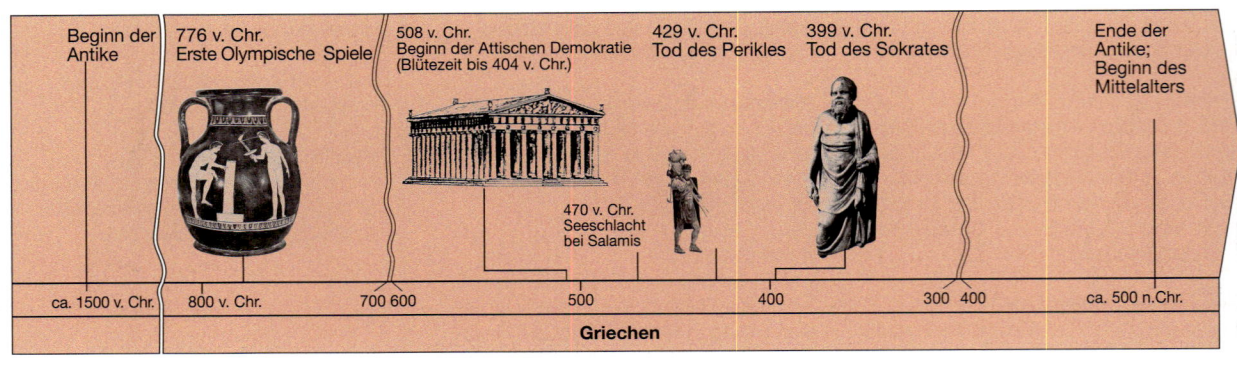

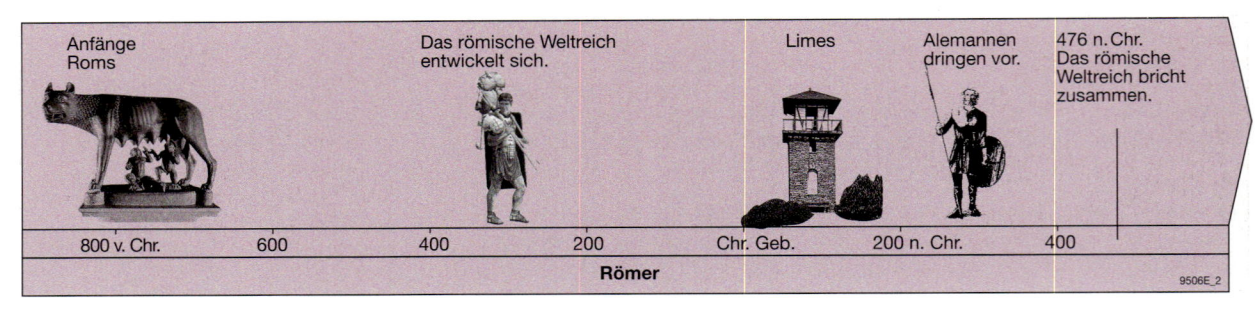

## Steinzeit / Metallzeit

| Frühmensch | Stein-bearbeitung | Eiszeiten | Jetztmensch | Ackerbau | Siedlungen | Metall-verarbeitung |
|---|---|---|---|---|---|---|
| 2 500 000 Jahre | 700 000 | 500 000 – 300 000 | 150 000 – 10 000 | 8 000 | 6 000 – 4 000 | 2 000 Chr. Geb. |

Altsteinzeit — Jungsteinzeit — Metallzeit

## Ägypter

- Erste Schriftzeichen – 3 000
- Cheops Pyramide – 2 500
- Tutanchamun – 1 500
- 30 v. Chr. Rom erobert Ägypten – Christi Geb.

## Griechen

- Beginn der Antike – ca. 1500 v. Chr.
- 776 v. Chr. Erste Olympische Spiele
- 508 v. Chr. Beginn der Attischen Demokratie (Blütezeit bis 404 v. Chr.)
- 470 v. Chr. Seeschlacht bei Salamis
- 429 v. Chr. Tod des Perikles
- 399 v. Chr. Tod des Sokrates
- Ende der Antike; Beginn des Mittelalters – ca. 500 n. Chr.

## Römer

- Anfänge Roms – 800 v. Chr.
- Das römische Weltreich entwickelt sich.
- Limes – Chr. Geb.
- Alemannen dringen vor.
- 476 n. Chr. Das römische Weltreich bricht zusammen.

## Anhang

| | |
|---|---|
| Metallzeit | |
| Griechen | |
| Römer | |
| Antike (Altertum) | Mittelalter |
| | Welt im Umbruch |
| | Absolutismus |
| | Französische Revolution |

500 v. Chr. ← Christi Geburt → 500 n. Chr. — 1000 — 1500 — 2000
nach Christus (n. Chr.)

### Mittelalter

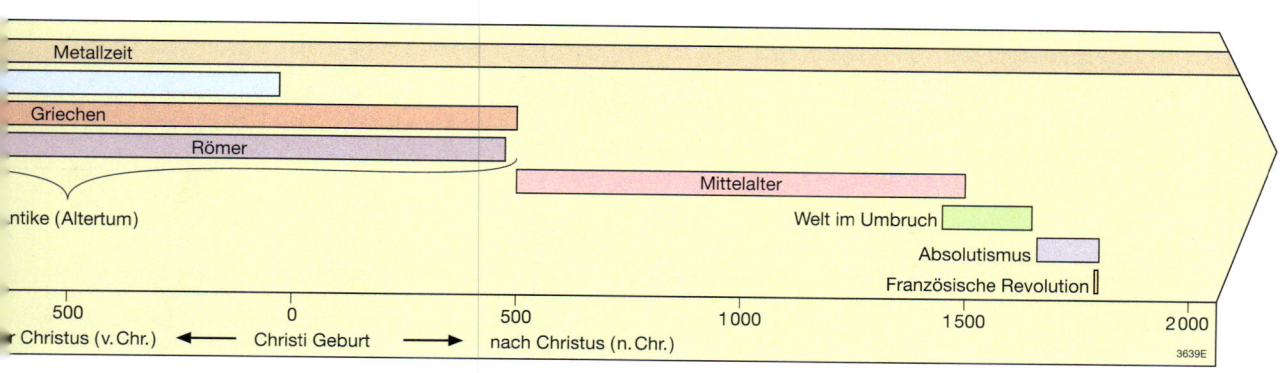

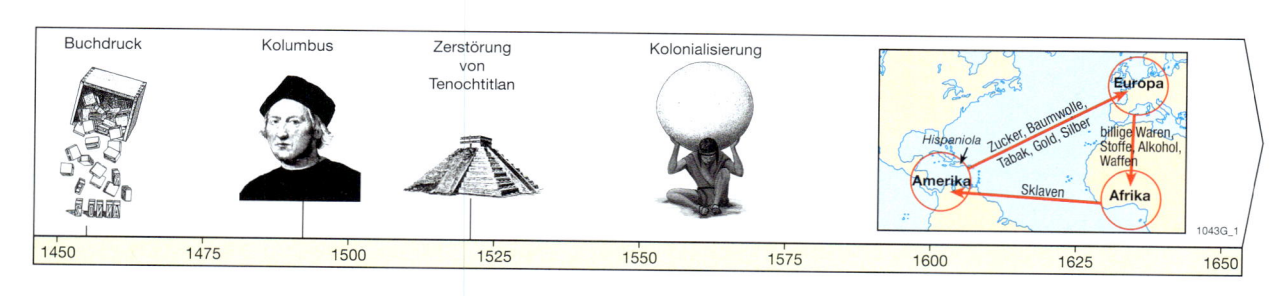

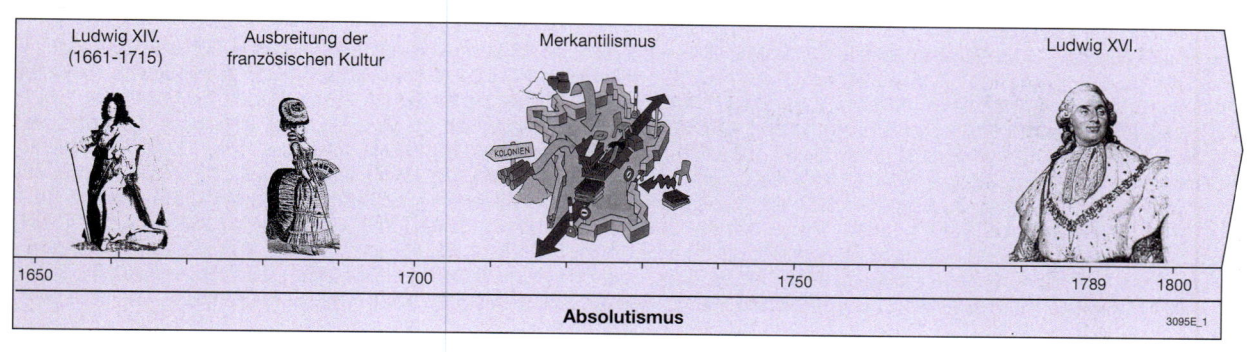

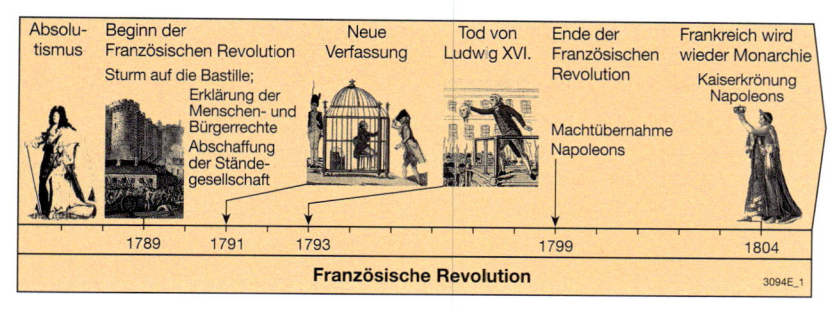

- Karl der Große
- Grundherrschaft
- Ritter
- Städte

Ende der Antike, Beginn des Mittelalters → 500
Ende des Mittelalters, Beginn der Neuzeit → 1500

500 — 600 — 700 — 800 — 900 — 1000 — 1100 — 1200 — 1300 — 1400 — 1500

### Welt im Umbruch

- Buchdruck
- Kolumbus
- Zerstörung von Tenochtitlan
- Kolonialisierung
- Europa – Amerika – Afrika (Zucker, Baumwolle, Tabak, Gold, Silber; billige Waren, Stoffe, Alkohol, Waffen; Sklaven; Hispaniola)

1450 — 1475 — 1500 — 1525 — 1550 — 1575 — 1600 — 1625 — 1650

### Absolutismus

- Ludwig XIV. (1661–1715)
- Ausbreitung der französischen Kultur
- Merkantilismus (KOLONIEN)
- Ludwig XVI.

1650 — 1700 — 1750 — 1789 — 1800

### Französische Revolution

- Absolutismus
- Beginn der Französischen Revolution; Sturm auf die Bastille; Erklärung der Menschen- und Bürgerrechte; Abschaffung der Ständegesellschaft
- Neue Verfassung
- Tod von Ludwig XVI.
- Ende der Französischen Revolution; Machtübernahme Napoleons
- Frankreich wird wieder Monarchie; Kaiserkrönung Napoleons

1789 — 1791 — 1793 — 1799 — 1804

### Wie lange dauert ein Jahrhundert?

Ein Jahrhundert ist ein Zeitraum von 100 Jahren.

*Hier einige Beispiele:*
Das 4. Jahrhundert n.Chr. dauerte von 301 bis 400 n.Chr.
Das 4. Jahrhundert v.Chr. dauerte von 400 bis 301 v.Chr.

# Bildquellen

Agence Photographique de la Réunion des Museés Nationaux, Pairs: 10 M1, 171 M4, 185 M3; akg-images, Berlin: 16 M1, 30 M2, 108 M3, 119 u., 166 M1, 170 M2, 174/175 M1, 176 M1 re., 85 M4, 188 M1 o.li., 188 M1 u.li., 190 M1, 191 M2, 191 M3, 193 M3, 198 M2, 200 M3, 201 M5, 202 M1, 203 M2, 228 M1, 228 M3; Amnesty International, Berlin: 82 o.li., 83 M3; AMW Pressedienst, München: 266/267 M1; Arco Images, Lünen: 9 M3 (C. Huetterer); Askani, Bernhard, Schwetzingen: 11 M4, 20 M1, 36 o.; Associated Press, Frankfurt/M.: 74 M1 (Amr Nabil); Atelier Röhrig, Hamburg: 244/245 M1; Auer, Hanne, Seligenstadt: 8 M1 u., 290 M1; Augst, H.-J., Kiel: 125 M5, 125 M6; Augustinus Museum, Freiburg: 108 M2; Auswärtiges Amt/mit freundlicher Genehmigung: 77 M3; Axel Springer Verlag/Bundesumweltinstitut: 126 M3; Bauer, Jutta, Weinheim: 208 M1; Bayerisches Nationalmuseum, München: 25 M2; Behnsen, Frank, München: 164 M2, 168, 172 re., 186 M1, 272, 273 m.re., 274 M1, 275 M3, 275 u., 276/277 Illus, 279 o.re., 293; Bettermann, Antje, Wendhausen: 304 M1; Bibliothek der New York Academy of Medicine, New York: 41 M3; Bibliothèque Nationale, Paris: 182 M1, 189 M1 u.; Bildarchiv Engelmeier, München: 38/39 M1; Bildarchiv Preußischer Kulturbesitz, Berlin: 14 M2, 54 M3, 58 M1, 80 M2, 108 M1, 162/163 M1, 167 M2, 172 li., 178 M3, 179 M4, 184 M2, 188 M1 o., 188 M1 u.re., 192 M2, 195 M3, 196 M1, 200 M1, 310 2.v.u., 311 2.v.u.; Bilderberg, Hamburg: 145 M5 (Obertreis); Biosphoto, Berlin: 237 M4 u.li. (Pierre-Paul Feyte); Bølstad, Trygve, Oslo: 259 M3 C; Bridgeman Art Library, London: Titel m.; British Library, London: 19 M3 li.; Bundesagentur für Arbeit, Nürnberg: 210 M1; Caritas Tirol 2007: 78 M3; Caro, Berlin: 92 M1 (Bastian); Cartoon-Caricature-Contor, Pfaffenhofen/www.c5.net: 93 M4 (Haitzinger), 147 M5 (Haitzinger), 218 u. (Renate Alf), 300 M1 (Rauschenbach), 309 u. (Walter Hanel); Charmet, Jean-Loup, Paris: 54 M2; Christoph & Friends/Das Fotoarchiv, Essen: 90/91 M1; Claphan/Franklin „Atlas der Geschichte", Delphin Verlag: 41 M4; Corbis, Düsseldorf: 86 M2 (Reuters/Njuguna), 165 M4 (Archivo Iconografico), 199 M3 re. (Horner), 282/283 M1 (Hackenberg/zefa); Das Luftbild-Archiv, Wennigsen: 128 M2; Deutsche Stiftung Weltbevölkerung, Hannover: 155 M3, 155 M5; Domrös, M., Mainz: 139 M5; Dorling Kindersley Ltd., London: 22/23 M1; DRK-Bildarchiv, Berlin: 250 M4; Eckert-Schweins, W., Ingolstadt: Titel u.; epd, Frankfurt/M.: 93 M5; Fan & Mross, Lüneburg: 124 M3; Focus, Hamburg: 73 M5 (Nachtwey/Magnum), 123 M6 4 (Pielow), 133 M6 (Givios), 199 M4 (T. Stoddart/Katz Pictures), 254 M4 (Quirk/Wildlight), 259 M3 D (Klingholz); Fotostudio Druwe & Polastri, Cremlingen/Weddel: 8 M1 o. (3 Bilder); Fürst Donnersmarck-Stiftung, Berlin/www.fdst.de: 106 M1; GAFF, Berlin: 123 M6 1, 123 M6 5; Gaffga, Peter, Eggenstein-Leopoldshafen: 116/117 M1, 122 M1, 132 M1, 235 M4; Gerster, Georg, Zumikon-Zürich: 259 M3 B; Gesellschaft für ökologische Forschung, München: 133 M5 (Wolfgang Zängl); Getty Images, München: 105 m.li. (Shaun Botterill), 187 M2 (Per-Anders Pettersson), 222 M1 (Bongarts), 232/233 M1, 303 M3 li. (Bongarts), 303 M3 re. (Koepsel/Bongarts); Giraudon, F-Vanves: 19 M3 re., 164 M3 (Glaser), 180 M1, 183 M3, 189 M1 o.; Girls' Day - Mädchen-Zukunftstag, Bielefeld: 217 re.; Glaser, Paul, Berlin: 220/221 M1; Greiner, Alois, Braunschweig: 285 M4, 294 m.; Griese, D., Hannover: 121 M5; Hauck, Angelika, Großostheim: 99 M3, 110 M1, 111 M2, 111 M3; Haus der Geschichte der Bundesrepublik Deutschland, Bonn: 230 o.; Heinemann Publisher, GB-Oxford: 196 M2 (Stewart); Heinemann, M., Bad Lippspringe: 153 M3; Hild, H.-H., Vögelsen: 113 M2; Historisches Archiv Krupp, Essen: 197 M3, 198 M1, 201 M4, 201 M6; Historisches Museum, Frankfurt/M.: 192 M1; Hofemeister, Uwe, Diepholz: 262 M1; Holitzki, C., Frankfurt/M.: 224 M1; IFA-Bilderteam, Ottobrunn: 61 M3 (TPL), 92 M3 (TPL); ISB, München: 296/297 M1; Joker, Bonn: 94 M3; Jonas, Karsten, Bargfeld-Stegen: 249 M4; Jürgens, Ost + Europa-Photo, Berlin: 46 M1; Kaiminger, P., Garmisch-Partenkirchen: 123 M6 2; Kesper, Ingrid, Salzkotten: 24 M1, 27 M2, 41 u., 53 M4, 110 o.li., 170 M3; Kindernothilfe, Duisburg: 150 M2, 160 u.re.; Kinsey, D., Scrimshaw Press, USA-San Francisco: 101 M4; Kirch, Peter, Koblenz: 159 M2; Klingsiek, Georg, Petershagen: 240 M3; KNA-Bild, Bonn: 145 M4; Knaur, D. München: 47 M2; Kohn, Klaus G., Braunschweig: 271 M3, 299 M4; kpa photo archive, Köln: 30 M3 (Transglobe/Elsen); Lacler, Rainer, Regensburg: 273 M2; Lade, Helga, Fotoagenturen, Frankfurt/M.: 97 M5 (Binder); 97 M6 (Röhrig), laif, Köln: 66 M3 (Raach), 67 M6 (Raach); Landesamt Berchtesgadener Land: 132 M3; Latz, Wolfgang, Linz: 59 M3, 59 M4, 64 M1, 65 M6, 238 M1; LEGO Group, photo courtesy, 2008: 206/207 M1; Lernwerkstatt, Steinfurt: 270 M1; Leweke, Knut, IGS Thesdorf, Pinneberg: 102 M2, 103 M3, 114 4.; Liebe, Kai, Wirges: 240 M1; Lotos Film, Kaufbeuren: 52 M1; MairDumont, Ostfildern: 124 M2; Manner, J., Koblenz: 121 M4; Marcks, Marie, Heidelberg: 216 M1; Mauritius Images, Mittenwald: 136 M2 (Wisniewski); McDonald's Deutschland, München: 213 M4; Meteomedia AG, CH-Gais: 234 M2; Ministerium des Inneren für Sport, Mainz: 156 M2, 157 M3; Möhle, A., Braunschweig: 223 M3 li.; Mohr, T., CH-Zermatt: 134 M3 re.; Mosaik Verlag: 225 M3 (Molcho), 225 M4 (Molcho); Mühr, Bernd, Karlsruhe: 237 M4 u.re.; Müller, Jörg, CH-Oberentfelden: 6/7 M1, 29 M3; Museum für Gestaltung, CH-Zürich: 119 M4; Nägele, E., GB-Cheltenham: 131 M4; National Maritime Museum, Greenwich: 40 M1; Nebel, Jürgen, Muggensturm: 53 M3, 62 M3, 63 M7, 64 M3, 82 M1; Niemeyer, C.W., Hameln, aus R. Oberschelp/K.-H. Grotjahn, Stahl und Steckrüben. Beiträge und Quellen zur Geschichte Niedersachsens im Ersten Weltkrieg, Bd. 2, 1993: 80 M4; Nummer gegen Kummer e.V., Berlin: 273 u.re., 280 m.; Nürnberger Nachrichten: 211 M3 (Linke); Österreichische Nationalbibliothek, Wien: 21 M4; Österreichisches Rotes Kreuz, Wien: 77 M4; Ostkreuz, Berlin: 95 M4; Oxfam Deutschland e.V., Berlin: 82 o.li.; Pandis Media GmbH, München: Titel o., 250 M3; Pauly, Friedrich, Wiesbaden: 287 M5; picture-alliance/dpa, Frankfurt/M.: 67 M5, 75 M2 (epa Prior/wfp), 84 M1 u., 86 M3 (Campbell), 88 o.li. (epa Prior/wfp), 88 u. (epa/Barria), 113 M1 (Ferdinand Ostrop), 147 M4 (Main-Poste/Jungbauer), 148 M3 (Lissac/Godong), 154 M1 li. (Jantilal/AFP), 154 M1 re. (Ludbrook/epa), 199 M3 li. (Leuschner), 223 M3 re., 247 o., 254 M3, 259 M3 A (epa/R.Azmitia), 279 o.li. (Politikens); picture-alliance/Globus Infografik, Frankfurt/M.: 73 M4, 83 M2, 87 M5, 92 M2, 94 M1, 106 M2, 138 M1, 144 M2, 154 M2, 208 M2, 214 M3, 215 M4, 215 M5, 215 M6, 216 M2, 227 M5, 253 M4, 256 M3, 258 M2, 263 M6, 299 M3; Rheinisches Bildarchiv der Stadt Köln: 43 M4 li.; Richter, Ulrike, Malsch: 236 M3 re.u., 238 M3; Riedmiller, A., Oberzollhausen: 135 M6; Rieger, K.-H., Köln: 18 M1; Rivet, M., Brühl: 151 M3, 160 o.li.; Rogge, F., Baden-Baden: 237 M5, 238 M2; Rotel Tours, Tittling: 137 M6; RTL, Köln: 302 M1 (Gregorowius), 303 M3 m.; Rugmark, Köln: 149 M4; Rüttger, Edgar, Langlingen: 34/35, 107 M3, 112, 288 M1, 310 m., 310 r., 311 u.; Scala, I-Antella: 42 M2, 43 M4 re.; Schmid-Fotografie, Duisburg: 239 M6; Schmidt, Roger, Brunsbüttel: 230 u.; Schönauer-Kornek, Sabine, Wolfenbüttel: 42 M1, 48 M1, 49 M4, 68 u., 84 M3 re., 85 M5, 88 m.re., 103 M4, 104 M1, 106 u.li., 130 M2, 131 M5, 156 u.li., 157 re., 158 M1, 210 M4, 218 o., 234 M3, 237 M4 o.li., 262 li., 264, 306 o., 308 2.v.u., 309 o., 311 2.v.o.; Schweizerisches Museum für Papier, Schrift und Druck, Basel: 212 M3; Seifert, Michael, Hannover: 268 M1; Staatliche Münzgesellschaft, München: 194 M1; Stadt Essen: 197 M4, 197 M5; Stadt Lübeck: 31 M4, 31 M5; Stamm, Gießen: 54 M1; Stürzlinger, Gerhard, A-Pfons: 134 M2; Superbild, München: 97 M4 (Speicher), 114 2. re. (Speicher), 236 M3 li. (Alaska Stock); Sygma, Paris: 187 o.; Thielke, Thilo, Hamburg: 70/71 M1; Topic-Media Service, Ottobrunn: 61 M2 (TCL), 127 M4, 237 M4 o.re. (Albinger); U.S. Department of Defense: 76 M1; ullstein bild, Berlin: 80 M3, 81 M6, 84 M1 m. (Camera Press), 84 M1 o. (Imagno), 84 M2 (dpa), 85 M4 (ddp), 98 M2, 100 M1, 114 2. m., 114 3., 176 M1 li. (Archiv Gerstenberg), 188 M1 o.m. (Archiv Gerstenberg), 217 M3 (JOKER/Petersen); UNICEF Deutschland, Köln: 76 M2; Universitätsbibliothek Heidelberg: 17 M3; vario images, Bonn: 78 M2 (Rainer Unkel); Verband Deutscher Papierfabriken e.V., Bonn: 213 M5; Visum Foto, Hamburg: 33 M4, 75 M3 (Sven Torfinn), 124 M1, 273 M1 (Nobel), Weißenbürger, J., Paderborn: 153 M4; Welthungerhilfe, Bonn: 142/143 M1 (Flaemig); Westermann-Archiv, Braunschweig: 28 M1, 28 M2, 118 M1; Westfälisches Schulmuseum, Dortmund: 26 M1; www.uefa.com: 105 m.re.; Zängle, W., München: 123 M6 3; Zeitbild, München: 298 M1; Zoologische Staatssammlung München: 247 u. (Müller); Zwick, M., Brachttal: 269 M3, 270 M2.

## Der Band enthält Beiträge von:

Hanne Auer, Bernhard Detsch, Peter Gaffga, Angelika Hauck, Claudia Holitzki, Peter Kirch, Norma Kreuzberger, Rainer Lacler, Martin Lücke, Dr. Fritz-Gerd Mittelstädt, Alexander Oberst, Friedrich Pauly, Roland Widmann und Klaus Wohlt.

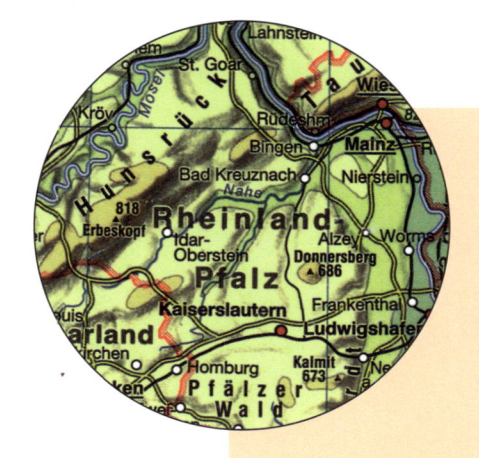

# Hilfreiche Sätze

## Karte

**Das ist eine Karte.**

Es ist eine physische Karte.
Es ist eine thematische Karte.
Die Kartenüberschrift heißt … .
Sie zeigt … (Deutschland/Europa/…).
Das Thema der Karte ist … (Landwirtschaft/Fremdenverkehr/…).

**Das ist eine Legende.**

Die Farben Grün, Gelb, Braun zeigen die Landhöhen.
Das Gebiet auf der Karte liegt … (tief/hoch/…).
Die Landschaft ist …(flach/hügelig/gebirgig/…).
Die roten und weißen Punkte sind Städte.
Sie liegen … (verstreut/gebündelt/wie an einer Perlenschnur aufgereiht/…).
Die roten Linien sind Grenzen.
Die blauen Linien sind Flüsse.
(Die Stadt liegt am Rhein.)

**Das ist ein Maßstab.**

Mit Hilfe der Maßstabsleiste kann man Entfernungen ermitte
Die Stadt liegt etwa 20 Kilometer südlich von Mainz.

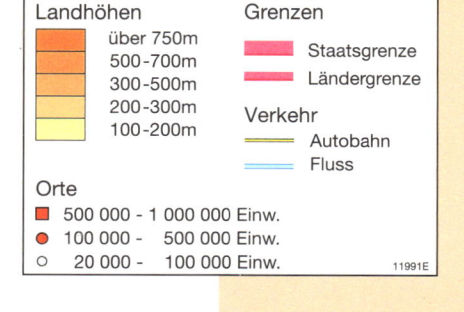

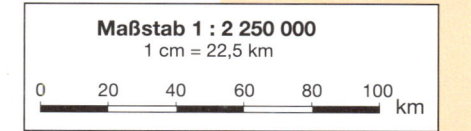

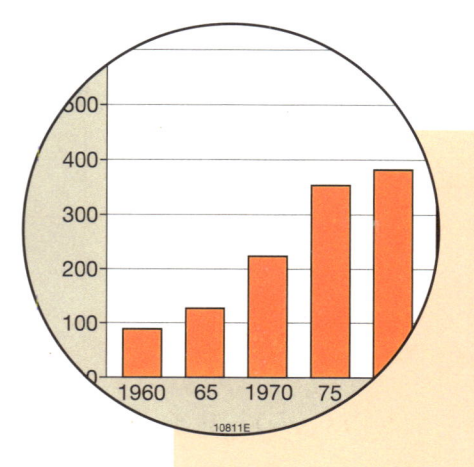

## Grafiken

**Das ist eine Grafik.**

Es handelt sich um ein … (Stabdiagramm/…).
Die Überschrift lautet: … .
Die Stäbe zeigen … (die Kontinente/die Besucherzahlen/…).
Die Länge der Stäbe zeigt … (die Größe der Kontinente/Höhe der Besucherzahlen/…).
Es ist Folgendes festzustellen: … (Der größte Kontinent ist …/der Monat mit den wenigsten Besuchern ist … ).
Die Entwicklung hat … (zugenommen/abgenommen/ist etwa gleich geblieben/…).